SOUDAN FRANÇAIS

KAHEL

CARNET DE VOYAGE

PAR

OLIVIER DE SANDERVAL

Ingénieur
Ancien élève de l'École Centrale des Arts et Manufactures

AVEC

50 GRAVURES DESSINÉES PAR FIORILLO FOURNIER
ET 5 CARTES

> Tous, obscurs ou fameux, cherchent avec vaillance.
> Le plus humble tribut qu'on verse à la science,
> Souvent pour l'enrichir fait plus qu'il ne paraît.
> Seul l'avenir en sait le prix et le mérite;
> Aussi, devant l'énigme au front du monde écrite,
> Chacun brûle de lire un mot du grand secret.
>
> SULLY-PRUDHOMME.

PARIS

ANCIENNE LIBRAIRIE GERMER BAILLIÈRE ET Cⁱᵉ

FÉLIX ALCAN, ÉDITEUR

108, BOULEVARD SAINT-GERMAIN, 108

1893

Tous droits réservés.

SOUDAN FRANÇAIS

—

KAHEL

DU MÊME AUTEUR

DE L'ATLANTIQUE AU NIGER PAR LE FOUTAH-DJALLON, carnet de voyage (1879-1880); nombreux dessins et cartes. 1 vol. grand in-8. Paris, 1882. Ducrocq, éditeur.

LE MÊME OUVRAGE, édition in-12. Paris, 1883. Ducrocq, éditeur.

DE L'ABSOLU, LA LOI DE VIE. 1 vol. in-8. Paris, 1891. Félix Alcan, éditeur (deuxième édition).

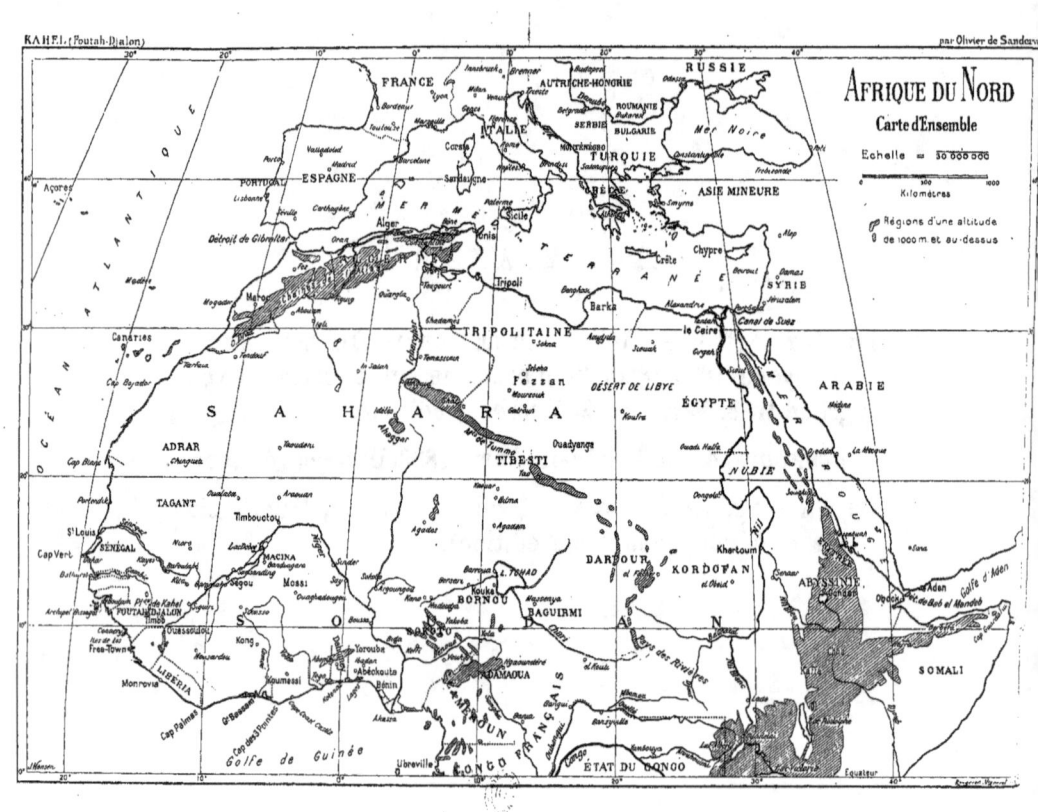

SOUDAN FRANÇAIS

KAHEL

CARNET DE VOYAGE

PAR

OLIVIER DE SANDERVAL

Ingénieur
Ancien élève de l'École Centrale des Arts et Manufactures

AVEC

50 GRAVURES DESSINÉES PAR FIORILLO FOURNIER
ET 5 CARTES

> Tous, obscurs ou fameux, cherchent avec vaillance,
> Le plus humble tribut qu'on verse à la science,
> Souvent pour l'enrichir fait plus qu'il ne paraît.
> Seul l'avenir en sait le prix et le mérite ;
> Aussi, devant l'énigme au front du monde écrite,
> Chacun brûle de lire un mot du grand secret,
>
> SULLY-PRUDHOMME.

PARIS

ANCIENNE LIBRAIRIE GERMER BAILLIÈRE ET Cie

FÉLIX ALCAN, ÉDITEUR

108, BOULEVARD SAINT-GERMAIN, 108

—

1893

Tous droits réservés.

KAHEL

L'EXPLORATEUR

Les voyageurs que tente l'inconnu des nouveaux mondes deviennent chaque jour plus nombreux ; la gloire des découvertes anciennes, ravivée par la comparaison des explorations plus récentes, éveille notre émulation ; les moyens de transport jusqu'au seuil des terres nouvelles, aujourd'hui à la disposition de tous, offrent leur aide à notre curiosité ; le progrès nous porte sous d'autres cieux ; nous avançons, guidés par l'espérance que des peuples primitifs possèdent peut-être et nous diront le secret de la vie.

On nous demande souvent comment il faut s'y prendre pour aller à cet inconnu, chez lui ; ce qu'il en coûte de fatigues et de dangers. Nous donnerons ici quelques indications sur la vie du voyageur et sur les préoccupations qui en font le puissant intérêt ; nous essayerons de mettre en évidence le but qui l'attire, et de dire comment il trouve sa force en lui-même, dans la pensée haute qui doit à elle seule remplir son isolement et le soutenir dans sa lutte.

Si vous avez l'ambition d'acquérir un peu de gloire,

aussi modestement que ce soit, votre voyage doit se proposer un but élevé ; choisissez donc avec discernement la contrée que vous allez parcourir, telle que l'intérêt de l'humanité, de la civilisation, l'intérêt national soient avec vous. C'est là le but qui justifie votre entreprise, le but difficile à établir, car les terres à explorer s'offrent en grand nombre à votre étude. Votre vaillance méritera les mêmes éloges, mais votre mérite sera partagé si l'on vous a pris par la main pour vous mettre en route vers un pays dont on vous aura signalé l'importance. Les rêves réalisés de Christophe Colomb, ceux de Vasco de Gama, n'avaient reçu mission de personne ; le nom de M. de Lesseps, dans l'histoire, rappellera la puissance de son initiative. Sans prétendre à un aussi grand honneur, vous pouvez apporter à votre pays le concours d'une pensée clairvoyante, et la soutenant de vos actes, en retirer une très souhaitable sympathie. Choisissez donc vous-même et choisissez bien votre but.

Ce n'est pas par hasard et sans le vouloir fortement que le voyageur quitte ses parents, ses amis, une vie toute faite, pour aller, par des routes inconnues tracées dans son esprit, vers le but qu'il rêve, à travers des dangers si pressants qu'il paraît courir droit à la mort ; une force intime, une cause dans son âme, le met en voyage, le voyageur est un missionnaire. Il est entraîné par la foi, il croit à l'avenir de l'humanité ; son action est toute faite de la belle illusion qui nous porte, dans la voie du progrès, vers le bonheur enfin. Mais ce n'est pas de l'avenir que l'homme doit attendre le bonheur, il le trouve à toute heure dans le présent : le bonheur est dans le mouvement, dans le travail, et non dans le repos final. C'est là, dans la vérité de l'action, que le voyageur le conquiert; il dépense activement sa force, heureux de toutes les peines, parce que dans chaque seconde qu'il donne de sa vie demeure la fertile rosée où germera dans l'avenir une longue suite de vies heureuses. Son bonheur, sa vie, ce qui l'entraîne, c'est de se donner tout entier; il se donne pour l'idée qui par lui deviendra le bien de tous, et dans laquelle son âme demeurera. Les dangers pour lui sont les jalons qui indiquent la route, chacun d'eux est un but; s'il tombe, il a pris du moins le temps d'élever son drapeau et de crier à d'autres : Je suis là, le chemin est par là!

Le bonheur est dans l'émotion des facultés que nous possédons; c'est dire que chacun le ressent différemment, selon ses moyens. On n'a pas toujours la liberté de le chercher où l'on a l'intuition qu'on le rencontrerait, et si quelquefois on l'atteint, rarement on arrive à le posséder tout entier; ce bonheur extrême cependant existe, il est là, il nous appelle; les cœurs ardents, les esprits élevés, le savent bien, ils en ont ressenti l'approche, ils en ont connu la fugitive sensation dans l'insaisissable repos où l'équilibre se réalise entre l'effort consommé et le désir sans cesse renaissant qu'il apaise un instant.

Le voyageur atteint à cette émotion extrême, parce qu'il met toute sa valeur en action et la dépense toute pour vivre davantage, *et propter vitam vitæ perdere causas*, il la trouve à exposer sa vie à toute heure pour conquérir une vérité qui demeure. J'ai souffert dans mon âme et dans mon corps jusqu'à supplier la mort, j'ai été heureux jusqu'à penser perdre la vie, — la vie matérielle d'un corps impuissant à contenir une émotion infinie, — je sais avec ceux qui ont approché du seuil suprême, qui ont vécu cet instant de l'infini où toute notre puissance de vie se résume dans un éclair, que l'homme a en lui des ressources qu'il ignore ; ces ressources, il ne tient qu'à notre courage de les découvrir et de leur demander des émotions plus profondes, la vie de l'explorateur nous en offre l'occasion.

Pour obtenir de cette vie intense tout son effet, il faut avoir la vocation, cette ardeur intime qui recherche tout le contact possible avec l'âme secrète des êtres et des choses, curieuse d'entendre une parole nouvelle de la nature. Cette vocation, je l'avais reçue de ma famille et aussi de mes précepteurs. Mes premières années furent dirigées par l'abbé Garnier, un saint homme dévoué à ses croyances, mort depuis dans les missions. Il avait par caractère la douceur d'une femme, la fermeté un peu têtue d'un Breton. Ses grands yeux clairs voyaient Dieu ; il marchait dans la vie du pas tranquille et sûr d'un homme qui sait où il va, d'un pas retenu cependant, parce que le but dont il ne doutait pas, mais qui cachait une part d'inconnu, lui paraissait tout rapproché et l'intimidait ; un peu de crainte involontaire ralentissait sa détermination au sacrifice, il s'attardait aux clartés superbes dont sa foi illuminait son âme.

Notre meilleure récréation, à lui qui avait vingt ans, comme à moi qui en avais sept, était de jouer au missionnaire. A Chessy, dans notre jolie rivière d'Azergue abritée sous les grands arbres, sur les rochers où se brisaient en chantant le courant de ses eaux claires et peu profondes, nous établissions des stations ; j'avais mes îles, mes sauvages, mes pirogues, il avait les siens. Il était rare que la séance se terminât sans que nous eussions subi le martyre. Mais le bien triomphait, le sang versé éveillait le remords, l'événement faisait jaillir la lumière. En se retrouvant seul dans la hutte saccagée, sur le lit de mousse où le Père ne viendrait plus parler doucement, le sauvage qui nous avait mangés se repentait, il demandait pardon, et sur la cendre de sa cuisine il jurait de faire le bien toujours.

Mon sauvage fidèle, celui qui quelquefois par de merveilleuses ruses me dérobait au supplice, me sauvait la vie, s'appelait Guénolé.

Puis mes années suivantes furent entourées des conseils du Père Lacordaire*. Le torrent n'était plus là-bas courant dans les rochers, au creux de la paisible vallée, renvoyant son murmure à la prairie voisine où chantaient les grillons, le torrent était dans l'esprit et dans le cœur de l'ascète philosophe, du puissant Dominicain. L'exploration était là sans limite dans un champ de lumière et de passion, la vie était immatérielle; le sauvage c'était l'erreur, ou le mal peut-être; le missionnaire c'était la vérité ou du moins la tendance vers elle. La croyance du Père Lacordaire était moins fermée, moins définie que celle de mon confiant abbé, il voyait le bien et sa loi, il en parlait avec un art infini; il mêlait aux clartés de l'esprit les ardeurs passionnées d'un cœur qui veut se dépenser et qui sait trouver son but à chaque pas dans la joie de bien faire. Il parlait du chemin de la vie, des moyens de le bien suivre, plus que des récompenses dernières ; il avait l'intuition de la loi de la vie humaine, faire le bien pour le bien. Il a laissé dans mon âme, en traits de feux, les vérités immédiates qui n'empruntent rien aux croyances toutes faites.

J'avais aussi un oncle, missionnaire zélé, mais non dans les ordres, son caractère indépendant n'aurait pas supporté la règle. Il enseignait le bien et le faisait, venait au secours de l'infortune, fondait des écoles[*]. Il avait visité les îles lointaines ; chez les sauvages, il pensa perdre la vie : attaché à la broche, il allait être rôti, et ne dut son salut qu'à un accident, pour lui un miracle certainement — il en citait plusieurs dans sa carrière de saint ; — ses histoires étaient émouvantes. Il avait la foi naïve des esprits croyants, il connaissait son Dieu ; selon lui la vie était un pèlerinage. C'était cependant un homme instruit, mais il aimait surtout les choses de l'art, les vérités flottantes de l'intuition. Sa philosophie religieuse était rapetissée par la béatitude pressentie des récompenses à obtenir. Je suivais mieux le Père Lacordaire agissant comme une force bonne qui trouve son équilibre, son but, dans son action, et dont l'exemple et le conseil étaient par cela sûrs comme un fait.

Mon aïeul avait passé plusieurs années de sa vie à l'étranger, cherchant à s'instruire sur les hommes et les choses, cherchant pour son pays d'utiles enseignements ; il rapporta en effet les procédés de fabrication de la *mousseline* dont il dota la France quarante ans avant qu'elle ne fût connue en Angleterre. Par cette industrie il créa la ville de Tarare et en soutint la longue prospérité. C'était là vocation de missionnaire. Sa fortune fut absorbée dans cette fondation, mais il nous laissait un grand exemple de patriotique désintéressement. La reconnaissance de ses concitoyens lui fit voter une statue.

L'un des fondateurs de l'École Centrale des Arts et Manufactures était un de mes oncles; il consacra sa science, sa santé, tout son temps à cette œuvre de missionnaire.

Sous l'influence de ces antécédents, il est évident que je devais à mon tour chercher quelque voie nouvelle. Je suis allé aux pays mystérieux voir curieusement si la nature y montrait la vérité. J'en ai rapporté, — ce que j'ai vu encore en action, — les vérités humaines qui ont précédé les nôtres. Et en comparant ces temps de l'humanité, primitifs et modernes tout à la fois, à notre civilisation, j'ai aperçu le sens et la force du mouvement qui nous mène, — je l'ai résumé dans un autre livre; — dans ce mouvement est la loi évidente de la vie.

En 1871, mes concitoyens, dont j'avais à diverses élections représenté les convictions républicaines, m'offrirent le mandat politique. La députation était pour moi une sorte de mission, la tribune pouvait être une chaire de philosophie sociale. Mais la tribune politique n'est pas une chaire où l'on discute des théories, elle est un centre où ne doivent apparaître que des opinions mûries ailleurs par la discussion, par l'expérience même, un tableau où ne doivent s'inscrire nettement dessinées que des formules aussi exactes que possible, exprimant des faits essayés déjà dans la pratique. Je n'acceptai pas l'honneur qui m'était offert, et je servis mieux notre cause en faisant remplacer mon nom par celui de M. Dufaure. Je remerciai mes électeurs, pêcheurs, ouvriers et cultivateurs, en leur rappelant notre foi commune dans le progrès, notre dévouement à une même idée qui avait été le lien de notre longue amitié.

Dans cette association captivante à la recherche de la vérité en collaboration avec des esprits simples, je n'avais pas eu de peine à montrer que la loi à laquelle obéit le développement de l'humanité, la loi de la vie, est une loi de progrès, une loi de travail. La nature s'intéresse à l'effort qui conduit son œuvre à son but, et non à l'individu achevé; son unité de mesure est une quantité de travail. Les revendications sociales seront conformes à cette loi si elles se proposent d'augmenter le rendement de la valeur de l'individu, si elles ont pour but de faire travailler notre esprit en même temps que nos bras donnent leur effort.

L'homme progressivement transformé s'avance vers un état plus élevé où le bien-être spirituel sera apprécié et recherché par tous; il est visible que la fin de notre intelligence n'est pas dans le rêve des jouissances définies : cette forme primitive du bien-être n'est qu'un moyen; dès que notre pain quotidien est assuré, nous avons à penser aux problèmes élevés de notre vie. Chez les peuples primitifs eux-mêmes, nous trouvons déjà naissant ce respect des préoccupations spirituelles, cette tendance qui, de tout temps, a préparé la grandeur de l'humanité.

Missionnaire de ces idées de progrès dans notre société, je l'aurais été avec ardeur, mais il faut à ce difficile métier une sûreté et une sobriété de vues que je n'arrivais pas à fixer au milieu des mille théories qui se combattent dans le champ social et auxquelles j'avais moi-même des vérités à proposer. Je pensai non sans raison que chez les peuples de race moins avancée, je pourrais en conscience enseigner nos vieilles vérités, nouvelles pour eux, et sans crainte de me tromper, mettre toute mon ardeur au service du progrès que je voulais aider. L'explorateur, en portant la lumière parmi des peuples ignorants, mais jeunes et vigoureux, hâte dans l'intérêt de l'humanité l'avènement d'un milieu nouveau, d'une sève puissante ; et même alors qu'il croit céder à des considérations de la vie pratique, il obéit inconsciemment à la loi de la vie qui a pour fin un progrès maximum.

Si nous voulons établir fortement notre race chez les Noirs, assurer l'avenir, nous devons reconnaître que la colonisation est un mouvement voulu par la loi de la vie, et que par suite elle doit, au delà des intérêts immédiats, se préoccuper du progrès général de l'humanité que cette loi poursuit.

Je dirai brièvement ici, si le lecteur veut bien accueillir comme un renseignement ces détails tout personnels, à la suite de quelles circonstances j'avais l'espoir de triompher des fatigues et des surprises du voyage. En 1862 — j'étais encore à l'École — j'avais traversé la France d'une mer à l'autre dans un étroit bateau de course, par la Seine, l'Yonne, le canal de Bourgogne, la Saône et le

Rhône. Mon léger bateau, fait d'une mince lame de cèdre, ponté d'une toile de soie vernie, passait la nuit soigneusement couché sur des coussins, et je dormais à côté de lui en plein champ. J'effectuai mon voyage non sans émotions, mais du moins sans hésitations, et souvent égayé par des incidents toujours bienvenus : un soir, à l'abri dans les oseraies des bords du Rhône, je fus arrêté par les gendarmes ; mais, à vingt ans, les lieux que nous remplissons de notre vie ne nous appartiennent-ils pas ? Je venais de ramer pendant quatorze heures, n'étais-je pas le maître du fleuve, le propriétaire de cette rive déserte ? Devant une aussi belle conviction, les bons gendarmes n'abusèrent pas de la situation. Mon crime était de n'avoir pas de papiers, je n'avais pas de papiers !

Deux ans après, je refis le même voyage « par terre », en vélocipède, et je le continuai jusque dans les Pyrénées ; c'était la première fois que le vélocipède apparaissait sur ces longues routes, pour la première fois que l'on parcourait des étapes de 200 kilomètres.

Plus tard, en mer, je sauvais une goélette en perdition sur les brisants de Maumusson.

Pendant la guerre, en 1870, fait prisonnier en diverses reconnaissances successives, je fus condamné à mort trois fois dans la même semaine.

Touriste convaincu, j'avais parcouru les Alpes et les Pyrénées, escaladé leurs montagnes, le mont Blanc, la Maladetta..., et poussé ma curiosité jusqu'en Islande, au mont Hécla.

J'avais visité l'Europe, d'Arkangel à Cadix, d'Athènes à Reykjavik.

J'avais depuis longtemps expérimenté que je pouvais,

sans éprouver aucune gêne, sans porter atteinte à mon activité, rester trois jours sans manger; cette faculté m'a été utile entre toutes.

Après ces essais d'entraînement, je croyais pouvoir compter sur moi, je croyais pouvoir supporter les fatigues d'un voyage d'exploration; je n'avais raison que dans une certaine mesure, car je me trouvai, en Afrique, en présence d'un élément non pas inconnu, mais plus actif que dans nos régions tempérées, je veux parler de l'actinisme de son violent climat. C'est l'ennemi que l'on ne peut éviter, et j'en ai souffert; je le dis comme un avis à d'autres, il est bon d'être prévenu de son action avant de l'affronter.

Ces indications paraîtront peut-être un peu personnelles mais elles ne seront pas inutiles, je crois, aux calculs des voyageurs qui se proposent d'aller jouir fortement de la vie dans un pays libre de toute civilisation, et d'un climat non encore apaisé.

Le voyageur parle sans cesse de lui et il ne peut l'éviter, ayant à redire un dialogue, à expliquer une lutte entre deux forces, la nature et la civilisation, dont il représente l'une.

Mais le lecteur oubliera bientôt la forme personnelle du récit, ou mieux il s'y complaira, s'il veut bien considérer que toute action ici décrite, si elle est bonne, il l'eût faite lui-même. Sur trois lecteurs, l'un est prêt à partir, l'autre partirait volontiers, mais il est retenu par des circonstances indépendantes de sa volonté; d'après les réflexions ou les confidences que j'entends chaque jour, il me semble que le troisième seul hésite. J'espère que tous les trois voudront bien, en suivant ici le voyageur, partager ses enthousiasmes, faire leurs ses espérances, souffrir avec lui de la faim et de la fièvre, avoir chaud, avoir peur, et qu'à l'étape ils seront las avec lui. J'espère que la pensée indulgente du lecteur viendra jusque dans la mienne, et qu'au milieu du magnifique trésor réservé où la nature prépare l'avenir et dont nous aurons violé le secret, il reconnaîtra que par la joie ou par la peine, tous nos pas vont au but; que, toute joie est l'effet d'une découverte acquise, et que, par une merveilleuse anxiété de nos facultés, joie ou peine, tout, pour l'explorateur, est à la limite des émotions extrêmes où les sensations se confondent, à la limite où l'on pense perdre la vie croyant vivre davantage. Si le lecteur ici voyage à son gré, des mouvements inattendus et qui lui sont personnels agiteront son âme; et tandis que je dirai : « J'étais là, telle chose m'advint », j'espère qu'il voudrait y être lui-même et que ses patriotiques ambitions accorderont leurs sympathies à mes efforts.

Un de mes envoyés est mort empoisonné; moi-même j'ai été empoisonné trois fois; maintes fois les menaces de mort m'ont assailli; j'ai assisté aux préparatifs de mon supplice; malgré ces tristes promesses ou peut-être à cause d'elles, je vous dirai : Si vous voulez vivre, si vous voulez savoir quelles forces dorment en vous, vous connaître, vous posséder, allez là, allez à ce tumulte des forces de la nature, vous en reviendrez tout surpris d'avoir ressenti dans votre âme l'impatience des forces inoccupées en réserve pour les situations extrêmes; chaque émotion nouvelle vous en révélera quelqu'une, et en fera jaillir une jouissance imprévue.

L'histoire ne nous montre-t-elle pas que ces forces latentes existent, que les hommes de valeur ne manquent pas aux peuples qui savent les reconnaître. Si les circonstances ne les appellent pas, ils ne sortent pas des situations moyennes de la vie, ils demeurent inconnus, s'ignorant eux-mêmes ; et cependant ils sont là, ils sont parmi nous ; le lecteur est celui-là peut-être, l'occasion seule lui manque pour faire jaillir l'étincelle des courants endormis, c'est le rôle de l'initiative de la faire naître.

Au sortir de la bataille vous aimerez la vie de toutes vos forces, parce que toutes auront été appelées à l'action ; la vie vous paraîtra plus présente, plus expliquée ; vous en jugerez autrement, plus profondément et plus justement la valeur, vous en aurez la mesure, vous en apercevrez la loi ; vous voudrez avec ardeur la bien posséder, pour le dépenser toute au service des ambitions normales de l'humanité.

Au retour de mon précédent voyage, M. de Lesseps me fit le très grand honneur de présenter à l'Académie des Sciences mes notes auxquelles M. J.-B. Dumas, alors secrétaire perpétuel, réservait au nom de l'illustre assemblée le plus encourageant accueil. Les Sociétés de Géographie de la plupart des grands centres d'étude ne m'ont pas été moins favorables. Ce sont là de bien vives satisfactions ; c'est la pleine récompense des longues heures d'angoisse pendant lesquelles le voyageur, souvent à bout de force, a dû croire que ses efforts seraient perdus.

Je remercie tout particulièrement ici M. Gauthiot, secrétaire perpétuel de la Société de Géographie commerciale de Paris, de la constance de ses sympathies ; l'attention toujours active qu'il prête à notre expansion coloniale, les vues élevées qu'il apporte dans l'étude des événements généraux de la science géographique, sont, pour le voyageur, un sûr guide vers le but patriotique et humanitaire qu'il poursuit.

I

MINISTÈRE DES COLONIES (1).

Ces notes ne devaient être publiées que plus tard, parce qu'en ces choses il faut agir et non parler; mais, sans attendre, je les avais remises au gouvernement pour qu'il pût retirer avantage des sympathies que je m'étais appliqué à acquérir à la France dans le Foutah-Djalon. Le gouvernement s'étant adjugé le pays par le traité de 1890 avec l'Angleterre, j'ai dû lui demander l'autorisation de continuer mes travaux. J'ai dû tout d'abord lui demander de ne pas me déposséder des terres que j'ai acquises avec tant de peine et qui sont les jalons de ma route vers l'intérieur, les seuls que des Français possèdent dans ce pays, alors que, tous les jours, les Noirs anglais de Sierra-Leone y acquièrent librement les terres les mieux situées.

(1) Ces notes de voyage écrites en 1887-1888 ont été dans leurs parties essentielles remises dès mon retour en 1888 au Sous-Secrétaire d'État des colonies et expliquées plus tard dans une conférence publique.

La carte itinéraire jointe à ce volume a été de même remise en 1888 au Sous-Secrétariat d'État des colonies et au ministère des Affaires Étrangères.

J'ai depuis lors soutenu sans relâche mes conclusions auprès du gouvernement, et j'ai eu la satisfaction de trouver nos hommes d'État favorables à la formation d'un ministère spécial chargé de nos intérêts coloniaux.

Mais le gouvernement, malgré son désir de favoriser l'activité nationale sous toutes ses formes, n'a pu que m'assurer de sa bonne volonté, il n'est pas lui-même autorisé par le pays, par l'opinion, à seconder ouvertement notre expansion coloniale. L'opinion hésite en de justes appréhensions, elle exagère en bien ou en mal, d'après des romans merveilleux ou tragiques, la valeur des terres nouvelles et des peuples qui les habitent; le rapport entre le travail national et le rendement possible de la colonie ne se dégage pas clairement, il est obscurci sous le voile des éléments secondaires. Mais, par des expériences renouvelées, la vérité peu à peu se fait connaître, les renseignements épars s'unissent par leurs concordances, se traduisent en des formules pratiques et convergent à une même conclusion.

Aujourd'hui, sous la pression de notre commerce à la recherche de nouveaux marchés, un mouvement se dessine, entraîné par l'effort de nos colonisants convaincus; les explorations se multiplient et nous présentent un cortège de faits qui éclairent et justifient nos tentatives. Dans l'intérêt du commerce et de l'industrie, pour les intérêts généraux de la patrie, l'opinion instruite et convaincue voudra s'associer aux conseils du gouvernement, les autoriser, et par là fortifier ses décisions; la nation voudra une politique coloniale active, et, pour l'assurer, elle voudra un Ministère des Colonies autorisé et responsable. Dans l'espoir de contribuer à cet avènement, j'ajouterai modestement ici mes renseignements à ceux de mes confrères explorateurs.

Nous avons à nous demander pourquoi l'Afrique, puisque c'est de ce continent qu'il s'agit ici, attire et re-

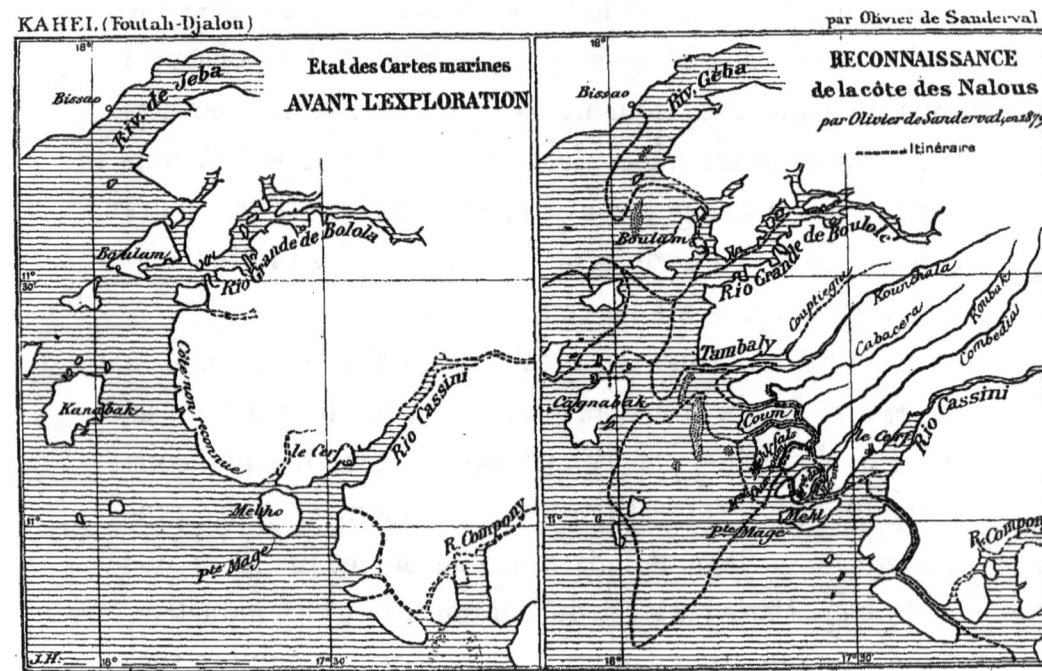

tient notre attention, et quelles causes nous poussent à pénétrer dans ses territoires défendus par un climat meurtrier et des habitants qui nous repoussent.

Est-ce que notre vieille terre de France ne peut plus nourrir ses habitants? Est-ce que notre industrie encombre d'une production surabondante d'inutiles entrepôts? De telles causes expliqueraient immédiatement notre mouvement d'expansion, mais elles n'existent pas ici. Notre population n'augmente pas, notre sol suffit à nourrir tous ses enfants, à les bien nourrir. Notre industrie perfectionnée, très soignée, toujours artistique jusque dans ses moindres productions, plus spirituelle que matérielle, s'adresse aux nations de vieille race, à nos confrères en civilisation; elle trouve là son marché grand ouvert.

Pour pouvoir importer nos marchandises, nous devons d'abord importer notre civilisation, au moins dans ses principes élémentaires; notre action, étendue sur des territoires fertiles, doit assurer aux peuples qui les occupent la paix qui amène la richesse et par suite développe un luxe relatif.

Nous avons organisé de telles marchés, mais non au profit de l'industrie française. Si nous parcourons les factoreries de toutes nationalités échelonnées le long des côtes de l'Afrique, nous constatons que les marchandises dont elles trafiquent sont anglaises ou allemandes; il y a quarante ans, elles étaient toutes anglaises, depuis plusieurs années déjà elles sont pour une très grande part allemandes. Les principaux articles de la traite marchande sont l'*alcool*, dont les Noirs sont avides; la *poudre*, dont les tribus se servent pour s'entre-tuer, se faire des prisonniers, des esclaves, et au besoin pour tirer sur nous-mêmes ; la *guinée*, cotonnade bleue dont ils font leur vêtement, leurs *boubous ;* enfin le *tabac,* qui se vend en feuilles entières attachées en longs paquets que les nègres appellent une « tête de tabac »; pour le piler, ils le froissent simplement entre leurs mains, et à cet état ils le fument et surtout le mâchent, en y ajoutant de la cendre dont la potasse apporte au mélange une âpreté qu'ils recherchent.

A ces quatre espèces de marchandises, il faut ajouter l'innombrable série des petits couteaux, brimborions, articles de toutes sortes, qui peuvent tenter les Noirs et stimuler par la curiosité leur indolence qu'aucun besoin ne sollicite, car ils ont tout le nécessaire à discrétion. Ces menus articles forment de un dixième à un quart seulement de l'assortiment général.

Qu'avons-nous donc à fournir dans cet ensemble ? Presque rien pour le moment. Notre alcool n'est pas fait pour des gosiers de nègres : Hambourg et Liverpool se disputent la fourniture d'un alcool bon marché que la vigne ne saurait produire ; la poudre, la guinée fabriquées en France sont de qualité supérieure, mais plus chères que celles de nos voisins et par suite délaissées, car le Noir regarde avant tout la quantité, le prix apparent (la guinée venait autrefois de l'Inde, mais depuis longtemps elle se fabrique dans le nord de la France, en Belgique, à Manchester) ; le tabac vient directement d'Amérique. L'ambre et le corail, qui ont quelque importance dans ce commerce, viennent surtout de la Poméranie et de Naples.

Comme importateurs en Afrique, nous sommes donc surtout des intermédiaires, le gain de l'industrie première n'est pas pour nous.

Au retour, les produits de l'Afrique viennent dans nos

ports alimenter une industrie puissante, très active, très prospère. Ces produits sont les graines oléagineuses, — arachides, sésames, cotons, palmistes, touloucounas, purghères, et cent autres, — de la gomme, du caoutchouc, un peu d'ivoire et quelques onces d'or. On pourrait allonger beaucoup la liste des produits à importer, je ne parle ici que de ceux qui sont actuellement dans le commerce.

Ce sont là des éléments intéressants de prospérité, notre marine marchande participe au transport de ces grandes quantités de graine et nos ports vivent de cet important trafic. Mais cet intérêt matériel n'a pas été le promoteur assez fort à lui seul pour faire naître et pour exalter l'enthousiasme de nos croisades lointaines; il est pour notre ardeur un prétexte, un moyen, il aide notre race à porter le secours de notre valeur intellectuelle à des races inférieures; c'est le désir d'étendre les bienfaits de notre civilisation qui nous entraîne. Cette œuvre de missionnaire est le véritable élément de notre succès à venir; la population autochtone de l'Afrique recherche notre conseil et attend notre protection. Notre présence, il est vrai, effraye les musulmans arabes; ils nous combattent désespérément. Mais ces négriers ne voient dans l'indigène qu'une marchandise, ils l'exploitent sans se préoccuper de lui enseigner les principes de notre civilisation, l'humanité nous invite à leur rappeler ses lois.

Autrefois, après les découvertes de Christophe Colomb, le prestige des colonies tenait du merveilleux; elles passaient pour être des sources inépuisables de richesses, de fortune facile, et le moindre appel à les exploiter était aussitôt entendu. Dès ce moment la France était attirée vers ces pays lointains par le désir de faire participer des peuples sauvages aux avantages de la civilisation ; toutes nos chartes de colonisation depuis le xvi° siècle expliquent longuement que le but de nos expéditions est de porter nos principes à des peuples qui peuvent les comprendre.

Nous faisons certainement la guerre avec plaisir quand on nous y oblige, mais jamais par intérêt de marchands ; nous sommes un peuple philosophe, dévoué à l'idée ; notre principal article d'exportation c'est l'idée. C'est notre activité généreuse qui nous a portés vers des terres nouvelles avec Brüe, Dupleix, Bussy, La Bourdonnais, Lafayette, Champlain, et tant d'autres, pour ne citer que ces glorieux efforts de nos ancêtres en faveur de la civilisation ; mais l'intérêt marchand, le seul intérêt commercial, n'existait pas chez nous derrière ces généreux élans, il n'avait pas en France des racines profondes.

Nos voisins au contraire sont obligés d'occuper des colonies, leur territoire ne produit pas en quantités suffisantes, en qualités diverses, les aliments de la vie, tandis qu'il leur donne avec surabondance le charbon, aliment de l'industrie. Ils fabriquent forcément, et il faut qu'ils vendent pour vivre, de là une poussée irrésistible d'exportation, une nécessité d'ouvrir des marchés. Cette poussée durera aussi longtemps que les mines de charbon ne seront pas appauvries ou trop difficiles à exploiter, c'est-à-dire cent ans encore. Dans cent ans, un grand nombre d'industries seront arrêtées ou déplacées par la cherté du combustible ; (et déjà les grèves générales ne sont possibles que parce que le charbon devient plus difficile à extraire ; s'il était à fleur de terre, il n'y aurait pas de spécialité ouvrière, pas de grève possible). C'est le commencement de la période finale de l'âge de la houille en Europe et des peuples dont il fait toute la richesse.

Ces raisons de coloniser n'existent pas chez nous, ce sont des causes plus élevées qui nous ont conduits ; aujourd'hui le prosélytisme colonial s'affirme de plus en plus en France, et pour soutenir pratiquement notre œuvre de missionnaire, il se montre ce qu'il est, un mouvement de notre esprit national.

En dehors de cette tendance toute spirituelle et de l'intérêt matériel qui doit l'accompagner pour la soutenir, il est une autre cause, dominante et première, qui nous pousse, sans que nous ayons conscience de sa tyrannie, à chercher des colonies en Afrique. Cette cause est dans la variation des conditions climatériques, variations exigeantes qui nous entraînent ; leur action est lente, il est vrai, mais elle est constante. Si par les évolutions astronomiques de notre globe, notre climat va se refroidissant, au moins n'attendons-nous pas pour aller chercher fortune au soleil, qu'il ait ramené chez nous les glaciers d'autrefois : facilement aujourd'hui, les peuples d'Europe émigrent vers le sud. Pour nous, Latins, ce glissement nous amène en Afrique et nous fait habitants désignés de ce continent voisin. Telle est la cause profonde qui nous pousse inconsciemment à créer des ponts volants sur la Méditerranée pour reculer notre frontière et tendre notre champ sous un climat d'avenir.

A côté de ces causes immédiates ou lointaines, une autre obligation est imposée à notre activité par l'activité de nos voisins. Nous ne pouvons assister au partage de la terre entre les peuples de races supérieures sans prendre notre part; si nous n'avons pas de cotonnade à vendre, nous avons du moins des devoirs de civilisation à remplir, des idées à répandre. Notre rang parmi les peuples, la loi de la vie qui l'a déterminé veut que dans l'humanité à venir se retrouve la trace dominante de notre participation à sa formation.

Une dernière cause enfin, la plus active, celle qui nous sollicite le plus, c'est que parmi ces peuples noirs, nos voisins par l'Algérie, nous pouvons trouver des soldats; des soldats peu disciplinés jusqu'à présent, mais faciles à former, et possédant les qualités essentielles d'un bon soldat, la force et le mépris de la mort. Si notre population demeure stationnaire alors que chez nos voisins elle s'accroît rapidement, où trouverons-nous, sinon là, des forces pour résister lorsque notre droit de vivre nous sera contesté parce que nous n'en usons pas davantage, lorsque notre infériorité numérique nous livrera sans défense à ceux que tente notre beau pays de France? Ce temps viendra, il est prochain, on le sait, pourquoi vouloir n'y pas penser? Ce n'est pas en introduisant la loi ou les exhortations dans l'alcôve que nous augmenterons le nombre des naissances; la paucité a des causes profondes que les meilleurs discours ne pourront pas modifier, dans la nature elle est un signe de race; un seul germe végétal produit d'innombrables fruits, l'animal se multiplie par grands nombres, chez les nègres les enfants ne se comptent pas; en France il ne nous reste que la pensée, on pourrait supprimer les 99 centièmes de la population sans diminuer sa valeur spirituelle. Pour compenser l'infériorité numérique où ce progrès nous laisse, un moyen s'offre à nous infaillible, et c'est le seul : ce serait chaque année d'acheter des enfants, c'est-à-dire de les élever aux frais de l'État; ils nous seraient offerts en nombre illimité. Mais ce recrutement efficace où tendent certaines théories serait peu moral, il nous conduirait aux abîmes ; nous devons chercher ailleurs, nous devons trouver des hommes faits là où ils sont, en Afrique.

Pour nous installer dans ces nouveaux pays, pour vivre à l'aide des ressources qu'ils nous offrent, nous devons tout d'abord choyer les habitants qui les exploitent et qui en font pour nous la principale valeur ; l'Européen, en effet, ne peut pas encore au centre de l'Afrique se livrer aux travaux des champs. De là la nécessité de nous mettre en relations amicales avec les indigènes. Le commerce est un premier moyen de relation; l'échange des idées, l'éducation, la civilisation par le contact et la justice en sont un autre, c'est celui que la France a employé et qu'elle développe ; la colonie ainsi formée devient territoire français, la race autochtone aime à porter nos couleurs; nous n'asservissons pas l'indigène, il devient un compatriote.

Nous devons ouvrir des colonies et nous le pouvons sans imposer à nos enfants, comme un service obligatoire, de sacrifier leur vie dans ces périlleuses conquêtes hors de nos frontières. Il nous suffit pour cela d'accepter les concours volontaires, d'accueillir l'œuvre de l'initiative privée. Pour les colonies comme en toutes choses maintenant, l'avenir de la France est dans la libre expansion de la valeur individuelle; pour notre peuple civilisé, je veux dire d'un esprit élevé, capable de comprendre les lois de la vie, pour le peuple français instruit par la longue suite des événements qui remplissent son histoire, l'indépendance de l'individu est le puissant facteur de progrès duquel il doit attendre sa grandeur ; il faut que l'initiative individuelle soit en honneur. Notre émancipation sociale n'a pas d'autre sens, elle tend à ce but et paraît y toucher aujourd'hui ; l'État n'a plus qu'à sauvegarder notre liberté et à coordonner les effets de notre activité ; ce sera tout son devoir lorsque le peuple aura pris l'habitude de se conduire lui-même. La France retirera les plus grands avantages de cette liberté, car l'initiative première est la qualité caractéristique de notre vaillance.

Nous avons le caractère qu'il faut avoir pour aller répandre la civilisation parmi les peuples jeunes et leur enseigner la vie ; il y a en France beaucoup d'activités inutilisées que le rude et fier métier d'explorateur peut seul satisfaire, il ne faut pas leur fermer la carrière ; l'initiative de cette activité doit être protégée par le principe même, principe élevé, de nos institutions républicaines ; sous notre régime de liberté et de vérité, elle ne doit plus être exposée aux violences des intérêts inavoués qui les découragent en détournant à leur profit le fruit de ses travaux.

Aujourd'hui, par le suffrage universel, la nation a conquis le pouvoir, elle en a en même temps assumé les responsabilités, sa vie publique doit être active et non plus comme jusqu'à présent passive, il faut que sur toutes choses elle s'éclaire, qu'elle se forme une opinion réfléchie et qu'elle la fasse connaître. La question coloniale plus particulièrement doit être aujourd'hui l'objet de ses réflexions et de ses décisions ; depuis trois siècles déjà, nous devrions avoir un ministère spécial uniquement préoccupé d'organiser des terres françaises sur les continents abordés. La France doit avoir un mandataire spécial dans le partage de la terre offerte aux nations civilisées. Les intérêts à représenter là sont de toutes les sortes et d'une importance dominante pour le pays, ils doivent être confiés aux plus sûrs de nos hommes d'État, et non point à un aide-ministre : il nous faut un Ministère des Colonies.

Toute la nation dans le présent et dans l'avenir est intéressée à la prospérité de nos colonies, elle ne peut l'assurer que par une politique coloniale étudiée, calculée et toujours suivie, prévoyant de longues années à l'avance les organisations à faire ; la nation tout entière composée d'honnêtes gens et de légitimes intérêts s'en rend compte, il faut qu'elle exprime sa volonté.

Mais sur ce sujet, dès que notre action s'affirme, l'Angleterre jalouse l'entrave par tous les moyens ; par ses agents secrets elle travaille activement à en détourner les esprits, il semble que nos journaux soient rédigés à Londres ; si bien que le public serait prêt à croire que nous avons eu tort de conquérir le Tonkin notre seule porte ouverte sur la Chine, et Tunis frontière nécessaire de notre Algérie. Le vice-roi d'Égypte nous avait donné (il y a cinquante ans) une principauté sur la mer Rouge, les Anglais ont menacé Louis-Philippe d'une guerre continentale s'il y envoyait un colon ; nous avons rendu la principauté au vice-roi ! Cependant les Anglais trouvent tout naturel de prendre ici et là ce qui leur plaît, et sans avoir aucune supériorité avouable ils se moquent du continent. Nous ne devons pas plus longtemps nous laisser influencer par leurs cris poussés dans nos propres journaux. C'est à Paris qu'ils ont ruiné Dupleix et aussi La Bourdonnais leurs vainqueurs dans l'Inde, c'est ici encore qu'ils combattent dès qu'un homme d'État en France s'occupe de colonies. Pour en finir, point n'est besoin d'allumer la guerre, un peu de lumière suffira, toute l'Europe continentale, par intérêt semblable, sera avec nous.

Le temps des explorations est passé, depuis quinze ans l'Afrique nous est connue, la vérité dès maintenant est évidente, nous avons beaucoup plus à organiser qu'à découvrir. C'est dans ce but que j'ai dirigé mon voyage. L'élément musulman tendu comme un réseau sur une grande partie de l'Afrique, forme une unité puissante mais artificielle partout destructive; elle ruine le pays par son exploitation improductive et n'y laissera que des cendres. L'Islamisme pénètre et dégrossit des êtres inférieurs, mais en exaltant des principes faux; la civilisation qu'il apporte assainit à la manière d'un incendie, il faut l'éteindre; le seul moyen de le réduire, car il est tout puissant, est de se servir de lui-même pour l'asservir.

M. Sévin Desplaces, un de nos Africains qui ont étudié la question coloniale avec la plus attentive persévérance, inspiré par une haute et noble ambition française, nous montre dans son livre, *l'Afrique et les Africains*, toutes les valeurs qui sont en présence dans notre Soudan; il connaît les races et les chefs, les nomme, décrit leur caractère et met en lumière la force qu'on en peut faire jaillir. Avec Machiavel il répète fort à propos ici : Il faut ou gagner les hommes ou s'en défaire.

A côté du Musulman est le Noir autochtone, en lui est la force au pays, le présent et l'avenir de l'Afrique; sans lui nous ne pourrions pas mettre en valeur ces terres brûlantes. Il est docile, et comme les enfants, il est avide de justice. C'est le plus domestique des animaux, ou le moins personnel des hommes, s'il faut lui donner ce nom par égard pour nos respectables préjugés. C'est sur le rapport à établir entre ces deux éléments africains, l'indigène et le musulman, que doit porter tout d'abord l'utile soin de la conquête. Pour bien connaître ce problème et soutenir avec persévérance l'effort qui peut le résoudre, il nous faut une politique coloniale longuement suivie, des traditions continuées, une politique de gouvernement, c'est-à-dire un Ministère des Colonies.

II

RÉSULTATS ICI PRÉSENTÉS.

Sans entrer dans l'exposé de cette conquête pacifique, je peux en montrer les éléments, et dire ce que sont ces peuples dont le développement normal de l'humanité sur la terre nous offre le secours pour acheminer notre race vers l'avenir.

Un grand nombre de peuples, de races très différentes les unes des autres, différant plus entre eux qu'un Latin d'un Saxon, occupent la région africaine qui nous intéresse ici ; nous pouvons comparer Brames, Papels, Bijougots, Manjacs, Timénés, Sérers, Sousous, Nalous, Malinkés, Peulhs, Yolofs, Bambaras, etc., etc.*, conquérants venus de l'Orient ou restes des peuples vaincus chassés de l'intérieur et réfugiés sur le bord de la mer ; nous pouvons les rencontrer et commencer à les connaître en suivant le voyageur dans le milieu où nous allons vivre.

J'ai fait deux voyages dans l'intérieur de l'Afrique, j'y ai envoyé trois expéditions successives ; j'ai actuellement une petite troupe de 3000 hommes qui suffirait à faire la police d'un grand territoire, je suis prêt à centupler cette petite force et à en faire une puissante armée. Une telle armée existe, elle a ses vivres, elle a son trésor pour payer son armement ; il n'y a qu'à se lever pour la commander. Organiser cette force, voilà ce que nous avons à faire en Afrique, le but que je me suis proposé. C'est le seul moyen d'être fort contre le climat et contre ceux des indigènes qui prolongent les hostilités, mais surtout c'est

le seul et tout-puissant moyen sur ce continent d'être forts contre les menées de nos compétiteurs européens. Ce n'est pas là nous détourner de nos préoccupations supérieures, car une telle armée dans notre Soudan serait moins éloignée de nos frontières continentales que ne l'était autrefois Lutèce pour les troupes de César dans Rome.

Pour pénétrer ces ténèbres que les légendes ou l'histoire vraie protègent contre notre curiosité par des récits terrifiants, pour créer un centre français dans ces terres peu connues, je me proposai il y a quinze ans, en 1877, de trouver quelque part en Afrique un empire primitif ou des tribus puissantes dont les maîtres et les peuples ardents à la vie, curieux, sans en avoir conscience, des forces de progrès qui mènent l'humanité, seraient aptes à recevoir les enseignements de notre civilisation ; je me proposai de trouver des peuples qui, vierges de nos erreurs, pratiqueraient sans hésiter les lois toutes faites dont la découverte et la discussion nous ont coûté des siècles d'efforts. D'après les renseignements que je recueillis à la côte, le Foutah-Djalon était la contrée habitable, l'empire bien ordonné par où je devais entrer et qui pouvait servir de base à mon pouvoir.

Je parcourus d'abord l'archipel des Bissagos à la recherche d'un port qui me serait un abri contre toute surprise et d'où je pourrais constamment ravitailler mes installations. N'ayant pas de mission officielle, je ne pouvais passer par les points occupés, je relevai sur la côte les îles et les rivières entre le Rio Grande et le Cassini ; cette partie du littoral n'avait pas encore été visitée, elle était laissée en blanc sur les cartes, et signalée comme côte non reconnue.

J'installai sur le bord de la mer un premier comptoir, un ensemble de factoreries où, par l'échange, je me mis en contact avec les Noirs venant de l'intérieur. Le hasard voulut qu'ayant choisi pour construire ma case le point qui me paraissait le mieux situé, ma fondation rencontrât les restes de la maison de Philippe Beaver, qui, à la tête de 275 hommes, avait, au siècle dernier (en 1793), entrepris de coloniser ce pays. Au bout de trois ans, je m'étais fait connaître fort avant dans l'intérieur; j'installai alors une factorerie, en avant-garde isolée, à 60 kilomètres du rivage; elle fut bientôt incendiée. J'ai depuis rencontré le Noir qui avait mis le feu à ces cases d'habitation et magasins d'entrepôt : il m'a raconté le fait avec simplicité comme un acte élémentaire de défense.

Je renforçai aussitôt mon personnel et relevai mes cabanes et mon commerce à 50 kilomètres plus avant dans le pays; car l'offensive seul a des chances de succès, la défensive est le commencement de la défaite, si elle n'est un recueillement préparatoire pour mieux combattre. Ma nouvelle installation fut d'abord très menacée, et peu de temps après dévalisée par une troupe armée.

Après plusieurs tentatives, beaucoup de diplomatie par l'intermédiaire d'agents expérimentés et instruits, je me fis rendre justice ou du moins une apparence de justice : on me ramena quelques bœufs de mon troupeau, on me rendit trois ou quatre caisses de verroteries. J'avais ainsi fait un grand pas, j'étais parvenu à négocier avec l'ennemi, chez lui, je m'étais fait entendre dans la place que j'assiégeais. Tout est là; le Noir est plein de qualités et ses défauts ne sont que des enfantillages, il suffit de s'en apercevoir pour être son maître, de montrer qu'on s'y intéresse pour conquérir son amitié. Je mis à profit cet avantage moral et reportai mon centre plus avant, à Kadé, la ville même où habitait le roi de la région. Là les avis se partagèrent sur le sort qu'on réserverait à cette violence inattendue. Le stage de trois ans que j'avais fait à la côte, en bons termes toujours avec les envoyés du roi, me vint en aide ; j'intervins dans la discussion, il fut décidé qu'on me vendrait (car il faut les intéresser) un enclos dans la ville et que je pourrais y installer mon commerce.

Dès ce moment j'étais plus à l'aise pour tracer ma route vers l'intérieur profond. Mon but était de gagner le Niger par le Foutah-Djalon et le Tankisso, de descendre son cours jusqu'aux rapides de Boussa, de visiter le royaume de Sakatou, le Bournou, la contrée du Tchad, pays riches, peuplés et, par l'altitude de leurs régions montagneuses, d'un climat probablement supportable. Prolongeant alors ma recherche dans l'inconnu, je voulais reconnaître le Centre africain entre cette région et les grands lacs; je l'ai dit à ce moment ; de là je pensais diriger mon itinéraire à l'Est vers la côte orientale. Ce n'est pas le sens des routes parcourues, les caravanes depuis des siècles, ou, dans les temps modernes, les explorations venant de l'Égypte et de la Méditerranée se sont acheminées vers le centre de l'Afrique par des routes nord-sud ; allant suivant un parallèle, je coupais toutes ces voies et je devais recueillir des renseignements sur les régions qui pouvaient convenir à mes projets d'installation, à droite et à gauche, si elles n'étaient sur ma route même.

Dans les montagnes du Foutah-Djalon je fus arrêté, retenu par l'Almamy, roi du pays. Les Anglais de Sierra-Léone lui faisaient savoir, me dit-il, que mes projets étaient hostiles à son pouvoir.

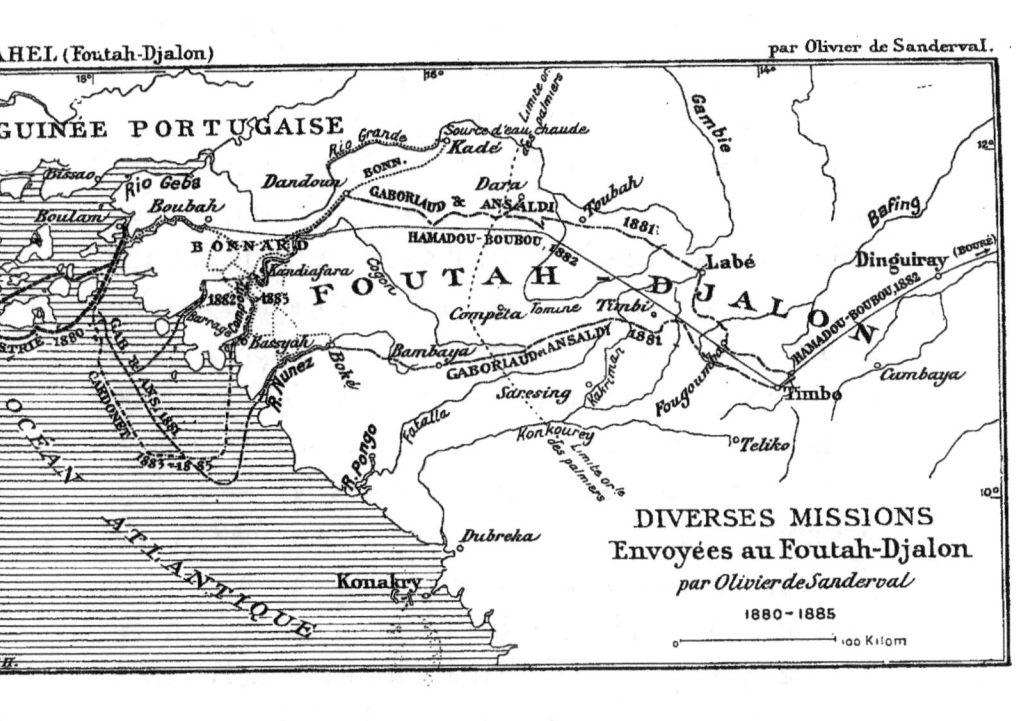

Ce procédé dans les habitudes anglaises ne me surprenait pas, c'est ce que nos voisins appellent avec complaisance de l'habileté ; prétendue habileté qui a toujours été et demeure leur arme favorite. En 1700, notre illustre gouverneur du Sénégal André Brüe avait étendu ses relations jusqu'au Niger, il avait, en Sénégambie, traité avec Latir, Damel du Cayor, et attaché ce chef à notre amitié ; circonvenu par les Anglais, Latir, sous prétexte de négocier, attirait à Rufisque le gouverneur confiant dans la foi jurée et le retenait prisonnier. De nos jours nous voyons la même habileté s'opposer au percement de l'isthme de Suez, malgré l'intérêt de l'Europe entière, et ensuite s'emparer du canal achevé. Ce sont des exemples entre mille à choisir dans l'histoire d'hier ou celle de demain.

Retenu par le roi, je ne manquai pas d'acquérir de l'influence et peu à peu de l'autorité sur son esprit ; il était en guerre avec son voisin de l'Est, le roi de Dinguirray, il ne voulut pas me laisser aller chez son ennemi, — défense de passer sous peine de mort (1), — mais il m'offrait de me laisser passer par le sud ; par là, me disait-il, j'arriverais au Niger aussi bien que par le Tankisso. Aujourd'hui cette frontière du Foutah est connue et ce que l'on en sait confirme ce que l'on m'en disait alors : elle est occupée par des tribus indépendantes, sans traditions, sans lois, révoltées contre l'Almamy ; j'aurais été assassiné au premier village, sans

---

(1) En 1851, ce roi, qui était alors prétendant au trône, avait arrêté et retenu à Fougoumba le voyageur Hecquard, — officier de spahis, envoyé auprès de l'Almamy régnant à Timbo, par Baudin, capitaine de vaisseau, gouverneur du Sénégal, — et il avait donné l'ordre de le mettre à mort ; Hecquard ne dut sa délivrance qu'à la brusque victoire de l'Almamy.

discussion ; je ne voulus pas aller à ce désordre, où je serais mort inutilement, avant d'avoir rien établi, maladroit, coupable et ridicule. Par Dinguirray au contraire et ensuite Ségou, je trouvais des autorités régulières, des actes réfléchis, des rois qui seraient mécontents de ma visite, sans doute, mais avec lesquels je pourrais discuter et par conséquent très probablement m'entendre. Mage et plus tard Galliéni avaient été retenus pendant plus d'un an aux portes de Ségou et ils avaient fini par se faire écouter.

Renonçant, pour le moment, à aller plus loin, je restai à Timbo et j'achevai d'étudier les avantages que m'offrait le Foutah : autorité établie, chefs relativement intelligents, climat tempéré et relations d'amitié qu'il me paraissait possible de resserrer. Je passai là deux mois au milieu des chefs de guerre, des marabouts et de tout ce que le pays comptait d'ambitieux intelligents; la lumière toute vive m'apparut dégagée des illusions de la légende et de l'imagination. Les éléments du projet que j'avais formé étaient là en préparation ; dès ce premier pas au milieu des Noirs, chez eux, hommes et choses s'offraient à moi tels que je les avais coordonnés d'après mes renseignements. Dans l'intérieur, les noirs indépendants et leurs seuls maîtres sont très différents des mêmes noirs rencontrés sur le littoral au contact et sous la loi des blancs. La conviction s'imposa avec évidence à mon esprit que le temps des explorations était passé, l'entité nègre n'était plus à scruter, elle se manifestait clairement; les chefs étaient curieux des causes de notre force, leur caractère paraissait, il me suffisait de le comprendre pour me faire entendre. Il fallait sans perdre un instant organiser ces tribus, fourmilières laborieuses ou guêpiers de frelons, toutes formées d'hommes proportionnés au climat et prêts à suivre nos conseils. Par eux nous pouvons mettre en **plus** grande valeur ce riche continent où notre avenir se prépare.

Le Foutah-Djalon devait être le centre, à portée de la côte, d'où mon action s'étendrait vers l'intérieur; les nombreux captifs que je voyais là, amenés de pays divers souvent fort éloignés, me donnaient des renseignements, vagues sans doute, mais instructifs cependant par leurs concordances, sur les centres de populations d'où ils venaient, sur leurs mœurs. Quelques-uns parlaient de régions glacées, de mers entourées de montagnes, de la fin de la terre. Le Foutah avait toutes les qualités que paraissaient avoir ces pays lointains, et il avait de plus ce précieux avantage d'être là à notre porte, le premier sur la route.

Dès mon retour j'exposai au gouvernement mon projet de fonder un centre de civilisation dans le haut pays de Timbo, j'en parlai à Gambetta; ma pensée, au premier mot, fut comprise : « Il y a un Soudan, me dit-il, ou il n'y en a pas; si *oui*, il faut agir, si *non*, tout effort, si faible qu'il soit, est inutile ». Nous étions parfaitement d'accord sur la nécessité de ne pas déplacer la capitale. Saint-Louis est l'avant-garde de notre marche vers le nord, le Sénégal est notre ligne de protection; Timbo groupera les forces pacifiques destinées à étendre notre conquête vers l'intérieur; ils s'aideront mutuellement.

Pourquoi le Foutah-Djalon était-il laissé en dehors de nos opérations? Il était connu comme tous les autres points de l'Afrique par des récits anciens, et plus récemment par les renseignements d'Hecquard (1852) et de Lambert (1860) qui en signalaient l'importance. Le séjour de ces envoyés auprès des Almamys avait fait apprécier la courtoisie généreuse de l'esprit français et, lorsque dans mon voyage j'ai entendu des paroles amies, je n'ai pas manqué d'en reporter à ces compatriotes un reconnaissant souvenir. Il n'aurait pas été sage d'attaquer le Foutah-Djalon de vive force ; protégé par ses falaises, il constitue dans le Soudan un réduit qui ne se rendra qu'après toutes les autres défenses. Obligés d'agir par la force contre ses abords, nos officiers, le général Faidherbe et plus récemment Borgnis-Desbordes, Galliéni, Archinard, ont par les plus brillants exploits militaires accompli cette glorieuse conquête du Soudan ; maintenant le Foutah isolé va se rendre. Mais s'il était difficile de prendre le Foutah par la force, il était facile, autant qu'on pouvait le souhaiter, de s'en emparer par l'amitié de ses rois.

L'accueil que les Almamys avaient fait à nos envoyés nous montre que ces chefs appréciaient nos conseils et désiraient les obtenir ; il arrive tout naturellement dans une telle association du roi noir avec un conseiller blanc que ce dernier, s'il s'inspire des principes supérieurs de sa race, domine promptement son élève et le conduit. Le Foutah au lieu d'être, comme il arrive aujourd'hui, le résultat inactif de la conquête, pouvait être la base du mouvement.

A partir de cette base notre influence aurait été toute puissante et se serait propagée immédiatement au loin, nous n'aurions pas perdu notre situation sur le Niger, ni les riches provinces au sud du Tchad, aux confins du désert qu'on nous laisse. Actuellement le Foutah demeure avec toute sa valeur, ses qualités inutilisées n'imposent pas moins que précédemment leur concours à l'organisation de notre conquête africaine, dans l'intérêt de l'avenir de notre Soudan.

Après mon premier voyage (1) j'ai envoyé trois missions successives à Timbo et au delà pour continuer l'œuvre d'occupation que je m'étais proposée, et en 1888 je suis revenu moi-même dans le Foutah, autorisé par ses chefs à m'y installer. J'ai obtenu la cession du territoire de Guémé-Sangan sur le Kakriman, au pied des falaises ; celui de Dionghazi à Fello-Dembi, au sommet du passage d'entrée sur les hauts plateaux ; et enfin sur ces plateaux un territoire plus étendu, le royaume de Kahel. Le titre de roi ou chef est la consécration nécessaire de mes droits et de mon influence, un passeport officiel indispensable dans un pays où l'on n'est rien si l'on n'est roi ; il est surtout le meilleur titre à la confiance des chefs noirs de l'intérieur que je veux gagner à ma cause.

Après chaque voyage, j'ai remis au gouvernement mes cartes, mes renseignements et mes traités.

Six semaines après mon retour, en 1880, le gouvernement anglais se hâtait de combattre l'impression française que j'avais laissée dans le Foutah, il ouvrait un crédit de cent mille francs pour envoyer sans retard une mission armée à Timbo. Et en effet, le 22 janvier 1881, le gouverneur de la Gambie quittait Sainte-Marie-de-Bathurst et, le 23 mars, se présentait devant l'Almamy. Il arrivait à la tête d'une colonne de cent soldats exercés, offrant des présents d'une main, un traité de l'autre. Il fit ma-

(1) Voir ma relation *De l'Atlantique au Niger par le Foutah-Djalon* (1883).

nœuvrer sa troupe, l'Almamy signa séance tenante et avec force *shake hands* congédia ce visiteur incommode.

Je demandai plus tard à l'Almamy pourquoi il avait expédié si facilement ces guerriers menaçants, tandis qu'il m'avait retenu sous mille prétextes ? « C'était, me dit-il, pour me débarrasser d'eux, tandis que toi tu es mon ami. » Le peu de cas que le roi faisait de ce seigneur anglais et de son papier était pour moi une satisfaction permise, car le gouvernement anglais, pour n'avoir pas, dans les conventions internationales qui se préparaient, à tenir compte de mon voyage à Timbo et des accords que j'en avais rapportés, faisait publier à Londres (et en France quelques étrangers à la solde anglaise l'ont répété), que l'Almamy ne m'avait rien accordé. « Quelque années auparavant, dit ce gouverneur, des Français avaient offert à l'Almamy de construire un chemin de fer dans le Foutah, mais il avait refusé malgré les avantages qu'on lui offrait, et il avait ajouté qu'il aimait les Anglais plus que les autres Européens. »

Peut-être ce roi n'était-il pas plus sincère lorsqu'il m'affirmait qu'il préférait les Français ; cependant j'étais sans armes, je ne l'intimidais pas ; il m'est permis de croire que l'autorisation qu'il m'avait accordée de construire un chemin de fer, autorisation rédigée sous sa dictée par son marabout, avait été plus librement, plus volontairement consentie que le traité préparé et écrit par les Anglais et présenté sur cent baïonnettes. C'était aussi, je pense, l'opinion de la Société de Géographie commerciale de Paris et de la plupart des Sociétés de Géographie de province et de l'étranger, dont les encourageantes appréciations me confirmèrent dans mon sentiment patriotique.

Par leurs insinuations les Anglais avaient essayé de faire naître la défiance dans l'esprit de l'Almamy, je voyais se dresser là, devant moi, ce même descendant des pirates scandinaves, inconsolable d'avoir perdu sa part du continent, qui se dresse devant tous les actes de la France, qui s'est dressé devant Dupleix, devant Bussy, intriguant à Paris pour les perdre; devant André Brüe, contre M. de Lesseps. Je ne compare pas mes modestes travaux à ce passé illustre, mais mon ambition pour mon pays n'est pas moins haute que les plus vaillantes, et c'était pour moi une satisfaction de constater la vivacité de cette manifestation anglaise : elle démontrait l'importance que nos compétiteurs attachaient au Foutah-Djalon, et par suite l'utilité de mes travaux persévérants dans ce pays.

Peu à peu la France reconnaissait elle-même l'importance du Foutah-Djalon. En 1881, elle envoyait à Timbo la mission Bayol, Noirot et Moustier; et lors de mon second voyage, en 1888, je voyais arriver à Fougoumba le lieutenant Plat et le docteur Fras convenablement escortés, qui avaient pour mission de faire accepter par l'Almamy le protectorat de la France. En effet, après des négociations attentivement conduites, ils obtenaient la signature du traité qu'ils avaient apporté. Ces négociations ne furent pas sans difficultés, l'Almamy et ses conseillers, ses grands électeurs, se défendaient, parce que l'engagement exigé d'eux dépassait les accords de simple amitié qu'ils acceptaient dans leurs cœurs.

Quelques jours plus tard le capitaine Audéoud et le lieutenant Radisson, auxquels s'était joint le capitaine Le Chatelier, à la tête d'une colonne volante de cent et quelques hommes, entraient dans le Foutah, et avec un élan superbe arrivaient inopinément au centre du pays. J'ignorais, et la mission avait ignoré comme moi le mouvement de cette colonne; l'Almamy cependant avait des pressentiments et des renseignements, car il m'avait, quelques jours auparavant, demandé en grand secret si les blancs voulaient lui faire la guerre et ce que j'en pensais. Je lui répondis que les Français ne l'attaqueraient pas, parce que le Foutah ne nécessitait pas un effort de leur part; si nous avions à nous en occuper nous le prendrions comme un homme prend un enfant. Par ce discours je mouillais la poudre que je sentais derrière sa question inquiète; le roi resta flottant et ne prit aucune résolution.

Surpris et stupéfait par la soudaine irruption de la colonne Audéoud, l'Almamy se déroba, préoccupé de fuir plus que de serrer la main du capitaine; il était visible que son déplacement, entrepris subitement au milieu des paisibles cérémonies officielles qu'il était venu accomplir dans la ville sainte, n'avait rien de préparé. Bientôt rejoint dans sa fuite précipitée, l'Almamy fut obligé de tenir audience. C'était d'ailleurs une visite de courtoisie qu'il recevait, et nos officiers ne manquaient pas d'assurer ce souverain de toute la déférence des sentiments qu'ils venaient lui exprimer de la part du Commandant supérieur colonel Galliéni.

L'émotion cependant était alerte dans les deux camps; il fallut un effort de raison des deux côtés pour ne pas accentuer la rencontre d'une violente bataille; les amis du roi ne cachaient pas assez leur mécontentement, et nos officiers et nos soldats n'ayant jamais paru qu'en vainqueurs dans les capitales du Soudan n'entendaient pas sans impatience leurs rodomontades en sourdine.

Mais le vieil Almamy, qui savait ce que lui avait coûté de peine la conquête du trône, — battu à la tête de ses partisans, il avait fait empoisonner son oncle et prédécesseur, l'Almamy Omar, pour pouvoir prendre sa place — et qui tenait fort aux jouissances que donne le paisible exercice du pouvoir, ne voulait pas de complications. Rattrapé à la course, le pauvre homme à turban s'était résigné, mais aussitôt après l'audience, emmenant avec lui la foule de ses clients, ses femmes et son gouvernement, il défilait dans un pompeux désordre devant nos officiers et se perdait à leur vue, allant plus loin. Il défila devant le capitaine, inquiets tous deux, le regard aigu glissé dans un sourire : Henri III et le duc de Guise ; quel était le roi ? quel était le duc ? Le moindre incident pouvait faire une vi time.

Peu de temps après le roi mourait ; peut-on supposer que ces invasions multipliées avaient augmenté le mécontentement de ses ennemis et fortifié leurs résolutions ? Il avait empoisonné son prédécesseur et pouvait s'attendre à un sort pareil.

Le 10 août 1890, l'Angleterre renonçait par compensation à ses droits ou prétentions sur le Foutah, le pays était attribué à la France.

Je dis « droits », parce que plusieurs explorateurs anglais ont pénétré dans le Foutah à la fin du siècle dernier et au commencement de celui-ci, quelques-uns y sont morts à la peine, et j'estime trop leur vaillance pour ne pas en tenir compte.

Est-ce à dire qu'après avoir exploré le Foutah-Djalon, mis ses qualités en évidence, après avoir par de longs efforts gagné l'amitié de ses chefs pour obtenir droit de cité dans ses montagnes, après avoir sans aucun aide préparé là un concours d'influences dont notre action a reçu et recevra dans l'avenir de grands avantages, après avoir créé le premier foyer français dans cette contrée, comme je l'annonçais en 1880, après avoir obtenu ces résultats alors que le Foutah était independant, je doive me retirer parce que la France — que j'appelais — s'en empare? Est-ce que je dois être dépossédé des moyens d'action que je me suis créés pour m'avancer dans l'intérieur, aujourd'hui que les esprits les plus éclairés et les événements survenus ont reconnu la juste prévoyance de mon action? Et au profit de quelle plus méritoire activité, alors que n'ayant rien demandé à personne, j'ai donné tout ce que j'avais découvert ou obtenu? Je ne le pense pas. Si je poursuivais un avantage personnel, mon entreprise se réduirait à une simple opération de commerce, mais il s'agit ici de l'intérêt général et de ce qu'il peut attendre de l'initiative individuelle.

L'initiative privée n'est pas encore tolérée en France, mais sous notre gouvernement de liberté il faut espérer qu'elle se fera reconnaître, car elle est la force vive de la nation. La République est le très solide gouvernement par le concours de tous qui assurera, sous le seul contrôle des lois, la grandeur de la France nouvelle par le libre essor de l'initiative individuelle. Sur ce point les Anglais nous enseignent comment pour être forte une nation libre doit encourager et honorer la valeur de chacun de ses citoyens.

Je ne voudrais pas citer un exemple emprunté à nos voisins, alors que notre histoire est si riche de hauts faits et d'actions généreuses, mais venant de l'adversaire il est plus stimulant, je le rappellerai ici : A la fin du siècle dernier, en 1793, un Anglais, Philippe Beaver, abordait avec 275 hommes dans l'île de Boulama, dans l'archipel des Bissagos, sur la côte de Guinée. Il devait, pour le compte d'une compagnie approuvée par le gouvernement, occuper l'île de Boulama, où il était facile de se défendre contre les habitants du continent, et là organiser une vaste exploitation agricole. Le climat opposa une brutale résistance à ses projets, la petite colonie fut bientôt anéantie ; en moins de deux ans le capital, — plusieurs millions, — était absorbé, et il ne restait des 275 pionniers que 4 ou 5 hommes et le chef de l'expédition ; la plupart étaient morts ; quelques-uns, affolés par la souffrance, la misère, avaient fui au hasard, croyant fuir la mort. Il fallut se résigner et rentrer tristement à Londres.

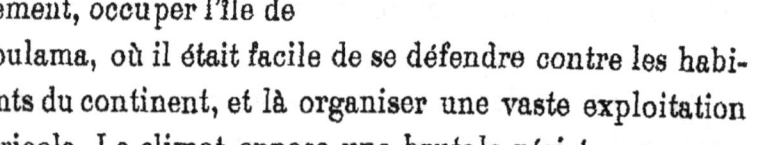

Qu'aurions-nous fait dans ces circonstances ? Christophe Colomb(*) est mort de misère et de chagrin(*), Dupleix a eu la même fin ; que leur serait-il advenu de plus cruel s'ils s'étaient trompés ? Là est écrite notre réponse : nous condamnerions l'expédition et son chef malheureux. Les Anglais ont frappé une médaille en l'honneur de Beaver, malheureux il est vrai, mais courageux, qui n'avait pas douté de ses concitoyens et avait jusqu'à la dernière extrémité tenu tête aux difficultés et tenté de les vaincre! Ils y ajoutèrent 50 000 francs de dédommagement. Ils honoraient le courage anglais et le proposaient en exemple.

Nous trouverons nous aussi la force puissante qui dans l'avenir fera la grandeur toute nouvelle de la France, à laisser agir librement notre caractère national, et sa généreuse initiative. Il est très probable que livrée à elle-même pour la première fois depuis les temps gaulois, la France se montrera non moins vaillante qu'elle ne l'a été dans le passé, mais moins changeante, ne changeant plus de maître.

Les récits de voyage que nous présentons ici s'adressent par les conclusions toutes naturelles des observations qu'ils rapportent, à nos préoccupations les plus immédiates ; nous parlerons de l'occupation du Soudan non en simple curieux, mais en comparant ses valeurs à nos divers intérêts, afin de savoir quelle part chacun de nous doit prendre à sa conquête.

Pour défendre le sol de la patrie nous sommes prêts à donner notre vie, sommes-nous prêts au même sacrifice, non plus pour défendre ce patrimoine héréditaire, mais pour acquérir au loin des colonies où puisse s'étendre notre commerce? devons-nous exposer la vie de nos enfants dans ces entreprises, alors qu'il est possible d'obtenir autrement les mêmes résultats?

Nous n'aurons pas de peine sur ce sujet à mettre en évidence une forte vérité qui satisfait nos intérêts et notre juste ambition. Il est plus facile, il est vrai, de voyager parmi les forces toutes simples de la nature que de faire revivre dans un récit et mettre en commun les enseignements qu'elles comportent, mais indépendamment de l'auteur, le sujet lui-même fait connaître sa valeur par l'éloquence des faits qu'il invoque ; je demanderai donc au lecteur de trouver la vérité dans les réflexions que ces faits éveilleront en lui, sans s'arrêter à la forme inégale d'un journal écrit à chaque étape dans la vie du continent Noir, sous l'impression des événements de chaque jour.

III

DE PARIS AU FOUTAH-DJALON (1).

Dakar-Gorée. — Boulam. — Le barrage du Compony. — La fontaine de Socotoia. — Le Rio-Nunez à Baralandé. — Factoreries. — La Cie du Sénégal, M. Matton, accueil hospitalier. — Derniers préparatifs.

Dans un voyage d'exploration le voyageur n'est pas constamment aux prises avec des événements tragiques ; les situations difficiles sont fréquentes sans doute, le danger est continu, mais les menaces de mort violente — en dehors de celles, constamment agressives, qui nous viennent du climat — sont relativement rares ; on doit les prévoir afin de les éviter, car la violence brutale est inaccessible aux transactions, il n'est pas toujours possible de la détourner lorsqu'elle fond sur nous. Au contraire, la lutte contre les menus obstacles est de tous les instants, la surveillance des détails ne doit à aucune minute se relâcher. Je puis donner ici quelques indications sur la vie quotidienne qui nous attend chez les Noirs en Afrique ; je

(1) La prononciation du mot *Foutah* par un indigène foulah se termine, comme un grand nombre de mots de la même langue, par une légère aspiration exprimée ici par cet *h* final ; *Fouta* ou *Futa*, est l'orthographe allemande qui ne pouvait maintenir cette terminaison, l'*h* allemand étant beaucoup trop dur pour exprimer cette légère et poétique interjection de la voix.

citerai les événements tout simples de la vie du voyageur, intéressants par le but qu'ils se proposent plus que par eux-mêmes, et sans insister à chaque pas sur les dangers et les fatigues de cette vie nouvelle, je dirai seulement qu'il importe de ne pas oublier que la mort, dans la situation où se trouve l'explorateur, est la fin inévitable de la négligence des détails.

Je ne dirai rien de mon voyage de Paris aux frontières du pays Noir; c'est là, à bord des magnifiques bateaux de la compagnie des Messageries Maritimes, dans les confortables installations de cette puissante compagnie, une détente très bien venue; dix jours pour se reposer de la précipitation des derniers jours de préparatifs et penser une fois encore aux chers souvenirs qu'on laisse derrière soi et que l'on ne doit pas, si l'on veut être vaillant à la tâche, emporter avec soi dans la bataille; dix jours pour se ressaisir, revoir son plan, mesurer de nouveau tout ce qu'il est possible de prévoir, car de l'escale on peut encore communiquer avec la civilisation; dix jours pour oublier le passé, penser à l'avenir, et dans ce repos complet faire provision de force.

Si le temps est beau, c'est une fête; s'il est mauvais, c'en est une autre.

Nous sommes à bord de l'*Équateur*, Commandant Minier, lieutenant de vaisseau, très homme du monde, administrateur clairvoyant, marin expérimenté, toutes qualités constamment à l'épreuve, le Commandant étant la seule autorité à bord, représentant tous les étais que la société organisée arc-boute autour de chaque citoyen. Ce sont les intérêts d'une ville que le Commandant a sous sa responsabilité : 800 passagers, sans compter l'équipage, la force qui nous emporte, les aménagements divers et enfin les fortunes de mer. Si tout marche à souhait, le Commandant n'a fait que son devoir, à peine si l'on s'en doute ; si le moindre événement survient, c'est vers lui que chacun tourne les yeux, avec étonnement sinon avec reproche. Notre Commandant est à l'aise dans ses fonctions multiples ; les occasions de voir ses qualités en action ne nous manquent pas ; à le suivre un instant on passe par les situations les plus diverses, allant du comique parfois au tragique plus rare, à la solution décisive toujours. C'est un passager qui réclame, — on ne lui donne pas tout ce qu'*il a payé*, — il faut avec une fermeté persuasive dompter cet hôte peu commode, le Commandant s'y emploie avec patience et douceur; puis c'est un passager non moins criard, mais plus facile à contenter, qui vient de naître à bord ; ça regarde le docteur, mais le Commandant doit savoir que la mère et l'enfant se portent bien. Puis c'est le mauvais temps qui se déchaîne, là je crois que le Commandant, marin avant tout, se dédommage ; les passagers, race importune, disparaissent dans leurs cabines profondes ; tout seul avec la mer, son bateau et son équipage, le Commandant est en famille.

Au sortir de la baie de Vigo la vigie nous fait des signes, le temps est mauvais, mais il paraît qu'il va devenir pire, les dépêches d'Amérique font baisser le baromètre ; nous rentrons dans la baie pour laisser passer le plus gros.

A bord : M. Doué, médecin en chef de la marine, qui retourne à son poste, poste de combat, car dans la marine, dans les colonies, la vie est un perpétuel champ de bataille, et pour le médecin plus particulièrement. Je me rappelle son très aimable accueil à Gorée lorsque je suis revenu du Foutah en 1880, et c'est pour moi une joie et un bon pronostic de rencontrer ses encouragements autorisés au début de mon second voyage ;

Le lieutenant de vaisseau Davout, qui est allé à Tombouctou sur une canonnière et qui y retourne sur une autre canonnière, il l'a avec lui dans ses bagages, treize cents colis, dans la cale. De tous ces morceaux il formera là-bas, sur le bord du Niger, un bateau à vapeur ; il aura à faire tous les métiers, et s'il manque quelque pièce de fer égarée, ou de bronze volée, il devra forger et faire le fondeur. Beaucoup de gens dans toute leur vie ne vivront pas autant que le lieutenant Davout pendant les quelques mois que vont durer le transport à dos d'hommes de ces treize cents colis à travers la brousse, du Sénégal au Niger, sous le soleil tuant, avec des auxiliaires indigènes d'une paresse extrême, puis le remontage de tout l'appareil, coque et machine.

On ne se rappelle pas assez tout ce qu'il a fallu de ténacité pour achever de telles entreprises, et lorsque une triste et laconique dépêche nous dit : « Le lieutenant Davout est mort », avons-nous adressé à cette vaillance qui combattait pour les intérêts généraux de la patrie le tribut de regrets qu'elle mérite ?

Avons-nous pensé un instant aux causes de cet accident et à ses conséquences ? La patrie s'est-elle préoccupée de la mort d'un bon serviteur ? Le public, le citoyen n'a pas le droit de laisser passer sans y réfléchir un tel événement ; le peuple qui s'en désintéresse n'est pas digne de diriger lui-même sa vie, il n'est pas mûr pour l'émancipation républicaine.

Concert pour les pauvres gens passagers sur le pont, on chante, on danse, on fait la quête.

De l'avant à l'arrière des courants de sympathies forment des groupes, des intrigues se nouent et se résolvent, des jalousies s'éveillent, de fâcheuses colères éclatent.

A Dakar, où m'attend mon yacht *le Jean-Baptiste*, je m'arrête chez le très sympathique maire de la ville, M. Alexandre Jean. De la pointe du lazaret je vais admirer le gracieux tableau qu'offre à la vue l'île de Gorée, appel enchanteur du poème africain. Couchée sur l'eau comme une sirène, abritant ses maisons blanches et ses palmiers épars derrière son énorme tête relevée contre la mer du large, couronnée d'un diadème d'or par les murailles de sa forteresse qui brillent au soleil, à demi voilée sous l'écume des brisants, par ses vives couleurs, par le tumulte des flots qu'elle semble refouler devant elle, l'île s'anime sous nos yeux, on la voit cingler vers le grand inconnu, on a le vertige de la suivre.

Dès mon arrivée à Boulam (décembre 1887), j'expédie Ali à Bassyah par le Rio Grande de Boubah et le sentier de Kandiafara. Il devait voir d'abord Yaya, chef de Kadé, mais on me dit (*on* est un Noir qui arrive de Kadé même) que Yaya vient de partir pour Labé, appelé par Agui-Bou, son frère, pour partager les biens et la situation d'un voisin qu'ils ont fait assassiner. C'est vraisemblable, mais, — je l'ai vu ensuite, — Yaya n'avait pas quitté Kadé, la situation ayant changé, je suppose. Les Noirs sont flottants dans leurs renseignements, non qu'ils soient toujours faux à dessein, mais parce que la parcelle de vérité qui forme le noyau de leur récit est perdue sous l'exubérance de leur imagination, sous la foison qu'elle y ajoute; ils l'augmentent de tout ce qui aurait pu arriver. Donc Ali va à Bassyah, sur le Compony.

Il va voir Charles Coucou, roi de l'endroit, qui a, paraît-il, de bons porteurs Nalous, Timénés, Sousous, à me proposer; il m'en ramène, en effet, quelques-uns en échantillon. J'indique à ces hommes leur logement au premier étage, dans une galerie; mais n'ayant jamais couché que sur la terre, ils sont pris de frayeur à la pensée de gravir un escalier et de dormir en l'air; il faut tout le jour et le mouvement des allants et venants pour leur inspirer un peu de confiance. Au coucher du soleil, ils se réunissent, montent tout d'un trait et se roulent dans leurs nattes, serrés les uns contre les autres. Pour tout l'or du roi, pour un sac de riz, ils ne sortiraient pas la tête de leurs coquilles. Le matin, ils reprennent courage et se montrent fiers de cette première expédition chez le *Toubab* (le blanc). J'ajouterai que le renseignement que j'ai sur Charles Coucou ne m'arrive pas par hasard, comme pourrait le croire le lecteur qui, se confiant en de si heureuses facilités, penserait qu'il suffit de se présenter pour avoir tout à souhait. Je sais que Charles Coucou a des porteurs parce que j'ai des agents en permanence à la côte et que, pendant ces derniers mois, ils ont fait des recherches de divers côtés.

Ali me rapporte de mauvais renseignements; dans l'intérieur, les chefs sont en guerre, on ne me laissera pas passer. J'interroge ses impressions pour connaître le mieux possible la vérité qu'il ne cherche même pas à dégager et je pars sur le *Jean-Baptiste* avec lui, Allens, M'Bar(*), Manel et ces porteurs Nalous. Ali, esprit délié, vaniteux, parle foulah, mais pas le français; Allens, brave garçon, parle un peu français, un peu mandingue; M'Bar, bon chien fidèle, doux au repos, terrible dans l'action, ne parle rien d'utile, Sérère, Papel; Manel, cuisinier, ivre du matin au soir et du soir au matin, malgré les corrections que lui inflige son brave homme de père, depuis de longues années de service à mon bord.

Le jour où je l'ai engagé, son père, pour faire honneur à mon choix, l'avait admonesté tout spécialement, il m'est arrivé avec un œil poché, la lèvre fendue. Il devait s'approvisionner et préparer un déjeuner à son idée, concurremment avec le cuisinier ordinaire que j'ai là depuis douze ans, afin que je puisse juger de ses talents; mais il n'a pas résisté à la tentation, il a bu avec l'argent qu'il avait reçu. L'heure de déjeuner venue, M'Bar d'un geste méprisant, me le montre au soleil, roulé à terre, ivre mort. Son père voulait redoubler ses exhortations, car il était honteux le digne homme, mais maintenant c'est inutile, jusqu'à la dernière factorerie les coups ne l'empêcheront pas de boire, et dans la montagne il sera forcément sobre. Il est bon cuisinier et il a de la race, je n'aurai pas de peine à en tirer de bons services dans les cas difficiles, de cela il faut tenir compte. Nous levons l'ancre à minuit le 31 décembre 1887.

Le *Jean-Baptiste* a un peu vieilli depuis mon précédent voyage (1880), mais il s'est aclimaté; s'il a perdu de son lustre, il a gagné en expérience, sa voilure est plus haute, 26 mètres, sa quille a été renforcée pour les échouages inévitables lorsqu'on navigue hors des balises connues; son pont, doublé aux endroits sensibles, ne gémit plus sous la hache du cuisinier qui chaque jour fend le bois informe ramassé dans les marigots et dont il alimente son fourneau. Mon bon compagnon! maintenant il connaît toutes les routes, les bas-fonds, vase ou rocher, l'aboutissant des marigots; dans chaque endroit, il sait l'heure des marées, il prévoit les tornades. La cabine est la même, on n'y a rien changé, je retrouve un seuil ami, je me livre et m'endors, bercé par le rêve du voyageur : l'Afrique me prend pour son guide, elle me confie ses espérances; elle a confiance dans le Toubab qui laisse derrière lui le doux pays qu'il aime pour venir lui parler de la civilisation des hommes blancs; elle me porte dans ses bras, me préserve du climat jaloux, et pliant docilement sa force à mes conseils, elle groupe dans la magie du rêve l'empire africain, l'empire noir, le seul qui puisse organiser ces luxuriantes peuplades sur cette terre ardente. Je m'endors, la France achèvera le rêve.

Dans la journée nous croisons le *Dakar*, vapeur postal français allant de Rio-Nunez à Boulam, Casamance, etc.; je salue de mes trois couleurs, son pavillon trois fois s'abaisse, c'est-à-dire : « Vive la patrie! Vive la France! Ami, faites bon voyage! » A Boulam, il prendra mes lettres et arrivera à Dakar à temps, j'espère, pour le courrier du 8.

2 janvier. — 2 heures du matin, clair de lune, temps calme, nous naviguons avec prudence, à la sonde, entre les bas-fonds de Giomberros aux Alcatras. A la hauteur du Compony, au milieu des brisants, nous distinguons dans le lointain une voile aux allures étranges, courant tout au travers de ces fonds inégaux. Quel motif la pousse à braver ainsi des dangers trop certains ? Elle cherche visiblement à se rapprocher de nous ; bientôt même nous croyons entendre qu'on nous hèle, un appel triste, une plainte longuement prolongée, roule sur les eaux et nous tient attentifs. C'est un côtre qui a perdu sa route, il va de Gambie à Boulam, mais ayant passé au large d'Orango sans relever aucune terre, aucun indice dans les courants, dans la couleur des fonds, il ne sait où il est, et ses provisions sont épuisées, il n'a pas de biscuit, plus de riz, plus d'eau. Je lui donne un sac de riz, un baril d'eau et un homme, — le second du *Jean-Baptiste* —, pour le remettre sur sa route : Alcatras, Polon, Giomberros et le chenal de Cagnabac. Rencontre émouvante de ces deux infiniment petits, brins de paille perdus dans la solitude du grand désert. L'un est condamné, car les brisants, furieux sous le flot qui monte, l'attendent de tous les côtés et il n'en connaît pas la carte ; l'autre suit la route exacte et sûre dont la trace invisible est dans son esprit. Chacun a mis une embarcation à la mer, tandis que les deux bâtiments en panne dessinent dans la lueur grise du clair de lune leurs silhouettes indécises, dérivant au courant de la marée ; il faut se hâter. Les deux embarcations, deux points tout petits, se rapprochent, échangent l'aide et le conseil, pour l'amour du bien inné dans l'homme

et qui porte avec lui sa récompense dans le bonheur immédiat qu'il nous cause. Chacun revient à son bord, les voiles s'orientent, et dans la brume pâle de la nuit doucement éclairée, la silhouette lentement s'efface.

Tout cela ne prend qu'un moment, trois quarts d'heure depuis le premier appel jusqu'à l'adieu, merci.

L'équipage aurait essayé de se sauver dans l'embarcation, mais vainement peut-être, car le manque d'eau aurait paralysé ses forces, — les noirs se passent de manger sans trop de gêne, mais le manque d'eau leur est insupportable —; le côtre allait se briser. Je participe pleinement à l'émotion d'une situation où je me suis trouvé plusieurs fois moi-même dans des passes inconnues : le bruit sourd du bateau qui talonne, le craquement de cette coquille qui va se briser en éclats comme par jeux, le néant subit du naufragé, sont restés imprimés dans tous mes sens. Lorsque la brise chante dans les voiles et que la nef gaiement s'avance relevée sur le clapotement de la mer complaisante, le doux balancement du navire est une caresse de la vie heureuse; mais lorsque le vent ronfle dans les cordages, lorsque du fond de l'abîme la mer soulève contre nous le lourd assaut de ses vagues furieuses, c'est un coup du diable, il exalte aussi en nous la vie, mais il nous la fait apprécier autrement.

Ici l'événement est tout simple et d'une reposante philosophie; dans le calme d'une nuit d'été, dans l'indifférence hostile du grand désert partout égal, où le grondement des brisants lointains, lugubre et sourd comme un appel de mort, garde par l'effroi qu'il répand ces solitudes pareilles au royaume du néant, des êtres cherchent la vie. Détresse inoubliable de la faiblesse matérielle de l'homme, victoire superbe de son intelligence ; l'esprit a dompté la matière, jalonné le désert, tracé sa route dans le ciel balisé d'étoiles, chassé l'inconnu de son domaine. Ces conquêtes dans le passé nous font prévoir la grandeur de notre avenir.

Quatre heures et demie du soir, peu de vent, le courant de la marée montante nous porte sur les brisants, il faut mouiller. Levé l'ancre à 8 heures, mer plus haute, courant moindre, vent meilleur. Faisant route à l'est, nous arrivons perpendiculairement dans le chenal du Compony, et des fonds de trois brasses nous entrons dans des profondeurs de sept brasses ; nous remontons le chenal jusqu'à minuit et mouillons par douze brasses.

3 janvier, levé l'ancre à 6 heures et demie, route est-nord-est, nous remontons le chenal avec le flot et un peu de vent. Cinq brasses, on aperçoit la terre ; la barre de brisants qui garde l'entrée du fleuve est bientôt visible ; à mer basse, elle ressemble à une ville toute blanche qui s'élèverait et disparaîtrait tour à tour.

Le plus court chemin de Boulam au Compony passe entre Mehl et Polon, range Alcatras à bas-bord et arrive plus bas dans le chenal du Compony, remonte route au nord jusqu'auprès des brisants qui sont à l'entrée du fleuve et là préfère la passe à gauche laissant les derniers brisants à tribord, presque accore il y a 20 mètres d'eau. La route en dedans d'Alcatras est plus courte, mais si le vent faiblit, on ne peut se diriger, les courants portent sur les bancs, il faut mouiller, perdre du temps, tandis qu'au large on va droit de jour et de nuit, usant du moindre souffle.

Le 3 janvier, nous jetons l'ancre en aval du barrage

de roc qui obstruc l'entrée du Compony. A mer basse, cette digue de roc émerge de deux mètres au-dessus de l'eau; la muraille qu'elle forme d'une rive à l'autre est coupée en trois tronçons échelonnés entre lesquels, avec de l'attention, un navire peut se faufiler lorsque la mer est étal et le vent suffisant. En 1885 et 1886, j'avais envoyé dans ces parages un capitaine au long cours pour relever divers détails de cette côte afin de n'être pas retardé à relever et choisir mes routes.

Je monte en canot pour aller reconnaître cette digue naturelle et je rame pendant une bonne heure; le matelot qui tient l'autre aviron souque ferme pour m'équilibrer, je suis en bon état d'entraînement pour le voyage.

Le Compony vient de l'est, mais en aval de ce barrage qui le coupe nord-sud, il fait un coude à angle droit et descend dans ce même sens nord-sud, vers les brisants.

Le 4 au matin, brouillard épais, à 8 heures on voit à peine à cent mètres; nous passons le défilé. Je donne eau-de-vie et cochon salé à l'équipage et à mes Nalous, du sucre au capitaine qui ne boit pas, — c'est un vœu qu'il a fait —, un poulet à partager entre Ali (musulman) et M'Bar (Sérère). Ali ne mange pas de cochon parce que Allah..., M'Bar non plus parce que??? il a sans doute fait aussi un vœu! Il faut respecter toutes les croyances, elles sont des affirmations diverses, proportionnées à chaque individu, de la même vérité. Au départ, j'avais donné à ces gens à vœux des patacons (monnaie de cuivre), pour que chacun achète les vivres que sa religion lui permet; Ali, le pieux Ali, n'avait rien acheté et il ne mangeait pas! il ne mangeait pas mais ne se plaignait pas; je m'en aperçois par hasard, fort heureusement, car cette résignation muette se serait obstinée indéfiniment dans son fanatisme.

Jusqu'à neuf heures temps sombre, des nuages noirs, tout en lambeaux, pendent dans le ciel, on dirait qu'il pleut à terre. La rive est couverte de brumes où se découpe, au-dessus de l'épaisse forêt, la silhouette des palmiers épars, merveilleuse végétation, mystérieux paysage, où nous glissons silencieusement portés par le courant des eaux qui remontent vers l'intérieur. Sous les voiles indécis de la lumière diffuse, dans le silence de cette nature sans contours où la vie avec le flot qui monte, se gonfle dans toutes choses pour éclore bientôt au soleil qu'elle attend, on a l'impression d'un monde étrange, la réalité n'est plus qu'en rêve. Tout échappe à nos sens, cependant suspendus, attentifs ; il semble qu'avec le Dante nous entrons dans un monde sans bords, où la fiction du poète s'anime et nous frôle de son insaisissable réalité, et que tout à l'heure au réveil tout va s'évanouir et nous laisser désenchantés. Mais non, c'est la première page du grand poème, les choses et les hommes vont à chaque pas accroître notre étonnement, grandir notre émotion, et toujours combler, dépasser notre attente.

Au loin la silhouette de deux noirs debout dans leur pirogue ; ils glissent comme des âmes entre ces rives sans espérance, car on n'y peut aborder : quelque oiseau troublé par le fantôme de nos grandes voiles, tend son vol effaré vers les îlots rocheux qui nous précèdent, de lourds pélicans flottent à la dérive :

> ... Le duvet de ses flancs est pareil
> A des neiges d'avril qui croulent au soleil,
> Sa grande aile l'entraîne ainsi qu'un lent navire (1).

(1) Sully-Prudhomme.

La surface des eaux, moirée par les remous, paraît sourire à notre curiosité, c'est la sirène ; et dans cet instant d'une contemplation où se délient tous nos liens avec la terre, où les sens s'épuisent sans se heurter à aucune désillusion, le malheureux voyageur exhale toute sa vie ; il rentre dans sa cabane avec un bon accès de fièvre. Mais la fièvre passe et l'enchantement demeure.

Le noir est bien l'animal préhistorique qui convient à ce pays, vêtu il serait inconvenant, nu il est beau, il est dans la vérité du tableau.

Arrivé à Bassyah à deux heures, nous jetons l'ancre, le soleil commence à percer. Je descends à terre.

On arrive au village par un chemin sinueux que l'écoulement des eaux de terre, aidé d'un peu de main-d'œuvre, a creusé profondément dans la vase, jusqu'au sol ferme. A cheval sur les épaules du plus grand de mes porteurs, je vois à peine par dessus les deux berges de vase qui encaissent ce passage. A mer haute, l'eau recouvre le tout ; si par accident l'on s'aventurait sur cette boue, on y enfoncerait jusque par dessus la tête. A mer basse, une nuée de tout petits crabes ayant chacun pour domicile un trou à part, apparaît au soleil ; ils s'ébattent et se combattent sur ce terrain riche en proies de toutes sortes. Leur unique pince blanche s'élève et s'abaisse sans cesse en un brusque mouvement qui donne à ce petit peuple un air de danse ; elles se ferment avec des claquements de mâchoires dont l'ensemble sert de musique à cette fête carnivore. Dans ce pays tout sent la bataille à mort pour la vie.

Un noir me montre les cendres de ma case, il me dit que c'est lui qui a mis le feu, naïve bête ; il m'explique pourquoi, le prétexte est une jalousie de femmes, la raison une rivalité d'intérêt, le noir n'a été qu'un instrument. J'envoie chercher Charles Coucou, il est à la campagne. Remontant en canot, sur le bord de l'eau je tue quelques oiseaux bleus, noirs, feux, argent, vert d'eau, corail vif.

Le roi me donne vingt porteurs pour aller jusqu'à Baralandé, à trois jours de marche ; je choisis et j'engage en outre huit hommes qui feront partie de ma troupe pour aller dans l'intérieur.

Au moment où j'allais regagner mon bord, ayant pris congé du roi et des habitants, une querelle commence. Dans une discussion, un noir d'un village voisin donne un coup de sabre ; un signal retentit, les quarante ou cinquante noirs qui participaient à la dispute, se séparent aussitôt en deux bandes faisant front l'une à l'autre. Ces hommes sont tous armés, les discours tumultueux ont cessé, les paroles deviennent brèves ; le blessé tout sanglant est placé en enseigne au bout du quadrille, il est visible qu'on va s'attaquer, faut-il dire : *avec courage?* c'est bon pour nous autres civilisés, paisibles dans le courant ordinaire de la vie et qui éveillons notre courage quand il est nécessaire, pour soutenir une idée, mais ces Noirs ! ça se bat pour le plaisir d'abord, l'idée, la cause à défendre n'est que le prétexte. N'était la fâcheuse entaille, le sang versé, les oreilles coupées, le pitoyable préjugé, je laisserais aller la fête, j'assisterais à une joyeuse bataille.

Il y a là, plus remarquables, des nègres de la forêt voisine, plus nègres que nature, tatoués, peints de toutes les couleurs, jaunes, rouges, le front chargé d'un énorme bec de toucan, gros, long et pointu, sorte de corne artificielle qui leur sert d'arme offensive ; le nez, les oreilles, le cou, les poignets, les chevilles, ornés de plumes, ils sont beaux comme dans les images. Ces sauvages, car ce sont eux, j'imagine, que ce nom veut désigner, vivent dans les racines des palétuviers; ils n'ont pas de terres, pas de cases; ils courent ou dorment comme des bêtes sur le réseau inextricable des racines aériennes dont les longues tiges descendent jusque dans la vase et portent au-dessus de la marée haute l'épaisse forêt des mangliers. A mer basse, la vase où plongent ces racines amphibies apparaît à cinq ou six mètres au-dessous du pied des arbres; ces noirs vivent des mille bêtes qu'ils chassent dans ce domaine étrange. Ce n'est pas sans un petit frisson qu'on se demande là si vraiment tous les hommes sont semblables; on fait involontairement des réserves.

Sans exagérer ma philanthropie, je préfère empêcher la bataille, on perdrait dix minutes à se découper, on entamerait ceux de mes hommes qui sont dans l'un ou dans l'autre camp, puis il faudrait discuter, fixer les responsabilités, plaider, juger. Le noir aime bien tout cela : avoir des torts et en discuter; il aime les bons coups et aussi la justice, il se montre tout heureux quand il voit éclater la vérité; c'est un enfant. C'est sans doute par cette lueur que nous sommes frères. Je préfère juger tout de suite; le blessé tout dégouttant de sang qui sert de pièces à convictions, n'avait rien à faire dans la discussion; il a été blessé par hasard, par un coup qui ne lui était pas destiné, il n'y a donc pas injure, tout s'arrange, je pars.

Mais j'ai perdu quarante minutes et la marée qui n'attend pas me laisse faute d'eau à trois kilomètres du port de débarquement, dans un étroit marigot. Je passe la nuit à bord, au milieu de la forêt qui nous enserre, deux hommes font sentinelle ; cela me donne le plaisir de revoir mes sauvages d'hier. Le bruit de la chaîne dans l'écubier lorsque le *Jean-Baptiste* a jeté l'ancre, leur a signalé le mouillage, ils sont venus sautant, grimpés sur les racines des mangliers qui craquent sous leur passage ; perchés comme de grands singes, dans ce lacis branlant, à six mètres au-dessus de la vase ; ils ont hélé mon équipage[*]. Les hululements modulés, les cris les plus savants ont transmis au travers de la nuit le qui-vive de ces faunes inquiétants ; je ne sais pas leur langue, mais j'ai un interprète qui fait passablement la chouette, on se reconnaît comme de vieux amis, nous pouvons dormir tranquilles ; — avant le jour et sans attendre la visite incommode de ces habitants des bois, prestement je démarre.

A sept heures du matin nous débarquons à l'entrée du marigot de Galignan au nord-est de Bassyah, nous remontons le lit du marigot à pieds presque secs, les eaux étant basses ; puis, après trois heures de marche dans les hautes herbes encore couvertes de rosée, où le soleil nous cuit à l'étouffée, nous faisons halte et déjeunons à l'ombre, au bord d'une petite rivière d'eau douce bonne à boire, large de vingt mètres ; eau peu profonde, — jusqu'aux genoux —, peu de courant, coulant vers le nord.

Le soir nous couchons à Socotoïa, grand village, bon chef.

On nous avait pris d'abord pour un parti ennemi, car on est en guerre déclarée avec les villages voisins. Il a fallu camper à 300 mètres des palissades, parlementer, se faire reconnaître. Les hommes courent aux armes, se groupent, nous observent, nous apercevons dans les haies des têtes crépues, des yeux inquiets, les longues sagaies brillent dans le feuillage ; puis, voyant un blanc,

ils prennent confiance, se risquent hors du village, s'approchent, on échange des grognements courtois et enfin de joyeux bonjours.

Après l'échange des présentations je vais boire à la

fontaine du village, ou du moins voir cette curiosité africaine, — ici les curiosités ne sont jamais des ruines, ce sont toujours des choses vivantes, plus vivantes —. Cette fontaine est en effet une merveille de poésie et d'art naturel; au centre d'un vaste amphithéâtre, elle apparaît comme un temple élevé par quelque adorateur des divinités champêtres, aux nymphes de Socotoïa. Un lourd tapis de lianes rampantes et d'arbustes étroitement enlacés recouvre les pentes qui l'encadrent; de cette végétation sombre et touffue, ardente cassolette, s'exhalent mille parfums capiteux qui s'emparent de nos sens; au fond, en bas, trois bouquets de bananiers forment le temple. A leur pied, sous leur ombrage, une source limpide s'épanouit, leurs larges feuilles longues et souples, gracieusement penchées sur le miroir des eaux, la protègent contre les ardeurs du jour. Animées par les mouvements légers de l'air que le soleil appelle, elles font vivre le mystère de ces lieux silencieux; le balancement de leurs caresses appelle doucement le voyageur passant.

Le sentier domine l'amphithéâtre et le contourne par le côté; en quelques sauts de descente plus rapide je suis par surprise au dernier tournant, tout au bord de l'eau, à l'ombre des bananiers, à la fraîcheur de la source. Dans le clair-obscur de cette retraite enchantée, dont le soleil sur le sentier, marque le seuil d'un éclatant tapis de lumière, dans l'eau peu profonde, miroitante et limpide, le voyageur aperçoit, comme dans un rêve de la mythologie, Diane et ses nymphes prenant leurs ébats : c'est le bain des jeunes filles.

Toutes jeunes, toutes belles, sérieuses et souriantes

vestales vouées au culte inconscient de la beauté, tentations de sirènes, le bonheur de vivre est leur seul vêtement, le bonheur est leur vie. L'apparition de l'étranger les étonne un instant, elles ont la pudeur innée, l'attrait que ce voile imaginaire garde à la femme jalouse d'elle-même, mais nul embarras ne les contraint ; les devoirs de l'hospitalité, le désir de plaire animent leurs jeux, la curiosité fait briller leurs yeux ; elles s'empressent de faire les honneurs de leur fête à l'heureux mortel que les dieux leur envoient. Gracieusement agenouillées près du bord, élevant au-dessus de leurs têtes leurs calebasses qu'elles ont remplies au creux de la source vive, elles m'offrent l'eau qui apaise la soif et le sourire qui la réveille.

Mais je n'ai plus soif, mes yeux ravis ont désaltéré toutes les lassitudes de mon corps, réveillé toute son activité ; la poésie enchanteresse de cette heure de l'âge d'or oubliée là par le temps, a transporté mon âme dans le rêve que poursuit l'humanité souffrante ; là est le bonheur d'autrefois, le bonheur de l'homme-bête, pleine ardeur satisfaite des sens, somme de la terre. Aucun peintre des ondines troublantes, des baigneuses audacieuses, n'a jamais exagéré ; il y a peut-être dans les cieux d'autres terres peuplées d'hommes, mais il n'y a pas d'autre fontaine de Socotoïa.

Chez cette race toute jeune le cœur commence à naître ; l'esprit naîtra par la suite, apportant avec lui ses jouissances plus hautes, mais la vie animale ne lui a pas encore fait place, le Noir n'a pas souci de la vérité haute, de la fin raisonnée. Ce bonheur de bête n'est pas le but de la vie, visiblement il n'est qu'un moyen, une étape fuyante dans l'incessant progrès.

Plus loin la colline barrant le vallon sacré s'élève comme un rempart, sa crête dentelée d'arbres géants étend un voile jaloux, gardien respectueux de ce sanctuaire.

Mais il faut aller rêver ailleurs, il est défendu de venir là, on m'appelle, on me rejoint, je reviens au village.

Je reviens pensif, cherchant la vérité dans la comparaison des temps. Revoyant dans l'ombre mystérieuse de la fontaine les formes indécises d'abord de ces corps superbes peu à peu révélés à mes yeux agrandis, je me rappelais le sculpteur antique du poète :

> La figure à l'appel de l'ébauchoir agile,
> Se laisse deviner lentement, puis saisir ;
> Au soleil par degrés sort de l'obscure argile
> Et s'offre toute nue aux yeux purs de désirs.
> . . . .
> Ceux de nous que la chair a séduits par la ligne,
> . . . .
> Enviant aux anciens cette fortune insigne,
> D'avoir connu le beau qui ne se voilait pas,
> . . . .
> Sa forme souveraine, à leurs yeux coutumière,
> Leur exaltait le cœur au lieu de le brûler,
> . . . .
>
> Ils voyaient s'animer et s'alanguir les danses
> Sans que l'allure humaine eût aucun rythme bas,
> La grâce y dédaigner d'hypocrites prudences
> Sans avilir jamais les gestes et les pas.
>
> Ils y pouvaient surprendre une attitude heureuse,
> Une élégance innée éclose sans effort ;
> L'âme enfin d'une race aimable et généreuse
> Librement devant eux souriait dans les corps.
>
> Mais plaignons nos sculpteurs, nés loin de la contrée
> Où florissait la forme en liberté jadis ;
> Jamais dans sa candeur ils ne l'ont rencontrée
> Sous l'avare soleil de nos pâles midis.

Nous foulons un sol froid qu'à peine un rayon touche
Où marchent tous les corps cruellement vêtus,
Où la chaste beauté, menacée et farouche,
Met la peur du regard au nombre des vertus.

. . . .

SULLY-PRUDHOMME.

Lorsqu'on se plonge brusquement et en plein dans un milieu primitif si différent du nôtre, on a la sensation involontaire de ce que nos descendants, dans deux mille ans, penseront de nous ; mille choses qui dans les usages et dans les lois, nous paraissent importantes, nécessaires, auront disparu, leur description conservée dans l'histoire paraîtra invraisemblable ; les citer aujourd'hui soulèverait un scandale. Cependant ici, la notion du temps subitement éliminée laisse apparaître clairement, à ce qu'il semble, la vérité.

Le chef nous donne une poule, c'est l'usage, et trois calebasses de gros mil. Délicieux le gros mil bouilli, délicieux ; je mange du riz à l'huile de palme, délicieux le riz à l'huile de palme fraîche, délicieux, une vraie pommade, il faut se hâter d'en prendre l'habitude. Je m'étends sur la natte du fidèle M'Bar*; très flatté du grand honneur, il va plus loin s'asseoir sur ses talons, attendre pieusement que je me sois reposé. On se repose en effet, ainsi couché presque au contact de la terre ; après quelques minutes toute la fatigue qui contracte les muscles a disparu, la détente est complète, le repos est tranquille. Il semble que le fluide (?) produit par les actions mécaniques et physiologiques dans le corps, se répande dans le sol conducteur, tandis que si l'on est couché sur un lit isolant de laine ou de soie, on est longtemps agité, le repos est moins vite réparateur.

La nuit est fraîche — 14 degrés — après l'excessive chaleur du jour; si je n'avais ma couverture de fourrure, couchant dehors, j'aurais froid.

Les porteurs de Charles Coucou sont pleins d'entrain, mais ils sont sous les ordres d'un grand maigre qui voudrait des honneurs à part, ou au moins des boules d'ambre; et comme je ne veux pas payer les coups que je le vois tout prêt à distribuer, il invente mille prétextes pour retenir ma petite troupe. Il fait asseoir les captifs, sur lesquels il a une autorité absolue, et trouble les autres par des discours perfides. Ils s'arrêtent toutes les demi-heures, bavardent sans fin, ne pensent qu'à manger; il faut se fâcher, ce qui ne produit pas exactement l'effet désiré. Mais ce sont là des incidents accessoires de route nègre, je me reproche de m'y arrêter avec un curieux intérêt plus que je n'en ressens de contrariété; je respire pleinement dans la simplicité des événements, personne n'est là pour m'aider, discuter mes projets, toute ma vie est entre mes mains, c'est la suprême liberté!

Le pays appartient à ces noirs, mais pas autrement qu'aux autres bêtes qui l'occupent; ils en vivent, mais n'ont pas de liens avec lui, pas d'histoire. A la place où existaient hier des villages de terre, il ne reste rien, la végétation a recouvert les ruines et les a dévorées, c'est l'uniformité de la mer sur un naufrage.

De Socotoïa, route à l'est, presque tout le temps dans les hautes herbes, hautes de trois mètres, serrées, touffues sur le sentier qui ne parvient pas à s'en défendre, nos pieds s'embarrassent dans cette chevelure sortant de terre, tandis que leurs feuilles de roseau nous coupent le figure ; on ne voit pas où l'on marche, je n'aperçois pas l'homme qui me précède ; de l'air, pas un brin, et le soleil tamisant par en haut distille en vapeurs chaudes la rosée du matin qui coule le long des herbes, nous sommes cuits à la vapeur.

Voici l'arbre qu'ils appellent *Quéré* ; mes Noirs en prennent l'écorce et les tiges tendres, et les font macérer avec de l'eau dans leur bouteille de voyage qu'ils portent pendues à l'épaule. C'est du quinquina quant à l'effet, goût amer du *Quassia amara*. Cet arbre abonde dans la région rive droite du Rio-Nunez. A l'analyse il ne donne pas de principes cristallisables, il ne contient pas de quinquina, mais peu importe, s'il agit il guérira sous un autre nom.

Le voyageur jouit pleinement de l'émotion présente, mais il ne la partage avec personne, c'est le triste lot de sa solitude. S'il avait un ami ! Mais ils cesseraient bientôt de s'entendre, ils iraient par contrainte, discuteraient, se disputeraient peut-être. Vivre à deux ces émotions nouvelles en tout, serait donner à la vie toute sa valeur, respirer tout son parfum. Dans quelques années mon fils sera cet ami, par notre mutuelle affection je jouirai de ses émotions, je vivrai des joies que je lui aiderai à trouver à chaque heure dans le devoir et le travail. Mes chers enfants ! Et pourquoi les quittez-vous ? me dira-t-on. La joie du cœur ne vit pas que dans le tête-à-tête, je ne suis pas loin d'eux. Si je peux ouvrir vers l'avenir quelque route nouvelle, ils me sauront gré de n'avoir pas trouvé mon repos dans la vie facile des habitudes toutes faites du corps et de l'esprit.

Lundi 9. — Rivières, marigots, bananiers, village de Balama...

Mes porteurs grognent à fendre les rochers. Nous partons à six heures et demie, à sept heures ils s'arrêtent, ils veulent déjeuner sous prétexte qu'il n'y a plus d'eau sur la route en avant. Nous continuons cependant ; arrêts, palabres sur palabres. Ces Nalous sont de braves gens, mais le moindre danger les met en fuite, gens faits pour être mangés, la joie du cannibale ; en paix ils bavardent comme des perruches sur un buisson, crient, disputent, menacent, font un tapage de perroquet. Ils menacent de laisser mon bagage au milieu du chemin et de s'en aller ; j'accepte aussitôt, m'organisant sans perdre un instant pour me passer de leur service. Alors ils ne veulent ni porter, ni s'en aller ; ils s'asseyent sur leurs talons sans lâcher leurs bagages. Au fond psychologique, je comprends bien ce qui les tourmente : ils s'exercent à faire l'homme, comme un jeune oiseau essaye de voler ; discutant avec le Blanc, c'est-à-dire avec l'*homme*, ils veulent avoir l'air d'être de la confrérie ; et ils attendent que je les félicite comme de bons élèves, de leur zèle intelligent ; avec un compliment je m'en tirerai.

Centième palabre ; ici on parle toutes les langues, nalous, sousou, timéné, mandingue, yolof, foulah, créole, sérère même si le fidèle M'Bar prenait la parole ; mais, homme sage entre tous, il se contente de promener des regards méprisants sur ces inutiles bavards et de rouler des yeux gourmands, espérant que ça va bientôt se terminer par des coups. On parle même anglais, à ce que prétend un certain Guémish, qui, tout Noir qu'il est, fait l'Européen de Sierra-Léone. Quand tout le monde parle à la fois il y a moyen de s'entendre, les avis sont désorientés, n'étant pas unis ils sont sans force, et finissent par se précipiter sur le premier drapeau inconnu qui se lève, croyant, comme des moutons de Panurge, qu'il y a décision prise.

Nous repartons. Arrivée à Kelsami. Deux porteurs, Maliki et Suleiman, se battent avec fureur. Quel entrain! quels coups! Ils sont frères, me dit-on, frères à la mode du pays, c'est-à-dire qu'esclaves, ils ont été achetés tout petits par le même propriétaire; parenté inconnue sur les bords de la Seine.

Le chef du village prétend que ses dieux ont été outragés par ce conflit et qu'il lui faut un cadeau. Pour diminuer la *carotte* je lui dis de s'adresser aux combattants. Celui qui a tort s'exécute, sans joie, mais convaincu que c'est nécessaire, ayant été par un imposant palabre de justice déclaré le coupable. Il donne deux brasses de guinée. Ça m'aurait coûté dix fois plus. Je les lui rendrai, c'est un brave, il est le plus petit et c'est lui qui a commencé.

J'ai trois interprètes : celui qui prétend parler anglais, — M. Pitt lui-même, qui pourtant avait l'esprit délié, n'y entendrait mot, — celui qui parle le créole portugais, charabia que j'ignore à peu près; enfin un troisième qui baragouine le français, mais ne connaît pas les langues de ce troupeau. Il n'est pas très facile de pêcher un renseignement au milieu de cette tour de Babel, mais le génie du langage est un, supposons-le. Plus le mélange est complexe, plus fortement ressort l'unité de consonance pour exprimer une même pensée. Hier soir, au palabre d'arrivée, j'ai traduit à l'interprète ce que le roi disait, non parce que c'est toujours la même chose et par mémoire, mais parce que les intonations, le geste, étaient pareils à ceux que d'autres langues habillent d'autres mots de même résultante musicale, pour exprimer la même pensée. Les modulations nègres ont encore des analogies avec les aboiements du chien.

A douze ou quinze kilomètres de Socotoïa cesse le terrain plat des alluvions et commencent les collines dont les vallonnements se succèdent sans que l'altitude en somme augmente.

Mardi 10 janvier. — Temps couvert, et le soir petite pluie qui dure toute la nuit.

A deux heures de l'après-midi j'aperçois au loin, dans les ondulations sombres des bois que domine notre sentier, un point blanc, c'est le poste de Boké sur le Rio-Nunez ; avec ma longue-vue je distingue les trois couleurs, le drapeau flotte au haut du poste. Il dit bien des choses ce petit drapeau, et je les entends, et je me les répète avec une douce émotion.

Tout le long du jour mes porteurs refusent de marcher. C'est que j'ai eu la maladresse, — Charles Coucou avait l'air si bonhomme —, de m'en rapporter à lui. Il a traité pour la course de Bassyah à Baralandé où nous allons arriver, à tant par jour. Alors volontiers, pour gagner un jour de plus, on reviendrait en arrière ; à forfait ils auraient marché plus vite, mais ils n'auraient pas fait les détours qui m'intéressaient. Tout ça n'est pas grave. Dès sept heures du matin ils veulent camper ; il faut faire de la *psychologie* à fond pour trouver les secrets ressorts ; toute bête humaine a le sien, la plus tenace cède dès qu'on la pousse. J'ai donc allumé les palabres et contre-palabres, c'est le plus court ; les Noirs ont besoin de parler comme on a d'autres besoins; il faut que le peu de fermentation que la pensée produit dans ces cervaux épais exhale constamment son produit, il n'y a pas d'accumulateur.

Arrivé à Corréra (nom qui veut dire *en haut*), sur la haute berge rive droite du Kakandy ou Rio-Nunez, je traverse le fleuve pour gagner les factoreries de Baralandé qui sont en face. M. Matton, agent de la Compagnie du Sénégal, me reçoit en compatriote. Il est actif et intelligent, ce doit être un bon agent.

Le soir et toute la nuit il pleut. La case étant dépouillée de son toit de chaume, comme il se fait dans cette saison dite sèche pour éviter les incendies (il est rare qu'il pleuve ici à cette époque), nous couvrons avec des cuirs de bœufs qui sont là en quantité, les marchandises alignées sur les rayons du magasin.

Sous la carcasse de la toiture enlevée on a établi un plafond formé de bâtons recouverts d'un lit de terre épais de vingt centimètres ; c'est un écran parfait comme il en faut ici pour se préserver de l'actinisme solaire.

M. Matton m'offre le vivre et le couvert, et d'abord un verre de cognac, absinthe, etc. Je demande, puisqu'il veut bien me laisser le choix, un verre de limonade, un calmant ; mais il insiste pour un réconfortant, que je préférerais éviter, je n'ose pas refuser. Il fait apporter bitter et quinquina. Je ne sais quel mélange prépare et me verse le nègre sommelier, mais j'en suis empoisonné ; mon hôte boit autre chose. Quelques heures après je rends du sang à flots et des débris de mon pauvre intestin dévasté. C'en est fait de la provision de santé que j'ai apportée.

[J'ai continué mon voyage, mais tout le long du chemin jusqu'au dernier jour et longtemps encore après mon retour, j'ai été malade, épuisé par cet accident et ses suites persistantes.]

Mercredi 11 janvier. — Fièvre; je reste étendu tout le jour sous trois couvertures de laine et ma fourrure, assoupi, anéanti. Je vis de laudanum et de pilules du docteur Roberty (je les recommande à mes collègues, pilules faites jadis contre le choléra). L'agent de la Compagnie à Boké, M. Kunzler, vient me voir, mais je suis si réduit, si mort, que je ne perçois plus les bruits, j'entends comme dans un rêve.

Jeudi 12. — Temps couvert, peu de soleil, je vais un peu mieux, mais je perds toujours beaucoup de sang et de chair, du moins quant à l'apparence. Diète absolue, pilules et laudanum. Je renvoie à Charles Coucou ceux de ses hommes qui ne doivent pas m'accompagner plus loin et j'attends ceux qui compléteront ma troupe. Je reste étendu sur le lit de M. Matton, qui a couché à terre sur un matelas la nuit dernière pour me laisser son lit; on n'est pas plus hospitalier.

Chez les Noirs le nom de Kakandy désigne le Rio-Nunez et tout le pays qu'il traverse. Le jusant remonte jusqu'en amont de Baralandé, la marée ici (6 kilomètres en amont de Boké) est encore de quatre-vingts centimètres environ. Il y a là un gué sur un fond inégal de grosses roches, qu'on traverse avec de l'eau au-dessus de la ceinture dans les creux; à marée haute on ne passe pas. Le fleuve a environ quarante mètres de large. La berge a cinq ou six mètres de hauteur au-dessus de la marée haute, elle est un peu plus élevée à Corréra, sur l'autre rive.

Diverses notes relatives au tracé d'une voie ferrée dans la région que je viens de traverser.

Dinah, roi des Nalous, reconnu par la France comme successeur du roi Youra son père, n'a pas d'autorité; il dépend de ses feudataires auxquels il est obligé de faire des concessions pour se maintenir. Le vieux Youra, dont j'avais cultivé la confiance pendant de longues années et qui acceptait volontiers la croûte de pain de l'amitié, surtout mouillée de champagne, se faisait autrement obéir. C'était un précieux gendarme, il suffisait de lui signaler les coupables de quoi que ce soit, pour l'exemple justice était aussitôt faite.

Toc-Ba, frère de Dinah, s'est taillé entre le Rio-Nunez et le Compony un petit royaume indépendant bien surveillé où son autorité est respectée. Au bas du Rio-Nunez, rive gauche, est Karimou, neveu de Youra; il refuse de paraître au poste de Boké, disant qu'on lui est ennemi puisqu'on reconnaît comme roi Dinah qui a fait assassiner son père, frère de Youra, légitime héritier du trône. Il n'est pas sans logique ce moricaud.

Vendredi 13. — Toujours blessé intérieurement, j'essaye d'un peu de riz bouilli à l'eau.

Samedi 14. — Toujours de même; la diète m'affaiblit, j'essaye de manger, mais aussitôt la perte de sang devient plus violente; je prends pilules d'opium et encore pilules.

Dimanche 15. — Cinquième jour de diète, je vais mieux, je continue avec espoir les pilules; je crois que les ravages se cicatrisent. J'ai encore deux hommes à engager, je pourrai, j'espère, partir mercredi; je prends deux cuillerées de riz bien bouilli.

M. Kunzler vient passer quelques heures, très affable; il est un peu souffrant. Chiffres et notes, renseignements pratiques.

Tout ce Rio-Nunez est rempli de Noirs de Sierra-Léone ne parlant qu'anglais.

Lundi 16. — Toujours malade ; j'ai mangé 750 grammes de riz en tout, depuis cinq jours, je vais essayer d'augmenter ce régime.

Cinq heures du matin, 16 degrés. Oumarou, qui a accompagné Bruck à Bambaïa, demande à venir avec moi. Son voyageur a été dévalisé et est revenu tout nu ! c'est une recommandation originale.

Entre Corréra ici en face et Kandiafara il y a des fonds d'eau comme partout dans l'hivernage, mais aucun cours d'eau. Un Européen qui a fait le trajet pendant la saison sèche me dit qu'il n'a pas trouvé d'eau pour faire boire son cheval.

La source du Rio-Nunez n'est pas très loin en amont de Baralandé, me dit-on ici.

Mardi 17. — Mon estomac accepte presque un léger repas, les douleurs sont supportables ; je partirai demain.

IV

DE BARALANDÉ A TIMBI-TOUMI.

Le Tiguilinta. — Le Cogon. — Falaise du Paray. — Le Tomine. — Le Kakrimann. — Haute plaine des Timbi.

Mercredi 18 janvier. — Nous avons hier fait une répétition générale pour répartir les charges. Il faut confier les vivres aux moins gourmands, les marchandises aux moins voleurs, le colis dont on peut avoir besoin à tout instant au plus alerte, les sacs vides au plus intelligent qui ne manquera aucune occasion de les remplir, etc. Sans trop s'arrêter aux préférences de chacun, il est bon d'en apprécier les causes et d'en tenir compte. Les plus avisés prennent les sacs au riz dont le poids dépasse quelquefois, mais rarement, le poids maximum réglementaire, mais qui le plus souvent sont à demi vides ; quoique renouvelée d'Ésope, cette prévoyance pratique est encore vraie. Le paquet le plus lourd, le plus incommode et dont le poids ne pouvait varier que par augmentation accidentelle de quelques accessoires, — je veux parler de mon lit contenant mes couvertures (*) — a été réclamé par un vigoureux mais naïf porteur, qui, moyennant un léger compliment à propos, de loin en loin, l'a porté allègrement du premier jour jusqu'au dernier, toujours en tête de la colonne, fier comme l'âne chargé de reliques.

Je laisse mes dernières lettres pour la France. Nous partons à sept heures et demie. M. Matton, à cheval, m'accompagne assez loin sur la route ; je lui renouvelle ici tous mes remerciements pour son aimable accueil.

Près du Tiguilinta le sentier traverse l'emplacement d'un village où j'ai couché en 1880, il était alors encore habité, mais déjà à demi ruiné ; aujourd'hui tout a disparu, les murailles de terre ont fondu, il n'en reste pas vestige.

Diverses notes sur le terrain, les altitudes et les eaux.

Jeudi 19. — Je rencontre le roi de Gongourou, Omar Béla, qui commande la région de Guémé où je me rends. Il est entouré de nombreux soldats, son campement occupe tout le vallon. Son hamac est tendu sous les arbres où, entouré de ses intimes, il tient sa cour. C'est un Noir de la race des intelligents et des forts, caractérisée parmi les chefs du Foutah-Djalon par de gros traits massifs à la manière de Mirabeau, une peau de requin ; pas jolis, mais beaux, avec les signes marqués d'une grande vigueur de caractère ; on ne peut les confondre avec d'autres quand on les a vus une fois. C'est le camp de Boabdil, moins tout sauf lui.

Ce sont là gens avec lesquels on peut mettre une idée en commun. Oumar Béla s'empresse à me fêter au passage, assemble un grand conseil, tient un palabre officiel tout haut, tandis que tout bas il recherche un échange plus intime d'utiles propos ; nous nous entendons à demi-mots ; je dois ajouter que nous nous étions déjà vus chez lui en 1880.

La race noire a toutes ses racines nourricières encore intactes dans la matière, instruite par nous elle produira le cerveau plus complexe qui, dans l'avenir, conquerra un degré d'indépendance supérieur à celui que le notre a conquis. Chez le noir on sent la force vierge, on voit la chair puissante, le cerveau lourd de vitalité prêt à nourrir la vie d'un esprit plus exigeant que le nôtre. Notre nerveuse race blanche a déjà plus qu'à demi rempli sa tâche, le développement contenu dans son germe est épuisé, le climat qui l'a nourrie s'en va désertant nos contrées septentrionales et reporte au sud ses faveurs maternelles. La pitié s'éveille dans notre cœur lorsque nous voyons ces corps diaphanes, étroits, sans souffle, dont toute la vie est réfugiée dans le regard intense, fleurs coupées, montées sur fil de fer, qui n'ont plus de racines dans la matière ; l'esprit et le nervosisme ont attiré à eux toute la vie. La race blanche ne tient plus à la terre, elle paraît s'être proposé de renoncer à avoir un corps ; c'est trop tôt vouloir réaliser le rêve, elle approche du terme de sa vie ; la race noire approche de son avènement dans l'humanité ; le Noir devient homme, c'est en lui que les progrès conquis par nous seront continués par des progrès supérieurs à nos forces.

Oumar Béla me donne un de ses fidèles qui m'accompagnera à Guémé et Compéta, et auquel je remettrai les cadeaux que je me propose de lui faire : il y a ici trop de curieux, me dit-il. Il vient en ambassade à Boké, chercher la rente que la France paye annuellement à l'Almamy.

Un peu plus loin, à 31 kilomètres de Baralandé, nous traversons le Tiguilinta (c'est le premier cours d'eau important que je rencontre), 40 mètres de large avec de l'eau par endroits jusqu'à la ceinture. Malgré le site enchanteur, les frais ombrages, la prairie arrosée, les falaises pittoresques, il n'y a pas de villages ici sur les bords du Tiguilinta, parce qu'il n'y a pas de sécurité dans cette région intermédiaire entre la zone occupée par le Blanc et le pays foulah à l'intérieur.

Le pays est désert, mais le sentier très parcouru par de nombreuses caravanes.

Nous sommes à 40 mètres d'altitude, le fleuve s'écoule en jolies cascatelles sur toute sa largeur et va se perdre sur notre gauche dans une gorge étroite et sombre, entre des parois à pic hérissées de végétation qui intercepte le jour. A l'issue du gué nous passons sur des roches plates, striées de longs alvéoles, traces anciennes creusées par les éléphants qui aiguisaient là leurs défenses.

Nous couchons à Boulléré, en haut d'une colline, 220 mètres d'altitude ; c'est un village naissant, son oranger est encore tout petit. Je fais mes cadeaux au guide d'Oumar Béla. A cette vue l'accueil un peu réservé de Yousouf, chef du village, se transforme en un zèle généreux, il amène un mouton, donne du riz, propose un guide, offre des porteurs. Mais Oumar Béla a pourvu à tout dans l'étendue de son commandement.

Mon homme de confiance, Ali, a le vol encore timide, il me fait des comptes et combine tout un jour pour détourner deux ou trois boules d'ambre ; en 1880, Maly, qu'on m'avait d'ailleurs présenté comme un brigand de race, avait débuté tout de suite largement : il mettait tout dans sa poche; mais il le dépensait avec intelligence et vivement, j'étais à peu près servi.

A six heures on nous donne un bœuf, à sept heures et demie il est mangé. Étrange phénomène! comme il faut peu de temps pour changer profondément les résultantes d'un groupe d'activités ; je voyais là une vitalité puissante s'exhalant d'une masse organisée; elle a disparu, et la même matière nourrit maintenant dans le corps de ces nègres une vitalité différente. Si je demandais à M' Bar ce qu'il en pense! il me dirait : C'est *grigri*.

Le chef Yousouf insiste pour son mouton, sa femme offre du lait caillé, *coçam*, son fils apporte une poule; Ali se résigne à tirer ses boules de sa poche profonde.

Je suis toujours malade, je souffre ; l'ascension de la colline en plein soleil m'a fatigué.

Tous les ruisseaux que nous avons traversés depuis le Tiguilinta se dirigent vers ce fleuve, le thalweg se voit d'ici jusqu'à l'horizon ; il est par endroits resserré dans des étranglements abrupts. Le sentier que j'ai suivi a contourné ces obstacles, cherchant le plus facile et non le plus court, préoccupé surtout de suivre à découvert la région de plus grande sécurité.

Un envoyé de l'Almamy vient me souhaiter la bienvenue. — Il faut ici remarquer que ce roi là-bas, au centre de sa toile d'araignée, est promptement averti dès que quelqu'un entre dans son royaume, et qu'il prend aussitôt des dispositions pour reconnaître et au besoin surveiller l'audacieux, surveiller ses intentions, ses mouvements, et aussi veiller à ce que son précieux bagage ne soit pas trop dîmé en route, avant d'arriver à lui. — Son maître est, me dit-il, à Dara, avec Bakar-Biro et les autres chefs, à préparer la guerre contre le Firdou. Yaya a fait étrangler son frère Aguibou, ce roi de Labé qui m'avait ouvert la porte du Foutah en 1880; l'Almamy l'envoie chercher

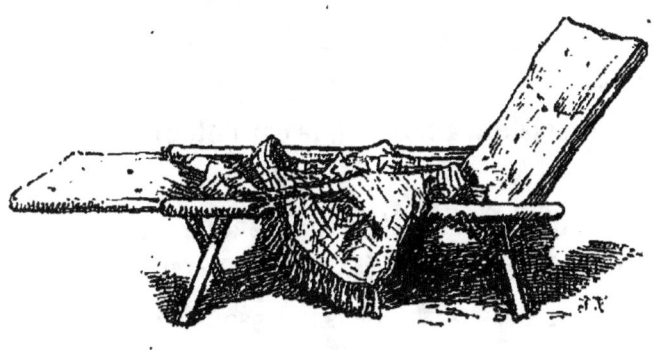

pour le nommer roi à la place du mort, à moins que ce ne soit pour lui faire couper la tête. Paté est resté à Timbo, il est en froid avec la cour; c'était déjà comme ça en 1880; ils se regardent en chiens de faïence. Paté est puissant à lui tout seul, le syndicat royal a peur de lui. Depuis mon dernier voyage, Modhi Diogo, le plus vigoureux partisan de Bakar-Biro, est mort, plus ou moins naturellement; cela ôte à Bakar un peu de sa force.

Samedi 21 janvier. — Gros nuages noirs, bon temps, soleil pas trop chaud, brumes, marche facile. Nous traversons le Quéléouel, gros ruisseau de 0ᵐ,50 de profondeur sur 7 ou 8 mètres de large, courant frais; il se jette dans le Tiguilinta à 30 kilomètres d'ici. Le sentier que nous suivons est très parcouru, la roche en est polie, c'est ou c'était une route importante. Partout la même roche rouge, quartz ferrugineux compact, à fleur de terre, roche dénudée, pas d'autre terre que la cendre des hautes herbes incendiées retenue dans les creux; aux plis des collines où la terre s'accumule et recueille l'humidité, des lignes d'arbres et de lianes noires, serrées; quelques bœufs d'ici de-là.

On me dit que le Cogon peut se descendre en pirogue depuis le point où nous le traverserons demain jusqu'à

Kandiafara, ou du moins jusqu'au barrage qui est en amont de ce village et que j'ai fait reconnaître par le bas du fleuve.

La région depuis Boké offre partout le même système de collines et de vallons. Avant le Queléouel nous avons traversé un autre ruisseau moins important, orienté en sens inverse, allant je ne sais où, à moins que par détours ce soit le même.

Mon lit est très confortable, c'est un lit de toile tendue (*), comme un pliant, modèle de la douane. Mon ombrelle (*) à trois étoffes, gris clair en dessus, bleue en dessous, et noire dans l'intérieur, me préserve parfaitement de l'action solaire et m'épargne, je le sens bien, beaucoup de fièvre. Mon bagage est parfait, caisses longues en bois de peuplier léger, tapissé de clinquant à l'intérieur pour la propreté et contre l'humidité et les moisissures (*), entourées d'un paillasson de jonc épais, mais presque sans poids, pour préserver mes vivres de la trop forte chaleur en plein soleil, le tout recouvert d'une forte toile à voile. Cette toile a divers avantages, elle serre le paquetage et forme cependant poche supplémentaire, et elle préserve la caisse contre les coups; ces toiles de couleurs différentes et rayées diversement sont des marques visibles de loin, qui facilitent le contrôle en route. En changeant les toiles, sans modifier le contenu des caisses, on déroute les observations des voleurs sans cesse en éveil. Comme vêtement : d'abord un chapeau large, épais, léger, blanc, noir et bleu comme l'ombrelle, *c'est la seule pièce indispensable du vêtement;* des bottines lacées, à clous ; de bonnes chaussettes ; un caleçon-pantalon fermé à la cheville par deux boutons (un peu en arrière pour que les herbes ne s'y prennent pas), serrant le mollet il accroche moins les broussailles et essuie moins d'eau dans les herbes mouillées, qu'un pantalon flottant. Une ceinture en laine, ceinture du marin, est nécessaire pour se préserver d'un refroidissement dans les transitions de température lorsqu'on passe du plein soleil à l'ombre impénétrable des fourrés qui couvrent les ruisseaux et les fonds humides ; cette ceinture préserve de la fraîcheur relative du matin et de la rosée abondante qui coule des herbes et des feuilles jusqu'à neuf ou dix heures du matin. Un veston de madapolam ou de flanelle très légère à nombreuses poches pour la montre, la boussole, le baromètre et le podomètre, qu'il faut consulter à tout instant.

La *boussole* n'est utile que pour les détails, car au soleil, qui dans ces régions suit la même route que le voyageur, on s'oriente exactement ; la *montre* de même est utile pour mesurer des vitesses, des temps d'arrêt, non pour l'heure que la hauteur et l'aspect du soleil donnent à trois ou quatre minutes près ; le *baromètre* est indispensable pour mesurer les altitudes, il n'y a que rarement intérêt à employer les méthodes plus exactes de la géométrie. Le niveau du capitaine Burel est commode si l'on se préoccupe d'un tracé de route ou de chemin de fer ; on le fait porter par un Noir, ainsi que le télémètre si on en a un, mais ce dernier instrument n'est pas très utile à l'explorateur. Le *podomètre* est le confident de tous nos pas, c'est pour lui que le voyageur travaille, on pourrait se passer de tous les autres instruments plutôt que de celui-là ; il est contrôlé par le temps observé et la vitesse lorsqu'on a l'habitude de l'évaluer.

Une jumelle légère en aluminium est nécessaire pour surveiller la colonne lorsqu'elle s'allonge, pour voir les villages, les troupeaux, reconnaître les caravanes et leur allure ; c'est le Noir qui la porte. Le Blanc ne porte rien qu'un foulard dans son casque, ses quatre cadrants, son carnet et son crayon ; c'est tout, s'il n'a pas de lunettes bleues, et il vaut mieux n'en pas avoir besoin ; à la main son ombrelle, dans sa ceinture un petit révolver.

Une montre à répétition ou une petite horloge à sonnerie est très utile pour savoir l'heure la nuit ; on peut avoir intérêt à ne pas allumer, et, de plus, il est bon d'économiser ses allumettes puisque tout dans le bagage doit être réduit au strict nécessaire et même bien au-dessous de cette limite. On peut, il est vrai, se fier aux étoiles encore plus sûrement que le jour au soleil, mais couché sous les arbres on les voit mal ou pas du tout.

Mes Noirs marchent sans mot dire quand il n'y a pas de vivres à bord de la colonne ; ils vont, pour gagner l'étape au riz, du matin au soir sans manger. Dès qu'il y a des vivres, impossible de les faire démarrer ; ils restent rivés à la marmite. Si on a tué un bœuf ils sont sans courage, las, blessés même, ne peuvent pas tenir debout tant que cette provision abonde.

Très propres d'ailleurs, dans tous les ruisseaux un peu profonds ils se plongent, se frottent mutuellement, se savonnent même de la tête aux pieds ; c'est l'affaire d'un instant, et si la halte dure quelques minutes, ils lavent d'abord leur culotte et l'étalent au soleil, elle est sèche quand l'homme sort du bain.

Dimanche 22. — Continué à travers bois et champs de pierres recouvertes à peine d'un peu d'herbe brûlée et de traces de terre insuffisante pour la culture du riz. Pays pauvre, quelques bœufs et lents bergers. Mangé le fruit du *Lotqué* (?), tendre comme du coroso, savoureux comme du quartz, léger parfum de gardénia. Le soir, par une descente de 150 mètres de profondeur sur une pente rapide, nous arrivons de ces plateaux jusqu'au Cogon ; le sentier passe sous bois de *Goudamis* (?) tout en fleurs ; fleurs à pétales épais d'un jaune éclatant, ayant la forme des fleurs de cerisier et groupées par touffes ; on s'en sert, me dit-on, pour fabriquer des parfums ; le chemin est couvert d'un tapis d'or souple, l'air est violemment parfumé.

Le Cogon a 40 mètres de large sur $0^m,50$ de profondeur, courant à $0^m,40$ à la seconde (nous sommes en janvier) ;

c'est presque le volume d'eau du Tiguilinta au point où je l'ai traversé; on peut le descendre en pirogue jusqu'au barrage qui est en amont de Kandiafara ; cela paraît vraisemblable, le baromètre indiquant une faible altitude, 752; on peut d'ici le remonter encore pendant un jour en amont, je vois là une pirogue. J'avais, en arrivant, parlé de m'en servir, on l'a fait disparaître; ces pauvres gens ne sont pas sûrs de leurs biens, ils ont peur de tout. Les rives sont boisées, cultivées çà et là, le pays paraît être meilleur que là-haut, il est même bon. Je traverse et campe sur la rive droite, à Sanguarégui. D'ici à Kandiafara, 80 à 100 kilomètres, me dit-on. Brillant clair de lune, puis le temps se couvre, et à trois heures du matin il pleut, comme la nuit dernière ; l'horizon est sillonné d'éclairs.

On ne peut exprimer le tintamarre que font ici les oiseaux de nuit, les crapauds et autres bêtes; orgue de Barbarie, trompe de carnaval, ferblantier, réunion électorale, c'est un charivari qui donne une haute idée de la puissance productrice de la terre et du climat. De tous les côtés à la fois d'innombrables grenouilles font entendre le claquement de leurs castagnettes, des singes grincent comme des ripes de maçon. Je ne sais quelle bête, immobile sur un arbre mort, pousse de seconde en seconde un cri strident, et cela dure toute la nuit, avec une constance et une régularité de métronome.

On ne connaît pas ici la rivière Nofomou, et on me dit que le Cogon continue jusque tout près d'Orévendo, ce qui absorberait Nofomou dans Cogon; on m'indique un gros affluent rive droite du Cogon, et plusieurs petits rive gauche, Lengourou, Pousse ou Seipou, m'Boura;

renseignements vagues, qui indiquent du moins beaucoup d'eau dans ces collines. On connaît différents villages voisins que je nomme, mais on n'a pas souvenir de Fata-Hoda, Diarendé et Kikala, que je vois notés près d'ici sur la carte : les morts vont encore plus vite ici que dans la ballade.

Je reçois la visite d'un fils du gros Abdul-Ay de Timbo ; Abdul-Ay est le frère de Paté, de Bikar-Biro, et d'Alioun ; c'est lui qui en 1880 avait fait creuser le grand trou dans lequel il voulait faire disparaître mon interprète après l'avoir étranglé. Son fils est un tout jeune homme, il se présente assez hautain, bien escorté. Nous échangeons quelques paroles amicales, il m'apporte un écho aimable de l'intérieur, on m'y reverra avec joie. Il me dit qu'il va à Boké. Quoi faire à Boké ? ça me paraît étrange. Il me demande des capsules. Incohérence des hommes et des choses ; si je rencontrais le duc de Guise sur le chemin de Samarkande et qu'il me demandât des pierres à fusil, qu'est-ce que je pourrais bien imaginer là-dessus? Je ne comprends pas ce petit astre errant, cinquième honneur, ramassant des capsules. Je comprendrai demain, car ici tout se tient, et tout ce qu'on néglige nuit.

Les habitants me font de petits cadeaux de bienvenue : riz, poulets; Allens et Ali engagent des palabres pour obtenir des provisions, mais voilà qu'on m'apporte quatre gros paniers de riz de la part d'Oumar-Béla, on me donnera des hommes pour les porter jusqu'à Guémé.

Lundi 23. — Temps toujours le même, couvert, humide, 17 à 18 degrés le matin, 28 à 30 le jour ; très léger vent d'est, je ne suis pas du tout incommodé par la chaleur.

On me dit que la rivière Seipou, qui passe près de

Guémé et se jette dans le Cogon, peut être parcourue en pirogue ; cela m'étonne, nous verrons plus loin. Le soir je garnis mes châssis, à tâtons sous ma couverture la case étant percée de rayons de lune.

Le baromètre baisse à 749, le temps se couvre, la lune disparaît, et nous sommes assaisonnés une partie de la nuit d'une forte pluie avec tonnerres. Mon bagage est à l'abri dans une case de jonc, sous la garde du fidèle M'Bar et d'Ali ; je couche dehors comme d'habitude pour avoir plus d'air, abrité sous une toile tendue ; c'est la toile à voile qui sert à empaqueter mon lit ; je dors à merveille, mieux que jamais aucunement dans le meilleur lit tendu de toutes les façons. Comment peut-on dormir dans un lit enfermé dans des rideaux isolants qui vous tiennent étouffés dans votre propre fluide! Ici on se dépouille, on se dégage ; le fluide produit par les activités physiologiques, accumulé par le travail du jour, s'en va dans la terre, dans l'air, à la pluie, au tonnerre ; car il fait un temps plein de bonnes puissances, je m'y mêle par mon fluide et je suis baigné, délassé, réconforté au passage des électricités que l'atmosphère et la terre échangent et se prodiguent comme deux amoureux. Un peu de mythologie ferait ici saisir la conception.

Mardi 24. — Le baromètre remonte à 752. Ce Cogon forme une entrée profonde depuis la côte, mais il ne desservirait qu'un coin restreint ; il vaut mieux entrer par Konkouray, Kakriman et Kokoulo, et sortir de l'autre côté du Foutah par le Tankisso. Au nord le Tomine a beaucoup d'eau, c'est déjà l'essentiel ; ses rapides méritent d'être étudiés de près.

Sangarégui est un village de captifs qui appartiennent

à Oumar-Béla; ils cultivent aux environs et récoltent riz, mil, maïs, qu'ils engrangent pour le maître dans de petits silos aériens en paille enduite de terre; sept ou huit cases de jonc composent tout leur village, il n'y a pas d'autres habitants qu'eux.

On me donne trois porteurs, on m'en donnera dix si je veux attendre jusqu'à ce soir. Je consens à attendre, je déchargerai quelques-uns de mes hommes blessés par les premiers jours de marche sur la roche dure. Visites et palabres, cadeaux pour faire piler le riz, remèdes pour les malades du village et les porteurs blessés : l'iodol dans la graisse fait merveille.

Retenu pour diverses négociations avec un chef voisin, je travaille à mon dictionnaire et à ma carte; temps paisible, temps couvert.

Mes hommes ramassent des piments variés, les uns très forts, d'autres presque doux, et du diagato (tomate amère apéritive). On m'apporte un melon dont la chair est en bois; cuit dans le riz il lui communique un bon parfum de piment; mais j'ai toujours des douleurs vives, un désarroi incoercible dans mon pauvre appareil, c'est une blessure sans cesse rouverte qui me saigne à blanc peu à peu. Je goûte la sauce au parfum succulent que mes hommes ont préparée, c'est bon tout à fait, mais trop fort pour mon malade. Je prends du riz bouilli à l'eau avec des légumes de Prévet et un peu de thé, en tout très peu de chose. Mes trois hommes personnels, Allens, Manel et M'Bar, ont mangé comme des goinfres, riz, sauces savantes, piments grillés plus ou moins bien choisis. Ils sont gais, bruyants, ivres de bombance toute la nuit; mais au petit jour je les vois mélancoliques, ils sont malades, leur estomac douloureux enfle en pointe, ils ont la peau du ventre grise et fanée, ils souffrent, malaise manifeste, sales nègres ; ils savaient bien qu'ils seraient malades, mais pour eux la gueule passe tout, comme on dit en Normandie.

Allens a été matelot à bord d'un navire qui allait à Bordeaux. Je lui demande ses impressions de voyage en France, il ne tarit pas en éloges sur notre bonté. Il s'est perdu un jour dans la ville, les passants auxquels il a demandé son chemin le lui ont indiqué exactement, personne ne l'a appelé *sale nègre*, ce qui est la suprême injure ; quelques passants même lui ont donné des sous. Il faut dire qu'ici un Noir ne peut pas demander son chemin : s'il s'égare loin de son village, loin des siens, il est bientôt fait prisonnier, emmené et vendu. J'ai rencontré un pauvre diable dans cette triste situation ; il habitait sur la côte, en sûreté près des Européens, il s'est aventuré trop avant en pays inconnu, et maintenant le voilà parti pour l'intérieur, captif, bétail, jusqu'à la fin de ses jours. Il pleure et me supplie de l'acheter.

J'ai envoyé Ali à Téléré ; il est de mince taille, il était seul, des singes l'ont entouré, il a dû faire feu de son gros pistolet.

Mercredi (Alarba) 25. — Je prends quatre vues du Cogon, arbres et lianes, longue pose, il est sept heures, le soleil se fait attendre et n'envoie que de maigres rayons, l'horizon est tout noir. Nous partons. Je voulais partir hier, Ali dit qu'il vaudrait mieux attendre les neuf porteurs promis ; ce n'était pas mon avis ; en effet, ce matin trois porteurs seulement. Je renvoie Kanda, un gros homme mou qui ne peut pas suivre.

Sur la route de Téléré, un superbe captif vient me serrer la main ; il est grand, fort, a l'air sérieux, intelligent, heureux ; il est chef d'un village près d'ici. Je voudrais et je pourrais, si j'étais installé dans le pays, avoir dix hommes comme celui-là, tandis qu'étranger, voyageur, *toumaranké* comme ils disent, je ne peux enrôler que des vagabonds ou des aventuriers. Je lui propose de venir avec moi, il sourit d'un bon sourire, comme devant un rêve, mais il cligne de l'œil du côté de son village où il va retrouver sa femme et des amis, une vie sans accidents. Ce beau garçon vaut 200 francs, ce n'est pas cher. Vraiment, l'esclavage a du bon lorsqu'il m'offre, tout simplement pour un prix, un homme de cette valeur; on parcourt Paris pendant des jours sans rencontrer âme qui parle, personne parfaite ; si par un heureux hasard on rencontre cette âme brillant des plus rares qualités, on demeure saisi... et on ne peut que regretter le fugitif éclair, inutile séducteur, tandis que, avec cette belle institution de l'esclavage, je jette une pincée de louis au cerbère qui la garde, et la personne est à moi. Ce serait de l'agrément, et la civilisation y gagnerait, puisqu'elle opérerait des rapprochements passionnément désirés.

Plus loin une belle jeune fille, à l'œil vif, buste élégant, nous montre gracieusement qu'elle n'a dans sa calebasse que des sourires (*) et non pas le *birddam* (lait frais), qu'Ali lui demande.

Téléré, six cases meilleures que les huttes de Sangarégui. Le chef a fait porter dès hier (c'est beaucoup de zèle!), à Paté-Foutah, les deux paniers de riz en paille qu'il doit me donner ; 50 kilogrammes environ. Hier, à Sangarégui, j'ai fait piler deux paniers, l'un gratis, l'autre pour 9 petites boules d'ambre, soit $0^{fr},90$, prix d'Europe. Chaque panier rend environ 45 canèques (mesure de ration), de 350 à 400 grammes, soit 20 kilogrammes pour 1 franc ; on a le piler cher dans ce village !

Au sortir de Téléré une troupe de singes nous assaille de ses aboiements ; le chef, un gros brun, trapu, poilu, gros comme un mouton, assis en vedette isolée sur une branche nue, regarde s'il ne pourrait entreprendre quelque coup contre nous et fait des signes à sa troupe dans l'attente ; je tends la main pour prendre mon fusil sur l'épaule d'Allens, le molosse saute de là-haut dans la brousse, tout disparaît.

Nous déjeunons à neuf heures et demie, au bord du Tessin ; le guide prétend qu'il n'y a pas d'autre eau que très loin. Je me demande si je trouverai mes deux sacs de riz à Paté-Foutah. (Je les ai trouvés échelonnés dans plusieurs villages par fractions de plus en plus réduites.)

Après Téléré, Boogni, puis Baringui, tous villages de captifs. L'arbre à Songala est commun dans cette région ; il a l'air d'un grand lilas ; son fruit ressemble à la baie du sureau, chaque grain est une petite boule grosse comme du plomb zéro ; c'est un grain dur recouvert d'un mince enduit soluble et d'une peau sèche, il a le goût de raisin sec à peu près. On le pile et met dans l'eau, il donne au liquide une couleur ambrée rose, d'un goût de tabac assez sensible ; il serait meilleur si l'on n'écrasait pas le pépin. Deux jeunes filles s'empressent de m'en préparer une calebasse ; je la paye deux boules d'ambre dont une vieille maman (car ils disent « maman » ou quelque grognement naturel approchant) s'empare prestement ; tout le monde est content.

Au moins pour l'œil, ce vin de Songala est admirable ; sa couleur de rubis a des transparences où le soleil éclate en reflets de métal, on sent que l'on va boire de l'élixir de vie. Mais le goût n'est pas à la hauteur de ces belles promesses, il rappelle l'herboriste, foin et poussière. N'ayant rien à faire qu'à attendre l'heure, j'imagine pour passer le temps de me représenter à l'aide de ce beau sang vermeil combien nos derniers rois avaient de sang de France dans les veines. Je suppose un roi et une reine, tous deux de notre sang gaulois ; ils ne sont pas nombreux dans l'histoire, mais je suppose. Je verse deux mesures de Songala pur dans une calebasse, puis, suivant les alliances dans les règnes successifs, je retire une mesure du mélange et j'ajoute une mesure de Songala si la femme du nouveau roi est de notre sang, une mesure d'eau si elle est de sang étranger. C'est à peine si après ces dilutions historiques mon mélange garde une teinte rosée. Je sais bien qu'il y a le milieu, mais le pâturage influant sans doute, ne supplée pas la race, et souvent même le milieu royal a été mêlé d'éléments étrangers. Le roi nous dit : « L'État c'est moi » ; or dans ma calebasse il est déjà pelure d'oignon ce roi ; l'État c'était lui, il aurait mieux valu que ce fût nous. Aujourd'hui nous sommes libres, il nous faut un peu de temps pour nous ressaisir, mais nous y arriverons, les progrès sont visibles ; notre sang gaulois s'essaye à prendre le pouvoir, il va faire paraître sa valeur caractéristique, la liberté va nous le montrer ce qu'il est, un peu différent de ce que l'histoire de ses chefs artificiels le représente. Il va paraître lui-même, toujours prompt à l'action et l'idée en avant, mais plus divers, étant plus libre dans ses aspirations, et aussi plus constant dans sa politique toujours conforme à son caractère; seul maître de sa force, il laissera paraître toute la bonté de son cœur, la philosophie de son esprit, doux et secourable pour les faibles, patient contre les présomptueux, indulgent à l'erreur, invincible par la vérité.

Ce vin de Songala a un goût inattendu de psychologie; je conclus que non pas le sang mais l'esprit africain subira l'influence de l'esprit importé, et que nous devons nous préoccuper de faire son éducation. Le peuple africain ne renouvelle pas le sang arabe que l'Orient lui a envoyé, les chefs s'unissant avec les femmes du pays, mais il montre une grande puissance d'assimilation; par une modification profonde, sa vitalité toute jeune a formé, du germe supérieur qu'il a reçu, une espèce nouvelle. La race indigène ici a été un milieu favorable au croisement à ce point, que l'influence première prolonge ses effets et paraît avoir créé un nouveau milieu, une variété stable; un certain degré de sélection paraît définitivement acquis.

Le despotisme absolu de l'origine a perdu de sa rigueur à mesure que par la diffusion du sang nouveau la différence de race s'effaçait, il se transforme en une oligarchie ouverte dont les membres sont de plus en plus nombreux et seront bientôt toute la nation elle-même.

A trois heures et demie nous arrivons à Paté-Foutah. Le voyage n'a été qu'une agréable promenade; par temps couvert, dans de beaux sites vallonnés, animés sous bois du bruit charmeur de mille sources.

Mon pauvre tube digestif est toujours en désarroi, souffrant; je perds mes forces, c'est dommage, car tout le reste de l'organisme fonctionne sans hésiter. Je déjeune d'un peu de maïs préparé par mon cuisinier, et d'un autre préparé à la mode du pays. Le premier est la soupe de farine jaune, le second est une poudre à peine humide, très succulente, appétissante par les condiments; je mange un peu, très peu, des échantillons, pour ménager mon malade, au regret de toute ma personne qui a grand' faim.

Jeunes orangers; papayers; boudi ou melon de bois, bon épice; bananes; manpatas, sorte de nèfle; patates; bentara; millet, pilé, cuisiné il forme colle, un Noir m'en apporte assaisonné au Songala, c'est fade et serait bon surtout comme cataplasme.

J'essaye de photographier l'intérieur de ma case au jour diffus qui entre par la porte basse, pose 35 secondes. Malade, je dînerai d'une pilule d'opium.

Je ne souffre pas du tout de la chaleur dans ma case de paille; nous sommes en janvier avec un doux soleil de juin. En mars il fera chaud, dès avril les pluies nous rafraîchiront.

Dans les villages de captifs d'Oumar-Béla que je traverse, les habitants me font bon accueil suivant les ordres qu'apporte l'envoyé du maître. A Paté-Foutah, le chef vient me saluer dans la case qui m'est offerte, il vient avec les autorités. C'est un vieux captif à barbe grise, il a l'air intelligent. Je lui rends sa visite au Missida où les principaux du village viennent l'assister. Puis je m'étends sur une natte, dehors, devant ma case, pour respirer le bon air du soir. Aussitôt tout le village, autorisé par l'échange des visites officielles, vient s'accroupir aux alentours; c'est comme aux Nubiens du Jardin d'acclimatation, seulement ici c'est moi qui fais le Nubien*.

Heureusement dans la foule de riantes jeunes filles

dont les beaux yeux sont pleins de lumière, reflets du cœur prêt à s'ouvrir; heureusement encore tout cela est noir zain; si c'était rose et blanc, le pauvre Toubab s'oublierait à l'étape.

Il est tout de suite attachant d'observer, de chercher à découvrir dans l'attitude de ces primitifs, dans l'expression de leur visage, ce que la vue d'un être aussi nouveau peut leur inspirer. Les pensées diffèrent profondément, celà se voit, suivant le degré d'intelligence de chacun; les plus inférieurs regardent cet homme étrange, tombé là comme un accident sans cause, mais plus d'un parmi les intelligents, montre par son regard tourmenté, que des inquiétudes secrètes s'éveillent en lui et l'appellent à se rattacher à cette supériorité ici révélée.

Tous ces gens sont à vendre, 50 francs pièce, plus ou moins suivant qualité! L'esclavage est abominable, le négrier est le plus vil des hommes, un être déchu, la honte et la fin de l'homme. Mais il faut distinguer. Le pourvoyeur, le marchand d'esclaves est l'être infâme, il faut le détruire, tandis que le Noir qui joue sa liberté dans une guerre, contre la liberté de son ennemi, est un pauvre diable qui manque de lumière, mais dont on peut encore faire un homme. Le maître ici n'est point méchant; tous ces gens sont heureux, ils travaillent un peu le matin, au frais, pour produire riz, mil, maïs, coton, etc. ; le jour ils dorment, le soir ils pilent, la nuit ils dansent. Leur propriétaire ne vient jamais, leur chef immédiat est l'un d'eux qui administre la petite colonie et la fait prospérer.

Ces chefs vieillissent et meurent à leur poste. Celui de ce village est là depuis trente ans, il a une femme qui le mène par son gros nez épaté tout comme s'il était un homme libre. La commère est alerte et joyeuse, on lui donnerait vingt ans de moins si elle s'habillait chez Worth ou Félix, ou seulement au Coin du quai. Il n'y a pas un Parisien qui ne soit un malheureux auprès de ces gens-là si on mesure l'heur à la peine. Ils ne sont pas libres d'aller au loin, mais le libre Parisien, si libre qu'il soit, n'a pas le temps de dépasser Asnières, plus d'un reste des mois, sinon des années sans sortir de son quartier, sans quitter sa montagne ou son marais. Or le territoire nègre n'a pas d'étendue, la forêt est impénétrable, le Noir n'a rien à faire là-dedans, rien ne l'attire non plus chez son voisin où tout est pareil. Le cruel est qu'il peut être vendu, mais ce malheur n'arrive pas ; depuis que l'infortune, les malchances de la guerre l'ont amené ici, il demeure, il est tranquille ; son maître a des esclaves, mais il n'en fait pas commerce, il ne revend que les mauvais ; les autres paisiblement vivent à plaisir, multiplient comme des bêtes, mangent à discrétion, le surplus seul de leurs récoltes est pour le maître. Si on leur proposait la liberté, si on les rendait à eux-mêmes, la plupart seraient maladroits, embarrassés, ils refuseraient peut-être. La vie mercenaire est triste mais plus facile, l'initiative est la qualité rare qui fait la valeur de l'homme.

Ce bonheur stupide dissimule les torts du système, il nous cache la vérité, il est pour le philosophe la condamnation de l'esclavage ; l'homme n'est pas fait pour vivre comme une bête à l'étable, il doit travailler, lutter et non pas vivre paresseusement. La dignité de l'homme est proportionnée à l'initiative qu'il dépense, à la responsabilité qu'il a su choisir et qu'il prend. Une société où l'État prendrait tout le souci, serait celle-là même de ces villages d'esclaves où je ne vois que des gens heureux,

Bon souper, bon gîte et le reste.

Égalité dans la nullité ; l'homme n'est pas fait pour la quiétude de ce métier de bête.

La vie est facile dans ce pays, tout pousse tout seul ; il est vrai que les bag-bag surviennent qui mangent tout. Un colon de Boulam avait créé une plantation de café, cacao, orangers, etc., les petites fourmis l'ont mangée et ruinée. Elles n'ont rien de bien particulier, ces petites bêtes ; à première vue, elles ne diffèrent pas des nôtres, mais elles ont un caractère, des mœurs tout différents. Lorsqu'elles mangent du bois, elles remplacent grain à grain par de la terre agglutinée, chaque parcelle de la surface, et se ménagent ainsi de longs tunnels, des passages couverts où elles continuent leur exploitation. Un fagot mangé par les bag-bag représente exactement la même forme que s'il était intact, c'est l'apparence du bois, ses rugosités, on croit voir encore des branches et même le lien qui les retient, tandis que ce ne sont que des tubes creux qui s'émiettent sous le pied, réduits en poussière. A chaque pas on rencontre à terre des branchages ainsi changés qui n'ont plus du bois que l'apparence.

Les nids de ces petites bêtes sont des monuments d'architecture en terre compacte, dure, résistante à la pioche ; ils ont très ordinairement 5 mètres de hauteur, 10 mètres de circonférence à la base, le haut ingénieusement tourné en trois ou quatre longs clochers formant toitures pointues ; on en rencontre partout en grand nombre, jusqu'à 30 ou 40 dans un champ d'un kilomètre carré.

Vendredi 27. Nous arrivons à Guémé après 12 kilomètres accidentés. Les collines sont courtes, arrondies, il serait facile de les contourner par une pente régulière, mais ce n'est pas par ici qu'il faut entrer dans le Foutah, on ne trouverait dans cette région que l'aliment d'un chemin d'intérêt local. La roche en place affleure partout, très dure.

Guémé est un important missida de 40 ou 50 cases. Le chef, Ouri, est empressé en paroles et en actions aux ordres d'Oumar-Béla. Je lui donne un peu d'ambre, il fait amener un mouton, apporter du riz, et promet quatre porteurs. J'achète en plus un autre mouton et 40 kilogrammes de riz. Ouri avait d'abord donné du riz non pilé, mais Ali mécontent dit sèchement que jamais il n'oserait présenter ça à son Blanc. Le chef grogne, Ali tient bon, les vieux reconnaissent que le toubab est un être supérieur, le chef fait piler son riz.

Guémé est encore dans le Bové ; ses habitants sont en relations relativement fréquentes avec la côte et ils n'admettent pas que si peu de distance augmente le prix des marchandises ; ils voulaient de l'ambre numéro zéro pour leur mouton, ils ont fini par se contenter de 4 boules numéro 1, qu'ils avaient refusées d'abord ; soit 8 fr. 80, coût de cet ambre en Europe, pour un mouton de bonne taille, c'est plus que le prix.

Visites ordinaires. Les uns se présentent bruyamment, curieux, sots, pleins d'assurance, enflant leurs boubous, vanité nègre, il n'y a rien dedans ; il ne faut même pas se douter de leur présence, hormis le salut de politesse. Les autres sont discrets, timides même, on peut les accueillir, mais il est difficile d'en tirer utilité. D'autres enfin se présentent ou se laissent rechercher simplement, sans forfanterie ni timidité, ne parlent qu'à propos, ouvertement ; ceux-là sont la raison, ceux dont il faut faire cas pour s'instruire. Ne blesser d'ailleurs ni les uns ni les autres.

Déjeuner : cervelles, foie, rognons, deux côtelettes et douze oranges ; je goûte un peu à tout et je bois les oranges. Je pourrais ajouter macaroni, légumes, thon, sardines, etc., biscuit, chocolat, confiture, cognac (1848), mais ce sont vivres de route pour les jours de détresse et je n'en ai que très peu, quarante rations en tout.

La nuit ici est silencieuse, quelques grillons discrets, ce n'est plus le tapage de l'exubérant Sangarégui; cela tient sans doute à l'altitude plus grande et au sol moins fertile, de roche partout.

Temps très couvert, noir comme s'il allait pleuvoir. La saison dite sèche ne dure pas six mois de soleil fixe. Dans nos régions, en dehors des tropiques, le soleil se rapproche de nous pendant six mois et s'éloigne pendant six mois; entre les tropiques il se rapproche, passe au zénith, s'éloigne vers le pôle, revient au zénith et s'éloigne pour la seconde fois, vers l'autre pôle, dans une même année. On compte ici, d'après cette marche du soleil, deux étés, le grand et le petit, mais cela amène un peu de précipitation dans les arrangements successifs de l'atmosphère avec la terre; dans la montagne, sous cette latitude compliquée d'altitude il y a un peu de confusion entre les saisons.

Température 25 degrés à peine, dehors ou dans ma case, c'est tout juste chaud, j'augmente mon vêtement d'une veste légère.

On me dit qu'en juillet le Kakriman est navigable à Télibofi (je l'ai en effet traversé en pirogue en 1880), mais que maintenant, janvier, on le traverse à pied; nous verrons.

Un grand papayer porte sept ou huit branches, ce qui fait une centaine de melons sur le même arbre; un tout jeune sujet n'a de fruits que sous le chapeau(*).

Temps plus couvert, petite brise, 500 mètres d'altitude, 24 degrés dans ma case après midi, mes hommes ont froid.

J'ai donné l'ordre de chercher un porteur pour remplacer un certain Alpha, marabout, espion, que j'ai engagé faute de mieux. Mes hommes assuraient qu'il était à sa besogne et ne parlait jamais, j'ai pris patience, mais aujourd'hui mes hommes furieux viennent me dire qu'Alpha a excité les gens de Guémé contre nous pour qu'ils ne nous donnent rien. il a dit qu'il fallait nous faire payer très cher. (Comme simple renseignement à mes successeurs, je dirai qu'ils doivent se garder de confier leurs projets à personne. les influences établies à la côte s'emploieront plus ou moins à les faire espionner et à prévenir contre eux les chefs de caravanes et par eux les chefs sédentaires à l'intérieur.) Dès que je trouverai un remplaçant j'expédierai ce fâcheux.

Dimanche 29 janvier. — Temps couvert, un peu de pluie: le chef nous a donné quatre porteurs, dont un enfant.

Compéta. — A mon arrivée, haie de curieuses, défilé de rieuses jeunes filles, une seule est un peu jolie, elle s'empresse d'ouvrir ses voiles (*) qu'elle élève légèrement sur sa tête, retombant sur ses épaules, pour ne rien dérober de ses charmes gracieux; les matrones à la mamelle liquéfiée déballent avec moins d'assurance, c'est généreux de leur part, cette poche fluide a l'air d'un fleuve de viande tant elle est plate, longue, large, et paraît liquide.

Le chef et les vieux ont tenu séance sur la place du missida (mosquée) et après un palabre à demi-voix, salmen, rotements de satisfaction, ils ont déclaré qu'ils étaient bien contents et ont désigné les cases nécessaires. Puis l'envoyé de Yaya, qui est ici le haut commissaire supérieur, est venu me saluer.

Le pays est en émoi, un frère de Yaya occupe les routes, les montagnes du Tomine, le Baffal, et veut se tailler une part dans l'héritage paternel. Yaya a envoyé un homme de confiance avec une troupe de captifs guerriers pour protéger Compéta. Ces gaillards ont commencé par manger toutes les oranges, on ne voit plus que les écorces à terre, ils ont pris bœufs et moutons. Les habitants ainsi *protégés* ont éloigné à la hâte ce qui leur reste de leurs troupeaux. Il me semble voir les événements des premiers temps de notre histoire.

Je ne peux pas, paraît-il, passer par la route qui longe le Tomine, elle est occupée par X.; ça me serait égal de rencontrer cet audacieux, il doit avoir une valeur puisqu'il prend place; il serait bon de l'entendre, mais le chef ne peut me donner aucun homme pour aller de ce côté, X. leur ferait couper la tête. Il m'en donnera pour Téliko ou Orévendo; soit, je repasserai pendant quelques kilomètres sur mon sentier de 1880, je vérifierai mes hauteurs et mes distances. Ici on ne connaît pas la montagne dite Séniaki, on connaît le mont Baffal. Compéta est à égale distance de Costettam et d'Oré-

vendo, au sommet du triangle, il est à un jour de marche de chacun d'eux, soit 30 kilomètres ; à deux jours de marche de Madina, près Bouli, entre Costettam et Madina.

Sur ma demande le chef me dit qu'il se rappelle avoir vu un Blanc se rendant à cheval à Timbo, il y a trente ans environ, Lambert probablement. Temps couvert, pluie une partie de la nuit, la lune pleine est à peine visible.

On dit que les ongles longs sont un signe de race, les ancêtres de mon torodo Ali doivent être nés bien avant le premier homme, car la racine de ses ongles couvre presque toute la longueur de la première phalange; il a ainsi de grands blancs au bout de ses noires pattes d'araignée, qui ne sont d'ailleurs pas sans élégance.

Lundi, temps toujours sombre, 24 degrés à midi dans ma case ; soleil complètement invisible ; pour la première fois je ne couche pas dehors.

L'envoyé de Yaya revient avec le vieux chef, je vais lui donner des lettres pour son maître et pour mes gens à la côte, j'écrirai à ma famille, ce sera un répit dans ma course.

On a servi ce matin sur ma table royale, c'est-à-dire à terre, du lait, du riz et du mouton, j'ai fait ajouter du chocolat et du thé ; ce serait somptueux si je pouvais manger. Ce mouton, nous l'avons acheté hier à Guémé, il a montré peu d'entrain à quitter son pâturage et s'est fait traîner, campé sur ses jambes raides, résistant de ses quatre pieds. Cette fatigue préparait sa vengeance posthume ; il est dur, la côtelette est récalcitrante, la dent s'y imprime sans l'entamer. Je fais préparer le foie et la cervelle. Ce soir le microbe nous sera venu en aide, le gigot sera tendre, demain, s'il en reste, mes Noirs le mangeront à la cuillère. Je l'avais cependant fait reposer sur de la litière, il avait bu, et je l'ai fait tuer de bon matin, il a mal répondu à mes attentions.

Toujours malade, cela devient fatigant; je vis de bismuth et de laudanum, mais j'aimerais mieux dîner bien, j'en ai un besoin croissant.

Visité par cinq ou six seigneurs qui viennent me saluer, dire bonjour : Tana ala, cori dianval, diam, diam tou, tana o ala.

Le regard de la jeune fille hésite, léger, voltigeant comme un papillon; le regard de la jeune femme butine comme l'abeille, rencontre mon regard, s'en empare et l'attire au fond de son œil pour le choyer et se faire désirer; la femme mûre bourdonne comme un frelon, son regard se pose, touche à tout, et d'un œil égoïste elle expertise et importune; les toutes vieilles branlent la tête.

Je confie mes lettres à Modhi Tannou, le représentant de Yaya, il les portera; pour en être sûr je lui donne une note contre laquelle, lorsqu'il remettra ces lettres, on lui donnera les cadeaux que je destine à Yaya et qui attendent chez moi : cent vingt gourdes environ (600 francs) en objets divers qu'il m'avait fait demander.

L'explorateur avec son bagage est un berger cherchant à faire passer un mouton appétissant au travers d'une bande de loups.

Le riz qu'Ouri, le chef de Guémé, m'a donné, a été fourni par les gens du village; sur un ordre chacun en a apporté un peu. De même dans les petits villages les habitants apportent des vivres par corvées commandées. Le grand chef encaisse les cadeaux, les petits payent; Oumar-Béla a encaissé, de même Yaya, de même Ouri, de même partout; c'est la féodalité, le seigneur en échange assure dans ses États la sécurité que ces gens sans consistance ne sauraient préserver.

Un Noir du bas de la côte me raconte que les singes, nombreux dans son pays, attaquent les passants isolés, les femmes surtout, quelquefois même, à coups de pierres, ils assaillent de petits villages ; ils sont très adroits, ne manquent jamais leur but. Ils pillent les champs d'arachides aussi promptement que pourraient le faire des cultivateurs organisés ; ils arrivent en ordre, et, pendant que le chef juché sur une branche veille et dirige l'opération, tapant la terre de leurs petites pattes, ils font surgir les arachides, la récolte est faite en un instant. Ils tuent les plus gros serpents, les suspendent à une branche et reviennent les manger quand ils sont à point. Ils harcèlent les tigres en se mettant en nombre ; ils s'attachent à un seul, le suivent, et se réfugiant de branche en branche et saisissant l'occasion, ils le frappent à coups répétés et finissent par le tuer. Il y a peu de tigres et de serpents là où il y a des singes ; c'est un destructeur des autres animaux. Au Rio-Nunez il y a une petite espèce de singe au poil lustré qui ne vient jamais à terre, il reste toujours dans les branches ; pour boire, il casse ou plie une branche, la fait plonger, et descend tout du long jusqu'à l'eau. (Ce n'est pas Linné, il est vrai, qui me raconte ces histoires, c'est un Noir ; mais ce Noir est né dans le pays.)

Dimanche : état misérable, mon appareil digestif malade n'accepte ni riz, ni maïs, ni arachides, ni songala, ni le bœuf, non plus que le poulet ; je lui offre de la colle de pâte préparée avec de la farine de millet ; ça tremblote comme la colle des poseurs d'affiches ; j'offre du lait, un beau fromage blanc ; et finalement je m'en tiens au laudanum, aux pilules d'opium tout de suite calmantes ;

mais ça ne peut aller loin ainsi, serai-je donc arrêté par ce misérable... accident de Baralandé?

J'entends pour la première fois cette année l'oiseau qui, à l'aurore, chante ses tendres adieux à la nuit et salue d'un chant vainqueur le jour naissant; son doux chant du matin me rappelle les émotions de mon précédent voyage. Dans le bas pays, plus ardent, les chants sont des cris sauvages, durs; ici à 500 mètres d'altitude, sous un climat plus souple, ils sont plus civilisés, modulés, presque spirituels, on entend même l'insolent pierrot du boulevard représenté par un petit gros-bec violet.

La région est boisée, mais ce n'est pas là qu'il faut habiter; à 1000 mètres d'altitude, entre Labé, Kakel et les Timby, Nieguélendé et Timbo, l'Alpe est plus européenne.

Rien ne me paraît nouveau, il ne me semble pas que je voyage, rien ne m'apporte plus d'émotion; j'en suis réduit à chercher dans mon souvenir les émotions de ma première rencontre avec le pays Noir; si quelque incident les réveille je les accueille comme on retrouve d'anciens amis. C'est une sensation folle qu'on éprouve à chaque pas lorsqu'on entre pour la première fois dans ces choses étranges et que l'on croit s'avancer dans un mystère. Mais il n'y a pas mystère, tout est là devant nos yeux, la nature nous offre partout sa poésie et le nègre tout simple est tout grand ouvert à notre observation; rien n'est mystérieux, tout est bientôt mesuré, on cherche encore dans cet inconnu après qu'on en a déjà plusieurs fois fait le tour. Ce n'est pas l'homme noir et son continent qui étaient difficiles à connaître, c'est la mer qui était trop large à traverser; dès que nous avons eu de nombreux et rapides bateaux, nous avons abordé et dévoilé aussitôt le prétendu mystère.

Maintenant il n'y a pas une minute à perdre, le problème a livré toutes ses données, il faut organiser cette force qui s'offre à nous, et non pas nous attarder à douter de sa réalité et à la discuter, il n'y a plus à faire le Robinson dans une île qui n'a plus de secrets ; le temps des explorations est passé, il faut partout arriver avec des institutions appropriées.

Dans ce but je suis là pour noter, mesurer et faire de la diplomatie locale.

Il ne m'est pas facile de faire des progrès dans la langue du pays au milieu du jargon qui m entoure ; un de mes Noirs s'appelle Abdul-Ay, et on l'appelle ainsi quand on en a le temps, mais à l'ordinaire on dit : Ablay ; il en est de même pour la moitié des mots. La parole humaine ici est à l'état embryonnaire, elle se borne le plus souvent à placer quelques coups de sonorité, comme des traits de lumière, sur le grognement qui fait le fond de cette tentative de langage ; j'ai de la peine à saisir au passage même les mots que je connais. Mais à côté de cette paresse à l'effort de l'homme naissant dans la bête, il y a la précision de l'organisme tout neuf de cet homme jeune ; quand les Noirs prononcent, ils le font avec une diction très nette.

Que de pierres! que de pierres! C'est la Crau de Provence sur un labour dans la roche solide. Ces fragments gros comme le poing, ou comme la tête, n'ont été polis par aucune érosion, ils ont les aspérités de la pierre meulière ; la roche massive, en place, déchirée de rugosités profondes, confond avec eux ses aspérités fixes qui affleurent partout. La marche est fatigante dans ces inégalités inexorables, les pieds nus s'y déchirent, mon pied fortement chaussé se prend à chaque instant dans ces étroits sillons. Un peu de terre végétale, si peu qu'on ne la voit pas, un peu de poussière suffit à l'herbe qui recouvre tout dès qu'il pleut ; alors la lande de pierre devient marais, car la roche sans fissures n'absorbe pas une goutte d'eau, toute l'averse reste là, s'écoulant lentement par les bords de la plaine.

Lorsque les hautes herbes sont sèches on y met le feu ; c'est maintenant. L'Européen s'étonne, habitué à redouter l'incendie et à le combattre comme un ennemi ; ici on prend la peine de lancer un tison dans les herbes épargnées. Les flammes comme une mer mouvante s'étendent de tous côtés ; rouge sombre sous la clarté éblouissante du soleil et traînées par le vent dans les flots plus noirs de la fumée, elles ressemblent à des fauves en troupe se ruant à quelque proie ; elles rôdent à la lisière des bois qu'elles ne peuvent entamer, et de leurs gueules sanglantes cherchent à lécher les basses branches. C'est souvent le seul habitant que je rencontre dans cette région relativement déserte, les gens et les cabanes, les troupeaux même y sont plus rares que l'incendie.

Après le feu, dans la cendre, sous la rosée abondante, l'herbe repousse aussitôt, les bœufs paissent grassement. Nitrates et superphosphates, tout comme le socialisme, sont encore inconnus dans ces contrées où la nature intensive offre à tous des fruits surabondants, se charge de satisfaire à tous les besoins de l'homme-bête.

Ces grands bois seraient agréables à parcourir par des routes bien tracées, à l'ombre sous les orangers et en intelligente compagnie ; il n'en coûterait pas trois cent mille francs pour organiser la promenade de Longchamps de l'Océan au Niger par ces montagnes du Foutah ; arrêt à

Kahel, Broual-Tapais, Yali et Socotoro. Il en coûterait plus de diplomatie que d'argent pour dérider les augures de Fougoumba et ne pas subir de leur part plus de contrainte que des gens nerveux ne peuvent en supporter. L'excursion cependant réserverait à une caravane parisienne assez d'imprévu, voire même de danger, pour tirer une jolie femme de la contemplation où elle s'absorbe de sa précieuse personne et lui inspirer de petits râles d'angoisses dont sa coquetterie pourrait au retour obtenir des effets nouveaux ; danger limité d'ailleurs, car le Dialonké très galant n'est pas anthropophage.

Le chemin que l'on fait par le sentier est plus long qu'il n'est raisonnable, allongé par les détours ; le Noir paresseux se laisse aller à la pesanteur, s'il rencontre un obstacle, une touffe d'herbe, une branche tombée, il le contourne plutôt que de le repousser ou de l'enjamber.

Les lianes à caoutchouc se rencontrent partout ; elles ont un air pitoyable, toutes tailladées ; leurs contorsions sont des gestes de suppliciés, on les entend crier, et dans le rêve, c'est la gent esclave, morte sous le fouet, qui peuple ces bois et poursuit le voyageur de ses lamentations, lui montrant ses plaies et appelant sa justice.

Compéta est à flanc de coteau, au carrefour de trois vallons très boisés de grands arbres ; nombreux troupeaux de bœufs dans les pâturages, au loin. Du village on ne voit rien, la vue ne s'étend d'aucun côté, le Noir dans le choix de ses emplacements ne fait rien pour la joie de l'œil, du moins à mon sens européen. Compéta est un grand centre ; en approchant de la ville j'entends un chœur nombreux de jeunes voix chantant la gloire d'Allah, et soutenu par le grognement nasillard d'une épinette dont les cordes sont détendues ; et ça dure, et il y a un ténor qui se détache sur le tout par trois ou quatre cris en solo dont les autres font le refrain ; couplets tous pareils et refrain *id.*, ce qui donne plus de force à l'invocation répétée ; Allah doit sourire d'aise et sa cour demeure saisie.

Je passe encore le mardi 31 janvier à Compéta, non pour mon agrément ; Tannou dit qu'ayant pris le village de force il n'est pas très aimé tout de suite, et qu'il ne peut exiger des porteurs qu'avec prudence ; le vieux chef, vaincu pour le moment, dit qu'il ne peut rien sans l'ordre de Tannou. Comme ils n'habitent pas ensemble et qu'ils ne demandent qu'à ne pas s'entendre, cet échange de vues avec nous occupe toute la matinée. Je fais un petit cadeau à Caïphe, un petit cadeau à Pilate pour que l'interprète ne soit pas plus longtemps promené sur le pavé trop uni des bonnes intentions : une gourde en argent à Tannou, — c'est ce qu'il désirait, bien modeste —, et trois gourdes et demie en ambre au vieux chef ; il dit que ce n'est pas assez ; et pourquoi donc ça, vieux nègre ?

Ils s'entendent pour ne pas s'entendre, l'un m'offre un guide pour ce matin, l'autre des porteurs pour demain. Cette combinaison en zigzag est leur chef-d'œuvre. Je dis pour couper court à leur obstruction, que je vais laisser deux caisses qui sont destinées à l'Almamy et partir avec mes bagages. Ils répondent que l'Almamy leur est indifférent ainsi que ses caisses, mais il est visible qu'ils se vantent ; ils ne veulent pas que je laisse en arrière, chez eux, des caisses aussi compromettantes ; je laisserais ma pipe allumée dans leur magasin à poudre qu'ils ne montreraient pas une plus fausse assurance ; ils courent comme des fourmis dont un insecte malfaisant aurait

8

occupé le nid, criant de tous les côtés à leurs échos de paille que ça leur est bien indifférent.

J'ai réuni dans ces caisses le plus lourd et le moins nécessaire de mon bagage, mais cependant les objets les moins faits pour tenter ces pillards s'ils ouvrent les caisses, — mon sextant par exemple, — car je ne voudrais rien perdre n'ayant rien de superflu.

Je fais de petits cadeaux à trois femmes qui m'avaient apporté hier du lait; j'achète un quartier de bœuf à un captif de l'Almamy qui va à Rio-Pongo trafiquer pour son maître; pas trop malheureux il me semble ce captif plus libre que moi. Je pense, — car ce n'est pas ici l'usage qu'un homme, même captif, c'est-à-dire porteur patenté, se promène par les bois et les villages un quartier de bœuf sur la tête, — je pense que ce captif a apporté l'ordre de faire tuer un bœuf qu'on me donnera de la part du roi, et suivant l'habitude il vient me vendre ledit cadeau ou du moins ce qu'il en reste; et il dira de ma part au roi que je suis bien content, que je le remercie. Mais c'est l'usage, les courtisans vivent des largesses royales qu'ils mendient et que le peuple, par l'impôt, alimente; si je ne m'y prêtais, ils me tiendraient pour un manant.

Diverses visites, autre captif de l'Almamy qui va à Bangalang, espions curieux, renseignements divers sur le Kakriman, le Kokoulo, Cambadaga, deux dixièmes de vérité, cinq dixièmes d'erreur ou d'à peu près, trois dixièmes de gros mensonge naïf se proposant un but.

En dépliant un paquet plié dans un vieux *Figaro* je lis le compte rendu de la première de la *Souris* de Pailleron; quelle différence de genres de vie, combien de siècles entre ces cases, ces gens, ces mœurs, et nos salons! Quel temps faut-il compter pour justifier une parenté, un lien?

J'ai essayé de déjeuner d'un peu de riz cuit avec du bœuf et des légumes, soutenu d'une tasse de thé; vaine tentative; le soir j'ai dîné d'une pilule d'opium qui m'a doucement calmé, la nuit je repose et le lendemain je quitte Compéta tout dispos. Si j'étais installé, avec les ressources du pays je vivrais bien, le climat est bon.

Une femme m'apporte une calebasse de songala, impossible d'accepter, mon bagage est déjà prêt à partir, je n'ai rien sous la main à donner en échange; elle insiste cependant, car c'est gri-gri, mascotte; j'ai donc trempé mes lèvres dans ce breuvage et passé la calebasse à mes deux gardes; ils n'ont pas l'estomac malade et boivent l'œil braqué sur le fond du récipient.

1er février 1888. — Au départ de Compéta, Tannou et le vieux chef avec ses seigneurs m'accompagnent un kilomètre hors du village. Bois et champs de pierres; ma route de 1880 parallèle à celle-ci et plus au nord montrait un peu plus de terre; le sentier sur ce sol très inégal est fatigant comme dans une terre labourée.

Compéta est assez facilement approvisionné, la région a des ressources; bœufs, moutons, poules, riz, arachides, papayes, oranges, songala, mil; mais, par suite de l'état de guerre et de l'occupation par les gens de Yaya, on ne peut rien obtenir, ces vainqueurs se réservent tout. J'achète 10 kilogrammes de riz net c'est-à-dire décortiqué, pour quelques boules d'ambre valant 1 fr. 90 en Europe, soit environ 5^{fr},70 ici, ce qui fait par 100 kilogrammes 57 francs; pour les gens de l'endroit, l'influence d'Oumar-

Béla n'a pas dépassé Guémé. A Compéta chacun est indécis, les chances de la guerre troublent les relations, personne ne domine assez pour commander complètement.

A 11 kilomètres de Compéta le sentier bifurque, la branche de droite va à l'Est un peu sud vers Orévendo, la branche de gauche, la nôtre, va à l'Est un peu nord ; elle descend par un vallon creux, des bois de bambous sur 7 kilomètres, jusque dans une plaine coupée d'un petit ruisseau de quelques litres à la seconde courant sud-nord. Le schiste, de gros rochers de grès gris ont remplacé le quartz rouge ferrugineux. Des hauteurs avant cette descente j'aperçois dans l'Est un peu Nord deux tours semblables à la tour de Maci et qu'on me dit être la montagne de Naté-Coba.

Midi, 28 degrés ; l'eau du torrent a 24 degrés, elle coule au chaud sous les bambous par filets courants et par larges flaques stagnantes. Temps couvert, il a plu quelques gouttes cette nuit; vers onze heures le soleil perce vaguement et fait un rond tout pâle. Je transpire à peine en marchant, légèrement vêtu il est vrai : pantalon et gilet-veste de madapolam, ceinture de laine, mes chaussettes, mes bottines, mon casque; en tout huit pièces, avec mon foulard et mon ombrelle, pas un fil de plus. Mon Noir porte mon petit châle de laine plus que commode, indispensable pour se préserver des courants d'air relativement frais lorsqu'on arrive en haut d'une côte gravie en plein soleil, pour traverser les fourrés à l'ombre, nécessaire pour s'asseoir sur la terre humide, sur les feuilles piquantes, sur la roche dure ; le Noir le porte dans une enveloppe de cuir, car sur son bras il lui communiquerait son horrible odeur.

Ici dans la montagne, dans ce mois de janvier, on peut vivre tout le jour dehors, le meilleur moment est le matin de cinq heures et demie à dix heures, puis de quatre à six du soir, quoique encore l'air du matin soit un peu agressif pour le poumon ; les chefs me conseillent toujours de ne pas quitter mon abri avant sept heures et demie ou huit heures.

J'ôte mon vêtement, on le lave dans le torrent, il sèche et je repars après le déjeuner, propret, tout à neuf. Mes hommes commencent à s'habituer, ils ont fait 17 kilomètres sans hésiter, ne se sont reposés que deux fois.

Quand on trouve ici un long fil noir ou blond dans son riz, on est sûr que ce n'est pas un cheveu, c'est une patte d'araignée.

Mon porteur-marabout ou marabout-porteur gémit tout le temps sous le poids de son bagage ; il est vrai qu'il n'est pas fort, mais il tient à faire cette besogne et à grogner. Aussitôt arrêté il prend sa planchette à prières et psalmodie tout en écrivant à Allah ! C'est un autre murmure non moins agaçant.

Ce marabout sans gêne fait sa toilette, crache, mouche, nettoie dans le torrent, à quelques mètres en amont de l'endroit où mes hommes qui achèvent de déjeuner viennent de boire ; ils se sont tous baignés avant déjeuner, mais plus bas. Tout d'abord on ne le voit pas derrière les racines qui pendent de la berge, mais au bruit de ses reniflements on le découvre s'agitant dans le courant ; une explosion d'imprécations éclate en cinq ou six langues ; le disciple d'Allah, borgne d'ailleurs mais pas sourd cependant, n'en crache pas une fois de moins sans se distraire de sa prière et offre le tout à Mahomet. Cet homme-là connaît le cœur humain, on le lui a expliqué, les camarades s'apaisent dominés par son indifférence mystique.

A 24 kilomètres de Compéta, le Yangalé, joli torrent dans les rochers, 50 litres à la seconde, coule au nord vers le Tomine, à deux heures d'ici. Nous couchons près d'un village de bergers, cabanes de feuillage, dépendant de missida Taganta, au nord-est. Jusqu'ici grès friable, prairies sablonneuses, troupeaux de bœufs. A l'ouest une longue échine noire barre l'horizon, elle paraît avoir deux cents mètres de hauteur au-dessus de notre station au bord du Yangalé ; personne ne peut m'en dire un nom.

Temps lourd, nuages noirs, tonnerre, baromètre 739, température, à deux heures, 30 degrés. Avec quelques boucles d'oreilles, article de Paris, j'achète lait, songala, mil en farine.

Sous ces abris de feuillage épars dans le bois, car ce ne sont même pas des cases, habitent une trentaine d'hommes, femmes et enfants ; ils ont le sang vicié, tous sont couverts de plaies ; sur les enfants nus on les voit de la tête aux pieds, les jeunes filles en cachent, sans s'y appliquer, ce que le boubou d'usage peut cacher, les vieux sont horribles. Que de réflexions sans fin amène la vue de ces malheureux, la chair vive à nu, assaillis par les mouches, l'odeur septique, pires que Job, mais plus naïfs dans leur misère étant sans discussion avec aucune cause ; pour eux leur état est normal, tout simple, sans étonnement ; ils me considèrent peut-être avec compassion !

Mon campement ce soir est du plus bel effet, les hauts bambous éclairés en dessous par nos feux forment un clair rideau tiré sur la nuit profonde ; sous la voûte de leurs longues tiges, au centre les bagages, et tout autour, les porteurs diversement groupés ; les uns cuisinent, d'autres se raccommodent, les paresseux s'étendent, quelques-uns, toujours les mêmes, font des tours d'acrobates, les bavards sont en rond.

Après tonnerres, éclairs, tourbillons de vent, menaces

de tempête, il a plu à torrent mais paisiblement toute la nuit. J'avais abrité mon lit sous une toile tendue (*), sous les bambous ; mes Noirs roulés dans leurs nattes comme des mollusques dans leurs coquilles, ont dormi sous l'averse, indifférents au temps. De grosses fourmis blondes m'ont assailli de concert avec d'autres petites noires, le moindre froissement les tue, mais il est incommode pour dormir d'avoir à se débattre sans trêve.

2 février. — Température à six heures du matin 20 degrés, baromètre 742, temps clair, quelques nuages.

Je pourrais acheter un bœuf, le marché est conclu, mais je n'ai personne pour porter la viande et je ne peux m'attarder à la consommer dans ce campement trop chaud pendant le jour et qui n'est pas mon but; je crois qu'au fond, pour être sincère avec moi-même, je trouve ces bergers trop lépreux pour m'approvisionner chez eux.

De belles falaises encadrent le Yangalé; dans ce vallon étroit la terre est noire et assez épaisse sur la roche sous-jacente; je vois de nombreux troupeaux. C'est ici le premier endroit habitable où l'on pourrait cultiver, mais il est bas, encaissé, manque d'altitude; nous avons redescendu et ne sommes qu'à 150 mètres au-dessus du niveau de la mer; on doit pouvoir d'ici gagner la côte sans avoir de montagne à franchir, en suivant la fuite du Tomine. Nous retrouverons même roche, même terre, entre le Kakriman et Labé, avec l'altitude maximum du Foutah, sur le plateau de Kahel.

On m'offre *biradam* (lait frais) et *cossam* (lait tourné), en abondance, pas d'oranges depuis Compéta; si j'avais suivi le sentier qui traverse les missida et les grands foulahsso, j'aurais eu constamment des oranges, mais aussi plus de contrainte, palabres, cadeaux à faire, retards; par les villages de bergers pas d'oranges, mais pas de palabres, lait à discrétion. Je vois dans le paysage, sur la gauche, de belles falaises isolées, semblables à de larges bornes; l'indigène désigne ces géants de pierre sous le nom de Foutah-Fanga.

Nous déjeunons dans la vallée du Donso; des femmes

du *Ouro* (village de bergers) voisin viennent voir le Blanc ami du roi, le saluer et offrir du lait; sur le bord du torrent, est un marché de caravanes, quelques femmes, trois ou quatre, vendent du lait tourné (cossam), un peu de riz, des poulets. Le Donso (15 mètres cubes à la seconde) se jette au nord dans le Tomine; beau lit de grès dur; son lourd flot transparent, tordu dans les rochers, a ravi mes Noirs, ils se plongent joyeusement, — quoique sortant de déjeuner, — s'abandonnent dans le courant et roulent dans le tohu-bohu des cascades et des tourbillons jusqu'au bas du rapide; et remontant par terre ils recommencent, heureux poissons !

Ces Noirs m'humilient, je croyais manger vite et voilà qu'ils avalent 1 kilogramme de riz (trois demi-rations), pendant que je goûte à la mienne. Mon estomac toujours empoisonné ne se guérit pas et ça m'épuise.

Arbre à caoutchouc sur le chemin; le sentier est souvent à l'ombre, 29 degrés à midi, temps découvert, beau soleil, fraîche brise. A quatre heures nous nous arrêtons aux cases de Diaïa Kadé, femme de qualité sans doute, qui possède ce coin et commande ici. Nous sommes au pied d'une falaise (*) qui a nom fello *touldé* (hauteur) Paray.

Ce rocher m'hypnotise, je prends quatre hommes pour me frayer la route et je grimpe à la suite de ma curiosité. La falaise a environ 200 mètres au-dessus du village, 230 au-dessus du Donso. Après 10 kilomètres de course et ascension pénible, difficile même, dans la brousse et au flanc de la falaise à pic, puis sur le plateau couvert de hautes herbes et de bambous, le guide improvisé se perd; je m'oriente et ramène la petite troupe au bord de la falaise; nous cherchons la brèche par où nous sommes arrivés, où le sentier commence; nous en sommes tout près, mais la nuit tombe, toute noire partout; sous les bambous serrés où nous tâchons d'avancer, on ne distingue pas un repère, pas une direction, et le flanc de la falaise

à pic est là à droite à quatre ou cinq pas; il est imprudent, il est impossible de faire un pas sans risquer de glisser dans le vide; nous remontons le talus, gagnons le centre du plateau et décidons forcément de coucher là, le Paray étant à pic, isolé tout autour. Je suis sans bagage et n'ai pour couverture que ma lorgnette et mon parasol. Mais nous avons nos armes; de son fusil à pierre un Noir retire un peu de poudre qu'il verse sur de la paille sèche, et du reste de la cartouche dont il a remplacé la balle par des bribes de sa culotte de cotonnade, il fait feu; la poudre saute, la paille flambe; la bribe de coton de la cartouche s'est allumée comme de l'amadou, c'était une réserve de feu par précaution pour le cas où le coup n'aurait pas fait jaillir la flamme. Nous avons un grand feu ; sous l'abri d'un berceau de bambous mes Noirs me font un lit de paille où j'ai d'abord bien dormi. Vers neuf heures il commence à faire frais, presque froid, je me rapproche du feu. Il est sur les restes d'un nid de bag-bag abandonné, un peu surélevé, le sol redescendant en pente tout autour. Je passe la nuit à me rôtir d'un côté, me geler de l'autre, étant peu vêtu ; mon parasol me sert d'oreiller, il est un peu osseux pour cet usage. Mes Noirs dorment comme à l'ordinaire, de temps en temps l'un ou l'autre, réveillé par le froid, ouvre un œil, tend le bras, met du bois, tisonne et se rendort ; touchantes bêtes, ils ont les pieds au feu, en haut de la pente, la tête en bas, et cependant ils dorment à l'aise. Quelle différence y a-t-il en ce moment entre cette masse noire qui ronfle et un chien qui dort ? Le chien ne dort que d'un œil, le Noir dort comme une souche ; à mesure que l'être monte et s'élève en degrés dans l'échelle des êtres, à mesure qu'il croît en valeurs supérieures, ses valeurs inférieures décroissent, l'instinct animal est moins vivant dans la partie animale de l'être humain que dans l'animal même.

Pour distraire mon loisir j'amène à moi l'extrémité d'un bambou et au moyen d'une longue ficelle qui descend jusqu'au sol j'y suspends une pierre ; étendu à terre sous ce long pendule, je vise une étoile qui veut bien passer à mon zénith. Elle s'est fait attendre, et comme je ne pouvais juger d'avance si elle arriverait juste sous le tir vertical de ma ficelle, ma veillée a été occupée. Il fait frais, sans le feu je souffrirais du froid. Le matin, mardi, mon pauvre estomac qui paye toutes les irrégularités de ma fortune est très douloureux ; la fièvre est une partie de plaisir à côté de ce mal ruineux.

Dès que le jour s'annonce, quelques instants avant le lever du soleil, dès que nous pouvons nous diriger, nous regagnons le bord de la falaise pour replonger par le sentier à pic vers les lieux habités. J'ai hâte d'arriver, car il n'est pas bon que le voyageur reste éloigné de sa troupe. Et que vont dire les vieux ! J'ai aperçu au centre de notre plateau des bambous coupés plantés en rond, ils avaient l'air de garder quelque mystère, et comme je m'approchais pour voir, mon guide m'a prié vivement de ne pas aller de ce côté ; il y a là des dieux, c'est sûr ; et en bas dans la plaine tout le monde s'attend à des maléfices, juste vengeance des manitous outragés. Nous aurons discussions, palabres et retards, et, ce qui me navre toujours dans ma qualité d'homme sans que je puisse m'y habituer, la stupide assurance de ces gens qui croient que ce qu'ils croient est vrai parce qu'ils le croient.

Cependant il faut, puisque nous sommes là, achever l'inspection de ce plateau ; il est abordable paraît-il par trois sentiers, nous allons redescendre de l'autre côté. Il a environ 1800 mètres de long sur 300 de large ; il n'est pas facile de s'en rendre exactement compte, car il est couvert d'immenses bambous serrés, touffus, et de quelques arbres. La terre paraît bonne, mais le lieu est sans doute inhospitalier, on n'y voit pas la moindre bête, le plus profond silence a régné toute la nuit sur notre aire, aucun cri, pas un oiseau, pas un insecte ; il y a des traces de quadrupèdes, les gens d'en bas y ont mis des bœufs, me dit-on ; étrange !

Ce *touldé Paray* (hauteur Paray) est de roche de

grès, coupé à pic tout autour, il s'élève sur un talus de terre qui lui sert de piédestal. Ce talus inférieur est couvert de végétation très drue, de bambous enchevêtrés sous lesquels la circulation est laborieuse. Ce n'est pas trop de mes quatre nègres pour m'ouvrir un passage dans ces piquants de hérisson; le moindre brin de jonc, en ce pays siliceux, résiste comme un fil de fer et vous crèverait non seulement les yeux, mais la joue ou même la poitrine si vous l'attaquiez ferme de bout; je parle des moindres branches de bambous, pas plus grosses qu'un crayon, elles ne cèdent pas comme les menues branches de nos bois, elles ne plient pas; dans l'herbe le moindre fil de paille résiste sans se rompre et vous retient, il faut s'arrêter pour se dégager si l'on est accroché, et comme c'est à chaque pas, l'agacement ne tarde pas à atteindre une tension énorme.

De là-haut belle vue sur le Tomine et le Donso. La vallée accidentée paraît avoir 30 à 35 kilomètres de long sur autant de large; les montagnes qui l'entourent sont taillées en falaises comme ce touldé Paray et les deux touldés Séniaki (signalés par Lambert, 1860), qui sont là tout près vers le nord; elles ont la même hauteur. Dans le fond, du côté de Labé, s'élève une montagne à deux bosses que je prendrais, d'après sa forme, pour le Kinsi de mon précédent voyage, mais Kinsi est plus à gauche. Il est difficile de se renseigner, les Foulah mentent au hasard, par politesse; hier ils me disaient qu'il fallait six heures pour traverser le Paray et quinze heures pour aller d'un bout à l'autre, or il suffit de quelques minutes. Cette exagération est dans tout, en plus ou en moins; il faut user de coefficients et les proportionner à la bobine de l'individu. Je m'arrête à parler de ce Paray parce que ces touldés sont très fréquents dans le Foutah et donnent au pays un caractère tout particulier, on en rencontre dans chaque paysage ; le Foutah central n'est lui-même qu'une sorte de touldé plus étendu portant le plateau de Kahel, touldé le plus élevé.

Aux flancs des falaises du Paray s'ouvrent des cavernes d'un accès difficile, qui gardent peut-être des vestiges de l'homme noir ancien, du nègre primitif ; mais sous ce climat, le temps moins encore qu'ailleurs ne respecte rien ; le hasard guidera peut-être nos recherches dans des abris tout particulièrement préservés.

Cette vallée du Yangalé, Donso, Tomine, est fertile, très habitée, nombreux villages, bonnes terres, bœufs. On pourrait y avoir des cases et faire des lougas (cultures); de même sur le Paray, à la saison des pluies, mais l'altitude est insuffisante, 400 mètres à peine au-dessus de la mer.

Ce jour, mardi 2 février. — J'arrive à six heures du matin de mon escapade sur le Paray. Je fais un petit cadeau à mes hommes qui s'étaient couchés bien tristes hier soir, sans dîner, pendant que la grosse marmite au pilaf fumait au camp. J'ai faim aussi, mais comment faire ? J'essaye un peu de manioc, on est allé me chercher des oranges dans un missida, à 15 kilomètres ; une fille d'Apha Dion, précédent roi de Labé, avec lequel j'avais entretenu des relations par mes agents, en 1877, me fait offrir un bœuf, elle veut bien me le vendre 250 francs ; aimable princesse ! il en vaut peut-être cinquante !

Je vais voir la vieille Diaïa Kadé : très polie, de l'aisance dans les manières. Tout dans sa case est dans

un ordre parfait, le sol sur lequel elle est accroupie est
net comme un tapis, son coton, à terre à côté d'elle, est
éblouissant de blancheur, elle carde et file avec adresse.
C'est elle qui nous a logés dès hier à notre arrivée; ce
matin, à mon retour de là-haut, j'ai trouvé une poule
qu'elle avait envoyée. Elle répond à ma visite par deux
kolas symboliques que je payerai d'un petit cadeau. Je
négocie un achat de vivres.

Sous ma couverture, car le soleil entre dans ma case
comme dans un panier, je garnis mes châssis pour
photographier le Paray. Mais j'ai la fièvre et des douleurs
qui me tiennent mort ou convulsif jusqu'à midi, malaise
sans danger mais qui me fait perdre du temps. Enfin,
avec de la patience et de l'impatience j'ai retiré les
pellicules qui ont posé hier, j'en ai mis d'autres, je suis
prêt à partir avec mon aide, mon porteur de confiance;
mais voilà des envoyés du chef du village qui viennent
me saluer d'abord, et grogner ensuite. Ils disent que leur
maître et ses amis sont très mécontents de ma course sur
leur montagne, qu'on va donner cinquante coups de corde
à chacun des captifs qui m'ont révélé le passage, etc., etc.
Ali répond ce qu'il veut, assez convenablement, il peut
dire n'importe quoi de calmant, il doit seulement ne pas
oublier que j'ai passé la nuit là-haut parce que je l'ai
voulu et que je défends qu'on frappe personne.

Je ne veux pas m'occuper de ces importuns, ils m'impatientent; je voudrais seulement qu'ils partent pour que
je puisse aller photographier, le soleil va tourner et
je ne pourrai plus prendre la tête du rocher. Je
suis malade, ça me gêne, il faudrait finir, mais,
guigne royale! voilà un envoyé de Yaya, il vient gou-

verner la province; c'est donc comme Tannou à Compéta, je commence à le connaître le coup du gouverneur; allons, vivement: bonjour, ça va bien chez vous? moi, aussi, entendu, Tana o ala, n'est-ce pas? A peine ai-je fait un pas vers la porte avec mon appareil que voilà une autre visite encore, de je ne sais qui, un seigneur très important; et enfin le roi mécontent lui-même! il s'excuse (et pendant ce temps le soleil tourne), de n'être pas venu me saluer (et si malgré tout je sortais mon œil de verre, les colères impatientes ne se contiendraient plus), il était malade, absent même, oui c'est ça, absent, disons absent. Je suis poli, mais vexé; malgré une colique tourbillonnante, je lui fais un petit discours; il pourrait me faire assassiner, ou éconduire, ou inquiéter, à son choix; ma politesse n'est pas absolument désintéressée, mais elle est très réservée. Enfin il se retire flatté, étonné, soumis, se reculant dans l'infériorité de sa race; ce blanc c'est l'homme, Sagata; et doutant de sa valeur, troublé dans sa vanité, le pauvre nègre en lui-même se réfugie parmi les bêtes. Il se retire, mais il reste inquiet du sort que je suis allé jeter à ses dieux, sur sa montagne. La diplomatie a été laborieuse, car l'accueil est plutôt frais; or, s'il importe peu de n'avoir rien à manger, il importe de garder son rang, seule force du Blanc perdu dans cette meute, et que chacun observe les distances.

Tous ces gens disparaissent enfin; le roi gémit, mais il rend hommage, c'est tout ce qu'il me faut, allez. L'audience levée, je reprends mon appareil, mon porteur le tient dissimulé sous un plaid, la route est libre, filons! Arrive un orage, le temps est tout noir. Tant pis, je me dissimule dans un pli de terrain pour échapper aux regards inquiets qui partent du village et m'arrivent comme des flèches. Je prends six vues du Paray, deux du Tomine à l'est, la pluie tombe, on n'y voit goutte.

Les gens de Yaya désirent que je passe par Labé, ceux d'ici, me disent-ils, sont voleurs et peu généreux; le fait est qu'ils prétendent n'avoir aucune provision et demandent des prix énormes de la moindre des choses. Je me contente de cent sous de *bentara*, et 200 oranges; nous mangerons plus loin, si c'est possible. Ces gens se disent pauvres, cependant ils ont bonne mine, leurs cases montrent de loin des toitures dorées de paille nouvelle, en bon état, châteaux de rentiers, c'est évident; on aurait certainement tout en abondance et à bon compte si l'on séjournait et prenait le temps de devenir ami.

Le roi mécontent a promis des hommes pour demain, la pensée que j'étais en terme d'amitié avec l'Almamy a un peu dégelé sa résistance.

3 février. — Au soleil levant je photographie la falaise bien éclairée à l'est, et j'essaye de prendre le joli panorama de la route que je vais suivre, mais il est tout juste dans le soleil, l'épreuve sera voilée. Le roi n'envoie pas de porteurs, il envoie un guide seulement, et à huit heures! Il est Sédianké et porte peu d'intérêt au bagage que je destine à l'Almamy qui est de la famille des Sauriankés; il nous a donc en somme mal aidés et, sauf le guide, rien donné ni vendu. Il n'y a plus rien à tirer de ces gens-là. Je laisse Kancou et Baï (leurs caractères différents se contre-balanceront) avec leurs colis, pour garder le bagage de Kanda, congédié. Je les recommande au fils du roi de Fougoumba qui est venu me voir hier soir et me paraît très ouvert de caractère.

Le sentier traverse de nombreux néfliers; l'arbre a la tournure d'un large pommier, ses branches mal feuillées, plus étalées que hautes, sont chargées de petites pommes en forme et de couleur de nèfles, capucin pénitent; elles ne sont pas encore mûres à cette époque, la pulpe assez épaisse est recouverte d'une mince peau, et au centre, un noyau offre encore une grosse et bonne amande.

Nous passons dans des terres noires, très fertiles, faciles à labourer, le sous-sol est peu perméable, mais il est facile à drainer par l'écoulement naturel des eaux sur les pentes de ce terrain ondulé. Çà et là l'arbre à sagou, immenses palmes qui sortent de terre en gerbes touffues; elles sont très belles et d'une exubérance que ne contiendrait aucune de nos serres; pour l'Européen, c'est un spectacle nouveau, paisible dans sa puissance, révélant dans la nature des forces surabondantes, un art infiniment varié. De la peau de ces joncs sont faites les nattes en usage ici.

Je traverse deux fois le même joli torrent, puis encore une troisième fois et deux fonds d'eau claire; tout ça aménagé constituerait de bonnes fermes.

En traversant un fond d'eau, le pont de roseau qui nous porte cède et s'enfonce. Je prends un bain intempestif pour mon pauvre être malade, le soleil me sèche promptement, j'éprouve néanmoins de vives douleurs, je n'ai point de forces.

A dix kilomètres, nous arrivons au village de Modhi-Saga. On me prête un captif qui pour quelques boules d'ambre n° 4, part tout suite pour Diaïa-Kadé chercher mes hommes et le bagage de Kanda.

Le fils du roi de Fougoumba a été hospitalier, il a donné

riz et sauce à mes deux gardiens auxquels j'avais laissé riz et oranges. La sauce est très importante comme symptôme psychologique, la peine qu'elle coûte à préparer en fait un présent qui révèle de la bonne volonté.

Parégui. — Nous achetons difficilement un peu de *fougni*, mil microscopique ; de *bentara*, manioc ; des patates douces très sucrées, des diabérées, pommes de terre aigres, bonnes cuites, malsaines crues. Ali et M'Bar montrent du mécontentement, ils trouvent que ces vivres de paysans ne sont pas à la hauteur de leur mérite ; les autres sont contents ou se résignent ; Ali est un serin, M'Bar une vieille bête.

Des Foulahs qui se disent passants, — depuis que j'ai pénétré dans le pays Noir il me vient beaucoup de ces passants par hasard, et il ne me déplaît pas que le Foutah soit ainsi mis en éveil par mon arrivée, — passants par hasard viennent m'offrir un bœuf ; j'accepte, mais sans grand espoir ; ils m'ont tout l'air de faire partie de la collection des espions échelonnés envoyés par les divers partis pour reconnaître mes intentions. Je commence à connaître leur langage étudié, toujours le même, et leur aisance de cour qui tranche sur la naïve et gauche province. Ils m'offrent un bœuf pour marchander et voir mon bagage ; d'accord sur leur prix que je discute à peine, ils partent chercher le bœuf, et ne reparaissent plus.

Je déjeune à quatre heures de poulet et de patate douce en purée. Temps lourd, 32 degrés dans ma case de paille à claire-voie, la paroi circulaire est un clayonnage de brins de bambous ; nuages chargés de pluie, éclairs, tonnerres, orage menaçant tout autour de nous.

A cinq heures je vais à cent pas tirer cinq cartouches

sur les premiers arbres devant ma porte, oiseaux partout Je préfère les pigeons, j'en tue sept de mes cinq coups, un tireur moins maladroit ou moins distrait sur le paysage en aurait tué quinze. A ma dernière cartouche partent deux compagnies de perdrix, rien à leur envoyer; d'ailleurs elles filent rasantes au-dessus d'un fouillis impénétrable où un Noir, même affamé, ne pourrait se glisser; « trop verts », nous n'en voulons pas. Je ne manque pas de ramasseurs de gibier, tous les gamins du village. Vraiment bon fusil, mon choke bored, je tire de très loin et comme au hasard ; ce sera un plaisir au retour de dépenser mes cartouches ; maintenant je les garde précieusement, moyen de défense ou mieux d'intimidation.

Cette chasse me prend dix minutes, je donne les pigeons aux hommes qui n'ont pas grogné le matin sur le bentara, ils sont triomphants. Je rentre sous mon toit de paille, l'orage s'est rapproché, roulant vers nous, toujours grondant; il éclate enfin, deux heures de torrents d'eau qui se continuent en petite pluie ; Allens me prépare du thé chaud, nettoie mon fusil. Le thermomètre dans le ruisseau de pluie, devant ma porte, marque 22 degrés. Et pendant que j'écris je ne vois pas que ma bougie est à toute extrémité, la mèche s'effondre et l'obscurité subite met fin à cette conversation que je me tiens là à moi-même.

4 février. — Ali achète en abondance du lait caillé; il achète du riz, un franc le kilogramme, c'est exagéré, je le sermone parce que, à se laisser tromper, le Blanc perd de sa taille; mais comme il a fait danser l'anse du panier à son profit, le mal n'est pas bien grand, c'est un stimulant nécessaire qu'il faudrait inventer s'il n'existait

pas; ce que je ne veux pas, c'est qu'il subisse la loi des intrigants du pays. Pour acheter on n'a pas qu'à aller au marché, il faut s'informer, visiter le village, plonger de l'œil dans les cases et dans les consciences, avoir beaucoup de menues initiatives. Nous voilà du riz pour deux jours, je ne peux pas en prendre plus, c'est trop de charge. Des gens de l'endroit me proposent un bœuf, je leur dis qu'ils sont trop pauvres pour posséder un bœuf, ils paraissent piqués, ça les décidera peut-être.

Notes et renseignements sur le commerce, le monopole, l'Almamy, Alpha Gassimou et ses factoreries; ligne de pénétration du Kokoulo au Tankisso, rois vassaux dans le Soudan, etc.

Le Foutah-Djalon doit être le premier centre de notre domination organisée dans le Soudan, le second sera vers Sakatou, la région du Tchad; mais pour nous créer des amitiés utiles parmi les chefs que Barth nous montre lisant Aristote et Platon, il faut d'abord bien discerner la qualité maîtresse du pays africain, et y conformer notre plan d'organisation de la puissance autochtone. La France n'est pas en Afrique dans les mêmes conditions que les autres puissances européennes; elle est africaine, indigène par l'Algérie, elle a les inconvénients du contact musulman, mais elle peut, elle doit en recueillir les avantages.

5 février. — Nous quittons Parégui. J'ai loué deux porteurs pour trois boules n° 2 chacun. Cet engagement ne se fait pas tout simplement, il faut pour qu'il soit possible de le conclure que la population ne soit pas hostile, et que les porteurs n'aient pas peur de suivre cet homme tout pâle qui a des yeux dévorants, il faut que le chef

personnellement consente; ça n'a pas été trop de trente-six heures pour coordonner toutes ces volontés.

La région des estuaires, plate, basse, très chaude, des alluvions fertiles, est fourmillante; les premières collines jusqu'à Guémé et Compéta sont moins riches, la roche est dure, souvent à nu; après Compéta la nature du sol change, la roche est moins compacte, de gré friable, la terre arable la recouvre en couche épaisse, le pays produit davantage.

A 6 ou 7 kilomètres de Parégui, le sentier dans une gorge profonde suit le pied d'une falaise Est-Ouest dont la face qui regarde le Nord est à l'ombre pendant huit mois de l'année; on pourrait habiter là.

Vers 10 kilomètres je croise sur le sentier un Noir de bonne mine, je lui rends son bonjour avec sympathie, il disparaît dans le fourré (*); un quart d'heure plus loin il reparaît escortant deux femmes qui portent des calebasses de lait, fromage épais, et un kola; présent aimable et désintéressé. Je goûte par politesse et gourmandise au fromage délicieux qui donne la colique, mes hommes le boivent, le kola à Ali. Ces gens : Kana et Santon, sont d'un village voisin qui appartient à Oumar-Béla.

Pendant que mes hommes déjeunent sous les bambous, je vais m'asseoir sur le bord du Tomine, à l'ombre, sous les arbres et dans les rochers. Un serpent qui me reluque de l'autre rive se met à l'eau, traverse, la tête dressée, l'œil fatal; il aborde à vingt pas de moi, rampe sur la roche à découvert jusqu'à l'arbre le plus voisin, et de branche en branche, — restant immobile, tendu dans le vide d'un arbre à l'autre, quand je le regarde, — il vient jusqu'au-dessus de ma tête; sur ce je m'éloigne et regagne la plaine. Allens arrive à propos pour m'aider à regrimper la berge encombrée de troncs d'arbres enchevêtrés. Il venait voir ce que je devenais et me dit que ce n'est pas bon de s'arrêter là ; « poissons, » lui dis-je ; sans doute, mais « serpents, araignées, » répond-il, « caïmans au creux des eaux profondes ; lui et les autres nègres pas venus là, restés près du sentier » ; il me fait froid avec ses renseignements convaincus.

Le Tomine, là en amont du Donso, débite environ 10 mètres cubes à la seconde ; il coule lentement dans un lit de section rectangulaire creusé dans le roc vif. Il a assez d'eau pour permettre de naviguer à partir d'ici jusqu'au Géba Portugais où il se jette un peu au-dessous de Kadé, au-dessous des sources sulfureuses de Cofara que j'ai fait reconnaître en 1883. Il doit être possible de rendre ses rapides praticables, la différence des altitudes n'est pas grande ; le passage où je l'ai traversé en 1880 est très escarpé, mais on pourrait l'améliorer assez pour le franchir au moins en descendant.

Bon pays, pas de fièvre, pas de moustiques. Huit de mes hommes ont été malades pour avoir mangé je ne sais quoi, un autre a un abcès dans la bouche probablement pour la même cause, un autre a une mauvaise piqûre, la jambe enflée, je lui applique un cataplasme froid de iodoforme inséré dans du riz bouilli ; je n'ai pas de ces accidents, mais toujours les suites opiniâtres de mon empoisonnement à Baralandé, ça me suffit.

Le sentier remonte le cours du Tomine au fond d'une vallée de 2 kilomètres de large encaissée dans des falaises que surmontent des talus boisés de bambous et de grands arbres. Ces deux murailles parallèles s'élèvent de 400 mètres environ au-dessus de la rivière ; de belles chutes d'eau à droite et à gauche indiquent sur ces hauteurs des plateaux étendus.

A 18 kilomètres de Parégui, dans ce long couloir, la température est relativement fraîche à l'ombre de la falaise rive gauche qui regarde le nord, mais l'air est étouffant sous le tunnel transparent des hautes herbes, petits joncs de 3 ou 4 mètres de haut, pas plus gros que le petit doigt, au feuillage grêle, desséché et coupant. Une meute de 40 ou 50 singes nous accompagne en criant.

Peu à peu le sentier s'élève sur le talus inférieur de la falaise ; en bas, au fond, le Tomine roule sur un lit accidenté, son bruit de gave remplit les échos ; au kilomètre 19,500, à 360 mètres d'altitude, nous franchissons un col et prenons la pente au revers du contrefort. Successivement nous traversons quatre ruisseaux clairs coulant vers notre gauche, très en pente, l'eau est peu profonde, mes Noirs s'y couchent sans se baisser et la reçoivent en douche.

Depuis Parégui les joncs palmiers dont on fait les nattes ordinaires abondent, le sentier passe sous leurs rameaux.

Le mont qui apparaît dominant le Tomine, sur la gauche de notre route, est le mont Côté. Impossible d'acheter bœufs ni moutons, on nous répond par les mêmes histoires. Dans les villages de captifs il y a des bœufs, mais le propriétaire habite au missida plus loin ; dans le missida on trouve le propriétaire, mais les bœufs sont dans les villages de bergers ; il faut traiter au missida et attendre le bœuf ou se faire accompagner jusqu'au *Roumdé*, *Ouro* ou *Foulahsso*, villages de captifs, de bergers ou habitation de campagne du propriétaire. Le mieux est, si on le peut, de passer un marché avec un Saraccolet pour qu'il vous suive et vous fournisse, à prix fixé d'avance, un bœuf tous les jours suivant vos besoins ; mais ce monopole exclusif ne plaît pas toujours aux chefs de villages.

Après le col nous descendons dans la vallée fertile et bien cultivée de Paniata. Nous nous arrêtons à un groupe de cases de belle apparence, propres et en ordre, cases des captifs qui cultivent ces champs ; ils n'ont pas de provisions, le village est plus loin. Mes hommes sont un peu las, mais il suffit comme toujours pour les ranimer de se substituer à leur âme découragée. — Un palabre court et vivement mené avec les trois ou quatre gardiens du lieu, met en lumière l'absence de vivres et la facilité d'en trouver plus loin. — Ils reprennent leurs charges, un peu grognons mais convaincus ou au moins résignés, nous repartons. Il faut dire que depuis la côte, le sentier sur la roche dure, constamment raboteux, déchirait les pieds des porteurs ; s'il pleuvait, l'eau détrempait la corne qui les protège, il était impossible de faire une longue étape sur les aspérités de cette mâchoire de requin, tandis qu'ici le sentier est de terre battue, égal et doux aux pieds nus ; cette sensation plaide pour le départ. Un orage nous vient de l'horizon, sa menace active les paresseux, chacun hâte le pas, bientôt il éclate sur notre dos, il pleut ferme. A 6 kilomètres nous arrivons à Lémoné, bon village bien clos et bien bâti, village de captifs, mais bien pourvu d'orangers couverts de fruits, bananiers, bentaras, etc. Nous avons fait 30 kilomètres, reçu pour terminer une bonne averse, maintenant brusquement la nuit tombe, nous restons là.

Nous attendons à la pluie, sous les orangers. Il faut d'abord palabrer pour se faire reconnaître, scène humide mais inévitable. Personne dehors, les rues sont désertes; Ali s'en va de case en case chercher des renseignements, il faut s'informer avec prudence pour obtenir une réponse. Il apparaît courbé en deux, le cou allongé sous l'auvent de paille devant la porte toujours basse ; la lumière projetée par le feu qui flambe à l'intérieur dessine sa silhouette luisante dans le reflet brillant de l'eau où il patauge; d'une case à l'autre il apparaît et disparaît dans la nuit noire. Enfin on le reçoit, il entre, nous ne voyons plus rien.

Il pleut toujours et nous avons grand'faim. Ali ressort, on lui indique la case du chef, il replonge sous la porte désignée, un indigène sort de la case, il va prévenir le chef qui est chez un voisin. Comme il fait nuit, ce Noir allume pour circuler dans les rues ou sentiers ménagés entre les cotonniers, un long faisceau de pailles sèches qu'il a tiré en dessous du toit de chaume. Le chef et des notables convoqués sortent avec des torches pareilles ; ces pailles flambent par éclats, le temps de voir passer dans la nuit ces autorités locales qui piétinent dans l'eau et se hâtent.

Ali a bien parlé, on est content; de case en case on se

concerte. Pendant ce temps je continue à attendre dignement sous mon oranger, avec une patience résignée et pleine d'expérience, que la pluie achève ce qu'elle a à nous dire. Un chien aurait été tout de suite à l'abri, mais pour un grand chef blanc il faut de la pompe. On décide, le chef a désigné des cases, il vient nous y recevoir, je lui donne audience de bienvenue.

Ces gens pourraient supposer que nous avons faim, ayant fait une longue course sans rien manger depuis la veille, si ce n'est quelques mampatas (*nèfles*) ramassés sur le chemin, et alors que nous montrons un vif désir d'acheter des vivres. Malgré ces indices d'appétit probable, ils laissent là dans ma case de la viande fumée, séchée, qui n'a pas mauvaise tournure, des fusées de maïs suspendues au plafond de roseaux, du mil, des provisions de toutes sortes, dans un coin un amoncellement de diabérés. Ils savent que je suis un ami du Foutah et sont convaincus que je ne toucherai à rien ; c'est flatteur, mais la discrétion même diplomatique est peu nourrissante. J'essaye d'acheter quelques vivres avec de l'ambre n° 4, le chef se récrie : les Blancs, dit-il, ont de jolies choses, mais ils prétendent leur vendre les laides ; il refuse donc de me vendre rien, mais comme je suis l'hôte de l'Almamy il m'apporte des présents : une poule, du riz et des oranges, cinq ou six douzaines ; c'est l'offrande officielle ; [un captif porte la poule ; un autre, dans une calebasse sur sa tête, le riz non décortiqué, riz en paille, dans sa paille blonde ; un troisième, dans un sac fait d'une peau de bouc retournée, le poil en dedans, porte lourdement sur son épaule une charge d'oranges ; le maître présente le tout.]

Le lendemain je le fais venir et je lui explique que puisqu'il veut de jolies choses je vais lui en offrir, — il est moins facile qu'on ne pourrait le croire de savoir tout d'abord ce qui, pour ce nègre, est joli, — je lui donne des bagues, médaillons, boucles d'oreilles de bazar; c'est joli, paraît-il, le chef est ravi et surtout triomphant de son succès; et moi aussi. Je le prie, en échange d'aussi rares avantages, de me faire préparer du maïs par sa femme, lui promettant un autre cadeau pareil; il dit qu'il va le faire faire; nous verrons bien. On me dit que sa femme cuisine ça en gourmandise.

Ce vieux chef paraît avoir soixante-dix ans, peut-être plus; il me raconte que lorsqu'il était enfant, dix Blancs sont venus ici avec des marchandises, des fusils pour chasser et se défendre; ils se proposaient de cultiver pour vivre. Ils sont restés huit mois, cinq ou six sont morts, les autres ont tout laissé et sont partis, les Noirs se sont emparés des objets abandonnés. C'est, je suppose, de l'expédition Peddie et Campbel — 1817 — qu'il s'agit.

Un kilomètre avant d'arriver ici, nous avons traversé, sur un pont de roche massive à fleur d'eau, la rivière Paniata; de grands arbres, une végétation touffue, dessinent les sinuosités de son cours dans la vallée. Je pénètre avec le sentier sous ce bois sombre, m'apprêtant à sauter de roc en roc ou à me faire porter pour franchir le torrent; mais le torrent dont le bruit nous assourdit, ne se montre pas et je me trouve l'avoir traversé alors que j'en suis encore à calculer. Le torrent bruyant, tumultueux, de 4 mètres cubes d'eau à la seconde environ, plonge, disparaît, s'engouffre sous un pont naturel, long et large de

20 mètres, et ressort de l'autre côté bouillonnant, fuyant, grondant, irrité de cette surprise.

On m'amène des captifs à vendre. C'est tout de même raide qu'un homme en puisse vendre un autre, qu'on puisse l'acheter, et que tout un ordre social consacre et protège ce trafic et empêche la révolte, si bien que de père en fils le captif de guerre deviendra nature esclave, un autre homme, parfois intelligent, actif, honnête, digne de la confiance de son maître, mais esclave de race, ignorant l'initiative, heureux d'obéir. A ce signe on mesure la déchéance ; l'initiative dans l'action ou dans l'idée, la volonté première, la responsabilité recherchée mesurent la valeur de l'homme civilisé.

Dans le champ derrière ma case est un petit haut fourneau où le village fabrique son fer : 2 mètres de hauteur du trou de coulée au sommet, $1^m,50$ de diamètre ; il est un peu enterré, il est éventré pour l'extraction d'un loup de 0,35 à 0,40 de mètre cube qui représente peut-être le produit normal, la fabrication courante ; il est difficile de s'informer, les Noirs craignent toujours le diable sous ces questions et ne répondent pas exactement.

La femme du chef m'a préparé un bon maïs en poussière, à la sauce d'arachides. Je le demande à dix heures pour déjeuner à midi, il est prêt à quatre heures. Il ne faut pas montrer d'impatience, ça n'aurait d'autre effet que de suspendre les bonnes volontés. Il est délicieux, il y en a une énorme calebasse.

Il me semble, malgré l'histoire du vieux chef, qu'on pourrait vivre ici avec une chaumière et un cœur, n'était la trop grande quantité de ces nègres, animal sans poésie, utile sans doute, mais parfois encombrant. La vallée est close de tous côtés par de hautes falaises, le sol en est fertile. Manioc, patates, diabérées, maïs, gniambi, riz, trois espèces de mil comestible, papayes, bananes, oranges, fruits des bois, netté, etc., piments divers, diagato, poulets, moutons, chèvres, bœufs, lait frais ou fromage, tous les légumes d'Europe, coton, indigo, etc., voilà ce qu'il y a en abondance ou qu'on peut avoir, cultiver sans peine, sans frais, belles eaux vives partout.

Les serviteurs, captifs libérés, ne coûteraient rien ou à peu près. Mais pour vivre en paix il faut avoir l'amitié de ses voisins, et pour cela avoir chez soi la force, sinon on est dévalisé par le premier chef qui passe et dont la troupe a faim, et ces troupes ont toujours faim.

On use peu de lumière car il faut se lever avec le jour pour profiter des bonnes heures du matin; le soir, la lumière attire les insectes en vols serrés. Premier déjeuner à six heures, vivre jusqu'à dix ou onze heures à tous travaux, déjeuner à midi avec appétit, travailler à l'intérieur jusqu'à quatre heures, puis encore dehors de quatre à six, dîner légèrement, se reposer en respirant l'air frais du soir, puis se coucher. Les Noirs prolongent volontiers la veillée, les conversations autour du feu très avant dans la nuit. Si l'on avait une vraie maison, de l'ombrage tout autour, ombrage choisi pour ne pas entretenir les serpents trop près de soi, la vie serait bonne tout le temps; il en est autrement pour le voyageur obligé d'aller ici et là, partout, à toute heure, pour voir, s'instruire ou se défendre.

Mais cette vie manquerait de journaux pour les jours de pluie, de livres et de revues, de laboratoire ou d'atelier pour varier ses rêves. J'ai apporté quelques volumes pour me procurer un tête-à-tête : Ronsard, Montaigne, Corneille, Racine, Voltaire, La Boëtie, Jules César, Plutarque, Lafontaine, Machiavel, sans compter quelques techniques; c'est le plus lourd de mon bagage et c'est le plus nécessaire; ici tout est pratique de la vie immédiate, il faut s'en défendre, se ressaisir. De si loin les splendeurs de la civilisation ont l'invraisemblance d'un rêve insaisissable; peinture, musique, science, élégances surtout, tout cela paraît loin comme un chant d'Homère. La poésie seule parfois, la poésie de la nature, nous prend et nous berce, et nous enchante si doucement, et nous pénètre, et nous ravit de si pleine extase, que le poète parlant n'est plus qu'un écho, un écho imparfait qui n'a pas tout entendu.

On mourrait stupide de bonheur dans ce paradis, l'homme n'est pas fait pour cela; la mort heureuse est sur le champ de bataille de la vie active.

En 1880 les bêtes qui pullulaient dans ma case inquiétaient mon sommeil, c'était trop nouveau; maintenant c'est à peine si je les honore d'un regard. Ma case est tapissée d'araignées grises, plates, venimeuses; des rats familiers courent, montent partout; crapauds à gauche, crapauds à droite poussent leurs cris; viande fumée (à demi pourrie) pend comme un lustre au milieu, l'odeur m'en paraît supportable; des chevreaux font leur galerie de l'auvent circulaire, ils se poursuivent, bêlant; galopant au milieu de la nuit, ils se précipitent dans ma case comme un tourbillon; je le remarque comme un intéressant contraste avec nos habitudes civilisées, mais sans penser à le trouver mauvais.

Sur les trente kilomètres que nous avons faits hier il

faut en retrancher cinq pour les détours inutiles, plus un dixième pour les sinuosités.

Le chef dit que la route directe d'ici à Timbo est par Hennéré, Télibofi, Nieguélendé, mais je la connais, c'est ma route de 1880, je prendrai donc plus au nord.

Le plafond de ma case est formé de longues tiges de palmiers joncs dont la peau sert à faire des nattes et dont nous faisons des cannes ; ils ont là quatre ou cinq mètres de long, lisses, bien réguliers, luisants, noircis par la fumée du foyer ; quatre piliers de bois dur supportent ce plafond à hauteur d'homme, c'est le grenier sur lequel on met les provisions. L'échelle pour y monter n'est souvent qu'un bambou pas plus gros qu'un manche à balai dont les aspérités suffisent à un orteil de nègre, prenant comme un orteil de singe, pour se cramponner. Le plafond n'est qu'à 1^m,60 du sol (les Noirs étant toujours accroupis autour du feu, ou couchés sur leur natte, rarement debout, ne se dressant qu'à demi pour s'enfiler sous la porte lorsqu'ils veulent sortir), je ne peux me tenir droit, c'est fatigant à la longue ; le cardinal La Ballue a dû passer de bien mauvais moments dans sa cage.

J'ai dîné d'un peu de macaroni.

Le Tomine coule en direction est-ouest ; sa rive droite est formée des hauteurs continues qui portent l'avant-dernier étage, les plateaux supérieurs du Foutah, et sont en maint endroit en falaises à pic sur la rivière. Sur la rive gauche trois vallées, Donso, Paniata, Dionkine, s'ouvrent sur son cours comme des chambres sur un étroit corridor ; il coupe par des gorges abruptes les montagnes qui forment les contreforts mitoyens de ces plaines.

La vallée de Paniata ou Lémoné, où nous sommes en

ce moment, est riche, très habitée, plus grande que celle de Donso, ceinte tout autour de falaises pittoresques, montagnes bien découpées, toutes à peu près de même hauteur.

Je prends midi ; pour observer sans danger d'insolation, j'ai un chapeau de moelle d'aloès de dix centimètres d'épaisseur, sous cette petite maison je ne ressens pas l'action du soleil.

Après divers palabres et visites inévitables, tentatives pour acheter bœufs ou riz, à neuf heures et demie je vais tuer quelques pigeons. Le soleil est très chaud, il repompe son eau pour un nouveau déluge.

On me propose un bœuf, mais c'est toujours le même ; dès que j'accorde le prix demandé, on demande autre chose. Ils veulent 40 boules n° 2, 24 francs prix d'Europe, pour un gros bœuf — gros pour la race du pays —, je les donnerais volontiers, mais où est-il ce bœuf? ils n'en ont pas qu'ils soient autorisés à vendre. Ils me vendent 15 kilogrammes de bonne viande d'antilope pour trois boules n° 2 ; c'est meilleur, moins cher et tout dépecé ; singuliers esprits ! à moins que ce soit un cadeau qu'un chef m'envoie et dont ils tirent profit, ainsi que ça arrive d'ordinaire ; dans tous les temps et tous les pays il a été lucratif d'être le dispensateur des faveurs du prince.

Il est nécessaire que les poches à montre, boussole, baromètre, podomètre, soient fermées par un bouton ou que l'instrument soit attaché à un cordon, sinon il tombe lorsqu'on se baisse, ce qui arrive à tout instant, et il se casse, ce qui est irréparable dans ce désert.

Nous quittons ce village hospitalier ; à la première halte sous un grand arbre, quatre jeunes filles, quatre sœurs à ce qu'il me semble, sortant d'une case qu'on aperçoit au loin dans la plaine, viennent nous offrir du lait — leurs quatre calebasses s'offrent ensemble, front alignement — le geste harmonieux, la taille souple, le regard luisant, un grand air de jeunesse qui offre autant qu'il attire. Je leur donne des boucles d'oreilles, leur joie ravie est la satisfaction psychologique du voyageur. Je regrette de n'avoir pas mes châssis tout prêts ; là en plein air, sous un arbre, — un bel arbre assurément, dont l'ombre ronde a 40 mètres de diamètre, mais avec un fort soleil tout autour, — les préparer n'est pas commode. J'irais bien dans la case de ces jolies bergères, qui seraient de Florian par la grâce et le naïf maintien si elles avaient des rubans, mais combien de temps faudrait-il perdre à négocier, et voudraient-elles ne pas s'effrayer? Si l'on venait comme photographe on serait toujours prêt, mais comme explorateur on n'a pas le temps, il faut faire l'astronome, le géographe, l'arpenteur, le géologue, le naturaliste, le guide, le diplomate, pourvoir à la cuisine, être malade et trouver encore le temps de se reposer.

La transpiration détruit mon carnet de poche, il faudrait qu'il eût une couverture de cuir ; ce carnet est nécessaire pour relever les accidents de terrain au fur et à mesure avec quelques détails. Les histoires peuvent être notées à l'étape, ou même plus tard, mais les cotes et dimensions, les alignements, doivent être notés sur les lieux mêmes, sinon ils ne sont pas exactement rapportés.

Malgré la pluie, les fréquents orages, la terre reste sèche, contractée et partout sillonnée de fissures caractéristiques de la saison. Dès que le soleil paraît l'humidité s'évapore, il n'y a pas de moisissures dans les cases. Pour mettre fin à cette sécheresse, il faut les déluges ininterrompus de la saison des pluies, ce qu'on appelle l'hivernage, quoique ce soit l'été. Alors la terre se gonfle, les fentes se ferment, les plaines sont inondées tous les jours pendant plusieurs heures ; et dans cette eau chaude, les cailloux eux-mêmes se gonflent de mousses et les mousses nourrissent les hautes herbes.

Dans les terres profondes la vie est exubérante, tumultueuse ; la végétation serrée, furieuse, s'étouffe dans la lutte pour jouir avec avidité de la vie qui lui arrive de tous côtés, de la terre et du climat. Les plus vigoureux ôtent la vie aux plus faibles, et leur triomphe forme la forêt qui s'élève ; s'il n'y a pas de germes de grandes espèces, la brousaille des petits êtres demeure enchevêtrée, impénétrable, elle ne s'élève pas. La production est proportionnelle non pas à la surface mais à la quantité de vie qui sort de la terre et du climat ; la nature n'attend pas qu'il y ait de la place au soleil, elle projette sa force. Pour que chacun vive à l'aise (*), il faut sarcler réduire le nombre, le proportionner à la surface et laisser perdre de la force.

Dans le petit enclos où les Noirs cultivent des plantes de choix, coton, maïs, bananiers, la terre fumée de fumier pur de bœuf ramassé dans les pâturages, produit en peu de temps la récolte attendue, un sarclage rigoureux est nécessaire. La vitalité animale projette de même plus que le milieu ne peut nourrir; les populations primitives paraissent suivre la même loi dans leur développement; cette pléthore engendre la guerre, des massacres qui viennent sarcler brutalement. Le nombre est le produit aveugle des forces inférieures; dès que l'intelligence

paraît, elle cultive la qualité de préférence à la quantité.

Les bag-bag pullulent, innombrables; une seule mère, une grosse et unique femelle, au milieu du nid, pond des nuées de petits bag-bag.

Chez les nègres, je vois autour de chaque couple des troupes de négrillons (*), ça produit comme ça mange, à la grâce de Dieu; la femme produit autant d'enfants qu'il lui est possible d'en faire, pas un de moins. Le roi, qui met sa force et la valeur de son royaume dans le nombre de ses sujets, veille à ce qu'il n'y ait pas de facultés perdues; les paresseuses sont mal notées, et si ce sont des captives elles ont moins de prix.

En Europe on voit aussi beaucoup d'enfants par tête (*) de famille. Nos bons voisins ne dédaignent pas ce mode d'expansion qui leur permet d'accaparer des territoires dont ils retirent de grandes richesses. Le Turc a la grâce d'Allah, il aime beaucoup et ça ne produit guère ; mystère. Le Français vit de tout son cœur (*) et de tout son esprit, le reste est un prétexte ; il n'attend pas que la guerre ou la famine sarcle son champ. Croissez et multipliez est la formule des éleveurs de peuples à leur début, lorsque le nombre fait la valeur ; c'est la formule des broussailles  que je vois ici. Où est la vérité qui doit satisfaire à toutes les conditions du problème? Elle paraît comme toujours dans les faits avant d'apparaître à notre intelligence ; on ne la voit pas tout de suite parce que l'on se préoccupe de satisfaire aux conditions anciennes qu'on a l'habitude de comprendre, négligeant par inattention les conditions nouvelles que le progrès de l'être vient d'introduire ; mais la loi de la vie de l'univers suit sa marche, nous pouvons prévoir ce qu'elle veut, non le modifier, l'avenir par la science appartiendra à la qualité et non plus à la quantité sans mesure.

Le manioc en purée, le ligneux enlevé, convient à mon pauvre intestin malade ; la patate douce est une vraie gourmandise, c'est de la purée de châtaigne très sucrée ; lorsqu'elle est fraîchement arrachée, en son temps, elle a exactement le goût du marron glacé ; le diabéré — rave, pomme de terre — un peu aigre, est apprécié surtout au temps des pluies ; le gnambi est une grosse pomme de terre farineuse, boulotte ; le bentara a souvent un mètre de longueur enfoncée dans la terre. Un demi-hectare de cultures variées, avec une heure de travail par jour pendant trois mois, suffirait à nourrir dans l'abondance toute une famille, maîtres et gens ; il faudrait ajouter, dans une situation choisie hors du village, un champ de riz ; avoir deux petits troupeaux, bœufs et moutons, sans aucuns frais ; des poules dans l'enclos et quelques chèvres.

Un moulin à décortiquer le riz et à le réduire en farine serait nécessaire, car le travail au pilon est imparfait et laborieux. Le mil doit être d'abord grossièrement décortiqué et vanné avant d'être trituré plus finement, sinon, pilé avec sa première écorce, il est nuisible à la santé.

Mais ce qui manque à la race blanche pour qu'elle puisse vivre dans ce milieu, c'est le tempérament du nègre. L'autochtone est l'habitant approprié à ces contrées, c'est un privilège, il ne faut pas dans l'organisation de notre colonie africaine oublier cet avantage ; lorsque enfin l'apaisement du climat nous permettra d'occuper le

Soudan, les descendants de la race noire seront plus forts que les nôtres, notre race ne pourra pas remplacer la sienne comme nous le faisons en Amérique.

De Boulam je projetais de passer par Bassyah, Guémé, etc. Ali envoyé en avant m'a rapporté des renseignements effrayants : la guerre était partout, les routes coupées par des pillards traversaient des régions dévastées, je ne trouverais de vivres nulle part, etc. ; j'ai en effet rencontré tout cela, mais le Blanc a des privilèges de naissance, je devais passer outre. Le plus à craindre pour nous, ce sont les embûches organisées de loin par d'autres Blancs.

A Guémé on me dit avec de grands gestes qu'il m'est impossible de passer par le haut Tomine, il est tenu en état de guerre par le farouche Un tel ; j'avance et le Farouche suspend ses coups, se limitant à manifester son mécontentement par une surveillance plus étroite, espionnage et refus de vivres.

Arrivé sur le Tomine, les gémissements, l'effroi redoublent, Ali se croit perdu, je lui accorde d'incliner ma route un peu à droite ; mais bientôt le danger est partout. Ali me rapporte à tous moments des histoires de mauvais chemin, et ne sachant de quel côté est le pire, il se résigne et dit qu'il me suivra comme je voudrai. Je reviens à ma première direction.

Ce petit détour vers le fond de la vallée de Paniata, entre le Tomine et le Kakriman, par où nous devions gagner la route de Nieguélendé, m'a mieux fait comprendre la nature de l'endroit.

On aurait tort de ne pas tenir compte des craintes et des renseignements divers dont on est assailli, il faut tout entendre, tout peser, et l'œil bien ouvert, l'oreille tendue, la décision ferme toujours dans le même sens, tenir son gouvernail droit au but; si quelque obstacle vous écarte par force de votre direction, ne céder que pour mieux revenir. Un tel voyage n'est pas une promenade, il faut le tracer d'avance, si le voyageur se laissait détourner, arrêter par les menaces ou les tentations qui s'avancent de tous côtés, il ne serait plus qu'un touriste errant, or il n'importe pas encore de s'arrêter aux détails; ce qu'il faut reconnaître, ce sont de longues lignes droites pour aller vers des points donnés, supposant provisoirement qu'à droite et à gauche de la route la région est à peu près pareille. D'ailleurs ici et probablement dans tous les autres territoires où existe une autorité forte, les chefs ne toléreraient pas une curiosité minutieuse, les détours qu'ils vous imposeraient vous ramèneraient bientôt vers la porte.

Nous déjeunons sous un arbre quelconque; un cheval ne galoperait pas tout droit devant lui pendant cent ans sans sortir de son ombre, mais tous mes hommes épars, nos trois feux de cuisine espacés, me laissent encore de la solitude loin du bruit et de la fumée. Ce n'est cependant pas le magnifique benténier où l'œil mesure la pirogue profonde et large comme un navire; dans l'archipel des Bissagos j'ai assisté à l'embarquement de plusieurs familles, tout un village, avec bœufs et moutons, dans le même tronc d'arbre, émigrant de l'île de Cagnabac à l'île de Gallines.

En allant au Paray j'avais de la peine, au sortir du village, en terrain plat, à suivre le train de mes Noirs; précédé de mes quatre nègres et suivi de près par mes cinquante ans prochains, j'ai dû me forcer pour ne pas faire mauvaise figure ; à la montée, plus lente, j'ai pris sans peine la tête et l'avance. Il y a huit ans mes jambes me poussaient, aujourd'hui elles me suivent, la prochaine fois il faudra les faire porter. Depuis trois jours je vais un peu mieux, je reprends des forces, l'étape à faire avec ses mille incidents, ses spectacles imprévus m'est d'un agrément infini.

Nous rencontrons une famille de sangliers ; mes Noirs en avant s'arrêtent pour me les signaler, deux plus noirs et plus bêtes s'élancent à la course pour les rattraper ; mais la bête moins bête détale et les deux Noirs courent à perte de vue : quels idiots ! Mais... c'est peut-être moi qui suis l'idiot, puisque je leur ai vu forcer un lièvre — que j'ai mangé.

Nous passons, dans la vallée suivante, au roumdé Diégué, village du chef ou manga Samba Ouri. Il est situé dans un des nombreux et pittoresques replis de la falaise, sur la première assise en haut des champs inclinés qui montent jusque-là depuis le fond de la vallée ; en bas le Dionkine, gave de deux mètres cubes à la seconde, roule ses eaux vers le Tomine ; son joyeux grondement remplit l'étroite vallée ; si ce n'était la présence du nègre, animal sans poésie, je me croirais dans les Pyrénées, sur la route de Saint-Sauveur à Gavarni, mais avec, en plus, ce climat des tropiques qui exalte la vie organique, rappelle dans l'être des forces nouvelles. Notre pauvre corps, depuis de si longs temps éteint sous les neiges du pôle, retrouve ici comme dans un rêve la sensation du soleil qui assistait à la naissance de l'homme. Il faudrait venir en ces lieux pour éteindre les souffrances de notre esprit et de notre cœur distendus par l'excès de civilisation ; l'âme privée de tout succomberait d'inanition, serait bientôt morte sous la bête exubérante que l'extrême activité de tous les fluides gonfle de vie surabondante, elle s'éteindrait dans la mort consciente dont rêve le poète :

O nuit ! nuit du néant, prends-moi ! — La chose est sûre,
Quelqu'un m'a dévoré le cœur, je me souviens (1).

Je loue deux captifs, trois boules n° 2 chacun, pour alléger demain quelques porteurs blessés lorsque nous aurons à gravir la haute falaise en face. Ils marchent sombres comme le Destin, sans parler ni s'arrêter; pauvres diables, ça ne pense à rien, ils n'osent pas.

Ces falaises sont fort belles ; les moindres accidents à la surface donnent prise à la végétation qui les accentue de lignes sombres, plantes et arbustes en l'air. La vallée serait agréable à habiter, mais peut-être chaude, étouffée, nous aurons plus d'air et de fraîcheur là-haut à 300 mètres sur le plateau découvert.

C'était la dent de fer du sentier qui au début ralentissait la marche de mes porteurs; depuis qu'il est en terre battue, ils vont leurs 20 kilomètres sans trop gémir ; le voisinage de Gassimou les stimule peut-être aussi. C'est ce détrousseur de grande route qui en 1880 voulait faire couper la tête de mon guide, l'honorable Diafarou.

Un de mes Noirs, Gémisch, celui qui fait l'Anglais de Sierra-Léone, en jouant avec le fusil de M'Bar, a fait partir le coup sur moi, j'entends siffler la balle, je suis couvert de fumée ; cela se passe sur l'étroite terrasse où nous habitons, contre la falaise. J'étais occupé à photographier ;

---

(1) Leconte de Lisle.

n'ayant plus rien à craindre, puisque la balle est passée, j'achève mon opération sans me retourner, tout en réfléchissant. Je serai obligé de punir le coupable, premier ennui ; de le renvoyer peut-être, ce qui me privera d'un porteur, deuxième ennui, car j'ai besoin de tout mon monde. J'arrangerai tout en promettant une correction pour plus tard ; le coupable inquiet marchera si je sais le lui dire ; à moins qu'il ne se sauve avec arme et bagage, ce qui serait le pire.

Quand j'ai terminé je me retourne, pliant mon appareil, je m'informe sans avoir l'air d'attacher de l'importance à une action de nègre. Chacun paraît consterné ; le fidèle M'Bar roule des yeux de toutes les couleurs, je l'interroge doucement ; alors tout le monde parle à la fois, c'est une explosion, il faut que je sache la fin en même temps que le commencement ; les uns protestent, les autres accusent, les caractères se dessinent ; les captifs ne disent rien, ça n'a plus d'opinion, même dans le fond de leur œil je ne trouve rien. *To be or not to be!* triste ! ananké !

M'Bar, à la côte, avait reçu un fusil en payement d'une créance de 150 francs, il m'avait demandé la permission de l'apporter, espérant le vendre dans l'intérieur un prix énorme. Guémish, toujours en quête de quelque turbulence pour distraire sa tête de linotte, a trouvé plaisant de bourrer le canon jusqu'à la gueule, le canon a crevé sur le côté, et la balle, au lieu d'aller tout droit devant, est partie de mon côté. Ce n'est rien, j'aime mieux ça.

Le manga Samba Ouri est un bon chef, sa femme une bonne vieille ; gaiement elle me cède sa case plus aérée que celle où j'étais entré tout d'abord ; il pleut toute la nuit.

Je photographie le foyer de ma case. — La vieille négresse accroupie entre ses poteries, assise sur ses talons, ses genoux ridés tout en avant, cuisine avec ses longues pattes, bouscule les tisons, palpe les purées, se gratte, goûte les sauces et puis attend les coudes ouverts sur ses genoux, les bras tendus, la main pendante(*), idiote, faisant l'œil de pie. C'est tout un poème; ce jupon étroit, collant, parfaitement décent d'ailleurs, ce corps maigre, vigoureux

malgré son aspect momifié, cet air vague de bête gonflée de vie, le geste propriétaire, l'esprit lointain enfoui sous des ténèbres qu'il ne percera jamais et cependant visible à la lueur victorieuse qui depuis des siècles est monté lentement dans cet être humain; tout ici dans la case a été emprunté à la nature immédiate, à la vie ambiante; et au milieu de ces dons favorables, sous ce climat propice, voilà que la matière s'anime, la bête parle, il semble qu'elle va penser; le long passé avoue son effort et dans ce mystérieux être révèle sa tendance ambitieuse. Vingt siècles encore de sélection par la lutte qui est la vie, feront de ce vieux lézard déjà domestiqué, un être sensible à tous les rythmes, une intelligence ouverte à toutes les curiosités. Si j'avais le pinceau de M. Bouguereau, je dirais tout ça clairement, ça saute aux yeux. Et la bonne femme est là inerte, inconsciente, effet de la loi de la vie, libre sans doute, mais libre d'être la négresse que voilà et rien de plus.

Trois singes grimpés dans la falaise surveillent depuis le matin les cases d'un enclos voisin. Tous les habitants étant sortis pour divers travaux, les singes s'échelonnent, deux en vedette, le troisième, en courant, pénètre dans la première case, s'empare d'une calebasse pleine et s'enfuit aux cris des habitants qui, avertis par nos appels, reviennent à la hâte, mais trop tard.

Je photographie trois femmes quelconques qui se trouvent devant mon appareil, accotées à la palissade fleurie de notre enclos; un bel oiseau bleu ciel plonge dans la vallée.

Mes colis pèsent de 18 à 25 kilogrammes, plus 2 ou 3 kilogrammes que le porteur charge d'ici de là pour son compte, au total 24 ou 25 kilogrammes en moyenne, ce n'est pas exagéré. On peut admettre 30 kilogrammes pour des étapes quotidiennes de 10 kilomètres, porteurs chargés sur la tête et marchant assez vite, sans trop d'arrêts; pour faire 20 kilomètres dans les bonnes heures du matin, il faut se limiter à 20 ou 22 kilogrammes. Ailleurs, en Afrique, des porteurs entraînés ou même ici des captifs maltraités peuvent porter davantage. Il ne faut pas donner aux porteurs de petits sacs pour leurs affaires personnelles, ils y accumulent tant de choses dedans et autour que bientôt ils n'ont plus de place sur la tête pour le bagage du toubab, ils trouvent ça tout naturel ces naturels, et s'ils sont fatigués, c'est que le bagage du blanc est lourd tandis que le leur ne pèse pas.

Au lieu de quatre poches sur le devant de mon veston fermé, il serait peut-être mieux d'avoir un étui léger en cuir, cousu, non collé, ne craignant ni la transpiration, ni l'eau des hautes herbes mouillées, ni la pluie, et s'ouvrant à plat de manière à offrir au même coup d'œil les quatre cadrants à observer : boussole, montre, baromètre, podomètre, avec une feuille de papier dans le fond du couvercle où l'on noterait, tout en marchant, les pentes, les orientations, les distances. Les poches ont l'avantage de ne pas attirer l'attention, de ne pas surexciter les curiosités fatigantes.

Des bois d'une gorge voisine monte jusqu'à nous le parfum des jasmins.

A cinq heures, un petit cadeau de riz à la sauce d'arachide vient se joindre au modeste dîner de ma cuisine ; ayant très faim et mangeant très peu, j'achève en un instant un très léger repas. A six heures et demie on m'apporte un dîner de riz et de patates préparé par la propriétaire, cadeau succulent ; j'aurais encore assez d'appétit pour y goûter volontiers, mais mon estomac est trop fragile pour un tel dessert ! A huit heures m'arrive un magnifique riz à la sauce d'arachide, cadeau du chef ; par gourmandise et politesse, par prévision, car demain nous n'aurons peut-être rien, j'en mange quelques grains. Ces deux dîners séducteurs m'arrivent bien mal espacés après mon premier brouet. J'ai mal dormi après cet excès, mais j'avais bien reposé la nuit précédente, n'ayant pas dîné du tout.

Ces renseignements sont sans intérêt pour la plupart des lecteurs, mais ils reviendront à propos à la mémoire de ceux qui pour la première fois auront à commander leur dîner en pays nègre ; et le nombre de ces voyageurs augmentera tous les jours plus rapidement, maintenant que des portes d'entrée sont ouvertes de tous côtés.

Mercredi. — Sans souci ni gêne du plein soleil nous quittons Diégué à dix heures et demie. Après avoir remonté assez haut dans la vallée pour trouver le gué, nous traversons le Dionkine et nous faisons presque verticalement l'ascension de la falaise en face. Le sentier des caravanes serait plus facile à suivre, mais les sentiers faciles ne nous apprennent rien, tandis que celui-là est caractéristique. Dès une heure le temps s'est obscurci, les menaces de pluie me sont venues en aide, mon peloton hâte le pas, réduit les haltes. Bientôt l'orage éclate derrière nous sur le côté du vallon que nous avons quitté ce matin, la pluie en rideau serré nous cache la falaise de Diégué, et de temps en temps vient jusqu'à nous ; elle nous cingle d'abord de quelques gouttes et bientôt nous rejoint à flots. Beaux éclairs, superbes tonnerres, la montagne tremble, l'étroite gorge de Donkine mugit comme une trompe. Grâce à ces stimulants nous faisons 24 kilomètres, ce qui avec l'ascension constitue une étape suffisante pour des porteurs.

J'aurais pu les récompenser d'une bonne parole, mais c'eût été pour eux justifier leur mauvaise humeur en paraissant m'excuser de l'effort imposé, — effort réel, car c'est sous des torrents de pluie qu'il a fallu grimper la falaise haute et abrupte. — Je serais resté leur obligé, tandis que, ne leur disant presque rien, ils se sont trouvés tout fiers, — oubliant leurs hésitations, oubliant que le toubab a été obligé de vouloir pour eux, — ils sont tout fiers et même étonnés d'avoir monté cette muraille. Comme des animaux ils ont besoin de stimulants, ils le savent et se les offrent réciproquement si le maître n'y pourvoit pas: ils s'excitent par des chants, des cris sauvages lancés contre la tempête qui nous enveloppe, des hurlements soutenus, qui m'ont fatigué autant que la course, moi civilisé nerveux qui ai besoin d'apaiser et non d'accroître mes surexcitations de touriste comblé ; ces gens-là feraient merveille sous le fouet, ils le disent eux-mêmes avec une naïveté convaincue.

Plus loin, en montant une colline, nous passons devant le village de Lambaoc, tout brillant d'or par ses orangers couverts de fruits; les longues et larges feuilles de ses bananiers dressées çà et là par-dessus les cases de paille ressemblent à de grandes oreilles tendues aux bruits du dehors, l'oasis paraît attentive au voyageur passant. Mes gens voudraient bien entrer ; il est coquet et séduisant ce village, or et lumière, groupé sur la pente, dans sa ceinture de purghères sombres qui forment sa tapade (sa clôture). Mais il faut gagner le plateau ; si nous entrons dans ce bouquet d'orangers, l'étape est finie. On grogne, on insiste, on cherche de bonnes raisons ; on louche vers les femmes curieuses (*) qui nous lorgnent par-dessus la haie; tout est là pour l'homme-bête, la femme résume, contient toute la volonté de la nature, le but, le moyen, la vie. L'important pour que la colonne reste mobile à mon ordre est que les porteurs ne se déchargent pas de leurs fardeaux ; il faut surveiller les paresseux comme des mulets qu'on veut empêcher de se rouler sur le dos.

Nous arrivons sur le dernier plateau, large, vert, frais, planté, peuplé ; nombreux villages, le premier est Pamméon, ou Pammoye, suivant les dialectes.

Là un petit albinos ; il est blanc vieil ivoire de la tête aux pieds, horrible, quoique pareil aux autres négrillons

qui sont bons à voir. C'est que la couleur noire habille et leur donne sous le nu la désinvolture qui est la leur, celle d'une assez jolie bête, tandis que ce petit monstre blanc crème, tout pareil par la forme d'ensemble, est laid par les rugosités plus visibles de sa peau ; de plus il est inconvenant de nudité.

Jeudi 28 février. — Le village de Vendou est près

d'ici. Ce plateau étendu, bien planté d'arbres, élevé à pic presque de tous les côtés, serait bon à habiter, on voit que la vie y est facile; les villages se touchent. Le chef de Hérico, Oumarou, me donnera des porteurs.; non pas que les miens soient insuffisants mais en les déchargeant un peu nous allons plus vite. Après m'avoir logé dans de belles cases, bien au large dans un vaste enclos, le chef me propose de laisser là mes bagages avec mes hommes et de venir dans son missida, en me faisant escorter de mes deux gardes; ses conseillers réclament l'honneur de me recevoir et lui-même pourra dans sa ville me faire plus d'honneur; nous ne sommes ici que dans un foulahsso. Je n'accepte pas; nous demeurons néanmoins amis; on gagne toujours à être le centre et non le satellite.

Il me demande des remèdes pour pouvoir faire des enfants à sa femme; elle l'attend, me dit-il, depuis quatre ans; hom! on n'est pas vif sur le plateau.

Le lendemain nous descendons de Pamméon sur le Kakriman, escortés, au sortir du village, par douze ou quinze enfants nus, courant, dégringolant la pente et s'arrêtant en avant, aux détours du sentier, pour voir le toubab face à face.

Au départ le chef a fait donner encore une calebasse de riz à Ali et à Alpha le marabout. Je repose la tête de ce saint en chargeant son fardeau sur la tête d'un porteur d'occasion; il est maigre! autant que saint. Ce délassement lui rend un peu de ressort; il est effrayé de mes colères, me dit Ali, et ne se reconnaît plus entre moi et Mahomet. J'essaye de l'apprivoiser, pour voir. Ces marabouts avec leurs planchettes à gris-gris s'introduisent partout, ils sont partout reçus et écoutés, c'est le réseau nerveux du corps musulman, et le corps musulman est le réseau nerveux du peuple nègre, de la mer Rouge à l'Atlantique.

Nous descendons par un joli vallon, grands arbres et rochers de grès, belle perspective sur le bas de la descente à perte de vue.

Après s'être abaissé de trois cents mètres, le sentier passe, à un petit escarpement, près du village de Létoundé. Des porteurs nous attendaient pour remplacer ceux de Vendou ; le chef et les habitants nous apportent des oranges à pleins paniers, pleins sacs de peau de bouc, pleines calebasses, elles roulent sur le sentier. Il faut par politesse s'arrêter un instant, mais nous n'entrons pas dans le village, mes hommes font trop de farces quand je ne les vois plus ; ils vont, ou on les emmène, dans les petits coins et... ça nous fait perdre du temps.

Mon pauvre estomac, tout en allant mieux, est le plus misérable appareil de la chrétienté, impossible d'avoir la paix ; cette nuit, sortant de ma case un peu au hasard, au travers des pousses de bentaras (manioc), dans les maïs, les cotonniers, je trébuche sur des branches éparses et je tombe sur un défilé de magnans ; mordu aux pieds, aux jambes, dans la barbe je déguerpis précipitamment, à tâtons dans l'obscurité. Elle est gentille à l'œil cette petite fourmi proprette, mais en un rien de temps ses innombrables bataillons mangeraient un homme, la fuite est le seul moyen de salut ; quand elles entrent dans un poulailler, dans une étable, une écurie, on ouvre bien vite les portes ; on raconte à la côte, qu'un prisonnier a été mangé dans une nuit. Le fait est qu'à chaque coup de pincé le magnan emporte un petit morceau de chair.

Ces Noirs n'ont pas de cervelle, si on compte sur leur moral on n'en tire rien, mais on obtient tout ce qu'on veut si l'on se substitue à ce moral absent. Cela explique pourquoi un captif fait couramment beaucoup de besogne, son maître a de la volonté pour lui, tandis que le même homme livré à lui-même, n'emploierait pas sa force, ne ferait rien. Ainsi hier après l'ascension de la falaise, mes porteurs croyaient qu'un si mauvais chemin devait les avoir fatigués, et ils ne voulaient pas aller plus loin. A la halte ils s'étaient étendus mordant l'herbe, à plat; il a suffi d'un mot pour leur persuader qu'ils n'étaient pas fatigués du tout, et sauf deux ou trois harassés, ils se sont relevés et animés à mille tours de gymnastique, faisant la roue, l'arbre droit, luttant à la course, à sauter; c'était à qui serait le plus léger. Si on leur dit qu'ils sont las, ils n'ont plus de jambes; si on leur dit avec conviction qu'ils peuvent aller, ils vont.

Mais cette influence du caractère sur l'indécision, ne se rencontre pas qu'ici; on voit aussi ailleurs des gens malades qui se trouvent mieux lorsque le médecin leur dit qu'ils n'ont rien. L'hypnotisme est la base des formations sociales.

Ici, à 9 kilomètres, mes porteurs se croient très fatigués, la descente ayant été un peu brusque; je leur explique simplement, comme un fait, avec calme, qu'ils ne le sont pas; pour leur cervelle de hanneton c'est un renseignement sûr. Ils se trouvent aussitôt tout dispos et achèvent rapidement, même avec excès d'indépendance, 15 kilomètres, malgré que la pente raide et le sentier glissant rendent la descente pénible pour des hommes chargés sur la tête, d'un lourd paquet en équilibre.

Nous rencontrons quatre noirs de Tormoso qui montent à Hérico, portant sur la tête chacun deux bambous; ce sont des hommes libres. Un peu plus loin un Noir porte une lourde botte de douze bambous pareils, c'est un captif; il ne paraît ni plus ni moins accablé que les deux autres Noirs.

Lorsque, chez nous, nous entrons dans une boutique, nous allons à la marchandise sans nous occuper du marchand; ici c'est le contraire, d'abord bonjour! tana ala? comment vas-tu? vas-tu vraiment bien? etc. Il faut remplir ces formalités sans en omettre et avoir l'air de s'y intéresser, de n'être là que pour ça. Il faut faire connaissance sans arrière-pensée, devenu l'ami on peut demander un verre d'eau ou acheter; et on obtient proportionnellement à la sympathie qu'on a éveillée, à la place qu'on a conquise dans la pensée intime de l'habitant. De là des lenteurs diplomatiques; mais il n'y a pas d'autre moyen de pénétrer dans ces esprits; si l'on offre 10 francs pour une orange avant de s'être présenté, le Noir s'enfuit pressé par la peur, tandis que pour quatre bonjours il vous en apporte un sac. Cet être est timide, il faut devenir son ami pour l'entr'ouvrir; n'est-ce pas le conseil de La Fontaine : « Phébus et Borée »?

Cette journée a été fatigante sous les réverbérations concentrées du soleil, dans les parties du sentier encaissées entre les falaises.

J'ai ramassé un échantillon d'hématite pendant la descente. Près du sentier un petit champ — un mètre carré — de papillons verts, bleus, blancs, de mille couleurs, serrés les uns à côté des autres, battant des ailes, ressemble à un champ de pétales aux vives couleurs, que la brise ferait miroiter au soleil.

Au bas de la pente mes hommes voudraient s'arrêter, mais il n'y a pas de vivres à bord, ils continuent. Cinq porteurs viennent me déclarer qu'ils veulent s'en aller; dans ce site isolé je n'ai aucun moyen de me passer d'eux, ils le comprennent, on leur a tenu là-haut des propos qui les ont troublés. J'accepte; n'ayant pas d'autre réponse à faire, je la fais du moins sans hésitation, afin de les tromper; c'est une chance de salut, car eux non plus n'ont pas grand moyen de se tirer d'affaire en ces lieux ennemis; on leur a promis des avantages peut-être, mais ils hésitent à perdre le certain pour l'incertain. Mon indifférence évidente a troublé leurs calculs, ils ont réfléchi et presque invoqué leur droit de rester avec moi.

Plus loin deux porteurs se détachent de la colonne pour aller... boire dans une case qu'on aperçoit assez loin sur le côté du vallon; c'est bien inutile pour de l'eau, nous traversons à chaque instant des ruisseaux limpides; si chacun courait à son désir nous n'avancerions guère. Je suis toujours à l'arrière de la colonne pour éviter qu'elle s'allonge; ces deux hommes avaient déposé leurs fardeaux près du sentier, je fais détacher le petit paquet de leurs nippes personnelles qui y est adjoint, et je mets mes deux colis sous la garde d'Ali, il restera de planton pendant que j'irai chercher d'autres porteurs; je considère ces deux indisciplinés comme démissionnaires, au risque d'être obligé de réduire mon bagage. A une heure de marche je rejoins mes gens qui se baignent dans un torrent et j'envoie deux fidèles prendre les colis laissés en arrière. Mais les deux réfractaires inquiets de se voir si facilement abandonnés sont bien vite accourus humbles et soumis, le petit reste de rébellion qui fermentait encore parmi les plus excités s'est éteint; si bien que le soir à Tormoso, malgré qu'il n'y ait qu'un quart de ration pour toute cette journée de 18 kilomètres, plus les oranges du matin, chacun fait bon visage; et le lendemain matin chacun vient dire bonjour d'un air pitoyable.

Tormoso, où nous nous arrêtons, est à cent pas du Kakriman, 400 mètres d'altitude; c'est un village de captifs appartenant au chef de Hérico; il est enfoncé dans un repli du terrain, l'air n'y circule pas, aucun rayonnement ne se dégage, mon système nerveux étouffe, cependant le thermomètre ne marque que trente degrés dans ma case; c'est l'action actinique, tellurique, qui produit cette oppression insupportable pour l'Européen et qui n'est pas proportionnée de la température.

Les incidents que je cite plus haut sont de simples exemples, car c'est tous les jours la même chose ou analogue ou pire. Il faut cheminer sans cesse dans la cervelle des indigènes pour diriger leurs pensées, palabrer avec les chefs et les habitants pour obtenir des cases et des guides, trouver des vivres, faire avancer la caravane; toutes choses faciles, de mince résultat partiel, mais nécessaires, qu'un rien peut entraver et dont l'insuccès peut à chaque pas tout arrêter; il faut surveiller les intrigues des partis, ennemis de votre présence dans le pays, qui cherchent par tous les moyens à vous mettre dans l'embarras, à vous empêcher d'avancer, sans se compromettre vis-à-vis de l'Almamy.

Et à la fin de ces préoccupations plus ou moins

sérieuses, le but lui-même est-il important? Mais peu importe maintenant, une fois en route il faut s'y attacher, ne plus s'en écarter, et réussir suivant le plan conçu d'avance ; si l'on admettait qu'il soit possible d'y renoncer, autant vaudrait s'endormir là, n'importe où, et pour toujours, comme tant d'hommes meurent ou sont morts ignorés, comme tant d'hommes qui ont fait de grandes actions peut-être, sont morts sans que personne pense à les remercier d'avoir défriché la route ; et cependant la marche de l'humanité s'appuie sur leurs travaux. C'est la loi, chaque génération est un échelon inconscient dans l'ensemble, son devoir est de recueillir les progrès précédents et à son tour de former l'appui plus élevé du progrès suivant.

Je lis mon Plutarque, la *Vie de César*, cela désintéresse plus que cela n'encourage ; il a fait de grandes choses, il a agi plus en chacune de ses heures que je n'agirai dans toute ma vie, et puis? La force qui le conduisait est restée vive jusqu'au bout, ambitieuse, avide d'action ; il est mort, d'autres ont suivi, l'humanité monte sans pouvoir rien rapporter à ceux qui ont guidé ses premiers pas, le bonheur individuel est dans l'heure qui passe ; buvez frais, mangez chaud, et tenez-vous le cœur à l'aise ; lisez, chantez, charmez votre esprit et vos sensibilités, faites le bien, aimez vos amis, détestez vos ennemis si vous savez haïr, on dit que c'est une délectation, je l'ignore et ne le regrette pas. Mais le bonheur de l'heure présente n'est-il pas dans l'action qui dépense notre vie au service d'une idée utile au progrès de tous? les fins de l'humanité sont dans cette loi de charité.

Mais j'oublie mon métier de nègre et le Foutah qui balance au soleil sa jungle pleine d'attirantes surprises. Il faut un effort de volonté pour se tenir attaché aux humbles réalités du chemin, quand il est si réconfortant de vivre avec les dieux de ma petite bibliothèque,... cet étrange et plaisant Montaigne. Mais n'est-ce pas pour imiter leurs actions que j'admire, que je cherche ici un des secrets de l'avenir? leur exemple m'attache à ces travaux après me les avoir fait choisir. Pour chaque homme son action est grande, car elle est proportionnée à sa valeur.

On m'annonce une caravane de 150 saracolets qui vont vendre à Rio-Pongo, du moins ils le disent, bœufs, cuirs, produits divers. Ils viennent me saluer de la part du roi de Labé; soit, fais-les venir; bonjour, enchanté, bon voyage. Ils ont un air singulier pour de paisibles marchands, je les croirais plutôt délégués de l'aimable Gassimou; mais ma troupe est alerte et notre poudre est au sec.

Vendredi. — Rien à manger, le sac au riz est à la lessive(*). Rien dans le pauvre village ou du moins Ali ne sait rien obtenir, il est trop bavard, il exagère les *tana ala*. Je lui donne de l'ambre et des instructions précises, j'espère qu'il trouvera; je lui désigne des cases où hier en arrivant, traversant le village, j'ai aperçu des grains divers. Il est vrai que c'est son dimanche musulman, il aimerait ne pas voyager, car il est vertueux. J'ai vu mon mystique marabout marmotter à quelques portes des paroles inspirées, des paroles mauvaises, je le crains.

Le soleil devient chaque jour plus chaud et la côte à gravir, de l'autre côté du fleuve, est en plein soleil couchant, le pire des soleils. Peut-on s'inquiéter de si peu ! quand on voit que César allait en huit jours de Rome au Rhône, et qu'avant midi il avait massacré 50 mille hommes, n'en perdant lui-même que quelques-uns ; c'est bien surprenant. Cela se passait au temps où nous étions les barbares ! Est-ce que dans mille ans les habitants du Foutah liront nos campagnes actuelles en Afrique comme nous lisons la Conquête des Gaules par les Romains ? Je voudrais bien chevaucher un instant dans les conditions où manœuvrait César. Le certain est qu'il avait intelligence, caractère, volonté ; il a été à son heure une des forces de la nature dans l'humanité. Chacun agit suivant ses forces ; l'émotion, le plaisir ou la peine demeurent proportionnels, le rapport est constant ; Napoléon à Austerlitz n'a pas eu plus de satisfaction du succès de ses combinaisons que je n'en ai à gagner une partie d'échec. Dans la vie chacun aborde une lutte à sa mesure, ne sont malheureux que ceux que les circonstances, comme une prison, retiennent hors de leur voie.

Je photographie deux vues du Kakriman ; à Tormoso il coule à douze mètres cubes à la seconde ; il a plus d'eau ici que le Cogon à Sangarégui, mais il pleut depuis quelques jours, il est peut-être accidentellement gonflé, pour la saison. Ce volume d'eau est largement suffisant pour des barques à fonds plats ; un halage pourrait être organisé, économique et suffisamment rapide ; chemin d'intérêt local pour desservir le premier étage du Foutah. Je descendrai par là pour étudier les rapides. J'ai vu hier de beaux benténiers, plus grands qu'il ne m'est nécessaire ; je demande le prix d'une pirogue ; on peut m'en construire une en vingt jours, pour 125 francs, de grandeur très suffisante pour nous. L'envoyé que j'avais chargé, en 1884, de reconnaître le bas Tomine, en aval de Kadé jusqu'au Géba, en avait fait construire une en dix jours pour douze passagers, pour 100 francs.

Une douzaine ou deux d'oranges reposent du malaise que cause une exposition prolongée au soleil.

Ali a trouvé un peu de mil et de manioc, il repart pour visiter les tabanques des alentours, la grande banlieue.

Cette nuit, temps noir, pas aperçu une étoile ; aujourd'hui ciel découvert. A quatre heures après midi je n'ai que 28 degrés dans ma case, mais pas d'air, on est bien mieux sur la montagne. Peu à peu nous avons acheté de tout, manioc, riz, maïs, mil, poulet. Je déjeune sur le tard de purée de manioc, — un régal, — poulet sauté et boîte de légumes au jus, avec divers ingrédients aborigènes ou civilisés ; mon cuisinier déclare que ça sent bon, mon vif appétit apprécie ; mon foie a senti la carotte avec tressaillement je suppose ; santé parfaite pour aujourd'hui.

Étranges ces Noirs en visite, assis là sur leurs talons, dans leurs guenilles, portant avec confiance leurs arcs de bambous et leurs flèches de roseau, efficaces il est vrai contre des armes pareilles, terminées par un fer barbelé, long et gros comme un crayon.

Je vais prendre une dilatation d'estomac à me nourrir

de purée de manioc et d'orangeade ; il y a peu d'oranges dans ce village, j'en ai mangé tout au plus vingt aujourd'hui.

Pris deux vues d'une case à côté de la mienne, entourée d'une petite plantation de quelques pieds de manioc.

On fabrique ici des poteries, ces oules d'un joli profil forme Campana, dont on se sert dans tout le Foutah et à la côte. Ils font cela à la main, devant leur porte, sans aucune installation ; là une quarantaine cuisent en tas(*), superposées en rond, sur trois rangs, formant un puits où le potier active un feu vif de charbon de bois.

Le temps est lourd dans ce bas-fond, deux hautes falaises encaissent le fleuve et la berge où est le village, il n'y a que 800 mètres de l'une à l'autre.

Si je suivais les routes officielles j'aurais moins de peine, mais je ne verrais rien, les bons sentiers traversent des champs faciles tous pareils. Les chefs sont contrariés que je passe ainsi à travers leurs retraites, chacun fait ce qu'il peut pour me persuader que je serais mieux sur la grande route.

Mes hommes ont cueilli quelques fruits de Boë, petit melon de bois vêtu de drap vert et rempli d'une moelle sèche blanc rosé ; c'est le pain de singe ; ils mangent ça très couramment comme un aliment ordinaire, c'est bon avec du lait, disent-ils. L'aspect est appétissant, le goût n'est pas désagréable, l'effet rafraîchissant; on pourrait le cuisiner en France. Le Dr Bouchut qui l'a étudié lui a trouvé des qualités hygiéniques, bon pour l'estomac et l'intestin, bon contre la diarrhée des enfants. Cette pulpe farineuse mérite d'attirer l'attention, car elle abonde, on n'en fait rien, pas plus d'ailleurs que de la plupart des autres produits du sol.

Samedi 11. — Ali prétend que c'est lundi. Nous partons de bonne heure afin d'être en haut de la colline en face avant qu'il fasse chaud. Le chef de Loukouta, premier village que nous devons rencontrer, m'a envoyé deux porteurs de la part de son maître. Je traverse le fleuve sur les épaules de Kankou et nous faisons vivement notre petite ascension, 400 mètres environ.

A Loukouta le chef vient sur le sentier m'offrir l'hospitalité, jusqu'à ce que les porteurs qui doivent remplacer les deux de ce matin soient arrivés; Ali accepte bien vite, il faudrait se reposer tout le temps avec ces gaillards-là, pour eux le but de la vie est par trop restreint à la minute présente. Je le bouscule sur sa bêtise. J'explique au bon vieux que je désire avancer encore avant que le soleil soit haut, et je le prie de me donner un homme libre pour me montrer le chemin; il me comprend et je repars laissant deux charges, — les captifs portent paquet, mais un homme libre, ici, fi donc! — à la garde d'Ali; d'Ali fort grognon de mon algarade, car monsieur a de l'amour-propre. Je crois qu'il tentait de prendre de l'autorité sur mes décisions, pauvre bête; mais fine bête, il supplée au défaut de caractère, se rattrape et s'impose par les faits inévitables plus souvent que je ne voudrais.

A 12 kilomètres de Loukouta, presque horizontalement, nous arrivons au village de Débéa. Arrivés là vers dix heures, nous nous arrêtons sur un tertre, à l'ombre noire d'un arbre touffu, et attendons le retour du parlementaire que j'ai envoyé chez le chef du village.

Pendant que nous sommes sur ce monticule, les gens du village que la rumeur a prévenus apportent des présents, oranges, bananes, manioc, diabérés, patates; un tout petit noirot vient dans le sentier(*), ses deux petites mains pleines d'une grosse orange; il est aussi nu que noir, ses petites jambes se perdent dans l'herbe, sa démarche inhabile est chancelante, il a le nez barbouillé, mais les bons yeux naïfs de l'enfance qui croit toujours faire un acte important.

Ces présents arrivent en procession, par curiosité et je crois aussi par politesse, car le Foulah qui possède est volontiers généreux, si c'est du bel air. L'accueil est d'ailleurs très divers, ce qui vient de la diversité des races confondues sur ce territoire, dans ces montagnes où depuis des siècles, des peuplades repoussées du reste de l'Afrique, décimées, se sont réfugiées ou ont été amenées captives. Il y a des villages grognons qui ne veulent rien donner, des villages intéressés qui voudraient vendre au poids de l'or, des villages polis où l'on reçoit officiellement, des villages gais où l'on fait fête et tapage, des villages simples et naïfs où l'on offre tout pour l'honneur de recevoir le Blanc, des villages impoliment curieux, des villages de captifs, sombres, indifférents aux fardeaux de la vie, la pensée absente ; enfin des villages bien portants, des villages malades. Ici on est un peu familier, mais en somme bonnes gens, on m'a apporté par petits lots cent cinquante oranges.

On me loge ; le vieux, très vieux chef du village vient me voir soutenu par son frère un peu moins vieux ; il a déjà vu un Blanc, il y a longtemps, il est bien content que les Blancs passent chez lui ; il s'imagine que tous les Blancs qui voyagent passent ici. Ils ont les traits assez fins, mais on ne peut rien leur dire qui ne se rattache à la pratique immédiate de la vie ordinaire, ils ne comprennent rien autre.

Ma case est envahie par la curiosité féminine qui perd toute timidité dès qu'elle est en force, et ne tarde pas plus d'une minute à devenir véhémente ; il faut voir le Blanc, lui serrer la main, connaître le contact. Il y a là une collection de jeunes beautés de quatorze à seize ans, qui ont un art ouvertement pratiqué pour se mettre au bon jour, une coquetterie de bête toute naturelle. Comme il me faut des porteurs, des vivres, des cases, je n'éconduis personne. Mais au bout de cinq minutes, ceux qui attendent dehors disent à ceux du dedans qu'ils sont indiscrets, on s'en va, on revient; puis je ferme ma porte, j'ai un instant de paix.

Les oranges restent à l'abandon, mes hommes n'en veulent plus.

Le propriétaire, ou du moins l'habitant ordinaire de ma case est, paraît-il, un pauvre homme, il est allé mendier du riz pour me faire un cadeau, ce sont des mœurs du temps d'Homère; je le remercie et l'indemnise largement.

Ce village est bon à habiter; j'ai 26 degrés dans ma case au plus chaud du jour; bon air des montagnes voisines, collines couvertes d'azalées, fleurs et parfums de jasmin, rhododendrons bizarres à belles fleurs rose violet, arbres divers de la végétation spéciale à ces altitudes et latitudes.

Interrompu par une belle fille de dix-sept ans, lèvres minces, nez droit, nullement écrasé, jolie taille, venue pour me serrer la main, comme on va puiser de l'eau à la fontaine. La visiteuse, un genou en terre, tend une main, l'autre soutenant le bras comme si elle offrait la main qui est tendue (*), le geste est gracieux. Je serre la patte et je reprends ma plume en disant : *Hirnuté*, c'est-à-dire

« ôte-toi de mon jour », exclamation tempérée d'ailleurs par un accent hospitalier. Il ne faut pas oublier que chaque personne qui entre ou sort interrompt le jour comme une soupape à lumière; à chaque visiteur qui s'attarde dans la porte, les premiers arrivés poussent le cri : *Hirnuté !*

Le soir, le chef du village m'envoie une calebasse de mil avec sauce, le propriétaire de la case une calebasse de mil bien cuit sur les indications de Kankou, sans sauce, mais il l'a noyé de songala! pas très heureux le mélange, à mon avis, mais il ajoute son petit effet dans l'ordinaire, car je n'avais que trois quarts de ration à distribuer. Je dîne d'un peu de maïs et de chocolat.

Demain Timbi et bientôt Timbo. Je déjeune d'un peu de lait cossam (lait tourné) et de maïs en poussière que j'ai fait préparer par une femme du pays, il est passable.

Près de là un joli torrent de quatre mètres cubes à la seconde, que l'on passe sur un large pont fait d'un tronc d'arbre taillé à la hache. Le volume d'eau indique des collines ou des plateaux étendus en amont; on voit en effet une longue perspective de coteaux bien verts surmontant la région où nous sommes.

Rencontré dans un bois des fabricants de fer, les maîtres de forge du lieu; ce sont le plus souvent, toujours peut-être, des captifs; ils fabriquent leur charbon de bois avec un bois rouge comme de l'acajou, mais dur et lourd, susceptible d'un beau poli. Ils alimentent quatre ou cinq hauts fourneaux en même temps. Les environs sont encombrés de scories que la végétation recouvre à mesure. Quand ils ont épuisé un gisement, ils vont construire d'autres fourneaux ailleurs; *gisement épuisé* veut dire qu'ils ne peuvent plus ramasser le minerai à la main, et qu'il faudrait creuser ou fendre des roches. Le minerai abonde, mais il n'est pas également bon partout. Avec peu de perfectionnement on aurait là du fer au bois à bon compte pour les usages locaux et le commerce intérieur ; le fer et beaucoup d'autres choses.

Les produits agricoles alimenteront mal nos relations commerciales avec l'intérieur, il faut avoir recours à des produits plus rémunérateurs. L'Afrique peut faire chez elle une certaine industrie, et elle la développera avec l'activité violente qu'elle apporte à tout ce qu'elle fait. Pour l'organiser sûrement, il faut avec soin écarter toutes les possibilités de spéculations, et ne confier l'œuvre à faire qu'à des travailleurs. Nous avons à la côte et en France un certain nombre de maisons de commerce qui ont fait leurs preuves dans ce difficile métier, elles ont un personnel expérimenté qu'il serait impossible d'improviser ; à ces maisons il faut remettre le soin de faire les frais d'installation première, afin qu'ils soient pratiquement dépensés, et les indemniser de leurs risques et peines en leur en laissant le bénéfice. Le métier est trop périlleux pour supporter dès le début la concurrence ; la spéculation malsaine seule trouve son compte à des situations hasardées.

Nous n'avons pas fait ici des conquêtes difficiles pour le seul plaisir de posséder des territoires étendus et inutiles, pour avoir des colonies exclusivement militaires ; il faut prévoir dans l'avenir une utilisation commerciale, industrielle et agricole de ces territoires au profit de tous ; mais de même qu'il a fallu conquérir par les armes sur les habitants, il faut maintenant conquérir sur le sol.

Pour cela il faut ouvrir le pays à un corps d'élite capable de défricher, au petit nombre de ceux qui le connaissent, qui peuvent s'y installer et le mettre en valeur ; après cette deuxième conquête on appellera le public ; dire dès les premiers jours : « Le pays est ouvert à tout le monde », c'est rappeler que le pays n'est accessible à personne. Et dans l'inconnu des simulacres de travail colonial, la spéculation ramasse l'argent des nigauds ; les désastres qui s'ensuivent jettent la déconsidération sur la colonie, et les actionnaires dépouillés crient au scandale ; ils n'ont cependant que ce qu'ils méritent, ayant accepté en eux-mêmes des principes de jeux contraires à la loi du travail. Si le gouvernement républicain est le syndicat des honnêtes gens, comme cela doit être et comme il montre parfois une tendance à le devenir, il nous doit cette organisation saine et puissante de nos colonies ; s'il n'agit pas ou s'il suit les habitudes créées par la spéculation, il se fera inconsciemment le complice de ruines certaines, il en souffrira.

Voilà la fin du jour, les curieux rentrent leurs yeux, je vais dehors respirer le bon air ; il a fait froid cette nuit, temps découvert.

Dimanche 12 février. — Ce matin, à six heures et demie, par un clair soleil levant, le thermomètre marque 12 degrés. J'essaye au petit jour, avant de partir, de photographier un polon (arbre) et un oranger ; j'achève quelques notes, topographie et agriculture. On ferme le dernier paquet qui attendait l'appareil ; une femme à cet instant m'apporte un peu de mil cuit et de lait cossam ; je lui donne des boucles d'oreilles. Je goûte à sa cuisine, — c'est toujours un plaisir d'être poli ; — mais ce n'est qu'une formalité, Allens et Manel à pleine bouche avalent le contenu de la calebasse tout en achevant de se mettre en colonne. En route je grignote un peu de peptone ; je m'imagine que c'est un bon aliment associé au régime des féculents quotidiens.

Nous suivons une corniche à mi-hauteur, au flanc d'une haute falaise ; au-dessous, la plaine à perte de vue est couverte de villages ou agglomérations de cases à demi cachées sous les orangers et les bananiers. Du dernier tournant la vue s'étend sur la riche plaine des Timbi.

A 2^h,25 j'aborde Timbi Médina ; mais la ville se compose de quartiers séparés, je trouve avec peine le missida, point d'orientation. De rues en places le guide se perd ; enfin nous arrivons à la case du chef. J'attends sous l'oranger pendant qu'on va le prévenir : il est en palabre officiel ; je vois sous l'auvent que sa cabane est pleine de personnages attentifs assis sur leur derrière. On me dit qu'il doit partir demain pour Timbo, pour faire renouveler si c'est possible ses pouvoirs arrivés à leur terme (on me l'avait en effet annoncé hier). J'attends cinq minutes, puis ne voyant rien venir, ni rien d'hospitalier dans les dispositions de la foule qui me serre d'un peu trop près, je demande une réponse tout de suite, au grand scandale de la haute assemblée dont j'entends les grognements renfermés.

Le deuxième chef du village, — le sous-chef par conséquent, — vient me saluer et me conduit dans une case convenable, mais qui, à mon avis, est insuffisante pour un village aussi important. Je le renvoie ou plutôt je le laisse là avec sa case, se répétant tout haut les paroles que je viens de lui dire en français ou du moins que je me disais à moi-même ; il retourne mes mots comme un ours qui aurait trouvé un pot de miel vide, il cherche à en découvrir le sens, car il a, paraît-il, habité la côte, il sait des mots de toubab ; je retourne au palais royal.

Le roi me fait dire qu'il me recevra dès qu'il aura terminé avec son assemblée. Je réponds que ce n'est point me satisfaire, qu'il désigne des cases, je l'y attendrai, il viendra me faire sa visite. On va, on vient, l'assemblée se récrie, mon interprète n'ose plus se risquer là-dedans ni me désobéir, et quand il y est, il n'ose plus parler. J'entends du bruit, je vois des boubous s'agiter à la porte, je me rapproche et je dis quelques mots à Ali qui est dans la cage aux animaux ; on me conduit à d'autres cases. Elles sont vastes, bien construites, mais on ne les a pas balayées avant de m'y introduire ; chez de pauvres gens j'ai couché dans le poulailler, mais ici cette négligence est coupable. Enfin ! je suis debout depuis cinq heures et demie du matin avec mon jeton de peptone pour tout déjeuner, il est trois heures et demie, je m'assieds avec plaisir ; cependant de son petit balai une esclave leste et preste balaye les pailles et la poussière.

Les femmes envahissent ma case, mais je crois n'avoir rien à attendre des gens d'ici, je n'ai pas de ménagements à garder, M'Bar, sur un signe, fait sortir toute cette volaille qui repasse sous la porte en jacassant. J'attends mon bagage qui est resté à 2 kilomètres et demi, à l'autre bout du village.

Timbi Médina est une ville riche, cases bien closes, enclos bien entretenus, poternes en murs de terre, places balayées, proprettes. Orangers de 10 à 12 mètres de haut ; on ne cueille pas tous les fruits, la terre en est couverte. Il faut occuper cette région, un peu humide peut-être, mais facile à drainer. Les habitants sont influents, c'est une petite capitale, en rivalité d'influence parfois avec Timbo, un étendard y prendrait racine ; que de facilités pour la conquête !

D'après le baromètre nous n'avons monté en somme que de 500 mètres ; nous aurions pu éviter, je crois, les escarpements de Débéa en les contournant par le nord. Je vois cela pour une route, pour nous il est mieux d'avoir pris par en haut.

Un brave homme m'apporte un œuf frais, je lui fais signe de poser là son œuf et je le remercie, les gens du dehors accueillent la nouvelle de cet événement avec satisfaction ; ils ne mangent pas les œufs et c'est gri-gri de le voir accepté par le blanc.

Mon logement compte cinq cases dans un vaste enclos. Des bandes de pigeons vont et viennent, coquettant sur la place ; je fais installer un piège en filet apporté tout exprès, mais inutilement ; il est mal présenté, les pigeons ont tourné autour. Un grand filet serait, pour s'approvisionner, la meilleure des armes, économique et sûre ; en quelques minutes on prendrait deux ou trois douzaines de pigeons. Mon insuccès ne tient qu'au peu d'attention que j'ai donné à l'expérience.

Ce matin, pendant la marche, d'un village voisin de notre route on m'apporte des poulets, mes porteurs les suspendent par les pattes à leur bagage avec des lambeaux d'écorce ; c'est l'habitude, ils font ça très adroitement.

Pour que le photographe soit impressionniste, il faudrait qu'il puisse reproduire en même temps que le paysage le vif *courou coucou* du pigeon, le *couou cou* plus voilé de la tourterelle, ces roucoulements remplissent l'espace et nous arrivent sans trêve du fond de l'horizon.

Le soleil porte à la colère, il est bon de le reconnaître pour ne pas se fâcher à tort ; il vaudrait mieux ne jamais se mettre en colère, rester toujours en possession de soi-même ; ici les chefs sont toujours impassibles, en apparence, la vivacité est de très mauvais ton (comme partout d'ailleurs) ; mais il est difficile de ne pas céder au climat ou à la nécessité qui exige parfois un peu de manifestation.

Il a fait froid cette nuit, dans tous les enclos j'entends tousser ; et comment ne pas s'enrhumer à courir tout nu ou à peu près dès le matin, par 12 degrés de température ?

Lundi. — Le roi de Médina, Modhi Saga, prétendait que j'aille le voir, lui parler, lui faire ma cour ; il m'a envoyé son entourage, les esprits ont tourné contre son obstination, il est venu. C'est un bon vieux qui vaut mieux que ses sujets, comme presque partout les chefs dans ce pays. Il portait la bague que je lui ai envoyée en remercîment de son dîner d'hier soir. Il a beaucoup insisté pour que je dispose de toutes choses à ma convenance dans son royaume ; c'est la formule d'une politesse toujours agréable. Je n'ai rien demandé, bien entendu, il ne faut pas confondre les affaires souvent orageuses avec les visites de cérémonie dont la quiétude est la caractéristique ; je veux seulement remarquer, en passant chez ce nègre, que la politesse, formule de la vie sociale que l'on retrouve partout parmi les hommes, est toujours l'expression généreuse des meilleurs sentiments ; c'est l'expression naturelle de la loi de charité, loi de réciprocité qui conduit l'humanité et dont nous avons l'instinct. J'ai remis la suite de la conversation au moment où je lui rendrais sa visite; mon interprète est absent, je crains de ne pas dire bien exactement ce que je veux dire.

Le village de Diaïa Kadé appartient, paraît-il, à ce bon vieux roi; il sait l'histoire de mon excursion sur le touldé Paray et le mécontentement qu'elle a causé dans le pays. Mais lui, me dit-il, n'est pas mécontent, et si le chef de l'endroit m'avait contrarié il l'aurait fait amarrer et amener ici. Le fait accompli a toujours raison chez ces gens-là, il est la démonstration de la force ou du droit, ce qui pour eux est tout un; chez les nègres la force prime le droit! Chez le musulman, c'est la juste conséquence du fatalisme.

Depuis la visite du roi les gens du village sont moins obsédants de curiosité, ils se tiennent à distance, j'ai la paix sans trop de peine. La population non pas hostile, mais hardie, indiscrète, a obstrué mon repos dès mon arrivée, j'ai pris le parti de renvoyer tout le monde.

Ces gens qui s'imposent ne sont le plus souvent que des gens de peu de chose, inutiles et non des personnages dont on ait à rechercher l'influence; leur mécontentement n'est dangereux que s'il est encouragé par les chefs.

Ouana, Noir anglais de Sierra-Leone au service d'une maison française du Sénégal, vient me dire des bonjours. Il me dit qu'il est Anglais, mais très dévoué à la France; il faut venir chez les nègres pour voir un Anglais dévoué à la France; si je pouvais l'embaumer, ce phénomène, je le rapporterais en Europe, à Grévin ou à Tussaud; les Anglais eux-mêmes voudraient le voir. Il est arrivé sur les talons du roi et n'a pas perdu un mot de ce que nous avons dit, aussi n'avons-nous rien dit.

Le froid m'a donné des névralgies. Altitude 880. Mon baromètre est tombé dans un ravin, mais il était dans une caisse, sur la tête de son porteur qui dégringolait avec lui, à la suite d'une bataille, dénouement d'une vieille haine ; j'espère qu'il aura été préservé.

Le roi est vieux, ses femmes sont jeunes, presque autant que sa fille qui paraît avoir dix-sept ans. Ces vieux réfléchis qui pullulent laissent de leur âge mûr une génération portée plus à la pensée qu'à l'action.

Elle est très bonne à voir cette souple jeunesse, on ne trouve qu'à louer ; l'œil est vif, les traits sont quelconques, mais l'ensemble est engageant ; la forme, les reflets, l'animation des lignes, tout est content de vivre et de plaire ; de plaire à cet homme barbu et blanc qui semble fait d'un nuage d'été, et qui vient sans doute de là-haut, de chez les Dieux, choisir parmi les hommes une beauté digne de son regard. Combien de jeunes beautés sous notre ciel gris gémissent dans leurs gros vêtements et voudraient non moins vivement que cette nue princesse faire effet de leurs joyeux détails ! Ici ça va tout seul, la jeunesse se pare de tout ce qu'elle possède ; les principes n'ont rien à voir dans la différence des usages, le soleil est la seule cause, le seul intermédiaire. Mais c'est l'habitude depuis l'enfance, personne ne le remarque, ce n'est pas remarquable, le regard ignore l'indécence ; jamais la convoitise n'a excité ses feux, il n'a pas connu la privation, il n'a pas eu le temps de former un désir, la réalité toujours présente lui évite le rêve ?

Mais l'œil est puni de ces éclairs esthétiques, — l'œil

européen j'entends, l'œil délicatement élevé en serre, à Paris où toutes les femmes, à trente pas, sont jeunes et de gracieuse tournure ; — pour un modèle qui l'arrête il se déchire à cent sorcières échinées ou bouffies ; quand il en passe je baisse les yeux et je me pince le nez.

Je rends au roi sa visite ; il est empressé, affable sous sa forme de singe frisé. Il me montre son chassepot modèle 1866, bien entretenu. Ces gens achètent facilement de bons fusils, ils nous donneront quelque jour de l'embarras ; il vaudrait mieux s'en faire des amis puisque c'est possible. C'est possible et c'est facile, et c'est le seul moyen pour nous de posséder effectivement l'Afrique, chaque jour d'observation depuis quinze ans me le démontre. Je l'ai dit en 1880, il me semblait même que j'avais été vivement compris, mais les intrigues très actives de spéculations inavouables ont détourné le courant d'intérêt national que j'ouvrais là ; ça s'est terminé au profit de trois ou quatre poches ; aux dépens de quelques actionnaires ; nous avons perdu le Niger et par suite la meilleure part de ce Nord Africain dont il nous reste des restes.

Les causes de ces défaites sont si simples, le geste à faire pour les éviter était si modeste, qu'on demeure surpris de la primitivité de notre esprit colonial ; les bonnes volontés et le dévouement des honnêtes gens ne sont pas encore arrivés à posséder toute l'autorité, mais chaque jour nous rapproche de ce progrès. Nous trouverons aujourd'hui dans le concours de tous l'expression de notre esprit national ; dégagé de l'esprit de spéculation égoïste, cherchant dans la prospérité des intérêts généraux le bien de tous les intérêts particuliers, nous reconnaîtrons que l'Afrique n'est pas un simple magasin de noix de cocos, mais qu'elle peut et doit être un puissant empire, dont il faut organiser la force pour l'associer à notre avenir.

Lundi matin, nous partons à sept heures et demie pour Timbi-Toumi que l'on aperçoit à une petite distance vers le haut de la vallée. La femme du roi m'envoie des présents, mil et bananes ; l'envoyé me les offre comme marchandise à lui et qu'il désire vendre, fraude commune. Je n'achète pas, il mange les bananes ; mais comme il faut que tout disparaisse avec moi, il suit la colonne, va et vient tout le long jusqu'à ce que mes hommes aient acheté son mil ; alors il repart dire sans doute à la reine que je suis bien content et que je remercie beaucoup, et que pas généreux je n'ai rien donné en échange, rien, « *amouna* », comme dit en ouvrant vers le ciel ses deux mains étendues un jeune Noir de mes porteurs en langage de son pays.

A 6 kilomètres nous traversons une rivière marécageuse, plus loin le Kokouby au point où je l'ai traversé en 1880 ; l'eau est claire et profonde, 2 mètres, beaucoup de petits poissons. Avec le Kokoulo il court par Cambadaga, au Kakriman. D'autres fonds d'eaux claires et peu courantes se traversent de même sur des ponts informes de branches et de troncs d'arbres. Cette plaine légèrement vallonnée, argileuse, est marécageuse par endroits, on y sent la nuit un air de fièvre paludéenne ; il serait facile de faire écouler ces eaux immobilisées, l'inclinaison générale de la plaine étant tournée du côté où elle s'ouvre sur l'étage inférieur. De ce côté on domine les montagnes fuyant échelonnées en contre-bas jusqu'à l'horizon.

En 1880 les deux Timbi, Médina et Toumi, étaient

assez rapprochés l'un de l'autre, mais ici les villes marchent, chaque incendie est l'occasion d'un pas. Toumi s'est éloigné et agrandi, je m'y perds. Le missida a changé de place, nous faisons mille tours et détours pour le découvrir, ne le trouvant pas à son ancienne place.

V

TIMBI-TOUMI, KAHEL.

Timbi-Toumi. — Broual-Tepais. — Haut-plateau de Kahel. — Négociations, traité. — Gali. — Digui. — Fougoumba.

Le missida ou mosquée est une immense case circulaire de 20 mètres de hauteur, dans laquelle est une chambre carrée de 12 mètres de côté, en terre, plafonnée à 2^m,50 de hauteur par d'énormes poutres de bois dur juxtaposées. Le vendredi, le marabout vient là réciter les prières officielles. Je me réfugie sous son ombre, à la fraîcheur relative de son épais dôme de paille, tandis que mes Noirs se tiennent au dehors, retenus par un craintif et louable respect de ce lieu consacré. D'ailleurs, par respect aussi, je demeure dans le vestibule circulaire qui précède le sanctuaire. Dans la mosquée de paille, je songe

> Qu'elle n'a qu'une porte, et qu'elle s'ouvre au ciel,
> Du côté d'où vient l'hirondelle (1).

Dans ce lieu tranquille, les hirondelles ont fait leurs nids; leur vol vient de France, leurs cris me parlent de mon pays; faciles voyageuses, libres visiteuses, elles

---

(1) Victor Hugo.

connaissent toutes ces régions aussi bien que les nôtres; elles auraient pu dire à Ptolémée où étaient les bornes du monde et lui nommer les rois et les bergers vivant chaque jour comme lui d'un grave labeur, dans des régions où sa carte n'atteignait pas encore. En toutes choses, la vérité préexiste; mais l'homme ne la découvre que lentement, de proche en proche, et il ne comprendra jamais la vérité dernière, l'absolu, son intelligence ne va pas au delà de la comparaison et de la mesure.

Le roi de Timbi-Toumi, Tchernou Maïo, qui m'avait reçu, en 1880, avec beaucoup d'amitié et d'intelligence, et à qui j'avais promis de revenir, a été tué, il y a peu de temps, dans une guerre. Un de ses frères lui a succédé; il est absent en ce moment, il est parti, me dit-on, pour Bambaïa, Costettam, etc., où il a à nommer des chefs, administrer, faire son métier de roi, ce dont il s'acquitte en maître actif et prévoyant. Fâcheuse absence, car si mes renseignements sont exacts, Médina ne peut rien, mais Toumi possède une famille de chefs intelligents et entreprenants.

Pendant que je me repose sous l'oranger du missida, on va me chercher un frère du roi qui gouverne en l'absence de ce chef. Lui et les siens m'accueillent avec joie, ils m'attendaient. Huit ans ne sont pas une longue absence chez ces peuples pour qui le temps ne compte pas; d'autant plus que pendant cette absence je lui ai envoyé trois ambassades successives. Il me dit que l'Almamy veut envoyer chercher Maly, mon ancien interprète réfugié à Bambaïa, pour le punir de m'avoir volé, et lui faire couper la tête en ma présence. On ne comprend pas tout de suite, en arrivant d'Europe, la simplicité d'une telle justice; ici, ça n'entraîne pas à de grandes réflexions, simplement on en parle. Mais le Blanc ne veut pas de cette protection, il n'apporte pas le malheur avec lui : « J'ai agi comme il m'a plu de le faire. Maly ne m'a pas trompé, laissons cela ; je me souviens des soins qu'il m'a donnés, du bon accueil que j'ai reçu et ne l'oublierai jamais. » Le jeune chef m'approuve, les vieux de la tribu opinent d'un grognement en ma faveur.

Je fais remettre à ce jeune chef un fusil Lefaucheux, il me paye de quelques « ba ! ba ! » d'ébahissement prolongé. Il m'a déjà donné tout de suite des porteurs pour aller chercher mes hommes et mes bagages restés à 10 kilomètres de là, sur le bord de l'eau où je les ai laissés à l'ombre et faisant la cuisine. Je les ai laissés afin d'être plus libre de mes mouvements pour me reconnaître dans le dédale des sentiers, tous pareils entre leurs haies de purghères et d'euphorbes ; il m'était plus facile ainsi de chercher à qui parler dans les enclos de la ville.

Bientôt le chef se lève et m'accompagne aux cases qu'il a fait préparer pendant que nous échangions les premiers bonjours. Bananes, oranges, lait cossam nous ont précédés. La case est balayée, le sol bien net, — les Noirs s'asseyent à terre dans leurs boubous sans les ternir aucunement. — Avec discrétion, il se retire, emmenant tout son monde, et me laisse toute la quiétude d'une parfaite hospitalité ; nous nous entendrons avec ce jeune homme. Déjà son frère aîné, le mort, m'avait, en 1880, produit la meilleure impression ; si son frère, le roi actuel, est de la famille, je pourrai parler. J'ai fait peu de frais pour le roi de Médina dont l'autorité manque de vigueur, j'ai simplement affirmé des relations d'amitié suffisantes. Ici on est fort, le règne commence et il me paraît qu'on sait vouloir ; *sagata* (1) !

Je ferme ma porte, et je suis promptement réparé par le plaisir de déjeuner dans la solitude, le silence et la propreté. Un fromage blanc mêlé de son petit-lait, dans une fraîche calebasse blanche couverte de son léfa de paille tressée en élégants dessins ; est-ce bon ? est-ce trop aigre ? c'est hygiénique ; des bananes à point, d'un parfum capiteux ; des oranges, un tas ; bienvenue des peuples pasteurs. Un peu de ce fromage, trois bananes et six oranges, ce n'est peut-être pas assez congestif, mais à midi, après tant de détours et d'attentes sous un soleil d'aplomb, c'est délicieux.

Lorsque mes gens ont été seuls, se sentant en pays ami, ils se sont répandus dans les cases voisines où chacun les a comblés d'oranges et de bananes ; ils finissent par arriver, je leur offre mes provisions, mais ils n'en veulent plus. Ali paraît grognon : faute d'un homme, il a dû se résigner à porter, lui-même ! un sac de mil(*).

Le premier moment ainsi employé, le chef me propose des cases plus dignes, pense-t-il, dans l'enclos royal. Il a fait sortir les occupants, des parents. La case est propre, mais elle est encore chaude ; elle a servi, tout récemment servi ; il y a des mouches, je préférerais ma première case un peu à l'écart, presque neuve, inhabitée, dont les murailles sentent bon la terre, l'air non respiré ; mais ici je dois plaire, j'accepte l'intention du jeune chef.

---

(1) « *Sagata*, ça c'est un homme », disent les Noirs en admirant le voyageur qui vient tout seul et parle en maître.

Il me fait apporter un sac de riz, du mil; on amène un mouton et un bœuf; il me donnera autant de porteurs qu'il me sera agréable.

J'explique, en particulier, à ce chef plein d'entrain et de mesure, que je suis d'accord avec l'Almamy pour venir à Timbo et que je me propose d'organiser le Foutah comme il convient, pour utiliser sa valeur, ses montagnes, ses peuples, ses chefs et ses institutions, etc.; je lui en confie le secret jusqu'à ce que le moment d'agir soit venu. Il discute avec plus de sagesse que je n'en attendais de son âge, il développe de bonnes raisons : ce que je propose, dit-il, répond à leur secrète pensée, à des rêves entrevus, mes projets auront la force parce qu'ils sont la vérité. Et tout bas, car dans ce préau les cloisons sont de paille, il m'exprime son grand contentement; ses yeux brillent, c'est Allah qui m'envoie. Je lui explique le traité par lequel je veux être « Alpha » dans le Foutah. Mahamadou Paté m'avait offert, en 1880, des terres à mon choix dans son territoire de Sokotoro, dont il me vantait l'heureuse situation, mais je veux posséder et habiter les terres de Kahel qui font partie du royaume de Toumi. Nous nous expliquons sur les avantages qu'il retirera de ma présence pour l'exécution de ses projets. Il est heureux de mes paroles, elles répondent aux espérances que son frère aîné, le précédent roi, et son second frère, le roi actuel, fondaient sur mon retour. Il me dit que sa réponse est celle du roi lui-même.

Une fille et deux femmes du roi escortées d'une captive de confiance et d'un garde, viennent me saluer; souple jeunesse à l'œil curieux, parée de la plus naïve coquetterie. Je passe au doigt de chacune de ces jeunes femmes couleur tabac, des bagues sans valeur, mais élégantes et d'un peu d'éclat.

En voyant mon livre où Ronsard me répète sa jolie chanson, un familier du chef, triomphant à propos, va me chercher un livre qu'il possède dans son trésor ! C'est une Bible anglaise ! Moyen de pénétration ou du moins *intention*, car ces Noirs ne lisent pas, ils parcourent même le livre à l'envers comme si c'était de l'arabe, et ce n'est que de l'hébreu. Si nous faisions des livres en langue du pays, texte et images d'Épinal, épisodes de guerre, miraculeux événements, berquinades, touchantes actions, tout ce qui agit sur la sensibilité un peu vivement, cela nous ferait connaître ; mais le scepticisme inaltérable de nos convictions quand il s'agit de colonies ne s'intéresse à aucune méthode ; il serait temps cependant d'avoir une opinion, et de la confier à un ministère qui n'ait pas d'autre préoccupation. On hésite à former un tel ministère parce que les traditions qu'il devra suivre n'existent plus ou pas encore chez nous, et que, cependant, le Ministre des colonies comptera parmi les plus influents de nos Ministres. A cause de la diversité et de l'importance des intérêts à administrer, ce poste doit être occupé par un homme doué des plus rares qualités, et qui soit un honnête homme.

L'absence de Ministère des Colonies n'empêche pas nos territoires de déployer leur fertilité et leur valeur commerciale, mais elle nous en ôte le bénéfice et le laisse aux étrangers ; ce que nous hésitons à organiser pour nous, les étrangers le prennent. En 1880, j'ai rencontré sur ma route, dans le Fontah-Djalon, une vingtaine de Noirs anglais de Sierra-Leone ; en 1888, j'en ai rencontré plus de six cents. Ils s'installent sur les meilleurs points, défrichent, cultivent, bâtissent leurs cases et servent d'intermédiaires naturels entre les caravanes et les comptoirs anglais. Pendant ce temps, un Français sollicite vainement l'autorisation de s'installer dans ces mêmes terres que les étrangers achètent sans que leur droit de propriété puisse être jamais contesté. Ainsi, par le fait, l'absence de Ministre, l'absence d'autorité coloniale française, aboutit au même résultat que si nous avions confié nos colonies à un Ministère anglais.

Nous avons cependant tous intérêt, directement ou indirectement, à ce que nos colonies soient françaises; faut-il le dire?

Nous pouvons par de bonnes lois, en petit nombre, décupler promptement nos relations avec nos colonies; on mesure tout de suite quelles facilités dans la vie nationale nous amènerait un tel mouvement, quelles carrières nouvelles s'ouvriraient devant nous, quelle vitalité solliciterait toutes les formes de notre activité.

A l'heure du dîner, lorsque Allens m'apporte mes plats : cervelle, purée de patates, foie sauté, côtelette de mouton, boroboro (épinards indigènes), plus un peu de cossam (lait tourné), le roi à qui on apportait dans le même moment sa calebasse du soir, me prie de dîner avec lui. Je lui fais signe de mes instruments que je ne mange pas avec mes doigts; un de ses fidèles, naïvement sauvage de ces bois, roule dextrement une boulette dans sa main, l'avale et insiste du geste pour me persuader que c'est très facile. Cependant il compare la familiarité de sa gamelle de bois à mon isolement respecté, à la tête de mes quatre plats, dans ma vaisselle plate; il hésite et finit par soupçonner qu'il y a une différence entre nous. Je me fais excuser par Ali, car je ne voudrais pas froisser d'aussi bonnes intentions. Ali me sert d'interprète à l'occasion, il ne sait pas un mot de français, et moi pas un mot du baragouin créole qu'il essaie de parler, mais il est fin comme l'ambre, et s'il ne comprend pas ce que je lui dis, il comprend du moins toujours la situation, ses discours sont adroits.

Là devant ma porte, un cheval retenu par une courte chaîne et un anneau de fer coulant le long d'un piquet fiché en terre. La pauvre bête, qui me paraît être arabe surtout par sa frugalité, mange de la paille sèche et dure ; les vingt-quatre heures lui suffisent à peine à absorber le nécessaire. Il est là au soleil, immobilisé, il pourrait faire pitié, mais il n'est cependant pas malheureux, il a bon poil, l'œil vif. Le triste, le pitoyable, l'apitoyant, le navrant, c'est le captif préposé au soin de la bête ; accroupi dans la poussière, au gros soleil près du tas de paille, il froisse dans ses mains, poignée à poignée, cette paille revêche, il fait le hache-paille ; et en même temps il chasse les mouches qui tourmentent l'animal. Il n'a pas d'ailleurs l'œil plus inquiet qu'un homme heureux ; bon pour un nègre peut-être, mais chien de métier.

Mardi. — Le roi par intérim vient dès six heures du matin s'asseoir sous l'auvent de ma case, attendre mon réveil. Il boit l'air du matin, le soleil levant, content sur sa peau de bique, de vivre un nouveau jour. Il caresse sa barbiche avec complaisance, ayant pris possession de l'être il se repose, il réfléchit. Puis une esclave apporte le livre des prières : Coran manuscrit en pages séparées, cent carrés grand comme la main, écrits en arabe d'une belle calligraphie, enveloppé dans un premier fourreau de laine verte, puis dans trois étuis successifs de cuir travaillé, repoussé, nuancé. Le roi fait sa prière mentale, orale, lit quelques versets du Coran, adresse encore quelques demandes à Allah, referme son livre d'heures avec un soin attentif et peu à peu paraît recevoir la grâce divine, la permission officielle d'employer pour son bien ce jour que Dieu lui prête, d'entrer dans la pratique des humbles travaux de la vie.

On apporte le déjeuner ; avec ses familiers groupés en rond autour de la calebasse commune, il prend son repas ; Allah a fait l'appétit pour le riz et le riz pour l'appétit, c'est absolu. Chacun plonge la patte à son tour, la conversation est discrète, les boulettes de riz disparaissent dans leurs gésiers, ils avalent comme des dindons à la gaveuse ; une esclave préférée emporte le reste ; le repas n'a duré que quelques minutes.

Puis, le roi pensif s'appuie contre un des piliers d'acajou qui soutiennent l'auvent de la case et savoure les fumées d'une heureuse digestion ; « pensif », il ne l'est que par l'estomac. C'est le bon moment de la journée, le moment pour lequel on vit : Allah a donné à l'homme l'estomac, et il a créé le riz pour le satisfaire, c'est absolu.

Un griot accroupi à distance sous le même auvent qui règne tout le long de la case, gratte sa lyre et en tire des airs digestifs ; il suit de l'œil l'effet de sa musique, l'état du maître, et caresse à l'unisson de leurs émotions les fibres repues par la diffa.

Quand le roi est un peu débouliné, je vais lui serrer la main, plus tôt eût été indiscret, il ne faut pas interrompre l'action de grâce. Dès qu'il me voit debout il me fait apporter du lait frais (birâdam), — assez bon quand il arrive à propos, mais à l'aube, dans mon état maladif, c'est un peu frais; le roi croit bien faire, j'y goûte par politesse, Allens le boit. — En même temps on me présente un bœuf; je fais appeler mes gens qui logent dans les dépendances, un peu plus loin ; le sacrificateur s'avance, le bœuf va mourir, là, tout de suite ; pauvre bête, sera-t-il de l'avis de César : « la mort préférable est la mort la plus prompte » ?

Le mouton d'hier soir a dû être de cet avis, il n'a pas subi le supplice préalable du voyage, traîné au bout d'une corde le long du long sentier : il est arrivé tout dispos de son champ qui est voisin ; sa chair a été tendre et coquette d'être trouvée bonne ; le bœuf sera de même, espérons-le.

Le jeune chef est au courant, je le vois, des choses de la civilisation, il me demande des remèdes ! toujours la maladie enragée ; ce n'est peut-être pas pour lui, car il a bonne mine, je ne lui vois rien de serpigineux.

On tue le bœuf, ses quartiers sont palpitants, les muscles s'agitent à la recherche de l'équilibre où aboutissait leur effort. J'en donne un quart au chef, Ali est grognon, il ne voulait donner que quatre côtelettes ; il doit avoir raison, il connaît mieux que moi la psychologie du nègre. Le chef paraît content de la distribution que je fais autour de lui, de son présent. Je garde peu de chose pour mes hommes, ils ont de quoi manger ce matin, ce soir et encore demain matin, et quand ils ont à manger ils ne se déplacent pas volontiers. La digestion de ce mouton, de ce bœuf, oranges et bananes à discrétion, riz pleine ration, doit, avec les heureux hasards de la route, nous mener jusqu'à Timbo, — 100 kilomètres.

Hier soir le chef est resté trois quarts d'une bougie à causer avec moi ; je lui ai vanté et il pressent les avantages d'un bon gouvernement, — dont il ferait partie naturellement ; — il a aussi ses idées.

Le soleil monte, il y a des mouches ; les gens de la cour sont là, assis sur leurs talons, inoccupés, comme des bêtes ; leur cervelle doit peu s'exciter à ce métier. Deux griots grattent leurs cordes de cuivre, un seigneur se nettoie les dents avec son *mentemps* (?), petit bâton dont le bout est effiloché en brosse ; il crache de tous les côtés, fait du bruit, rote, exubère, vit tout plein. Oh ! l'être inutile ! La terre nourrit tout ça à ne rien faire. C'est la foule, le milieu de culture où la loi de la vie pratique la sélection, c'est l'humanité en gestation de son perfectionnement.

Dans la chambre à côté, sous le même toit, — la muraille de séparation, comme un paravent, ne monte pas jusqu'en haut, — les femmes jacassent, mangent, lavent, on entend toute sorte de bruits d'eau, les enfants font des caprices.

Ces Noirs n'ont pas de nerfs, l'ardent soleil, l'action tellurique paraît détruire la nervosité, — le soleil assainit le muscle ; — et le riz ne la réveille pas. Le riz assimilé, le roi et ses aides prennent le café, c'est-à-dire qu'ils mangent des kolas. Ils en ont les dents jaunes et salivent de sale bave ; ils sont dégoûtants avec leur chique de kola et de tabac salé de potasse, dont le jus immonde, retenu par gourmandise, gonfle leur lèvre inférieure et amène quand ils parlent un bredouillement accompagné d'un suintement jaunâtre aux coins de la bouche ; il faut voir ça et l'entendre pour savoir ce que c'est qu'un nègre, ni plus ni moins. Pour n'être pas desséché par cette liquéfaction, ils boivent de l'orangeade ; tout pour la gueule.

Un marabout me fait un gri-gri, témoignage des bons souhaits de tous.

Je prends midi au soleil.

Hier soir temps couvert, cette nuit longue averse, ce matin temps clair.

Notes sur Cambadaga, le Kokoulo, le Kakriman coupé de nombreuses chutes ; navigation et topographie.

On me dit pour la deuxième fois que deux Français sont à Labé retenus par Alpha Gassimou, Blancs venant de Bakel et qui voulaient aller à Timbo. — J'ai su depuis que c'était à peu près exact, — le roi Gassimou voulait les occire, mais les vieux ont dit que ce serait mal faire ; très sensés ces pères conscrits modérateurs. Quel détrousseur que ce Gassimou ! j'ai une peur rétrospective en pensant que j'ai passé deux fois sous ses créneaux ; si je n'avais pris soin de ma tenue il m'aurait entamé. Il se recommande, je le vois, par l'indépendance de son caractère et son activité ; ce doit être un homme intelligent, nous ferons connaissance.

Le matin au petit jour, et le soir, on entend les voix des enfants qui à la lueur d'un feu flambant apprennent à lire dans le Koran ; c'est l'école.

Les nuits sont tranquilles, peu de bruits tapageurs, le grillon seul jase et raconte aux étoiles nos vanités humaines.

Cette assistance permanente de quinze ou vingt personnes, dont souvent deux ou trois chefs qu'il convient de distinguer et d'entretenir, ne manque pas d'être fatigante de six heures du matin à huit ou neuf heures du soir. On s'y habitue, ces regards tendus me sont indifférents, ils me manquent lorsqu'ils s'éteignent, cette meute de curiosité caresse l'épiderme d'un actif magnétisme ; mais de temps en temps il se produit des conversations bruyantes, l'auditoire ne se contient plus, son étonnement fait explosion ; cette obsession sans trêve devient douloureuse à la longue.

La dernière fille du feu roi promène ses trois ou quatre printemps, ornée d'un fil de perle autour de la taille. Trois femmes du roi actuel venues déjà hier reviennent aujourd'hui. Celles qui se promènent ainsi à l'air libre ne sont pas les plus accortes, elles ont, si je ne me trompe, cessé de plaire ; elles jouissent d'une certaine considération après leurs courts et, je suppose, loyaux services, mais le maître n'est plus pour elles qu'un astre voilé, il ne leur envoie que des rayons sans chaleur. Les plus aimées, en exercice, le gratin du harem, ne vague pas par les rues. Ces princesses me demandent mille choses, entre autres de l'eau de Cologne et surtout à venir passer la nuit dans mon bon lit.

Au moins ici on s'explique, il n'est pas nécessaire de se rencontrer par hasard pendant toute une saison dans l'allée des Poteaux, ni de faire semblant de parler d'autre chose. La tension psychologique est, il est vrai, de courte haleine, l'union des âmes n'a pas part au conflit, mais par contre la morale est respectée, foin de M. Malthus! La reproduction restreinte ne se rencontre pas chez les races inférieures, constatons-le, c'est le fait.

Je dis que mon lit est trop étroit, et je donne tout de

même des bracelets ; mais ce n'était pas pour la parure, c'était pour l'honneur. Ce n'est pas si facile qu'on pourrait le croire de trouver des raisons suffisantes pour se tirer de là sans froisser des amours — propres et autres, — gonflés de désirs, saupoudrés de curiosité.

Une partie du quartier a brûlé récemment, on le reconstruit. Je photographie les cases neuves qu'on achève en ce moment. Ce sont les cases du chef qui me reçoit, modhi Oumarou, le frère du roi. De vrais palais de terre sèche et de bois dur, abrités sous leurs toitures de paille dorée. L'élégante courbure du toit de chaume est accentuée par de longs méridiens de roseaux, des cercles parallèles régulièrement espacés en maintiennent la surface, le vent ni la pluie ne l'entament. Tout autour des cases le sol est uniformément sablé de petites pierres rouges, l'enclos est entouré d'une verte tapade qui a poussé plus vite que les murailles, il est divisé par des paravents en paille tressée formant divers dessins.

Je photographie devant ces cases un groupe de gamins qui m'observent, parmi eux un fils du feu roi, cinq ans, le plus petit à gauche.

Le soleil s'étant voilé un instant, je laisse mon appareil et je vais faire un tour dans la campagne, j'essaye de m'isoler, mais les curieux sur mes talons me suivent derrière les haies ; impossible de placer mon monologue.

Le soleil reparaît, je reprends deux vues... et patience.

Le soir, un peu attristé de ma situation trop surveillée, j'entreprends, au coucher du soleil, une suprême promenade poétique, dans le silence et l'isolement. Cette fois le roi et la cour m'escortent, pleins d'entrain. Ah !

hospitaliers, certes, mais bien encombrants. Il faut pourtant que je m'explique, ça ne peut pas toujours durer. A l'entrée du bois je les prie d'attendre, ayant des sacrifices privés à faire ; et je me glisse dans le fourré libérateur. Un délégué, témoin assermenté près la cour, sans doute rapporteur de la commission d'enquête, s'attache à mes derniers pas. Ah! tant pis, je déroule ma ceinture et comme Vendôme je donne audience ; il attend. C'est un détail sans doute à passer sous silence, mais chacun peut se mettre à ma place et me comprendre, et c'est de même dans chaque village, quand on n'a pas de chez soi installé et qu'on appartient à ces gens très curieux de tout et surtout des détails. A la lisière du bois je reprends mon roi et mes chefs, et nous rentrons. S'ils avaient lu les Contes de Louis XI je croirais qu'ils faisaient exprès.

Tout le long du jour ces Noirs rotent avec complaisance, c'est du bel air, crachent, reniflent. Oh! oh! un chien fait moins de bruits divers. On devrait taire ces laides choses, mais alors on ne montrerait pas le nègre. J'ai dit ailleurs que ces sauvages se parlent et se comprennent comme les bêtes par de simples grognements du gosier, exprimant de longues phrases sans moduler un seul mot.

Lorsque deux Foulahs se rencontrent sur le sentier, ils s'arrêtent, se contournent l'un l'autre, en se toisant lentement, comme feraient deux chiens, et comme deux chiens se reconnaissent ; ils échangent des grognements classiques, des bonjours inévitables, et ils continuent ; ils ne passeraient pas sans s'être ainsi reconnus mutuellement.

L'autre jour j'ai déjeuné de patates et de chocolat à six heures du matin, puis fait l'étape avec assez de soleil, et à midi j'ai pris un déjeuner frugal de lait cossam, bananes et oranges. Ce repas de choses fraîches m'a fait bien passer les heures de la chaleur, et le soir j'ai dîné facilement, et passé une bonne nuit. C'est peut-être un bon régime à suivre sous ce climat, si violent de onze à trois heures.

De Timbi à Broual-Tapais. Au départ on nous montre à l'horizon la colline pointue de Broual-Tapais.

Ce marabout du diable nous a fait perdre une heure ce matin; monsieur dormait dans un village voisin! Il n'est pas bon de prendre pour porteurs des gens du pays comme ce marabout, ils ont mille occasions de s'arrêter et ils retardent la marche plus qu'ils ne la servent par leur connaissance approximative des gens et des lieux.

A 4 kilomètres de Timbi-Toumi mes hommes font halte, ils ont trop mangé, c'est certain. Je m'assieds pour écrire et prendre froid, à l'ombre. Au bout de cinq minutes, quarante indigènes accourus du plus loin, sortis de dessous terre, font cercle; la région est très peuplée, on s'en aperçoit. Depuis Loukouta, Débéa, Médina et jusqu'à Broual-Tapais la plaine est fertile, cultivée, elle nourrit de nombreux troupeaux, bien arrosée, mouvementée de légers vallonnements, un peu fiévreuse; température la nuit 12 degrés, en décembre 5 degrés. Par endroits la roche ferme qui forme le sous-sol est presque à fleur de terre.

On m'avait dit que le roi était à Bambaïa et voilà que le guide m'annonce qu'il est là. Il y a de la combinaison là-dedans ; mensonge de Foulah. Oumarou m'a accompagné assez loin hors de la ville et en me disant adieu il ne m'a pas parlé du retour de son frère ; hier encore il le croyait loin d'ici. Comme je ne veux pas faire un pas d'avance, ce qui diminuerait tout ce que je viens de faire à Toumi, ni blesser ces gens qui m'ont bien reçu, je dis que par politesse je dois croire le chef (il m'a dit que le roi était absent) plutôt que le captif qui me dit que le roi est là. Cependant on insiste pour que je fasse un petit détour et que j'aille, à la case où le roi se repose, lui serrer la main. Je m'y refuse simplement.

Le roi, avisé de ma décision, se présente inopinément à trente pas de mon chemin, à cheval, à la tête d'un peloton de cavaliers. Ils sont animés et offrent à la vue le tableau partout joli de la jeunesse enchantée. Ali me dit : — Voilà le roi de Timbi-Toumi, ne veux-tu pas lui dire bonjour ? — Oui, avec plaisir, qu'il approche. Mes Noirs sont consternés. Le roi caracole sur place. Avec son grand manteau de toile verte passée au soleil, son large chapeau foulah, sur son cheval microscopique qui disparaît sous les pans du manteau traînant jusqu'à terre et se débat sous l'éperon, il a l'air d'une chauve-souris aux prises avec un rat. Je ne sais ce qu'il comprend ; le guide inquiet de la tournure des évènements a disparu, Ali est muet de saisissement ; je continue de mon côté, les cavaliers s'acheminent vers Toumi. Pourquoi ce roi n'est-il pas venu me saluer dans son village, puisqu'il n'était pas à Bambaia ? n'est-il rien ou est-il quelqu'un ? Catilina, Cicéron ou César ? nous verrons ça de près.

Je ferai observer à l'Almamy que ses sujets sont très

émancipés ; près de la côte ils se procurent des armes plus facilement que dans l'intérieur, Kadé est plus européen que Timbo ; si l'Almamy ne fait pas ce que je lui dis, son pays tombera en discorde, un Arabi lèvera l'étendard des mécontents, l'Angleterre s'immiscera. (Aujourd'hui l'Angleterre a renoncé au Foutah, politiquement: elle se contente de l'occuper par ses sujets de Sierra-Leone, c'est son droit et son intérêt : que n'en faisons-nous autant !)

On doit pouvoir aller directement de Timbo à Cambadaga sans trop de précipices, en passant derrière la hauteur de Yali. Ce serait la meilleure route, le chemin le plus court, si j'en crois mes renseignements et l'aspect des montagnes accidentées que je vois à l'horizon.

Je prends froid dix fois par jour, en passant du plein soleil à l'ombre épaisse des fourrés qui couvrent le sentier à la traversée des fonds d'eau et des ruisseaux. Involontairement on souffre et on s'attarde à cette fraîcheur relative, et insensiblement on accumule les petits refroidissements. Les nuits sont froides, je n'ai pas assez de ma couverture de fourrure, j'oserai me servir de mon édredon, il est chaud et léger. Je l'ai apporté pour m'abriter contre le soleil lorsque dans le jour le campement ne m'offre pas assez d'ombre. Sous ce climat on a les pores béants, le sang circule au travers du corps comme le vent dans une lanterne ; sous le casque, malgré le foulard intérieur, le moindre courant d'air frais me glace la tête ; le tout aidant j'ai la fièvre avec courbatures et névralgies.

Tout cela est pour le pauvre Juif Errant, le voyageur passant, *Toumaranké*. Pour l'habitant le pays est bon de

Toumi à Koby ; collines de grès, eaux vives, végétation florissante ; héliotropes arborescents de cinq mètres de haut, en larges buissons ; depuis le sol jusqu'en haut on ne voit que feuillage touffu et fleurs ; les parfums pénétrants que la brise promène seraient bientôt fatigants s'ils ne variaient à chaque souffle leur essence.

Rencontré l'oiseau qui mange les serpents ; le mâle a le cou rouge, celui-là du moins, la femelle a le cou noir.

Mes hommes étant allés se promener je ne sais où, je reste seul avec les bagages, pendant plusieurs heures ; j'écris d'abord, je rêve et je combine, puis je me demande dans ma solitude prolongée s'ils n'auraient pas déserté. Mais la supposition n'est pas vraisemblable, mes hommes étant tous, sauf le marabout, étrangers au pays ; je ne m'y arrête qu'un instant, le temps de saisir l'émotion et de dresser un plan ; c'est un bon labeur psychologique, il me rappelle à la situation et me fait mesurer le désert africain. Bientôt mes hommes un à un reparaissent ; ils viennent de mal faire, ça se voit à leurs yeux d'écureuils surpris.

Mardi, plus ou moins, j'ai perdu la date, et ici chacun a la sienne. Broual-Tapais est au sommet d'une colline en forme de cône surmontée de magnifiques benténiers, belle situation ; une petite source, cause évidente de la formation de ce village, entretient la vie sur ce site isolé au-dessus de la plaine qu'il domine de tous les côtés ; belle vue, beau panorama sur les montagnes tourmentées, brisées, qui s'étendent à l'ouest en contre-bas de la plaine des Timby. A voir cette succession de falaises séparées par de profonds couloirs, on imagine que Durandale furieuse a découpé ces montagnes en cent morceaux ; le Kokoulo et le Koby passent là-dedans.

Palabre pour envoyer des hommes à Toumi prendre mes deux caisses et Ali qui les garde ; c'est le troisième depuis mon arrivée hier. Ces gens sont menteurs par usage, par empressement, par désœuvrement. On se laisse toujours prendre, quand on fait une question, à croire un peu à la réponse qu'on attend. Hier soir j'ai demandé deux hommes, on me les a promis pour ce matin ; ce matin, au lever du jour je les appelle, on me dit qu'ils vont venir : « Ils viennent, ils sont là, on te les amène. » A huit heures, rien ; on s'étonne ! on va aller au-devant ; mais je renonce à croire. On me dit alors que c'est trop loin, et ceci et cela ; le mensonge se montre. Je me retourne sur un autre moyen, mais c'est toujours quelques heures de perdues. Il faut dire que les moins nègres de ma troupe ne sont pas là, ils sont en course pour acheter des vivres ; je parle à un bègue, qui parle créole à un Sousou (qui croit comprendre le créole), qui parle foulah à l'indigène Kikala, vieux débris représentant l'autorité locale ; ces traductions vagues voilent les impressions, étranglent la discussion ; il ne s'agit pas de parler à mots couverts. Kancou sait quelques mots de français, il me comprend et traduit assez exactement parce qu'il emploie peu de mots pour exprimer sa pensée.

Bon pays, air de France, bon à habiter. Hier à quatre heures, en montant la colline, le grillon sous l'herbe fleurie nous appelait de son chant doux et ami ; je m'attardais, n'ayant rien à faire, ne voyant plus mes Noirs disparus déjà là-haut derrière les haies, et pas encore les habitants, plus de nègre ! Vers le village un coq chantait, je voulais me croire dans un coin de France, par un beau temps d'été. La vie serait non seulement possible mais sans contraires, en ces lieux enchanteurs de tous les sens, si on habitait là avec des amis; on oublierait de lire même M. Brunetière, et tout doucement on reviendrait à l'âge d'or, à l'âge où l'homme était une bête.

On m'a envoyé riz et cossam hier soir, mil et biradam ce matin.

Le défilé ordinaire continue dans ma case, mais il me semble qu'il y a huit ans (en 1880), la belle jeunesse venait plus nombreuse et s'attardait davantage; maintenant elle ne fait qu'une courte apparition. Voilà ce que c'est que d'avoir barbe grise. Et à leur place de vieilles femmes qui m'épouvantent, horribles, la peau du ventre ridée, crevassée, écaillée, d'un gris fané, mon œil en reçoit un coup; je me ratatine, mon odorat se renfrogne, le laid est douloureux aux sens comme à l'esprit.

Il semble que les Noirs ont les glandes salivaires dans l'estomac, ils avalent comme les loups, sans déglutir.

Ces femmes qui crachent sont répugnantes.

Un bon appareil photographique d'explorateur doit avoir un chercheur qui mette au point et un rouleau de papier sensible sans fin; il faut en effet, si l'on veut rapporter l'image de la vie du pays, qu'il soit toujours prêt à fonctionner comme une lorgnette que l'on porte à la main; les sujets intéressants sont partout sur la route, en surprise, et non à la halte.

Un marabout me donne, de sa provision pendue à son cou avec son encrier, deux pailles pour écrire; il m'en a taillé une, c'est l'herbe commune des champs, petit roseau.

Ma jumelle est utile, mais pas de première nécessité : ma lunette pour voir les satellites de Jupiter, ou l'ennemi au loin, servirait peut-être en cas de guerre, tir lointain, surveillance des approches, mais à l'ordinaire elle est inutile. Des lunettes bleues seraient utiles peut-être, mais elles tiennent chaud aux yeux et les rendent plus sensibles ; une toile de gaze bleue tendue sur un cadre, tenue horizontalement par la main qui porte l'ombrelle, est préférable dans les longues étapes sur le sable blanc qui réverbère avec la lumière éclatante beaucoup de chaleur. Mon encrier pour encre de Chine est parfait, — une toute petite bouteille fermée par un bouchon de liège, dans un étui de métal ou de bois, — combiné n'importe comment pour éviter l'évaporation et être stable.

Il est nécessaire d'avoir quelques couteaux-boucher, nécessaire aussi une hachette de boucher pour fendre le crâne des bœufs et des moutons, sinon pas de cervelle ; et souvent il n'y a que ça de mangeable dans cette viande, cuite encore palpitante.

Chocolat, parfait, petites tablettes de 25 grammes, très commodes, pliées par paquets de huit, soit 200 grammes, sous le même papier d'étain pour réduire le poids inutile et cependant les préserver. C'est l'aliment sauveur contre les surprises de l'inanition, contre la famine qui est toujours levée à l'aube, toujours installée à l'étape avant nous. Le biscuit est bon aussi, mais le chocolat est moins sec à l'estomac découragé autant qu'affamé. En 1880 mon chocolat avait fondu à la chaleur du soleil et ne formait plus qu'un bloc mêlé de papier, de mites et de cryptogames ; pour le voyage actuel j'ai entouré d'un édredon ma caisse de chocolat, le dessous excepté, les tablettes sont restées intactes, malgré les stations inévitables en plein soleil. C'est du Marquis (passage des Panoramas) bien entendu, le seul chocolat au monde, un ami de quarante ans. Au sommet du mont Hekla, en Islande, dans un tube, sous un cairn qui le protège, le voyageur trouvera une tablette de ce précieux chocolat, avec ma carte de visite, 1878, et celles d'autres touristes venus avant moi : s'il a faim il me remerciera.

Mes casseroles (*) en nickel et ma haute marmite pour le riz à la vapeur sont parfaites ; j'ai pris soin de les faire noircir à l'extérieur avant de partir, pour que leur éclat n'attire pas l'attention des voleurs. Assiettes de nickel parfaites aussi, il les faut grandes et creuses (*) pour les grosses pâtées de riz, de mil

ou de maïs, la purée de patate; n'ayant rien trouvé d'assez profond, j'ai fait faire deux plateaux de balance. Malgré le noircissement extérieur, on m'en a dérobé une à Pamméon, Ali ou le cuisinier l'a donnée, je crois, pour un caprice. Argenterie, cuillère, fourchette et timbale (intérieur doré) le plus élégant possible, très apprécié, c'est tout ce qu'on peut avoir de la civilisation dans cette vie d'animal ; ces objets étant de petite dimension, on peut les garder dans son bagage personnel.

Dans la malle des objets dont on a besoin à toutes les stations il faut ménager des compartiments fixes, sinon le désordre s'y met et l'on perd chaque fois quelques minutes à trouver ce que l'on cherche. Une case pour la timbale, la cuillère, la fourchette et le couteau ; une case pour la montre, le podomètre, le baromètre et la boussole; une case pour l'encrier, les plumes, les crayons; une case pour les thermomètres, ordinaire, maxima et minima; une case où l'on tient dans un sac des boules d'ambre, de menus bijoux, monnaie courante dont on a besoin à l'improviste; une case pour trois ou quatre tablettes de chocolat ou quelque autre aliment tout prêt, biscuit, — deux repas sur trois sont réduits à cet en-cas; — une case pour brosses de toilette; pas d'éponge, elle serait commode, mais elle moisit si on l'enferme, elle prend de la poussière et même de la terre, si on la suspend en dehors; une case pour les carnets et carte constamment consultés et à tenir au courant; une case où l'on a cinq ou six cartouches; une case pour un petit revolver de poche; un peu de pharmacie pour les accidents. D'autres objets peuvent se loger sans compartiments. On évite de la fatigue et du souci par la bonne composition de ce colis, qui est comme une vaste poche où l'on trouve tout de suite le nécessaire à tout moment. Cette malle est ouverte à toutes les étapes et constamment réapprovisionnée.

La marmite-baratte pour faire le beurre est commode, mais n'est pas nécessaire; la bouilloire(*) est *indispensable*, bouilloire pas très grosse, un litre et demi, à bec tubulaire court permettant de boire facilement; elle sert jour et nuit. Des couvercles sont nécessaires pour tous les récipients à cause des feux fumeux et des bêtes pullulantes qui tombent dans les plats. Un petit soufflet à feu serait, il me semble, commode, autant qu'il durerait ; le cuisinier est tout le temps accroupi à souffler sous ses marmites ; besogne difficile, besogne mal faite.

Je n'ai que peu de savon, peu de bougie ; on s'en passe quand il n'y en a plus, mais c'est dur ; la bougie est nécessaire au moins pour lire la nuit sur le sextant, pour développer des photographies, pour vérifier son bagage si on l'a perdu de vue pendant la marche, et le modifier la nuit à l'étape si on a quelque raison de le faire. Les Noirs fabriquent du savon, mais mal dosé il brûle le linge. L'huile dans une lampe à mèche est incommode ; un bougeoir à large base (*), que l'on pose à terre, sur un paquet, sur son lit, partout, est très commode, nécessaire même ; commode aussi un bougeoir sans pied que l'on peut emmancher sur un roseau (*) ; une lanterne simple, à bougie, fermée contre le vent et les insectes, n'éclairant que d'un côté, est utile. Une petite boîte à graisse pour chaussures est nécessaire ; la ficelle est à peu près inutile, les Noirs attachent tout avec des écorces souples et solides qu'on trouve partout.

De bons fusils sont nécessaires, car il faut être fort en réalité, mais pour ne pas effrayer ; pour ne pas surexciter les convoitises, il faut les dissimuler sous des étuis ordinaires de laine ; il est prudent de préserver les canons par des étuis imperméables contre la transpiration très corrosive du nègre. Les cartouches sont trop lourdes pour permettre de beaucoup chasser (tout embarras se traduit en somme par des kilomètres en moins), mais il faut en avoir assez pour se défendre, ne pas les dépenser à plaisir. Le petit plomb est inutile si l'on ne collectionne pas les petits oiseaux; le moindre gibier est le pigeon qui à distance supporte un coup de gros plomb. Cartouches à balles, chevrotines, et plomb de 0 à 4.

Un petit revolver caché dans la ceinture est nécessaire pour arrêter une bête, en imposer un instant à un malfaiteur, appeler ses gens lorsqu'on est perdu dans la brousse ou les herbes ; il est imprudent d'être sans arme sur soi. Un fort revolver est nécessaire, porté avec le fusil de chasse par un Noir de confiance ne portant rien autre et toujours près de vous. Pour les hommes, il faut préférer les armes courtes, les longues armes sur l'épaule ou sur le bagage s'accrochent aux branches, causent des chutes, du désordre, des retards ; des fusils à pierre pour les porteurs si l'on n'a pas confiance en eux, — je suppose l'expédition pacifique ; — un sifflet, et un sifflet à chacun de ses deux gardes. Une chemise de nuit en poil de chameau, pour les rhumatismes, est agréable par les temps humides, au point qu'on pourrait la dire indispensable.

L'ambre est une bonne monnaie dans le Foutah; le n° 2 se place facilement dans les 200 premiers kilomètres, les habitants en relations avec la côte ne veulent pas des grains plus petits ; passé de Kakriman le n° 4 commence à être plus accepté. Mais c'est très variable ; dans un village récemment approvisionné par une caravane il est plus difficile de faire naître de nouveaux désirs.

On n'achète pas ici avec de l'ambre comme en Europe avec de l'argent, vingt pièces de un franc sont moins nobles qu'un louis d'or. Un bœuf s'achète avec de l'ambre en grosses boules, n° 0 ou 1 ; un mouton avec des boules moins grosses, n° 2 ; une poule avec de petits grains ; des oranges avec de l'ambre n° 8 ; on paye des pileuses de riz avec des perles de verre. On n'aurait pas un bœuf de 50 francs pour un tombereau de perles de verre ou d'ambre n° 6. Ça s'explique, les petites gens ne portent que de modestes ornements, et les chefs, ceux qui ont des bœufs à vendre, ne voudraient pas de ces petites choses de captifs. Tout cela est à l'ordinaire, mais n'est pas rigoureux, on le comprend.

De toutes ces provisions et commodités on se sert aussi longtemps qu'elles durent, et pendant ce temps on s'aguerrit, on prend de l'expérience, de l'indifférence à la misère nouvelle, on devient nègre, et le jour où l'on n'a plus rien on est assez étonné de n'avoir besoin de rien.

Le métier d'explorateur est relativement facile dans cette région qui a été parcourue par les Caillé, les Mage, Hecquard, Lambert, dont la réputation s'est étendue, dont le souvenir est resté ; la dignité de leur attitude est le meilleur passeport pour le nouveau venant à cent lieues à la ronde et à deux générations de distance. C'est l'hommage qui leur est dû et qu'il faut rendre à leur vaillance que de rappeler leurs généreux efforts à tracer le sillon par où l'on s'avance.

Vendredi 17. — De Broual-Tapais à Diembouria, 31 kilomètres de route y compris les détours. La plaine des Timbi s'arrête brusquement à Féguria comme au seuil d'un déversoir; de cette limite la vue s'étend au loin sur la plaine inférieure de Kébali, Fougoumba, etc., le sentier descend rapidement à Giuria, au bas de la pente; nous y arrivons à onze heures. Je tombe anéanti de fièvre sur le sol de ma case, entre les bagages pêle-mêle; la porte est fermée, j'avais hâte de renvoyer tout mon monde pour crever de misère à mon aise, et j'en use; je reste là inerte pendant une heure, ineffablement mort, dans un sommeil de plomb. A terre j'ai repris le fluide nourricier, et perdu l'électricité accumulée par les actions mécaniques et physiologiques au gros soleil. Je me relève un peu mou de cette vague magnétique qui m'a violenté, mais lorsque mes hommes, qui étaient occupés à leur cuisine, reparaissent, je suis en équilibre; Antée l'avait inventé avant moi.

Nous ne repartons qu'à midi et demi, le déjeuner ayant été retardé par le manque de deux canèques (mesure de ration) de riz, introuvables. Une femme désirant avoir deux boules n° 2 consent à faire l'échange; c'est cher, 2 francs le kilogramme, mais encore avons-nous été heureux de la coquetterie propice. C'est « l'offre et la demande » dans toute la simplicité de son fonctionnement. Cette femme prétend que je suis un avare, que d'autres Blancs ont passé déjà par ici et que seulement pour se réjouir ils jetaient des gourdes (pièces de 5 francs) à la foule accourue sur la place. A cinq heures, après avoir dépassé Popoco qui est un peu avant le Téné, nous arrivons à Diembouria.

On rencontre un peu partout de belles filles noires, vêtues de la courte serviette collante bleue qui les ceint tout au juste comme une chaste peinture. Il semble à la réflexion que ces lignes souvent belles, d'un dessin vigoureux, devraient retenir l'observation, mais non, le Noir n'a pas la symphonie des nuances, il est uniforme sous ses reflets; tous les points sont le même point, tout est pareil, l'œil n'est pas conduit par petites impatiences successives, des surfaces banales à des centres plus captivants ; il n'y a point de fossettes éclairées; c'est tout de suite vu. L'impression résultante est surtout une impression de force et de souple mouvement.

Température toujours la même, 22 à 28 degrés, air frais ; sur les hauteurs, la nuit, elle s'abaisse beaucoup.

Encore un mois de cette vie misérable, je serai acclimaté, desséché.

Je pourrai dire comme les *Pendus* de Villon :

> La pluie nous a débuez et lavéz,
> Et le soleil dessechéz et noirciz.

Si je menais cette existence en France je me porterais tout aussi mal; vivre de bananes et de fromage blanc n'est nulle part réconfortant.

On me dit qu'en ce moment, à Timbo, un Blanc propose à l'Almamy de lui faire construire une belle maison et de la meubler. Il ignore, ce Blanc, si toutefois il existe, que si l'on asseyait ce nègre dans un fauteuil, devant une table bien servie, il serait, au bout de cinq minutes, assis sur la table, au milieu des baganes, ayant bousculé du pied le fauteuil artificieux.

Tous ces bonjours en anglais, tout le long du chemin, sont agaçants. Il serait bien facile cependant de propager notre langue, pourquoi ne l'entend-on pas ici? Causes toutes simples! on ne s'en occupe pas assez.

Défilé de visites, serre-patte interminable à mon arrivée à Diembouria, accueil hospitalier, bon village. Mon thermomètre minima a marqué cette nuit 20°, il faisait plus frais sur la plaine plus élevée des Timbi.

Le lendemain nous nous arrêtons à Gali, petit village près des bois entre Fougoumba et la falaise de Yali; je couche dans la cabane d'un potier.

Le sentier qui nous amène ici traverse des fourrés de jasmins arborescents de 3 mètres de hauteur. Ils sont couverts de fleurs depuis le haut jusqu'à terre, fleurs et feuillage se rejoignent sur le sentier et ferment le passage; je plonge dans ces pétales pêle-mêle qui se pressent sur mon visage, m'apportant la fraîcheur de leurs joues de velours, baisers de jolies femmes dérobés au passage, enivrants de leur haleine parfumée.

De Giuria à Diembouria et Gali un peu de fièvre m'accompagne, 120 pulsations et 39°, palpitations de cœur; c'est du rhumatisme; état misérable passager.

Dimanche 19. — Nous couchons à Calé. J'envoie Ali à Timbo annoncer mon arrivée. L'Almamy est sur le point de quitter sa capitale pour venir se faire consacrer à Fougoumba, la ville sainte que j'ai laissée en arrière sur ma gauche. Ali part escorté d'Abdul-Ay, avec quelques présents pour soutenir dignement son rang d'ambassadeur. Il tombe une forte pluie, lourde, serrée, tranquille;

on en compterait les colonnes d'eau tant elles sont régulières et paraissent immobiles ; on a l'impression, à voir le calme de ce déluge uniforme, que cette eau mêlée d'air est notre élément normal. C'est de l'eau tiède ; mes deux Noirs roulent leurs boubous en paquets sous leurs bras, tournent leurs fusils la gueule en bas, et le corps nu, la tête rasée, partent simplement sans remarquer qu'il pleut.

Beaux orages, tonnerres superbes, sonores, creux, profonds et persistants ; ce sont les pères de nos petits orages. On sent qu'il y a de l'électricité dans la machine, elle est aussitôt rechargée que déchargée, c'est un fracas sans interruptions. Cette puissance sans maître fait plaisir à voir et à entendre ; la terre tremble, il semble qu'elle va éclater. Les éclairs coupent l'espace de leurs sillons de feu du zénith jusqu'à l'horizon, et je n'entends le bruit que 8 secondes après ; les nuages sont soutenus à une grande hauteur, 3000 mètres d'altitude environ.

Je reste deux jours dans un état étouffant, peau sèche, muqueuses sèches, aucun départ de fluide, tous mes pôles recroquevillés refusent de se mettre en relation avec le milieu ambiant. Ipéca m'a brutalisé inutilement ; sedlitz, inefficace ; quinine, je n'en perçois plus le goût. J'entre par hasard, me réfugiant courbaturé, pendant une averse, dans une cabane de berger, simple chapeau pointu en paille, posé à terre sur quelques pierres en rond qui laissent circuler l'air. Je m'étends sur le lit qui occupe la moitié de l'étroite hutte ; c'est un lit de bâtons, une sorte de gril à côtelettes un peu serré, porté sur deux branches à terre. J'ai senti aussitôt le bon fluide m'envahir, le mauvais s'écouler dans le sol et la neutralisation s'opérant, la fatigue et le malaise se dissiper doucement. Les vêtements, les chaussures, les tapis isolants, les étages de notre civilisation sont pour une part la cause de notre nervosisme, et, par suite, de nos maladies ; en effet, les fluides que produisent les actions mécaniques, physiologiques, physiques et chimiques de la vie doivent être expulsés ou répartis, neutralisés : s'ils s'accumulent en quelque organe ils en font un milieu congestionné influençable, milieu de culture propice au développement de tous les germes. Mais on vient me chercher, le torrent vital qui se rétablissait dans son courant normal s'arrête et se retourne sur lui-même en tourbillons intérieurs, je suis à l'état instable de larme batavique.

Je passe cinq jours et cinq nuits dans le plus pitoyable état ; j'ai mal dans les os, je périrai de la goutte puisque l'exercice et le jeûne ne suffisent pas à l'apaiser. Si ma quinine n'était authentique, je la croirais falsifiée ou même toute fausse ; c'est avec l'ipéca mon aliment de prédilection en ce moment, à cause du petit stimulant qu'elle apporte, mais elle me paraît sans goût comme un résidu éventé. J'ai essayé de nouveau de la cabane du berger, mais elle était occupée et le milieu troublé.

Le 22, Ali revient tout fier de l'accueil qu'il a reçu. L'Almamy a été étonné, ou plutôt il a feint l'étonnement, car depuis le premier jour où je suis entré dans ses États, il compte mes pas. Il a demandé plusieurs fois à Ali si c'était bien moi et pas mon frère ou un autre parent. Pour eux le titre de frère ou de parent s'étend à des degrés de fantaisie où il ne serait pour nous qu'un lien d'amitié ou de simple relation, il n'indique pas toujours comme chez nous un certain degré du sang. Je serai, a dit l'Almamy, le premier Blanc qu'il aura revu deux fois ; jusqu'à présent, dit-il, nous avons vu des Blancs très engageants, pleins de promesses ; aucun d'eux n'a jamais reparu. Les vieux disent que mon retour est un avertissement de la destinée.

Le roi sait que je suis capricieux dans mes allures, il me fera loger où je voudrai, me donnera tout de suite un bœuf et du riz, je serai le bienvenu, libre comme chez moi......, et autres formules de politesse. Il a pensé avec ses amis à tout ce que je leur ai dit en 1880, à ce que je leur ai fait répéter depuis, il me donnera ce que je veux.

Ali est allé voir Mahmadou Paté dans son village de Sokotoro, à quelque distance de Timbo. Paté est aujourd'hui Alpha, il a acheté le titre cinq mille francs, me dit-on ; il m'envoie par Ali un anneau d'or (cent francs environ). Le lendemain un captif vient me saluer de sa part et me dire qu'il viendra lui-même dans douze jours si les mouvements de la cour le lui permettent (1).

Je donne à ce captif de confiance une cotte de mailles en acier pour son maître, et quelques menus cadeaux. Paté a usé de son influence en 1881 pour protéger mes envoyés contre l'impatience irritée de l'Almamy d'alors, Hamadou, chef du parti anglais mais de peu d'autorité.

L'oranger qui ombrage ma porte est couvert de fleurs,

---

(1) J'ai dit ailleurs qu'il avait, avec deux de ses frères, Bakar-Biro et Abdul-Ay, étranglé son frère aîné qui, par son âge, son intelligence vive et son caractère, était un obstacle à leurs projets ambitieux ; j'ai dit aussi que le présent roi avait fait assassiner l'Almamy son prédécesseur pour prendre sa place. J'ai dit les prétentions, les compétitions et les droits de chacun. Aujourd'hui l'Almamy Saury est mort, c'est Bakar-Biro qui lui a succédé.

parfum pénétrant, souvenir de civilisation. Moins poétique la cabane rustique d'un bouc, mon voisin. Le vieux coquin, enfermé pendant la nuit, pousse des cris à fendre l'âme; il invente des gammes, des points d'orgue, des pleurs étouffés, des sanglots éclatants, des cris de torture! J'ai cru d'abord à quelque indigène imitant avec renforcement, dans un récit épique, les convulsions de mon ipéca; puis, comme les cris se renouvelaient, j'ai pensé que quelque négresse faisait par là des couches laborieuses; enfin ce matin je m'informe; c'est tout simplement ce gros satyre enfermé dans sa cage à mouches qui gémit de la solitude barbare qu'on lui impose. Le pauvre diable paraît souffrir cruellement... d'amour! puisque c'est comme ça que notre courte langue le nomme. Ses cris sont d'un modulé, d'un nuancé, d'une science, en même temps que d'un naturel sauvage de la plus abrupte violence, avec des orgues de voix humaines; moins poétique que mon oranger fleuri, mais typique exactement, à l'unisson de bien des choses ici: boucs et fleurs.

Il faut avoir bon estomac pour faire le métier d'explorateur; souvent je n'ai rien à manger, souvent après avoir déjeuné de mille riens plus ou moins ingénieux, et ainsi trompé et comblé d'illusions mon estomac, arrive bonne et chaude cuisine. Mais un civilisé pourvu ne peut pas comprendre ces paroles : « avoir faim », ses sensations ne sont pas allées au delà du vif appétit.

Kancou m'a ramassé du gogo, je veux expérimenter l'infusion de ce roseau, tout le monde en prend ici; j'ai grand'faim, je mangerais volontiers, mais j'ai des rides dans l'estomac, la bouche sèche comme de l'ardoise; il me semble que j'ai du mastic dans les veines, je ne peux rien avaler. Je dis ça pour avertir le lecteur de ce qui va lui arriver à l'ordinaire lorsqu'il viendra en Afrique.

L'Almamy sera demain à Porédaka, il passera à Sankarella, près d'ici, et sera lundi à Fougoumba; je le rejoindrai; j'irai loger dans un foulahsso voisin, c'est convenu. — Et le jour même, je sèmerai mes graines pour avoir enfin de la salade.

Ce vieux Ibrahim Saury dit qu'il se rappelle bien tout ce dont nous avons convenu en 1880 et depuis lors; je suis son ami, etc.; c'est ce que nous allons voir.

Palabre; un de mes Noirs, Babady, un grand beau garçon, fils d'un chef Timéné, s'est laissé surprendre dans la case d'un indigène, couché avec l'hospitalière moitié de ce seigneur. La gueuse se laissait faire, mais c'est elle probablement qui a prévenu son mari

Car, voyez-vous, la femme est, comme a dit mon maître,
Un certain animal difficile à connaître,

a dit le poète philosophe. On propose de mettre le brigand aux fers, de lui donner des coups de corde, de lui faire payer 50 gourdes, de le traîner chez le roi. Chacun traduit son zèle pour la morale et le respect de la propriété. Enfin tout le monde parle, c'est le robinet au mécontentement.

Après plusieurs heures, — c'est long parce qu'ils ne parlent pas toujours tous à la fois, — lorsque chacun a exhalé l'émulsion de sa cervelle, la chose jugée, il a été conclu : le coupable est condamné à payer 3 gourdes, 15 francs. Il a immédiatement versé la somme sous la forme d'un magnifique boubou tout neuf, à la confection duquel il travaillait depuis plusieurs jours. A l'étape, au lieu de jouer ou de s'étendre, il s'asseyait ou sec, déballait son ouvrage et, saisissant avec son orteil le coin de l'étoffe, tendait l'ourlet, tirait l'aiguille et piquait tout du long. Il ne paraît pas trop affecté de la mésaventure. Son rival outragé va donc maintenant pour se venger porter cette chemise qui chez nous serait de Nessus! Il me semble qu'il y a là-dessous une idée complexe, car, tout compris, ce qu'il a fait là, ce mari, n'est pas d'un joli métier. Ces animaux en sont encore au seul besoin, ils connaissent peu les mouvements du cœur et pas du tout les hauteurs de l'esprit. Quant au boubou il est le coupable; il a été l'instrument de la préméditation, il a séduit la demoiselle, il a éveillé la convoitise du mari: il est juste qu'il soit la victime.

On vivrait agréablement ici si l'on était passablement logé. Chasses abondantes et variées, gaies promenades, occupations agricoles, routes et canaux à tracer, forêts à aménager, soins à donner à la ferme, etc., etc., sans compter l'éducation à faire de ces ouailles noires. Tout ça se fera bientôt certainement, je voudrais en être l'auteur, l'acteur, le roi et l'ingénieur. Dans ce coin de terre où les lauriers ont 15 mètres de haut, comment ne pas rêver de s'en couper un brin, et parmi les vanités de la vie, laquelle offre mieux un semblant de réalité, que la conquête d'un royaume et l'organisation d'un peuple! Je crois, au point où j'en suis, que le plus difficile est fait.

J'ai bu le gogo; c'est un peu écœurant, pas très actif, cependant salutaire. Kankou était malade, farineux, vert olive, il en a pris trois verres, disons une petite calebasse pour être précis, et vingt-quatre heures après il est redevenu noir luisant.

C'est le tonneau des Danaïdes que cette gamelle de ma troupe à remplir deux fois par jour. J'achète du riz, très peu, il est rarissime, du fondongni, petit mil de grain microscopique, très bon en soupe, ressemble à de la semoule, mais c'est de la sciure de bois, les papilles de la nutrition n'en extraient presque rien. Notre petit village commence à avoir épuisé son superflu, on ne trouve pas facilement; calebasse par-ci, poignée par-là. Hier j'ai donné un flacon d'odeur Pinaud, il a éveillé dans le pays des convoitises nouvelles et amené sur le marché trente canéques de fougni (millet), soit une demi-ration par homme, assez pour entretenir l'habitude de vivre.

Quand l'indigène ne veut plus d'ambre, que ses femmes sont parées, il ne vend plus rien; si nous mourons de faim ça ne l'intéresse pas, il serait même naïf de le lui dire comme argument, il ne comprendrait pas. Mais ce n'est pas par méchanceté, c'est parce qu'il est primitif. Et d'abord comment ce Blanc, seul Blanc ici, mourrait-il dans ce petit village sans malice, alors qu'il a pu traverser des espaces inconnus, venir d'un pays si lointain que l'on croit à peine à son existence terrestre, et enfin traverser le Foutah de village en village pour venir jusqu'ici, tandis qu'eux-mêmes, Noirs du pays, ne pourraient s'aventurer à dix lieues dans ce royaume plein d'embûches? Il vit par lui-même, cet homme, c'est évident; s'il dit qu'il a faim, c'est par forme. Aussi je ne dis rien, je n'ai besoin de rien. Mes Noirs vont en quête, ils ramènent les vendeurs qu'ils ont décidés; s'il n'y a que des femmes j'envoie Kankou tout seul, il a une gaieté engageante qui réussit assez bien; s'il y a des personnages j'envoie Ali; des caravanes de saracolets, j'envoie Allens; des gens de mauvaise mine, j'envoie six hommes tous armés, avec ma pantoufle pour qu'on n'ignore pas qu'ils sont à moi.

Température toujours parfaite, 18° à 20° la nuit, 25° à 26° le jour; au soleil il fait chaud; je veux dire par là que notre soleil de juillet est pâle et sans feux à côté de celui-là, sans que l'indication du thermomètre soit cependant différente. Un laboratoire de physique et de physiologie découvrirait des choses merveilleuses dans ce climat. L'air est bon à respirer dans cette région vallonnée, couverte de bois et de prairies; le climat n'est pas incommode, on peut dans cette saison marcher tout le jour. La vie à cet égard est plus supportable qu'à la côte où la chaleur plus forte pendant le jour se prolonge encore le soir. Dans ce haut pays tout accueille le voyageur et le retient, rien ne le repousse; je suis encore malade de mon empoisonnement, mais le climat du Foutah n'est pas coupable; voilà huit jours que je suis ici, je n'ai pas encore fait un repas.

L'Almamy vient d'arriver à Sankarella, il m'envoie saluer par le fils d'un de ses chefs, un grand beau jeune homme, bien astiqué, lisqué, aux amulettes exactement symétriques de forme et de couleur, sabre fièrement porté dans un élégant fourreau de cuir gaufré, boubou blanc irréprochable, turban noir à la frange flottante, aisance de la démarche et du geste, un air de cour en somme. Ali voulait aller précipitamment le saluer, j'ai dû modérer son zèle, il a essayé de mille prétextes pour pouvoir s'échapper, je l'ai retenu jusqu'à l'heure convenable. Le chef du village a donné à cette ombre de prince un bœuf, un mouton et 30 kilogrammes de riz décortiqué, pour l'Almamy je suppose; il vaut mieux être roi que sujet.

Deux heures. — Le tonnerre recommence, le soleil s'enfuit derrière les nuages noirs, et des grondements superbes retentissent sous la voûte sombre. La nature paraît faite à cette musique, le tonnerre est un ami. Le thermomètre minima a marqué 18° cette nuit dehors devant ma porte. Tout le jour hier dans ma cour j'ai eu 25°.

J'ai été piqué par les moustiques, c'est la première fois; il est vrai que j'avais laissé ma bougie tard allumée et la porte nécessairement ouverte, car c'est le seul hublot. La chauve-souris heureusement est venue promptement mettre en déroute l'armée des moustiques. La pauvre bête n'est pas sans mérite, car on n'y voit goutte et la case est coupée au milieu de la hauteur par un faux plafond suspendu à des fils, ce qui oblige la rate volage à des détours compliqués. Elle traque le musicien et le plaque sous ses ailes contre la muraille. On entend *plac-plac* et des frôlements frissonnants. Comment fait-elle pour ne pas plaquer parfois quelques-unes des araignées plates, venimeuses, qui tapissent la muraille. Lors de mon premier voyage je trouvais ces chauves-souris d'un nouveau surprenant, aujourd'hui je les attends, elles font partie du service; quand je les entends je dors en paix, le moustique bredouille une sonnerie inquiète, je n'ai pas peur.

L'Almamy me fait répéter par son fils que je ne suis plus un étranger, que je suis Foulah et ici bien chez moi, je suis le seul Blanc qu'il ait revu deux fois, il a toute confiance en moi. Il connaît mes travaux à la côte, à Bassyah, à Kandiafara, à Kadé, Ansaldi qu'on voulait maltraiter, Bonnard qu'on a empoisonné, enfin moi qu'on a essayé d'arrêter par tous les moyens possibles, tout le long de la route; il ne dit pas, ce vieux coquin, dans quelle mesure il a participé à ces petites manœuvres. Peu importe, nous sommes très bons amis.

Dimanche 26. — L'Almamy n'est pas encore arrivé à Fougoumba, il chemine lentement avec sa nuée de clients. Chaque village, sur son territoire, coupe les herbes et les broussailles à droite et à gauche du sentier pour élargir le passage, prestation toute organisée. Je n'ai aucune impatience de l'avoir sous la main dans le triste état où je suis, je préfère reprendre d'abord mon équilibre.

Une jeune fille m'apporte du lait frais (biradam), seize ans, taille souple, museau passable, gorge gracieuse, couleur de hanneton. Une vieille femme m'apporte de la confiture qu'elle dit être de goyave; comme le goût est plus étrange que d'habitude, je demande à voir le fruit; elle m'apporte des figues vertes, dures comme de la pierre, qui auraient bien de la peine à devenir des goyaves, même avec du temps. Allens et M'Bar, le fidèle et farouche M'Bar, sont seuls de garde, les autres ont congé; je les appelle en consultation, ils n'accordent aucune attention à la marmelade de la bonne femme; fâcheux indice, car si M'Bar est sobre comme il sied à un corps animé par une âme guerrière, Allens est gourmand comme un décadent de l'espèce noire. Cette figue a nom « Hiblé », c'est un fruit rouge, assez bon, paraît-il, quand il est mûr.

Je vais un peu mieux, mes cauchemars extravagants

sont moins violents, la fièvre n'est plus constante. J'irais tout de suite bien peut-être, si je pouvais puiser dans ma pharmacie, mais mon pauvre appareil digestif est resté si fragile, qu'à part l'opium, le moindre granule le met en loques; cette désorganisation persistante m'est bien nuisible.

Lundi 27. — Comme tous les matins j'envoie en quête remplir le sac au riz, mil, oranges, patates, manioc, bananes, etc., n'importe quoi; oranges et bananes, il y en a presque toujours, c'est ce qui nous sauve du néant, c'est une distraction, pour mes hommes du moins, car moi je ne mange pas. Ce matin nous avons presque la ration dès huit heures, Allah est un digne homme; paix jusqu'à demain.

La saison continue à être sèche à sa manière; il a plu à verse de deux heures à cinq heures après midi. Quel bel orage! quels tonnerres! il en vient de tous les côtés; ils roulent, ils éclatent, ils fredonnent sans interruption de l'un à l'autre, ils ébranlent la planète; on se croirait dans une ville assiégée, sous une avalanche d'obus éclatant par masses. « Modeste en sa cabane où le chaume le couvre », le pauvre nègre n'attire pas sa fureur; un paratonnerre serait volatilisé.

Mardi 28. — L'Almamy a dit à Ali qu'il avait reçu une lettre de Saint-Louis lui annonçant la visite d'une ambassade; déjà précédemment il avait reçu de Kayes une lettre du Commandant. Ça l'amuse, ce chef de brigands, de recevoir ces marques d'intérêt... désintéressé.

Alpha Gassimou, la gaieté du Foutah, voulait, dit l'Almamy, tuer le Blanc, un officier, venu de Saint-Louis à Labé pour continuer sur Timbo, mais ses conseillers s'y sont opposés ; c'était prudent. Gassimou a dit alors qu'il ne le tuerait pas, mais que ce Blanc devait s'en aller au plus vite par où il était venu. C'est ce même Gassimou qui occupait les routes vers Cerrima lors de mon précédent voyage en 1880, et que mon subrécargue Diafarou, représentant de l'Almamy Saury à bord de ma colonne, tenait tout particulièrement à ne pas rencontrer, Gassimou ayant laissé paraître un vif désir de lui couper la tête.

J'ai dans ma troupe des porteurs qui ont accompagné un de mes envoyés dans le Foutah en 1885 ; l'un d'eux, Ibrahima, lui servait de valet de chambre, — c'est un personnage, il possède trois captifs ; — il me raconte que ce Blanc a été empoisonné par un homme de sa troupe, émissaire de quelque chef ou d'un traitant, résolu à le faire disparaître sans doute. Il a bu sans méfiance ce que cet homme lui offrait et il est tombé, sur le coup ; il a fallu le rapporter. Ibrahima a été un des fidèles qui l'ont porté. Douloureux souvenir ! par les quelques lignes que cet agent m'écrivait avant de mourir, il me dit, pour expliquer ou pour atténuer la cause coupable, qu'il a été empoisonné par la piqûre d'un insecte ; Ibrahima et ses camarades qui savent la vérité sont affirmatifs dans leur récit. C'est pour moi un profond chagrin que le temps n'apaise pas ; ce jeune homme, intelligent et instruit, au-dessus des préoccupations d'intérêt, s'était attaché à mes projets d'organisation en Afrique ; depuis trois ans il s'en occupait, il méritait d'en poursuivre le succès.

Au diable les rhumatismes ! je ne puis faire un mouvement, et par le jeûne forcé, la faiblesse aidant, je suis là bien inutilement.

L'Almamy a dû se rendre ce matin de Sankarella à Fougoumba, demain il me choisira un foulahsso à mon gré, de bonnes cases; j'irai donc bientôt terminer les palabres entamés et continués depuis dix ans.

Je photographie ce matin la cage du bouc, perchée sur des pieux, à l'abri des bêtes malfaisantes; et le trépied de branches où mes hommes font sécher et fument leur viande découpée en lanières. Encore un peu perclus, mais je tiens à peu près debout; j'irai demain à Fougoumba voir mon vieux roi et semer de la salade.

Le candidat au trône de Labé paye mille gourdes — 5000 francs — pour obtenir sa nomination; c'est le trône le plus cher des onze provinces du Foutah. Le candidat donne des captifs, des bœufs, de l'ambre, des étoffes, des fusils, de la poudre, etc., etc., tout ce qu'il a pu extorquer aux caravanes et à ses sujets ou acheter pour son compte, par échange, à la côte.

Le titre d'*Alpha* est le plus cher, Mahmadou-Paté l'a acheté, ses frères ne l'ont pas. Le titre le plus modeste est celui de Kamarakou, c'est-à-dire maître ou quelque chose d'analogue.

1ᵉʳ mars. — L'Almamy a été exact, son envoyé, Sadi Aliou, vient me prévenir que mes cases sont prêtes. A midi j'expédie les bagages avec Allens et ce garde; je pars un peu après, à pas lents, bien portant, mais faible de dix jours de diète et de longs anéantissements. A cinq heures et demie j'arrive en face de Fougoumba; le sentier longe la colline à crête dentelée si remarquable de Fougoumba, le Fita, et traverse un dernier torrent, le Siragoré, qui descend de cette colline; l'eau de ce torrent est très bonne à boire, et c'est à noter, car les autres eaux du quartier sont presque stagnantes, louches, pâles, elles ont le goût fade d'infusions végétales.

A quelques centaines de mètres, dans la plaine qui s'étend entre les hauteurs où j'arrive et le missida de Fougoumba, sur la pente opposée, une fête déroule dans le paysage son joyeux tableau. La population élégante de Fougoumba, — les hommes seulement, car chez les musulmans les femmes ne figurent pas à la fête, — se répand en dehors des tapades (clôtures) et couvre la prairie d'une foule aux couleurs vives des boubous (chemises) bleus ou blancs. Nous allons assister à des courses. « *Paris-Sport!* Demandez le résultat complet des courses. » Je vois passer un cavalier à fond de train, précédé et suivi du brouhaha des applaudissements.

Le soleil est clair à l'horizon, puis tout d'un coup il plonge et la nuit est noire. Nous avons quelque peine à trouver à tâtons Digui, notre logis, à trois quarts d'heure de Fougoumba. Nous traversons deux marigots sur des arbres morts tombés dans le chenal et arrangés en ponts à l'aide de bouts de bois et de liens de paille; les branches de ces corps morts qui s'étirent en l'air servent de distance en distance d'appui où d'un élan à l'autre on reprend son équilibre; on n'y voit goutte et j'ai quelque peine, avec mes souliers ferrés, à me tenir sur ces bois accidentés, tordus de toutes les façons, glissants et polis par les pieds nus; l'eau est profonde, je m'aide d'un long bambou et je me guide sur un Noir dont le pied nu assure mieux la démarche. Un mouton qui fait partie de notre caravane y perd tous ses moyens, il tombe à l'eau; nous entendons des clapotements, mais il est impossible de rien voir.

VI

L'ALMAMY ET LES CHEFS DU FOUTAH A FOUGOUMBA.

Négociations. — Traités relatifs au territoire de Guémé-Sangan et de Fello-Dembi. — Mission Oberdof, le lieutenant Plat et le docteur Fras. — La colonne Audéoud-Radisson, brillante expédition, fuite de l'Almamy, audience mouvementée.

Fougoumba est en ce moment très animé, la présence de l'Almamy, venu pour les cérémonies du sacre et la nomination des rois vassaux du Foutah, a attiré tous les courtisans du pouvoir, ils remplissent les cases et les ruelles. A chaque porte on rencontre une foule de clients, plus ou moins nombreux suivant le rang et la puissance du prince qu'elle garde; la porte de l'Almamy est encombrée de peuple, à l'intérieur plus de 200 familiers ou ayants droit se pressent dans les cases et les préaux qui servent d'antichambre. On se représente Rome et ses intrigues, la faveur populaire courtisée, la brigue du pouvoir. Ici paille partout en fait de marbre, paille et marigots en fait de thermes de Caracalla. Il faut s'y prendre avec patience pour se frayer un passage dans le flot des empressés qui s'agitent dans ce Versailles nègre. On est obligé de se pousser en biais, une épaule après l'autre; chacun, il est vrai, s'écarte devant le Toubab, mais le chemin est étroit, le sol est inégal, la foule se presse. Avec la foule je m'accommode, mais je reprends mon rang et j'occupe toute la place quand je rencontre un personnage, il se range, et loin de le prendre pour une exigence, ces chefs, qui sont de race et de fine race parmi les nègres, comprennent bien que c'est un hommage que je rends ainsi à ceux que je crois devoir apercevoir et distinguer dans le nombre.

L'Almamy me dit qu'il me reçoit comme un ami, qu'il n'a jamais reçu aucun autre Blanc que très officiellement, tandis que chez lui je suis comme chez moi, libre et reçu à toute heure. Sur ma demande, il me prête son marabout et je vais sous l'oranger du harem faire rédiger avec précision ce qu'il doit entendre et discuter avec ses vieux conseillers et les chefs de ses provinces. Comme ça se prolonge, il m'envoie une calebasse de riz avec une épaisse sauce d'arachides; ses petites femmes poussées par la curiosité se laissent entrevoir derrière les cloisons de paille, j'aperçois l'œil, j'entends le hennissement, je déjeune gaiement.

Nous discutons longuement avec l'Almamy et ses conseillers, paisiblement, comme une affaire réciproquement intéressante. Les esprits ont travaillé sur mes propositions persévérantes depuis 1880, on me paraît disposé à consentir ; je retourne satisfait à mon village.

Un fils de l'Almamy vient me voir, il avait dix ans lors de mon premier voyage, je le reconnais à peine dans ce grand jeune homme de haute mine, à l'aise dans son rôle de prince : il a nom Diaïla. Je lui fais remettre des pantoufles de cuir rouge verni, un flacon d'eau de Cologne, un boubou de soie bleue à franges d'or et une fine cotte de mailles en acier; pas d'armes, il faut en donner le moins possible. Sans laisser paraître son émotion, il remercie gravement, comme il convient ; cependant la jeunesse amène sur son visage un imperceptible sourire de satisfaction lorsque ses suivants tiennent dans leurs mains ces heureux objets.

C'est un bien joli garçon que ce nègre Diaïla, le nez fin aux narines flottantes, la lèvre mobile, rose sur de belles dents blanches, un grand œil curieux, le regard intelligent et vif, la main élégante et souple, le pied très soigné. Sylla peut-être ? ou plutôt Henri III. Un bon chef de la décadence. Ce qu'il doit décader, ce beau gas ! s'il paraissait sur le boulevard il n'y en aurait que pour lui.

Mes hommes tuent et dépècent un bœuf, ils sont contents là-dessus, grouillant sur la pitance chaude. Le missida voisin nous a délégué une douzaine de ses vautours pour nettoyer la place, et en effet il ne reste pas un débris, et même un homme, ayant laissé son lopin un peu trop écarté derrière lui, l'a vu enlever à son grand hélas par l'oiseau vorace vulgairement nommé charognard. Un autre plus affamé est venu prendre la viande jusque sous l'auvent de la cuisine. Il a pris la moitié et attend là à 25 mètres le moment propice pour prendre le reste. On ne tue pas ces bêtes immondes qui approchent tout autour, à quelques pas ; cependant mes hommes, sans manifester beaucoup de colère, — ils sont si indifférents, si calmes de nerfs, — pensent que la mort doit nous débarrasser de ce voleur. Sans sortir, je tire de ma porte basse ; assis à terre, j'ai à peine la hauteur nécessaire pour regarder le bout de mon fusil. Je tire à chevrotines, la bête au froid métier fait trois sauts et reste morte. Ses ailes ouvertes ont 1^m,60 d'envergure. On jette ça par-dessus la haie.

Dans les lieux où l'on abat à l'ordinaire, on voit par centaines ces lourds dindons, serrés en ligne sur les branches des arbres voisins, attendant tout juste que les bouchers aient terminé leur dépeçage.

J'ai semé du cresson alénois, des radis, des salades diverses ; ça commence à sortir ; les petits moineaux violets et les fourmis ont emporté la moitié de la graine, mais il en est resté, ça pousse. Je mangerai enfin de l'herbe, le Français aura sa salade. J'ai planté des pommes de terre, de la vigne, des cerisiers, des figues, toute une collection d'arbres fruitiers, mes successeurs trouveront des fruits de France.

Guemisch a fait éclater le fusil de M'Bar — je l'ai dit, — M'Bar réclame 100 francs. L'incident amène des discussions sans cesse renouvelées, car M'Bar comptait faire fortune ici en vendant son fusil un prix énorme ; je rends la justice. M'Bar roule des yeux blancs terribles, il dit qu'il accepte le jugement du Toubab, mais pour donner une réponse bien mesurée il attendra que sa colère soit passée. Le trait est romain, peut-être même grec. Le fait est que ce sauvage a une drôle de tête, une expression féroce, avec ça le front de lord Byron, un dévouement de chien fidèle, une intelligence lucide, un sang-froid imperturbable, une bravoure si entraînante qu'on croit la partager tant elle paraît naturelle ; elle inspire la confiance à ses amis, la terreur à ses ennemis.

L'Almamy a consulté les principaux chefs du Foutah — parce qu'il n'est pas roi absolu, comme il y en a, dit-il en soupirant, dans d'autres royaumes, — il ne peut rien décider sans eux ; s'il agissait contre leur volonté, ces grands électeurs nommeraient un autre Almamy à sa place, etc., etc., discours connu : le Foutah a confiance, il me reçoit en ami et me donne des terres. Je dis qu'ils sont intelligents, et sans plus m'extasier nous faisons un brin de causette.

Je vais voir les candidats aux trônes de province, voir les nouveaux, prendre leur mesure ; je visite un fils du roi, deux chefs importants. Très bon accueil, poli toujours, mais satisfait, à ce qu'il me semble, flatté de la rare préférence que je leur accorde.

Le roi de Timbi-Toumi que j'avais laissé en plan avec son escorte sur le chemin de sa capitale, est parfait, intelligent, nous sommes bientôt amis. J'avais hâte de voir de près si je pouvais compter sur ce que son frère avait conclu pour lui, et je ne pouvais pas, sans attirer l'attention, n'aller voir que lui. Son frère a parlé en son nom, mais il était bon de savoir jusqu'à quel point nous nous comprenions et de le lui entendre répéter.

Parmi les clients qui encombrent sa case se trouvent quelques personnages qu'il ne peut congédier cavalièrement ; il m'introduit chez ses femmes ; sur son invitation, après un rapide échange de curiosités réciproques, elles passent dans une autre retraite, probablement dans la cour. Cinq jolies bêtes, assurément, couleur capucin mat, avec luisants ; le visage est un peu lourd, le pied épais, mais ici ce sont des accessoires ; le corps est d'un vigoureux dessin, sa grâce animée fait ressentir à distance ses ardeurs smectiques de bête nue. Elles ne sont pas réduites à attendre les bains de mer en été pour montrer leurs jambes, l'hiver pour décolleter leurs épaules, avec des airs mystérieux pour vanter le reste ! Ici la beauté par tous ses pores hume en plein vent.

Mais ces femmes ont craché partout! l'impression d'art s'envole.

Le corps de la femme est la toute-puissante réalité, tandis que son âme en est l'insaisissable fantôme, aspiration sans cesse haletante dans un vide toujours vide, où vainement toutes les supériorités accourent à son appel sans pouvoir le combler, aucun avènement ne l'apaise. On dit que la femme est coquette, inconstante! elle est constante, fidèle à son devoir, à sa fonction qui est de nous attirer au but toujours plus haut : la plus belle au plus vaillant; coquette à la ronde pour appeler au concours tous les mérites sans en oublier aucun. Son corps est le milieu terrestre où elle cultive la vie, où son âme en quête dans l'univers rapporte les éléments épars de l'âme humaine qu'elle va cherchant dans l'idéal.

Chez le Noir l'âme est à fleur de l'être et se nourrit d'un idéal fait d'humbles réalités, âme encore matérielle chez ces vigoureux primitifs, elle n'a pas encore les pudeurs que le vertige de l'inconnu donne à la nôtre; en cherchant très peu, on la fait tout de suite apparaître. La connaissance de cet intime rouage est le renseignement le plus complet qui puisse d'un seul trait éclairer notre conception du peuple nègre ; un peseur d'âmes, M. Alphonse Daudet, découvrant et nous expliquant l'âme du Noir, hâterait nos progrès, en dirigeant par des chemins éclairés notre conquête, plus qu'un demi-siècle de combats heureux.

Le roi éloigne ces beautés concupiscentes dont la curiosité intriguée exalte les ardeurs contagieuses, nous restons seuls. « Ad augusta per angusta ». Il apporte dans la discussion autant de ferme volonté à poursuivre son dessein que de sage réflexion ; tout ce que son frère a dit était convenu, c'est bien ; le Foutah est prêt, lui et ses amis me regardent venir depuis le jour où j'ai débarqué sur leur rivage. « Angusta », ce sont les vieux conseillers qu'il faut trier, on ne sait quelquefois par quel bout les prendre, ces vieux sans vibrations qui ne s'intéressent plus à rien qu'à la paix tranquille de la cendre de leur foyer.

Leur cœur comme la tombe est plein de cendre morte (1).

Mais, vieux! on ne veut pas vous le laisser, votre foyer, on veut absolument vous en offrir un meilleur ; seulement ce sera long, vous aurez le temps de mourir avant la nouvelle installation, ne vous défendez pas inutilement.

Nous parlons de toutes choses, repassant ensemble les accords établis en son nom avec son frère ; puis, de son propre mouvement, il écrit de sa main la concession du territoire de Fello-Dembi ; ce territoire, dans le rayon que je lui indique, répond tout particulièrement aux conditions de mes projets.

L'Almamy a reçu de mes cadeaux une impression utile ; les autres chefs voudraient davantage, mais comme ce davantage n'a pas de limites, je m'en tiens à ce que j'ai fixé avec réflexion, car le trop est autrement, mais tout autant nuisible que le trop peu. J'ai donné à l'Almamy une cote de mailles ajustée très fine, — 600 francs, une boule d'ambre d'une grosseur phénoménale, 250 francs, — 10 boules double zéro, toutes de même grosseur, enfilage spécial, 400 francs, — 20 boules n° zéro,

(1) Lecomte de Lisle.

400 francs, — 40 boules n° 1, 80 francs, — 80 boules n° 2, 50 francs, — deux boubous de soie bleue, 100 francs, — ciseaux plats à barbe, râpe à kola en nickel, de mon invention, qu'il m'avait demandée, grosse montre de 50 francs; total, 2000 francs, prix de France, auxquels il faut ajouter vingt fois autant, pour mon temps et ma santé, plus les frais généraux d'organisation et les précédentes expéditions depuis dix ans; ce cadeau n'est qu'un point sur un *i*. Mais encore tous ces frais d'initiative privée sont peu de chose auprès de ce que coûte une expédition officielle avec les frais de l'immense rouage qu'elle met en mouvement.

L'Almamy dit qu'il est content, mais il ne cesse de faire quémander et ceci et cela par ses intimes; il veut des lunettes, des remèdes, de la poudre, etc.; il voudrait des rangues, perles taillées en olive, longues comme le doigt, très lourdes, qui coûtent dix fois plus de transport que d'achat, mauvais éléments de pacotille pour un voyageur. Il veut mon fusil, j'ai résisté dix jours, mais il a fallu céder. C'est un mécanisme un peu délicat pour un nègre, je ne l'ai pas fait manœuvrer devant lui, je pense que la curiosité, la maladresse et la rouille l'auront bientôt mis hors d'usage. Cependant, il a de bons fusils à répétition, bien entretenus, qu'il a achetés à la côte ou qu'on lui a envoyés. Il m'a adressé ses remerciements royaux dans la forme officielle, puis il a délégué ses deux fils pour me remercier en ami; Henri IV n'était pas plus prince! écrivant à Sully : « C'est l'ordre de ton maître, la prière d'un ami. »

Mes autres cadeaux vont à Bakar-Biro, une vieille connaissance, neveu du roi, prétendant au trône, héritier possible, — Abdul-Ay son frère, Modhi-Bakar, Oumarou, chef de Fougoumba; quelques boules à Modhi-Seydoux, serviteur sans influence mais plein de bonne volonté. Il a été jadis amené à Paris et présenté comme ambassadeur, dans un moment psychologique; ses collègues, ambassadeurs du Foutah comme lui, étaient de simples nègres à trente sous par jour; on les a montrés officiellement en France comme des gens importants. Un pays dont on peut se moquer à ce point n'a que ce qu'il mérite lorsqu'ensuite ses justes préoccupations pour ses colonies sont méconnues. Si nos industriels, commerçants, armateurs, prenaient la peine de surveiller l'organisation de nos colonies qui sont leur domaine, nous ne serions pas exposés à ces fantaisies; la naïveté de notre laisser-aller fait à nos dépens la joie des gouvernements étrangers.

J'ai un moment de surprise en voyant au milieu de la cour ce prétendu prince dans une niche minuscule, dans laquelle il entre tout juste, assis à terre, touchant de la tête au fond de ce petit chapeau pointu, les jambes dépassant dehors par la porte(*). Il sert d'interprète, ou du moins d'intermédiaire officieux; son voyage à Paris donne un peu de vraisemblance à ses appréciations, mais il est sans crédit personnel, sans fortune, sans liens de parenté, sans influence et d'ailleurs sans prétentions; c'est un courtisan familier qu'on entend plus qu'on ne l'écoute.

Ces gens croient que le Blanc donne comme le soleil éclaire, sans compter ; s'il donne, pensent-ils, c'est que ça lui plaît, la reconnaissance éveillée est nulle ; mais l'intérêt est vif. Il faut bien comprendre le sens de cette naïveté et en user en père de famille ; on obtient tout d'un Noir avec de la réserve, de la bonté et de la justice. C'est un grand enfant facile à conduire, les religions inférieures, par le peu de vérité qu'elles comportent, ont encore sur ces primitifs leur entière influence.

La raison calcule et l'histoire nous montre qu'une religion, lorsqu'elle a achevé de remplir sa tâche, devient pour un peuple une cause de faiblesse ; elle n'a de pire ennemi qu'elle-même, lorsque, par une obstination que sa foi lui inspire, elle veut imposer plus de vérité qu'elle n'en contient ; lorsque la source a comblé le bassin où ses eaux se sont épanouies, elle s'épanche inutile par-dessus les bords rassasiés. Le peuple nègre n'a pas encore reçu, comme les grands peuples qui l'ont précédés dans l'histoire, un enseignement religieux profondément conçu, dont les définitions provisoirement vraies ne laissent place, dans la désillusion finale, qu'au scepticisme, il n'a fait le tour d'aucune croyance, il n'est capable d'en juger aucune, il demeure accessible à tous les enseignements. C'est là, pour nous, une porte grande ouverte ; nous gagnerons toute sa confiance en lui expliquant nettement quelques-unes des vérités morales dont tout homme a l'instinct ; je ne crois pas qu'il soit nécessaire de les lui présenter à la faveur de quelque fiction.

L'envahissement de ma case ne m'est pas spécial ; chez tous les chefs, c'est la même chose ; tout ce qui se croit autorisé à paraître sous les yeux du prince, vient courtiser un regard, une parole, contempler le maître, respirer le pouvoir; si le chef veut être seul, il le dit doucement, d'un mot ou d'un signe, alors, tout de suite, mais sans turbulence ni confusion, sans faire d'événement, les uns après les autres, chacun d'un geste, sans discours, prend un prétexte en lui-même pour se retirer comme de son plein gré. Il est facile de condamner sa porte à l'ordinaire, mais ce serait allure de petites gens.

Mon régime a reçu une grande amélioration, tous les jours une femme d'un village voisin m'apporte des épinards du pays, *Boroboro*. Elle les lave, les cuit, les lave une seconde fois pour leur enlever leur saveur styptique et les pile avant de les faire recuire; c'est alors notre épinard civilisé. Je m'en trouve bien dans mon estomac toujours douloureux.

J'ai inauguré mon premier diga, sorte de chique qui se loge sous l'épiderme du pied, souvent sous l'ongle; le diga de sa sécrétion forme une poche où il pond ses œufs; ce petit sac est bientôt gros comme une lentille, il importe de l'enlever avant l'éclosion. Si le chirurgien, par maladresse, crève cette poche et fait en même temps saigner les tissus où elle est établie, son virus se mêle au sang et s'y cultive. Ce virus n'est pas dangereux, mais il est tenace et fait naître sur les jambes des petites plaies qui s'ouvrent, tantôt sur un point, tantôt sur un autre, interminablement; c'est, d'ailleurs, un vaccin naturel contre d'autres empoisonnements. Mes souliers bien clos m'avaient, je suppose, préservé jusqu'à présent, mais ici j'ai marché pieds nus dans ma case et la bête m'a mordu. Allens m'a opéré avec une pointe mousse en bois, sans douleur ! Les Noirs sont habiles à ce service qu'ils se rendent les uns aux autres à toute heure; c'est la distraction obligée du five o'clock, à toutes les étapes.

Il fait froid, je me défends à peine la nuit et le matin jusqu'à sept heures avec une couverture de fourrure.

6 mars. — Je photographie trois visiteuses venues dans leurs plus beaux atours ; assises là, au soleil, devant l'oranger, elles posent avec complaisance, elles en ont demandé et reçu l'autorisation de leur mari commun, béat témoin. Je leur dis que je veux rapporter leur image aux femmes blanches ; mais, à la vérité, elles ne voient là dedans que mystère de Toubab ; ce qu'elles comprennent c'est qu'on s'occupe d'elles, et cela les enchante deux fois, comme nègres et comme femmes. Elles ont la jolie coiffure du pays, les cheveux relevés en carène de navire, de lourds anneaux d'or de Dinguirry dans les oreilles, ou plutôt dans les cheveux, car ils sont attachés par une courroie qui passe par-dessus la tête et pendent à la hauteur des oreilles ; autour du cou, des grosses boules d'ambre jaune encadrent leurs bonnes grosses figures. Elles ne sont pas jolies, mais ce sont des ébauches parlantes qui nous disent l'effort laborieux de la nature, l'intention de créer. La plus joyeuse porte, étalé sur le haut de la poitrine, un réseau de pièces de cinq francs ; à chaque balancement de sa coquetterie, ces sonnailles jettent un petit rire moqueur qui résume pour l'explorateur toute l'éloquence philosophique du peuple noir. Pour faire briller leurs yeux et cambrer leurs avantages, je donne à chacune d'elles un bracelet ; je recommande le procédé aux photographes de mon pays. Je prends,

instantanées, deux pileuses de riz, qui rient pour n'avoir pas peur, et précipitent le mouvement.

J'ai planté ma vigne et mes figuiers ; la vigne un peu desséchée, les figues un peu confites ; nous viendrons voir ça l'année prochaine.

9 mars. — Arrive une mission militaire envoyée par le gouvernement; agréable surprise. Elle est conduite par le lieutenant Plat et le docteur Fras, médecin de la marine. Ils dressent leur camp non loin de mon enclos, et m'envoient un petit mot tandis qu'ils vont à Fougoumba saluer le vieux roi. Je n'ai reçu le petit mot que le soir, mais dès que j'ai su que des compatriotes étaient là, j'étais allé leur souhaiter la bienvenue. Nous avons déjeuné ensemble de leur abondant ordinaire, et causé vivement de tout et du reste ; l'impression que le solitaire éprouve à rencontrer un homme pensant dans son désert n'est comparable à aucune autre connue, il lui semble qu'il a trouvé un monde.

Ils viennent, me disent-ils, négocier un traité de protectorat.

Ils ont l'esprit droit, très bonne tenue, se présentent avec dignité ; le roi et ses vieux mesureront leur estime à celle qu'ils montreront pour eux-mêmes. Fort aimables, ils m'invitent à trouver tous les jours mon couvert mis à leur table, car ils ont une table, meuble infiniment commode.

Ils ont dit à l'Almamy qu'ils ne négocieraient pas tant qu'ils ne seraient pas plus respectablement logés, et surtout plus près de lui ; ce en quoi ils ont bien fait, s'ils ont fait comme ils ont voulu.

Je dis mercredi 7 mars, la mission dit, je crois, vendredi 9 ; j'ai perdu des jours quelque part dans l'anéantissement de la fièvre ; je prends sa date.

Samedi 10 mars 1888. — La mission va ce soir habiter Fougoumba, comme elle l'a demandé. Le lieutenant me dit que nous n'avons avec le Foutah qu'une convention amicale ; je le sais en effet ; j'ai rapporté moi-même, en 1880, une convention obtenue de ce roi, l'Almamy Ibrahim Saury, et proposé alors au gouvernement de conduire et d'installer à Timbo un représentant de la France. Le gouvernement (Gambetta) me dit qu'il reconnaissait la priorité de mon action, mais que tout en comprenant bien l'importance de mes propositions, il ne pouvait pas les soumettre aux Chambres ; il ne pouvait pas faire acte de propriété sur le Foutah, étant en compétition avec les autres puissances qui convoitaient ce pays ; le Foutah demeurait libre. Le but de la mission présente est, me dit-on, d'obtenir de l'Almamy qu'il se place sous le protectorat de la France.

En 1880, j'ai remis au gouvernement les droits que je venais d'acquérir, et depuis lors je lui ai remis ceux que j'ai acquis ensuite, je veux seulement constater et retenir que ces droits ont été établis dans un pays indépendant, avec des chefs libres de traiter, et qu'ils l'ont été par l'initiative privée. Ce n'est pas là une question personnelle, c'est la défense de l'initiative de chacun de nous, de l'initiative qui est la ressource de notre avenir ; si nous continuons à tout attendre du pouvoir, comme autrefois, si nous n'arrivons pas à vivre par nous-mêmes, aujourd'hui que la forme de notre gouvernement nous le permet, c'est que notre vitalité est épuisée. Loin d'en être là, nous commençons à vivre, nous allons certainement montrer notre valeur enfin émancipée; il nous suffit pour prospérer, ayant la liberté, de nous en servir.

Le docteur relève des maximum de température 31°, 32°, 33°, plus élevés que les miens qui sont 27° et 28°. Cela tient à se qu'il habite dans la ville, tandis que je suis à la campagne, et qu'il prend la température dans un courant d'air chaud, à l'ombre, mais où arrivent des réverbérations; je prends la mienne dans ma case, là où je vis; c'est la température que j'aurais à supporter si j'habitais ici à demeure; la température que relève le docteur est celle qu'aurait à supporter un artisan travaillant à l'ombre, mais un peu partout dans la ville.

La mission est bien approvisionnée, thé, café, tafia pour mettre dans l'eau à boire, canards aux navets, andouilles, sardines, asperges, haricots verts, petits pois, julienne, etc., confitures. Ce régime me paraît trop succulent sous ce climat; un peu de viande rôtie, poulet, riz du pays, des légumes et de l'eau sont préférables; la confiture est inutile, tout ce que l'on mange est sucré. Il me faudrait vingt-cinq porteurs de plus pour cette montagne de boîtes de conserves. Les aliments simples et frais du pays sont plus facilement assimilables. Et je crois qu'il est prudent de peu manger; sur ce point, mon estomac empoisonné, plus que fragile, m'oblige à exagérer; mais, même ce cas à part, la sobriété est saine.

Extirpé un deuxième diga qui s'était logé à côté de l'autre; Allens, chirurgien. Mahamadou Paté, aujourd'hui Alpha Paté, viendra, me dit-on de sa part, prochainement. Il est toujours en relations un peu fraîches avec la cour.

La mission a trente ânes, portant 50 kilogrammes, plus le bât, sept ou huit mulets, quelques porteurs et les tirailleurs sénégalais d'escorte, plus cuisiniers, interprètes, serviteurs. Les bêtes paissent économiquement, l'herbe abonde en cette saison ; la nuit, elles sont entravées à une corde fixée à terre. La mission a, en outre, un troupeau de bœufs qui la suit et un poulailler qu'elle transporte. Rien n'est omis de ce qui peut aider à la bonne marche de l'entreprise. Elle a peu de guinées, et elle s'étonne de vendre mieux cette toile bleue que la belle toile blanche d'Alsace qui est meilleure et qu'elle a en provision ; c'est que le Noir est une bête d'habitude, — comme l'Européen d'ailleurs, — et que le bleu est porté par tout le monde, tandis que le blanc convient surtout aux gens à l'aise.

Dans la contrée plus chaude qu'ils ont traversée avant Dinguirray, dans le royaume de Samory, on les recevait généreusement ; les chefs venaient saluer genoux en terre ; Samory leur faisait envoyer tout de suite des bœufs ; partout les chefs ou les populations nourrissaient la colonne, c'était une orgie perpétuelle de riz pour les hommes, d'orge pour les animaux. L'accueil piteux de l'Almamy fait contraste. Je dis au fils de l'Almamy et aux vieux qui viennent me voir, qu'ils se déconsidèrent en recevant ainsi les envoyés de la France ; ils me disent pour la millième fois « qu'ils ne sont pas riches, ils ne souhaitent rien tant que de ne pas recevoir de ces visites qui ne préparent, disent les vieux, rien de bon ; si on vient les voir, c'est qu'on veut leur prendre quelque chose, eux ne vont pas chez les autres ».

Hecquart en 1852, Lambert en 1860 ont été reçus avec plus d'amitié par l'Almamy Omar, mais non avec un déploiement de grandes richesses ; mais le Foutah n'est pauvre qu'en apparence, car il suffirait d'un peu d'organisation pour en faire une riche province, un confortable séjour.

Ce Foutah est à proprement parler un repaire de brigands ; les Peuhls conquérants qui l'exploitent n'aiment pas les visites indiscrètes ; ils ont formé un syndicat de jouisseurs vivant du pays, ils voudraient n'être troublés que le plus tard possible dans leur petite fête.

Les Foulahs comme les autres nègres sont encore des choses plus que des gens, mais déjà plus éveillés, le contact fait jaillir un peu de lumière dans leur cervelle.

Je l'ai dit en 1880, je ne puis que l'affirmer de nouveau : le Foutah est la clef du Soudan, non pas pour une seule raison de salubrité, mais pour toutes les conditions qu'exige cette grande entreprise, l'occupation paisible et stable du Soudan. Il ne faut pas cent mille hommes pour conquérir l'Afrique, il en faut *un ;* et celui-là en passant par le Foutah-Djalon, tissant les forces qui s'offrent à lui, s'il les comprend bien, *vires acquirit eundo*, celui-là sera le maître de Suez à Mogador.

Toutes les campagnes que nous venons de faire depuis quinze ans, nous pouvions les faire quinze ans plus tôt, — sans remonter jusqu'à André Brüe qui les avait entreprises il y a deux cents ans, — elles nous auraient coûté moins de peine et nous auraient acquis de plus grands avantages ; de même l'organisation que nous allons installer à la longue, par la force des choses, les luttes quotidiennes que nous soutiendrons à grands frais pour nous maintenir dans un territoire restreint, nous pouvons en diminuer les charges et en augmenter les effets, en faisant dès maintenant le plan que nous ferons plus tard, trop tard. Si on avait organisé le Foutah dès 1880 comme je le proposais et comme le Gouvernement a été un instant sur le point de le vouloir, nous n'aurions pas perdu le Niger, nous aurions dominé le Dahomey sans y envoyer nos soldats(1), et nous serions armés pour réagir contre les menées de l'Angleterre au Maroc sans nous exposer à des discussions délicates.

De très petites causes, de très petits intérêts ont tout empêché en détournant à leur profit un mouvement que j'avais organisé dans l'intérêt national. On le sait, et les hésitations de nos plus clairvoyants hommes politiques sur la question coloniale ont pour juste cause la crainte de ces guet-apens particuliers contre l'intérêt général. Le grand jour de la liberté républicaine nous délivrera de ces ténèbres pleines d'embuscades.

Le Baléo prend sa source dans une petite montagne nommée Yandé, au fond de la vallée qui est au delà de Sankarella, au sud-ouest de Timbo.

Les hauts plateaux qui limitent la vallée dans ce fond sont les plateaux de Samia, il y a des villages sur ces hauteurs.

Les nuits sont froides, de 15 à 20 degrés ; je suis accablé par mon obstiné rhumatisme, disons rhumatisme, j'irai mieux dans les régions plus chaudes de la plaine. Nous avons comparé nos baromètres, celui du

---

(1) Je rappellerai ici que ces notes ont été manuscrites en 1888.

docteur marque 700, celui du lieutenant 696, le mien 698, je suis entre les deux.

Fantômes et palabres. Au milieu de la nuit j'entends un vacarme de voix, des plaintes sauvages, des cris perçants ; je m'informe, on me dit que ce n'est rien, une femme que l'on bat, je me retourne sur ma natte. Mais les cris ne cessent pas, ils expriment l'angoisse de la souffrance ; je m'informe de nouveau : c'est mon vieux philosophe Cérér, le fidèle M' Bar, qui a loué une femme pour quelques boules d'ambre ; or ce sauvage ignore qu'on ne doit pas frapper une femme, même avec une fleur ; il brutalise sa chose, la prend par les jambes, la culbute par inventions d'amour, jeux violents inconnus de nos cieux pâles ; enfin, dans un élan plus amoureux, portant mille baisers confondus

> Colombins, tourterins, à lèvres demi-closes,
> A langue serpentine,

dit Ronsard, il l'a tirée par le bras d'une façon si soudaine et dans une position si compliquée, que la femme a l'épaule démise, le bras cassé, etc. On me raconte l'affaire. Pour donner quelque chose, je prescris eau-de-vie camphrée ; s'il n'y a rien, le parfum agira, et s'il y a fracture ou cubitus désarticulé, humérus démis, — l'épaule n'est plus pareille à l'autre et le bras, me dit-on, ne peut plus s'élever, — on passera la nuit tant bien que mal avec des compresses, de l'eau, et au petit jour on ira à Fougoumba, je prierai le docteur de la mission de réparer le malheur. Malgré mon désir d'essayer de remettre ce bras en sa place à l'aide de mes seules lumières anatomiques, je ne me crois pas autorisé, un chirurgien étant près d'ici, à faire cette expérience *in anima vili*. Cependant, les cris aigus s'apaisent sous la friction olfactive, ça va mieux ; la nuit s'achève tranquillement, et ce matin on redemande de la friction. Il y avait douleur, c'est probable, mais aussi beaucoup de peur et d'effarement; le nègre est un animal que la surprise, l'inconnu, le mystère affecte plus que la réalité. Les autres Noirs du lieu sont là, placides, le propriétaire de la femme, nullement fâché, dit à M'Bar : « Tu l'as cassée, tu la garderas et m'en donneras une autre. » Une vraie marchandise que le pauvre captif.

Le docteur m'envoie un pain ; fort aimable. J'ai repris mon régime ce matin, — maïs et boroboro, — et en somme peu mangé ; il convient d'avoir toujours un peu faim. Ces conserves et copieux festins de la mission ne me conviendraient pas du tout, le docteur est de mon avis.

L'Almamy a logé la mission à Fougoumba, dans des cases convenables, comme elle l'exigeait justement. Il me dit que je suis vieux et sage d'avoir demandé au contraire à loger paisiblement loin du tumulte ; ma raison est toute simple, il fait chaud dans cette ville de paille sèche, la terre nue des préaux s'échauffe, l'air est étouffé. La présence du roi a amené tous les chefs importants et leurs clients, les habitants sont les uns sur les autres. On ne peut sortir sans être pressé dans une foule de badauds, et même chez soi il est difficile de se soustraire à la mendicité des favoris qui prétendent imposer leurs services officieux. A la campagne, j'ai la paix, de l'air et la liberté.

Le Foutah, me dit le roi, est content de me voir, il apprécie mon allure pacifique et ma réserve, tandis que ces jeunes gens viennent *avec de la force!* etc. ; gémissements de l'impuissance. Ils ont peur et signeront tout ce que la mission leur présentera, sauf à dire plus tard qu'ils n'avaient pas compris, car au fond de leur cœur ils se seront réservés. Ce sont des gens embarrassés, ils s'en tirent comme ils peuvent en ayant deux visages. Je n'aurais obtenu d'eux que les banalités de la politesse diplomatique, si je n'avais pris soin, avant de préciser ce que je voulais, de faire naître la confiance d'abord et ensuite la conviction dans leurs cœurs ; ils m'ont donné un consentement réel, des signatures dont ils veulent les effets.

J'ai recommandé au roi et à ses conseillers d'accepter ce que la France leur proposait, dans leur intérêt certainement.

Plus un grain, le sac au riz tombe en défaillance (*), je vais en envoyer acheter chez quelque chef, les simples particuliers n'en ont plus.

J'ai dans ma case, comme en 1880 à Timbo, une mouche familière, une seule, une longue mouche, vert émeraude de la tête au bout des pattes, très brillante et vive ; elle est constamment en quête dans tous les petits trous du mur.

J'ai aussi un gros cancrelat, parfois seul, ce qui est rare ; je pourrais lui donner un nom de baptême. Ce gros maladroit a la manie de monter en haut de la muraille de terre lisse, et vingt fois par jour il en tombe, patatras ! par un heureux hasard il n'est pas encore tombé sur moi. Je pourrais le tuer, mais je préfère qu'il s'en aille par la persuasion que d'avoir à balayer son cadavre.

Dimanche 11 mars. — Troisième diga extirpé par mon chirurgien ordinaire.

L'ambre n° 2 est commode pour acheter du riz chez les chefs de village ou autres propriétaires riches ; eux seuls en ont, car les pauvres gens, — c'est-à-dire ceux qui n'ont pas d'esclaves, car la terre est à discrétion, — travaillent tout juste assez pour se nourrir, ils n'ont rien. La nature pratique ici plus que l'égalité dans le partage des terres, chacun est privilégié et peut en prendre plus que son voisin ; le système en pleine expérience aboutit à ce résultat prévu, que quelques intelligents s'enrichissent ou sont au moins à l'aise, et que le plus grand nombre sans courage reste nu et sans acquis. Le n° 6 convient pour acheter des bananes, des oranges, un plein sac de peau de bouc pour une boule (quatre centimes). Je continue à être plus que malade.

Mes hommes ont acheté des patates et du manioc ; trois rations pour un sou ; ils n'en sont pas friands, mais faute de riz ! Le riz est l'aliment aristocratique et plus rare. Je voudrais reconnaître le plateau de Yali en haut des falaises qui bordent la vallée au sud de Fougoumba et celui de Samia qui lui fait suite ; le Téné et le Baléo, l'un d'un côté, l'autre de l'autre, tombent ou descendent de là-haut ; de l'autre côté, le plateau s'arrête à pic sur une vallée est-ouest où est le meilleur passage.

Le docteur me dit que la Falémé prend sa source près de Labé et n'est pas le Téné, c'est possible. J'avoue que ces questions ne me passionnent pas ; il y a là sur 25 kilomètres sept ou huit ruisseaux pareils ; lorsqu'on dressera le cadastre pour établir l'impôt, il sera temps de dire lequel a le plus d'eau, jusque-là le Sénat lui-même de Domitien qui délibérait pour peu de chose jugerait que rien ne presse de délibérer.

Température toujours la même, 15 à 20° la nuit, souvent 16, le jour 27° au maximum, dans ma case; en somme climat bon à habiter dans un château, — maison à rez-de-chaussée pour ne pas attirer l'attention de la foudre, — avec parc, futaies d'orangers, chasses énormes.

La mission est bien pourvue de vivres, mais elle mange dans de l'étain, ce n'est pas engageant; il m'arrive souvent de n'avoir rien à manger, mais du moins je le mange dans la plus élégante argenterie; la mission a des verres, c'est mieux, je n'ai qu'une timbale d'argent, ciselé il est vrai, mais boire chaud ou frais dans le verre est bien préférable à la bibe dans le métal. Ces petites choses peuvent paraître puériles, mais ici les détails ont de l'importance.

Hier 10 mars je suis resté étendu, anéanti, sans mouvement, ruiné par le climat magnétique, par la fièvre et par les suites persistantes de l'intoxication du premier jour; ce n'est pas douloureux d'être presque mort, mais cela empêche d'agir.

Ma cure à l'eau-de-vie camphrée m'amène de la clientèle; on m'amène un petit captif qui s'est démis le poignet. Le pauvre enfant souffre, il a le poignet très déplacé. Je recommande qu'on le conduise au docteur de la mission, — ce qu'on ne fera pas, je le vois bien; — je refuse la friction qu'on me demande, elle serait maladroitement douloureuse et même nuisible.

Ces Noirs sont sauvages : voilà un autre enfant, douze ou treize ans, blessé, c'est un captif: il est là navrant sur les genoux d'une femme ; son maître, je ne sais pourquoi, pour rien, lui a tiré une flèche dans le ventre. Ces flèches de roseau ont une pointe de fer barbelée de douze centimètres de long.

Le Noir a blessé cruellement, blessé à mort peut-être; il a frappé bêtement, sans colère, il a tué sans s'émouvoir ; aucune pensée haute de justice humaine n'a inspiré son action, il n'a pas pensé; il a frappé inconscient, comme l'animal tue, sans savoir. Cette simplicité nous entraîne au fond des temps à la recherche du lien commun qui nous rattache à ces êtres, du caractère qui les fait hommes, ces hommes qui peuvent nuire sans avoir de responsabilité morale. Un abîme s'est ouvert subitement entre le Noir et nous par cet acte énorme pour nous, indifférent pour lui ; pour tirer notre esprit du fond de cette obscurité où il vient d'être précipité, il faut rappeler devant lui que le Noir a des qualités caractéristiques; l'islamisme les a peu ou mal cultivées, — il n'aura pas dans l'histoire de l'humanité les états de service du christianisme; — il reste beaucoup et mieux à faire.

Que dit le maître? Rien, oh! rien : « Il ne m'a coûté que quinze francs ». Ce n'est pas en lui lisant Pascal que je l'intéresserai ce... cet..., cette chose mécanique ; non, mais ce Noir a des mouvements dans le cœur, des lueurs dans l'esprit, il sait déjà s'intéresser à ses sensations et à ses sentiments; dans leur satisfaction il trouve une première notion de la réciprocité, son intérêt va le conduire à pratiquer la loi de charité, il sera prêt alors à prendre conscience de la loi morale. La loi de la vie a développé l'humanité inconsciente jusqu'à ce degré d'être; maintenant cet homme, dont l'âme est nue comme le corps, est apte ou va l'être à acquérir la pudeur des solidarités humaines dans l'univers. C'est par des faits plus que par des raisonnements que l'on peut agir sur lui, ou par des raisonnements si courts, de conclusion si immédiate, qu'ils se confondent avec le fait même. Il faudra, il est vrai, que dans la suite nombreuse des générations successives, la race acquière de grands perfectionnements pour faire de ce Noir un lecteur de Pascal, mais la vie continue son œuvre, elle fera cette transformation progressive ; de ce Noir qui vient de tuer inconsciemment elle formera un homme charitable, en faisant dépendre son bonheur, sa vie, de ses bonnes actions.

Dans cet homme primitif il y a de la bonté, la petite émotion que lui cause la pratique répétée du bien deviendra par habitude le guide de ses actions, peu à peu la loi qui le conduit, la vérité morale, lui apparaîtra, la notion du devoir naîtra en lui.

L'humanité ne vit pas au hasard dans l'univers, sa vie suit une loi ; il semble qu'aujourd'hui, pour obéir à cette loi de développement, notre devoir est de déposer dans le sein de la race noire le germe de nos forces spirituelles ; par cette greffe, dans ce milieu exubérant, l'être humain prendra des forces nouvelles différentes et plus puissantes. Les résultats ne paraîtront que dans un avenir éloigné qui nous dépasse ; mais pour les préparer le devoir, dès maintenant limité à nos forces, à notre temps, est de mesurer ce peuple, et, en même temps que de nos draps, de l'habiller de nos idées taillées à sa mesure ; il sera peut-être notre héritier.

L'aimable docteur m'envoie chaque jour mon pain quotidien; j'y goûte à peine, sans grand plaisir, je m'en passe sans m'en apercevoir; je le dis au docteur. Mais ce pain quotidien est plutôt un prétexte pour échanger dès le matin un petit bonjour; je fais au porteur sénégalais un cadeau de sucre ou d'ambre, menue monnaie pour acheter des oranges ou des sourires.

Le sucre comme marchandise rend souvent des services, il s'adresse à une gourmandise spéciale et fait sortir des vivres de leur cachette, alors que les objets de parure ordinaires n'arrivent plus à éveiller des convoitises suffisantes. Pour des armes et de la poudre on obtient tout ce qu'on veut, toujours; mais il faut n'en pas donner, sinon le premier chef sur votre route vous retiendrait jusqu'à ce que vous lui ayez vendu toute votre provision. Et si l'on considère combien il est facile pour un Noir de dominer matériellement le voyageur peu escorté, on comprend qu'il importe de ne pas exciter sa convoitise jusqu'au point où elle ne se contient plus.

Le docteur trouve le marché de Fougoumba très épuisé; je le lui avais dit, les chefs se réservent tout et absorbent tout; mais la mission ne pouvait pas comme moi rester à la campagne. J'envoie par le porteur de pain une calebasse de boroboro frais cueilli de ce matin.

Je tue deux pigeons et une tourterelle, sur un arbre voisin; ils sont en grand nombre le matin. Mon trop zélé cuisinier, croyant imaginer une merveille, les fait sauter dans l'huile! Pas heureux, voilà ma poudre, mon huile à salade et mes pigeons perdus. Ce gibier ici est très noir; les perdrix sont préférables; grosses, elles ont la chair assez blanche et tendre; on en rencontre souvent, mais non comme les pigeons qui sont les moineaux du paysage.

On attend Paté ; c'est M. de Marlborough ; espérons qu'il n'est pas mort.

Je commence à connaître ce quartier, il est temps d'aller voir ailleurs ; je vais m'approcher de la montagne qui est de l'autre côté de Fougoumba.

Temps couvert, orageux ; je perçois nettement que dans cet air chargé de fluides, les fluides produits en moi par l'action de vivre ne peuvent se déverser, comme dans un air humide un corps humide ne peut sécher ; ils s'accumulent, et cela m'étouffe, trouble toutes mes fonctions. Par 25° de froid et 2500 mètres d'altitude, le corps se trouve au contraire dégagé. Nos maladies sont la conséquence de ces accumulations ; nos organes, qui sont autant de foyers producteurs, et par leurs sécrétions des pôles d'évacuation, sont surexcités à l'action ou étouffés par ces milieux accidentellement surchargés ; la phtisie en est un exemple frappant. La médecine des fluides sera préventive, c'est la médecine de l'avenir ; les fluides sont dans l'action vitale une cause antérieure aux maladies actuellement dénommées. Il est facile pour se rendre compte de l'importance de ces fluides de mesurer au moyen d'un galvanomètre ceux que dégage une sorte d'élément de Volta composé d'êtres humains d'âge, de santé et de sexes différents.

Mes légumes poussent, j'arrose (par Allens, jardinier en chef) soir et matin ; mes plants sont abrités contre le soleil. Les fourmis ont emporté la graine, les moineaux picorent la feuille naissante, j'espère cependant qu'il m'en restera ; j'ai couvert mon champ de branches mortes pour détourner les bœufs errants. En terrain humide, près de l'eau, j'ai commencé une cressonnière de cresson alénois.

Le jeûne m'affaiblit, j'ai perdu la voix, je suis complètement aphone, je suis à sec de vie; mais ce n'est que de la faiblesse, le jeûne étant le seul remède pour mon estomac martyrisé.

L'Almamy envoie deux rations de riz et la moitié d'un bœuf; le défilé de la caravane dans la prairie déroule son joli coup d'œil, mes hommes apprécient surtout le chargement. Le tout est présenté par un seigneur que la course au soleil a mis de méchante humeur, il fait valoir son importance; comme il exagère, je suis obligé de le tancer; cadeau néanmoins, cela va sans dire; et menus cadeaux à chaque porteur. Je leur donnerais volontiers davantage à ces pauvres captifs, — de vigoureux gaillards, car il faut montrer qu'on a des écuries bien montées, — mais à quoi bon? c'est l'autre qui empoche.

Le chef de M'Bouria(*) vient avec sa suite; il demande, sans façons, des cadeaux; je refuse d'un « non » tout simple, et je parle d'autre chose; il y revient et peu à peu s'étonne de rencontrer toujours ce petit « non » intercalé sans bruit entre les mots de la conversation, sans autre argument que lui-même. J'ai bousculé tout à l'heure le chef des captifs, pour me faire comprendre, mais là j'ai affaire à un chef, par conséquent à un homme intelligent, — car s'il ne l'était pas, il aurait bientôt disparu, — il va certainement comprendre tout seul et plus de choses que je n'imagine. Il se retire en secouant les pans de son ample boubou comme un éléphant pas content frappe l'air de ses vastes oreilles. Le seigneur de M'Bouria n'est pas sur ma liste, et je vois bien qu'en effet il n'a pas la tête d'un homme de caractère opiniâtre.

Le chef de Fougoumba envoie une poignée de riz à acheter; il demande en échange de l'ambre numéro 0; une boule de cet ambre vaut 200 kilogrammes de riz décortiqué et sa poignée pèse 5 kilogrammes! C'est une petite manœuvre qui indique l'état des esprits au conseil de Fougoumba; à moins qu'il n'y ait eu détournement; nous verrons.

Pour comprendre le Noir, il faut fréquenter un grand nombre de races différentes, on prend alors une idée plus exacte de cet élément de l'espèce humaine, on saisit le rapport qu'il y a entre lui et nous. Ses qualités et ses défauts sont les mêmes que les nôtres, mais à l'état d'ébauches, démesurés comme une écriture d'enfant : le Noir est encore enfant. Mais sur ce vaste continent il y a des familles diverses, et la sélection au profit des plus intelligentes a produit des familles très supérieures aux autres. Il faut profondément sonder, mesurer ces valeurs si distinctes, pour les bien connaître, pour organiser promptement et par des institutions normales, durables, l'empire africain. Nous ferons l'éducation des Noirs pour que le continent de l'esclavage sorte de sa misère, et à mesure que les frimas nous éloigneront de la patrie nous trouverons là un asile au soleil, chez des peuples amis de notre âme.

Les Noirs ont un regard étrange, il semble qu'ils vous fixent avec le blanc de leur œil, seule fenêtre ouverte dans ce fond sombre.

Temps couvert, indécis, nuages *poisseux*, comme me dit Ronsard.

J'ai encore commis l'imprudence de faire sécher ma couverture de fourrure au soleil, un instant seulement, une heure ; quoique refroidie sept ou huit heures à l'ombre, dans ma case, elle m'a apporté du malaise et finalement causé une forte fièvre, de trois heures du matin à midi. C'est la troisième fois. Il se pourrait qu'il y eût simple coïncidence, mais je l'avais déjà constaté en 1880 et le fait se reproduit, la sensation est très nette. Il y a là une indication pour mesurer l'action du soleil, en rapprochant cette observation de toutes celles que l'on peut faire sur le départ des fluides.

Je ne vois plus rien d'intéressant dans ce quartier ; j'envoie Ali dire à l'Almamy que Digui est humide et malsain pour moi, que je veux aller vers la falaise. Le roi fait aussitôt chercher des cases, à ce qu'il dit ; il doit lui-même partir bientôt pour Bentiguel, il est malade. Il n'est pas content de la mission, c'est je suppose parce qu'elle le presse utilement. Il a défendu qu'on lui vende riz ni poulets ; quelle puérilité ! résistance d'enfant.

Le boroboro est à discrétion, j'en enverrai au docteur par son tirailleur lorsqu'il viendra, car je n'ai personne à lui envoyer, mes hommes étant au large en quête de vivres ; je n'ai rien à manger, l'Almamy n'envoie rien et j'ai recommandé à Ali de ne pas mendier ; le Blanc ne doit jamais avoir l'air embarrassé, il n'a besoin de personne.

Avec ma quinine je prends de l'eau salée très chaude et un peu d'épinards délayés, c'est hygiénique.

Voilà un mois bientôt que je suis ici, j'en ai passé douze jours au lit, mais ce n'est peut-être que fatigue, soucis, mauvaise alimentation, et non le climat ; je n'aurais rien de tout cela si j'avais une maison pour m'abriter, une ferme pour me nourrir. La prochaine fois j'aurai tout à mon aise.

Je m'abreuve de Ronsard ; il devient monotone, sauf quelques passages indéfiniment bons à lire ; il faut le déguster à petits coups, avec trois lignes éclairer tout un jour. Ce Sainte-Beuve est irritant, on dirait que c'est lui qui l'a inventé, Ronsard. Ses observations sont presque naïves et toujours pédantes, sang de pion. César, Vauban, voilà qui n'est pas cabotin, encore que César pose sensiblement. Plutarque, Tacite, solides enseignements ; on peut les confier à un esprit jeune, ils ne rapetisseront pas son âme, mais Sainte-Beuve ! rapetissement de l'homme, du moins quant à cette critique.

L'Almamy envoie demander pourquoi je ne vais pas le voir, il est malade et voudrait me parler. Je réponds que je n'ai plus rien à lui dire, nous sommes d'accord sur tous les points ; je suis malade aussi, si je peux marcher j'irai le voir demain.

En effet j'ai quelque peine à me traîner, mon estomac nuit et jour se débarrasse de ce que je lui donne, je suis très faible.

17 mars. — Je vais donc à la ville ; j'envoie Ali m'annoncer afin que je trouve un escabeau pour m'asseoir

au milieu de ces singes accroupis et pour que les plus mauvais vieux aient le temps d'arriver, sinon ils défont ensuite tout ce que j'ai fait. Au travers de la foule qui encombre les abords j'arrive dans le préau intérieur, j'entre dans la case royale; c'est plein comme une église pleine; tous les grands du royaume sont là, assis à terre, les plus âgés en tapisserie contre la muraille; ceux qui ont droit au tabouret apportent ou le roi leur fait donner une peau de bique, c'est moins froid pour leur séant. A chaque instant des officieux affairés viennent parler au roi, tout à l'oreille et prendre des ordres. Le roi, avec un bon sourire, me tend sa grosse patte : *bonjour*, *monsieur* Sandiabal, me dit-il; il a appris ces deux mots et il me demande ce qu'ils veulent dire; il a un peu de peine à les prononcer, surtout il roule l'*r* de *bonjour* rudement, indéfiniment, sans savoir l'arrêter, ni assurer l'effet qu'elle doit produire.

Il a fait prévenir le chef de Fougoumba, — nous sommes chez lui, — de mon désir de changer de résidence.

Le conseil municipal local n'a pas encore terminé ses délibérations sur ce grave sujet ; je sais bien que ça n'ira pas tout droit, ils se méfient, par habitude. Le conseil siège en permanence, l'Almamy envoie demander où on en est : « C'est toi, Almamy, qui as attiré ce Blanc à Fougoumba, sans cela nous ne le garderions pas une minute; fais donc comme tu voudras, puisque tu es le maître, etc. » Ainsi a parlé Fougoumba. Le roi me dit alors que je peux rentrer tranquillement dans mon quartier et que diango (demain) j'aurai les cases que je demande. Mais, vieux barbon, je les connais, ces diango, fabé-diango ; je dis que je vais me fâcher.

Ils ont toujours un moment d'angoisse quand on leur dit ces choses-là simplement et avec conviction. Les vieux, dans le fond de la cabane, jugent entre eux, je les entends grogner : « Il nous irrite à la fin, ce Blanc, il veut ceci, il ne veut pas cela, on dirait qu'il est le chef et que c'est lui qui commande... »; d'autres disent qu'il vaut mieux ne pas se fâcher... Je réponds : « C'est le chef de Fougoumba qui ne veut pas, eh bien! je vais lui parler. » Mais l'Almamy redoute mes accès diplomatiques, il envoie une deuxième fois Seydoux savoir le dernier mot de Fougoumba.

J'aime ces vieux résistants, ils ont une idée à eux, on peut s'appuyer là-dessus, les jeunes sont pour moi, vieux et jeunes sont les troupes d'élite; il y a entre les deux la foule des courtisans, plats comme des limandes, qui s'empressent d'opiner avec le roi, mais qui opineraient tout pareillement s'il parlait de me couper la tête : ça n'est bon à rien, je voudrais essuyer mes bottes sur leurs têtes crépues; il y en a là toute une foule de cette pâte de niais.

Seydoux ramène le vieux le plus influent du conseil municipal; ce digne représentant a une paupière décrochée qui pend sur l'œil respectif, d'où une bonne tête. Il répète ce que nous savons : « Fougoumba ne veut pas de Blanc sur son territoire; j'ai planté un jardin, la mission a semé des herbes, tout ça est fait pour porter malheur, et notre seule présence est un méfait. »

Apaisé par la beauté de ces griefs, je réponds qu'ils ont tous de « grands jardins pour manioc, riz, maïs, etc., que les Blancs mangeaient peu de ces choses-là, qu'ils avaient des légumes à eux; mon jardin est grand comme la manche d'un boubou, je récolte tous les mois, ils feraient bien mieux de faire de même au lieu de grogner, ils ne souffriraient pas de la faim comme je le vois à chaque saison ; le Blanc apporte le bien avec lui, voilà pourquoi j'ai beaucoup d'amis dans le Foutah, etc. Chacun trouve que j'ai raison, il n'y a que le parti anglais qui grogne à propos de tout et de toutes les façons contre moi. Voulez-vous donner votre pays aux Anglais? » (frémissements sur les peaux de bique.)

Je dis au vieux cyclope que je ne veux pas habiter le territoire de Fougoumba malgré ses chefs, que je veux qu'ils soient mes amis comme tout le monde dans le Foutah, mais qu'il faut un peu de temps pour se connaître, j'apprécie leur caractère, etc. « Allah! Ouakoubarou! que le Blanc soit satisfait. » L'Almamy envoie au conseil un messager dire que le kikala (le vieux) paraît s'émouvoir des récits du toubab. Enfin avec sa permission je vais moi-même dans l'antre de l'opposition. Je détends ces vieux un peu trop raffermis sur leur idée fixe, en faisant mouvoir leur pensée sur des horizons variés : ils hésitent, ils sont inquiets, ils ont peur des Blancs et voudraient les voir bien loin. Ces gens ont trop d'esprit pour ne pas devenir mes plus chauds partisans.

Le chef du poste de Boké a écrit à l'Almamy que dans douze mois les négociants porteraient leurs factoreries plus avant vers l'intérieur, afin que le Foutah puisse se procurer plus facilement toutes les marchandises qu'il désire. L'Almamy ne me dit pas ce qu'il a répondu, il se borne à me regarder d'un air épanoui qu'un essai de sourire éclaire de toute sa pensée ; la zone occupée par les factoreries est séparée du Foutah habité par une zone inhabitée, sans sécurité, désert maintenu comme une barrière contre l'envahisseur. Pour gagner un avantage, il faudrait d'un coup franchir cette zone; il ne me paraît pas que l'Almamy soit prêt à le permettre; on y arrivera, et à ce signe on reconnaîtra que la conquête est faite, mais il y a encore à négocier.

Je vais de là déjeuner à la mission : le docteur se purge, le lieutenant vomit à l'eau tiède, je suis seul à table avec bœuf, perdrix, — que le docteur est allé tuer à mon intention, — et poulet à la sauce blanche. J'avais pris le matin une tasse de chocolat, afin d'être suffisamment apoplectique pour être vigoureux dans la discussion, mais la course, la chaleur et les longs palabres, quatre heures durant, l'excès nerveux, m'ont dépensé, j'ai très faim; je me laisse aller à redéjeuner un peu, tout en me livrant au plaisir de la conversation avec le docteur couché là sur son pliant tendu entre deux cantines; il est légèrement indisposé, mais très gai et l'esprit ouvert sur tout le mouvement politique qui nous enveloppe.

Ibrahim de Timbi-Toumi me dit que la mission déplaît à tout le monde parce qu'elle prétend qu'on lui livre le Foutah pour un sac d'écus. « Si on disait au roi de France : Tiens, voilà un sac d'écus, donne-moi ton royaume, est-ce qu'il le donnerait, son royaume? Assurément les Noirs finiront par céder la place aux Blancs, ils le savent bien, mais encore faut-il y mettre le temps et la forme, etc. » Il me dit tout cela très doucement, sur un ton de conviction simple. « Ils veulent bien accepter le traité de protectorat, qui représente pour eux une sorte d'alliance, mais sans compromettre leur indépendance; quant à livrer leur pays, ils demandent à réfléchir. »

S'ils savaient qu'une troupe en armes est déjà en formation (je l'ai su à mon retour) pour traverser le Foutah, que diraient-ils donc? Ils se prépareraient peut-être à combattre.

Je lui dis qu'ils écoutent de perfides conseils, la France a de l'estime pour le Foutah, on a travesti ses propositions, la mission vient en amie proposer de bonnes choses.

Je souhaite que tout s'arrange au gré de ces jeunes officiers qui font, par dévouement à une cause élevée, et serrés dans les mailles d'une étroite discipline, un bien dur métier. Les généreux exploits, où l'on risque sa vie pour le plaisir d'en connaître la minute suprême, pour la gloire peut-être, nous attirent comme des sirènes; tous ceux qui ont quelques droits à faire partie de ces expéditions en sollicitent l'honneur, se disputent la faveur d'en être. Il n'y a de chagrin que pour les pauvres vieux parents à leur foyer, déserté même par l'espérance, car le danger est certain; la patrie doit être avec eux.

Je voudrais qu'une mère puisse voir son fils aux prises avec le métier de missionnaire, suivre pendant vingt-quatre heures les mouvements de cette vie violente, extrême en tout. De ses angoisses et de son juste orgueil elle ferait un trophée fleuri de mille tendresses maternelles; pour recevoir ce fils échappé aux dangers, le retour de son héros serait une fête; l'État, lui, ne fait rien, il est anonyme, il suit la loi, tout sec; l'*Annuaire* à la main il préside à l'avancement, honneurs compris, c'est tout (1).

---

(1) Depuis que ce manuscrit a été écrit, Benger, Mizon, Monteil et d'autres ont été reçus chaleureusement; c'est un réveil de l'opinion dont nous nous félicitons et dont nous reportons le mérite à ceux qui l'ont amené et soutenu.

Et cela doit être tout, car c'est à la nation à faire accueil à son serviteur, c'est à la patrie, vivante dans le cœur de chacun de nous, à fêter l'enfant qui a offert sa vie pour la servir. Le peuple doit se préoccuper des mérites acquis à son service, et réclamer la responsabilité des honneurs à leur décerner, il doit ainsi agir en maître s'il a conquis son indépendance.

Le docteur me dit qu'il a lu ce matin à l'Almamy le projet de traité, j'ai répliqué — par politesse, car je veux éviter avec soin toute curiosité indiscrète — : Qu'a-t-il répondu ? « Il a dit qu'il allait consulter ses vieux. » Et notre conversation sur ce sujet s'est terminée là. La discrétion est toute naturelle de part et d'autre ; je voudrais de tout mon pouvoir aider ces jeunes gens dans leur œuvre, mais le rouage administratif est bien loin de me prier d'intervenir en quoi que ce soit, ou seulement de me demander mon avis ; l'initiative privée, c'est la bête noire, c'est l'ennemi à tuer. On est venu, il est vrai, dans le Foutah lorsque j'ai appelé de ce côté où depuis vingt ans on n'avait pas regardé, on y est venu alors coup sur coup, avec la plus vive ardeur, reconnaissant la justesse de mes observations et de mes propositions, mais tout en suivant l'initiative privée on a employé des moyens violents pour faire disparaître son drapeau. Ce n'est pas là de la bonne politique, parce que l'initiative individuelle est puissante par la multiplicité de ses tentatives, par la clairvoyance de ses intérêts ou par le désintéressement de son ambition, parce que ses succès servent tout le pays et que ses insuccès ne compromettent qu'elle-même.

J'imagine que si le docteur était là pour son compte, il m'aurait déjà dit : « Vous qui vivez dans ce pays depuis dix ans et qui avez traité avec ces gens-là, par quel bout faut-il les prendre ? » Mais la mission a des instructions dont elle ne doit pas s'écarter et qui font partie d'un ensemble, d'un plan général conçu *a priori*, qu'on ne pourrait modifier qu'en changeant son principe.

Notre vieux pays monarchique n'a jusqu'à présent changé que son étiquette et les membres du syndicat qui dispose du pouvoir ; il n'a pas encore modifié beaucoup son habitude de considérer l'initiative personnelle — qui agit sans émarger et par conséquent sans dépendre, — comme une chose que l'on tolère à la rigueur, par inadvertance, que l'on doit tout au plus ignorer, fermant les yeux, mais qu'il faut dépouiller si elle acquiert de la vitalité. Ceux qui m'entendent sont en grand nombre, je le sais, et non des moins vaillants. Dupleix et Christophe Colomb, morts en prison ou à peu près, ont été plus tard réhabilités ; nous voyons déjà, mais trop tard encore, grandir le nom de Dupuis qui nous offrait il y a trente ans la conquête pacifique du Tonkin ; dans toutes les branches de l'activité nationale nous pourrions citer des serviteurs de l'intérêt général que le pays dans l'avenir mettra en évidence. L'effort particulier doit s'évertuer dans l'intérêt commun, soutenu par l'espoir d'être approuvé s'il a bien agi ; un peuple intelligent et instruit doit vivre par lui-même, c'est-à-dire par l'initiative individuelle sous la seule garde de la loi ; nous ne serons pas dans la forme d'un gouvernement par le peuple et pour lui tant que le pouvoir officiel sera enveloppé par des syndicats fermés, se réservant en monopole le bénéfice de toutes les formes de l'activité publique. Si nous négligions de relever la liberté individuelle, nous demeurerions impuissants à sortir de servitude ; nous devons la mettre en usage, en honneur, ce doit être le premier effet de notre gouvernement de liberté.

J'admire l'abnégation de ces jeunes officiers dévoués à une tâche que je vois bien difficile à remplir. Je serais mal reçu si je me permettais d'offrir un avis, et ils ne l'entendraient pas, ils ont une confiance trop élémentaire dans la supériorité de la règle administrative pour songer à trouver des renseignements en dehors d'elle. Je ne sais qui leur a donné pour instruction de venir demander de cette manière la signature du Foutah ; il est évident qu'ils auront de la peine à obtenir un engagement sérieux ; mais ce qu'ils obtiendront sera suffisant si on a voulu non pas conquérir le Foutah, mais simplement produire une impression sur l'opinion en France.

Ce n'est pas à eux qu'il faut adresser nos réflexions, ils font le mieux qu'il soit possible ce qu'on leur a recommandé de faire ; il n'y a rien à dire non plus au gouvernement, chez nous il est par métier et par habitude ancienne sourd à tout ce qui n'est pas lui-même ; c'est à la nation qu'il faut demander plus d'attention et de clairvoyance. Le peuple aujourd'hui est appelé à s'entretenir de ses affaires, il prend la responsabilité de ses intérêts, et comme il estime l'action, en connaissant le prix, il recherchera et trouvera sa force dans l'indépendance de l'initiative privée.

Le lieutenant Plat est un tout jeune homme, vingt-deux ou vingt-trois ans, trop jeune pour ce métier d'endurci, mais il a sollicité le périlleux honneur, on a cédé à ses instances ; il est dévoué de toute son âme à son œuvre, plein de foi aux belles illusions de son âge. Le

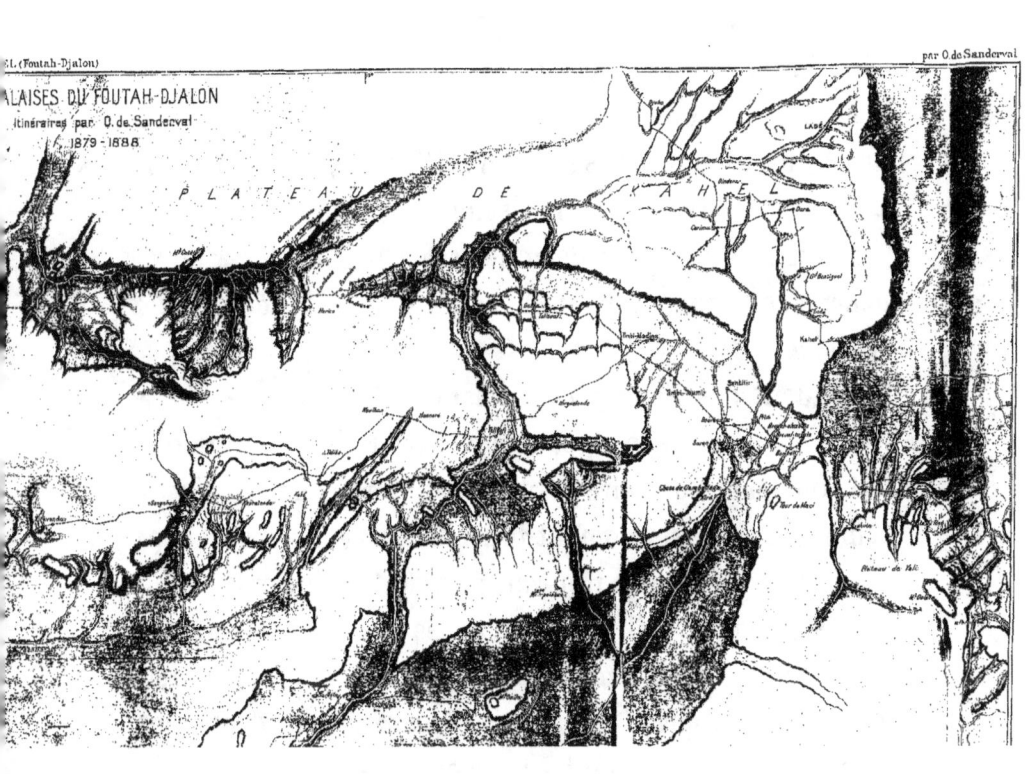

poulet. La mission se fait suivre par un troupeau de bœufs, c'est parfait pour ses soldats nombreux et exigeants ; elle transporte un poulailler, moins nécessaire, on trouve des poulets facilement et on les transporte à la mode du pays pendus par les pattes ; les nègres excellent à les ficeler avec une peau de saule, sans les blesser. Mais je ne critique pas ; la colonne a traversé des régions que je ne connais pas, toutes ces choses sont sans doute comme elles doivent être, ce n'est pas à nos Sénégalais qu'on peut en remontrer, je constate seulement que mon organisation (d'initiative privée) n'a rien à emprunter à celle de la mission.

J'ai un Tamar près de ma case, c'est une ressource pharmaceutique, son fruit est d'un goût acide assez agréable.

Pendant des heures la faiblesse m'accable, la vie se retire de moi, je ne peux plus parler, je suis immobilisé, incapable de faire le plus petit mouvement, c'est à peine si je peux lentement tourner les yeux, je suis dans cet état où les amis autour du mourant disent entre eux : « il est bien bas ! il ne passera pas la nuit ». Mais dans cet anéantissement musculaire je conserve toute la netteté de mon esprit ; je ne puis exprimer ma pensée, les organes de la parole étant les premiers réduits à l'impuissance, mais elle est lucide et a toute sa vie. Je dis cela pour encourager les vivants qui entourent un mourant à parler à leur cher malade, le malade ne peut répondre, mais il entend peut-être et il comprend. J'ai ainsi parlé à un mourant qui m'était cher ; immobile, aucun muscle de son visage n'a remué, mais de grosses larmes ont rempli ses yeux !

Le docteur et le lieutenant ont aussi constaté qu'ils avaient ressenti de la fièvre après s'être couchés dans des couvertures qui avaient été un peu longuement exposées au soleil. Cela est bon à dire aux gardes-malades qui font sécher linge et matelas au soleil ; l'influence est moins active sous nos climats, mais encore sensible, je l'ai expérimenté, elle peut agir sur un malade affaibli, le réconforter ou l'achever.

Le docteur me parle beaucoup de l'Inde où il a servi pendant deux ans; il m'engage à préférer l'Inde à l'Afrique ; mais il n'y a aucun rapport entre un touriste en pays connu et un explorateur, l'un voyage comme un colis, l'autre est un soldat conquérant. En hiver, la température est parfaite, de 16 à 24 degrés.

De Ceylan à Calcutta par Pondichéry, en chemin de fer ou en chariots, on visite les villes splendides de ce vieux monde; puis il faut monter dans le Thibet magnifique et froid de l'Himalaya et revenir par Bombay. Je n'y manquerai pas dès que mes enfants seront libres, car sans eux je n'aurais ni émotions, ni désir de voir.

J'ai recommandé à mes serviteurs, si je venais à mourir, — car je suis d'une faiblesse extrême, et par moment il me semble qu'en moi toute vie va s'éteindre, —de rapporter mon bagage à Boulam, à M. L. C., qui les payerait à leur pleine satisfaction.

Hier 17 mars, à Fougoumba il faisait chaud comme à la côte, le thermomètre du docteur a marqué 35 degrés; je suis entré chez divers chefs, dans leurs cases de paille à claire-voie, il faisait très chaud ; on étouffe dans cette ville compacte. Le même jour, dans ma case, à la campagne, mes thermomètres ont marqué 15 degrés, minimum, la nuit, 28°,5 le jour, maximum.

Trop faible pour déménager aujourd'hui (18 mars), je tâcherai demain. Ayant déjeuné de vaine pharmacie, je suis resté pitoyable jusqu'à deux heures après midi.

Il n'y a pas de calcaire dans le pays, les indigènes ont de petits os.

Lundi 19 mars. — Je quitte Digui; je vais à Gali en passant derrière Fougoumba; c'est le village où je me suis arrêté en venant de Diembouria à Cola. La région que je traverse est légèrement vallonnée, partout habitée, hameaux bien vêtus de verdure, bananiers, orangers, vertes clôtures. J'admire, chemin faisant, la crête dentelée du Fita de Fougoumba, façade ouest, c'est une merveille; on y voit des cathédrales, des donjons, des maisons, et l'aspect change à chaque pas. C'est une suite de blocs verticaux taillés à pic, en silhouette, disposés sans ordre, isolés ou par groupes, mêlés d'arbres, formant une longue crête à jour. Je ne vois pas d'ici les aiguilles remarquables que j'avais vues en 1880, elles sont peut-être tombées, ou plus probablement elles ne sont pas visibles dans le profil qui m'est offert, je les avais abordées par l'autre face.

Le baromètre marquait hier soir à Digui 698, il marque maintenant à deux heures à Gali 692, la différence d'altitude n'est pas grande.

Dès que le soleil est un peu descendu, je pars en excursion, avec Allens et Kancou pour porter mon plaid et mon fusil et me porter moi-même au passage des ruisseaux. Nous traversons, au sortir du village, un petit torrent frais, et par des pentes boisées, de jolis sites, puis un sentier dans le roc au flanc de la falaise, nous arrivons à une plateforme, première assise au pied de la falaise supérieure. Quelques cases occupent ce nid d'hirondelles suspendu au-dessus de la vallée ; tapade close, orangers, bananiers ; il est tard, je pense m'y arrêter ; je demande une case. Un homme d'âge mûr apparaît, il parle yolof, prétend qu'il connaît Boké, etc... Il invente ou il se vante, ça se voit ; il finit par avouer qu'il n'a habité Boké que pendant son enfance ; il est ici en passant ; arrivé ce matin, il va repartir ce soir, on ne peut me loger dans ces cases parce qu'il n'y a que des femmes, les hommes sont allés je ne sais où. Je demande ce que fait là cependant un jeune gaillard de vingt-cinq ans, l'œil vif, la patte ferme, qui nous regarde benoîtement : « C'est un enfant », me dit l'homme ; soit, un enfant en nourrice ; enfilade de mensonges foulahs. Après quelques minutes de conversation qui m'instruisent sur le pays, mon interlocuteur, brusquement, saisit par les pattes un poulet qui picore entre nos jambes et le donne pour moi à Kancou ; je ris et demande comment un passant, arrivé le matin et qui va repartir tout à l'heure, peut en user aussi librement avec le poulet local. Le bonhomme se rend, il habite là, ces cases sont à lui, ces femmes sont les siennes, ce petit domaine aérien lui appartient.

Cet ermite, venu de si loin, est quelque brigand qui a fait un mauvais coup dans sa jeunesse, dévalisé une factorerie, faute de diligences ; il a acheté des captifs et il vit tranquille, heureux dans son aire, pas trop loin des bons villages. Il a d'ailleurs tout ce qu'on peut avoir dans ce pays, tout ce qui lui est nécessaire : poules, moutons et bœufs, mil, maïs, coton, oranges, patates, bananes, papayes, etc.; je ne vois pas de places pour la rizière, mais il peut en avoir une dans la vallée. Derrière son enclos, une crevasse ouverte dans la falaise conduit verticalement, comme par une cheminée, au plateau supérieur de Yali; tout au bord on aperçoit les cases de Fétel Duga. Gorge étroite et abrupte, le sentier qui la grimpe est par endroits suspendu sur le vide comme celui de la Gemmi à Louèche, mais ici la paroi est en creux, boisée du haut en bas d'arbres accrochés aux fissures et tout fiers de leur liberté aérienne. Un sauvage monte en ce moment et me donne l'échelle du tableau, un Claude Lorrain.

Au-dessus de Fétel Duga, sur le plus haut du plateau, est un village plus grand que Fougoumba, me dit le brigand retraité; je n'ai pu obtenir, par surprise, qu'il m'en dise le nom, il a peur des coups de corde inscrits dans le code et les usages du Foutah contre les bavards; ses dires confirment les renseignements que j'ai pris à Timbi. La nuit va venir, il est l'heure, et elle tombera tout de suite toute noire, il faut redescendre; l'homme nous montré un escalier plus court caché dans les fissures de la falaise, pittoresque le jour, dangereux la nuit; je redescends à regret dans la plaine toujours plus chaude et plus nègre.

Je suis sans nouvelles de ma lettre à Boulam que j'avais confiée à Alpha lorsque je l'ai congédié; il a de jolis traits ce marabout, un nez mince légèrement aquilin, un visage régulier, ovale, mais la lèvre baveuse et jaune de kola. J'avais rédigé ma lettre avec mesure, pensant que ce traître borgne la livrerait peut-être à mes adversaires dont il paraît être l'homme, et qu'on en tirerait des conséquences maladroites pour influencer l'Almamy contre moi. Je vois qu'il n'a pas eu tant de malice et que ma combinaison est inutile. Diviser pour régner, prendre et rendre, comme à cheval, chez les nègres c'est toute la diplomatie.

Mercredi 21. — J'expédie Ali à Fougoumba voir de ma part Ibrahim de Timbi-Toumi et je repars en excursion avec Allens et Kancou. Je leur donne à chacun bonne ration de biscuit et de chocolat; pour moi la colique et le dégoût me tiennent lieu de vivres, je n'existe plus que par l'âme. Nous partons dès le matin afin de rentrer avant que le soleil soit au plus haut; mais je me connais, une fois dans la montagne je ne reviendrai pas, je resterai jusqu'au soir; il est donc prudent de lester mes deux guides de bonnes provisions.

Premier torrent, lavandières bavardes, indiscrètes ; la plus vieille veut me voir sous le nez; j'incline mon ombrelle de son côté, elle tourne avec un entêtement de bête, trotte à droite et à gauche, devant, derrière, elle ne voit que le dos de mon parasol; elle dit alors, non sans quelque doute convaincu (*) : « Ça doit être le diable ».

Dans le lit creux d'un torrent à sec, je suis l'ombre épaisse de la berge et des grands arbres ; une jeune femme aux traits agréables demande discrètement à Allens si elle pourrait m'offrir un peu de lait frais. La politesse aimable et discrète est souvent portée par un joli visage, elle se confond alors avec un peu de coquetterie, politesse de la femme. La beauté sied à la délicatesse des sentiments, et réciproquement (mais on voit aussi de bonnes laides et de jolies méchantes). Chez nous l'abord facile d'une bonne fille ne rappelle pas le parfum de la vertu, mais ici le désir est naïf et sans calcul, — la femme gésine sans façons, — pureté animale ; il faut cependant y voir plus que cela, ces grands yeux timides sont émus de quelque pensée, le désir instinctif de la sélection se traduit par une légère tendance du cœur, ce gentil galion d'amour ne demande qu'à faire naufrage.

J'accepte l'offrande proposée et je m'assieds pour l'attendre. Après quelques minutes la belle reparaît portant une calebasse blanche, irréprochable, honnêtement usée, à demi pleine de lait frais « biradam », sans une tache de poussière. Je bois avec plaisir, c'est l'aliment qui me convient. Derrière cette fraîche initiative arrivent, échelonnées, d'autres calebasses accourant, les plus laides sont les dernières ; il en vient dix-huit.

J'ai bu le lait de la belle initiative ; et pour lui plaire et la voir sourire, rougir peut-être, je l'ai priée de m'en apporter encore. Mes deux gardes ont bu sans hésiter les dix-sept calebasses contenant chacune deux verres de lait environ. Je paye le tout, la première un peu plus, et nous continuons vers le fond de la vallée d'où descend le Téné. Une dernière essoufflée arrive trop tard, j'étais levé et en marche, elle nous poursuit en criant, soufflant, gémissant ; elle veut être bue comme les autres, c'est gri-gri ; c'est une vieille horreur, naturellement.

Chemin faisant nous rencontrons des enfants qui vont

avec le maître préparer la leçon, former le cours dans un village plus haut. Tout ça grimpe sagement le sentier rocheux, chacun porte un objet, un bibelot de l'école ou du maître; l'un le chaudron, un autre la planchette, un troisième le livre, le Koran, le plus petit porte l'encrier.

Divers passants; à toutes les questions qu'ils font à mes gardes, Kancou répond que je vais loger dans des cases par là, car il faut un prétexte pour circuler, sinon ce serait pour mal faire. Je cherche des appartements; c'est mon prétexte depuis la côte, toutes les fois qu'on me rencontre hors de la grande route, ce qui m'arrive souvent; inutile d'en changer, puisque les passants changent.

Je ne puis obtenir le nom du missida prochain dans la vallée où je suis, j'apprends au moins qu'il y en a un; la roche usée, polie, du sentier indique de fréquents passages de pieds nus.

J'arrive enfin au Téné, qui coule en petites cascades dans un lit encombré de rochers; je le traverse à son confluent avec le petit torrent qui descend le thalweg de la longue vallée montante que j'ai suivie jusque-là. Celui-là est d'eau claire limpide et bonne, je le signale aux touristes; l'autre, le Téné qui vient du flanc gauche de la vallée, tombant du plateau de Yali où il a traversé des milieux habités et probablement des bois, est trouble, louche, amer, pas très bon.

Au-dessous du gué, leurs eaux confondues s'étalent et plongent à vingt-cinq mètres de profondeur sur une pente de roche que les arbres et les lianes des deux rives recouvrent et enferment comme en un tunnel incliné; cette nappe frissonnante qui s'engouffre dans l'obscurité court et nous appelle vers quelque mystère ; dans dix ans on y fera des voyages de noce, il y a des vols de papillons de toutes les couleurs, au choix des amoureux. J'ai dû faire un long détour et ramper sous le bois serré pour arriver, sur le côté de la pente jusqu'auprès de l'eau pour la bien voir descendre, car il n'y a pas de sentier ; je me guidais au bruit.

Cheminant à quatre pattes sous cette brousse épineuse et pleine de bêtes, je suis arrêté par une toile et des fils tendus dans les buissons juste à la hauteur de mon visage ; ils sont occupés par un insecte, une bête, une araignée qui fixe aussitôt mon attention. Cette araignée a la forme d'une double pincette, en croix de Saint-André ; ses quatre longs bras, ténus comme des brins d'herbe, ont environ 25 centimètres de longueur ; les deux bras supérieurs se tiennent suspendus à un câble tendu en passerelle au-dessus et un peu en arrière de la toile, les deux bras d'en bas se tiennent à la toile. Le corps de la bête, au centre de ces quatre bras, est très petit, il est pourvu de nombreuses pattes fines et courtes.

Au moment où, poussant comme un sanglier dans ce hallier, j'allais porter le désordre dans cette installation, l'animal est très occupé d'un travail sans doute pressant, car il se dépêche ; de ses petites pattes agiles il pelotonne une boule de fils d'araignée blancs, qui contient ses œufs, je suppose ; il la tourne en tous sens avec une grande rapidité ; c'est merveille de le voir pelotonner. Ma présence d'abord n'interrompt pas le travail, mais bientôt mes gros yeux qui se sont arrêtés là tout près, l'inquiètent ; l'animal, d'un geste délibéré, rejette sa boule sur son épaule, comme ferait un homme chargeant un paquet; d'un coup sec il ferme ses deux pincettes et ne formant plus qu'une longue ligne droite armée aux deux bouts de cils minuscules, portant au milieu, comme une noix de galle sur une aiguille de bas, son corps et son paquet, il s'allonge sur le câble et se réfugie sans hâte dans le buisson où le bout est attaché. Je fais un détour pour ne pas détruire ce domaine et peut-être pour ne pas m'attirer de désagréments ; au retour je pourrai sans doute observer encore.

Mais au retour j'ai été distrait par un autre spectacle : sur une roche où j'allais m'asseoir, quatre ou cinq douzaines de petites chenilles striées de gris se livrent à des ébats que je ne connaissais pas chez cette espèce; elles sautent comme des puces, se poursuivent avec vitesse, fondent en bataille les unes sur les autres et fuient comme des mouches lorsque j'essaye de les prendre. Elles n'ont pas de pattes, elles courent ou sautent en se pliant en arc de cercle qu'elles détendent brusquement.

La nature n'a pas de limites dans ses combinaisons m à m des éléments dont elle forme son œuvre. L'habitude nous fait trouver normal le mouton à quatre pattes, mais il serait tout aussi normal s'il n'en avait que trois. Le Noir est-il un homme dans la ligne ferme du progrès de l'humanité, ou est-il un accident à côté? disparaîtra-t-il sans profit à venir pour l'espèce comme l'autochtone d'Amérique? Je crois, à voir ses forces caractéristiques, qu'il est une puissante matière où va germer et s'accroître la spiritualité humaine dans l'avenir.

Ceci vu et admiré, je rejoins mes Noirs et je leur fais part de mes émotions en face du torrent vertigineux; ils pourraient plus facilement que moi le voir dans sa chute, car son lit, jusqu'au moment où il se dérobe en une pente rapide, est de roche toute unie, l'eau est peu profonde, ils n'auraient par là que quelques pas à faire pour voir l'immense puits par en haut. Mais je parle chinois, des Noirs en face des plus saisissantes beautés ne sont pas atteints, ils regardent au hasard, ne savent pas discerner le point intéressant; un sens leur manque.

Le soleil inexorable dans son cours nous ramène la chaleur, c'est son heure. Je me réfugie à l'ombre dans le lit même du torrent, appuyé contre une roche inclinée entre deux cascades, et j'ouvre la bouche toute grande au flot qui vient d'en haut et contourne en tombant la roche qui me protège. Je reste là pendant une heure, prenant le seul bain qu'un malade fiévreux, misérable, puisse prendre. L'eau entre et ressort à flot dans ma bouche et rafraîchit mon sang; je m'y serais endormi.

Je me suis bien un peu mouillé, mais le soleil ou simplement l'air sec me sèchent en un instant, et ma chère maman ne me grondera pas, hélas! ce soir quand je rentrerai.

Je recommande ce bain de muqueuse, comparable au bain d'air par le poumon, à ceux qui peuvent en user; il est magnétique, calmant, dans le flot abondant et prolongé. Je l'ai expérimenté en France à l'aide de deux tubes, l'un amenant l'eau d'un réservoir, l'autre la laissant écouler après qu'elle a tourbillonné dans ma bouche. On se désaltère ainsi et l'on se rafraîchit sans charger son estomac. Mes guides sont inaptes à ces raffinements; le Noir ne comprend que le riz, et les coups, pour arriver à la femme-bête qui est pour lui le seul but de la vie; c'est pour le moment tout ce que la nature lui demande.

Je repars sous bois pour gagner plus haut le pied de la chute du Téné dont j'entends déjà le grondement et que bientôt j'aperçois. Dans un petit champ découvert je prends une base et avec télémètre et altimètre Goulier et Burel, je mesure la hauteur de la chute : 164 mètres, disent les instruments. Je n'aurais pas cru autant, la falaise est haute.

Je monte par des bois, parfumés de menthes et de verveines sous lesquelles je passe, des (?) au parfum de girofle, des fleurs de toutes sortes. Il faut de-ci de-là jouer de la hachette, les Noirs n'ont tracé aucun sentier pour aller à cette chute, ils n'y viennent pas. Enfin j'arrive à l'amphithéâtre, bassin de 100 mètres environ, clos en face par la haute falaise, et sur les côtés par un chaos d'éboulements anciens; à l'entrée il est obstrué par des tables de pierres plates et d'énormes blocs de rochers pêle-mêle; de grands arbres recouvrant ces éboulis qui l'entourent, l'encadrent d'une haute muraille vert sombre. Il est vaste, son aspect est sévère, il doit être imposant au temps des pluies; maintenant nous sommes au plus sec de l'année, la chute ne roule que quelques mètres cubes d'eau. Je tire un canard de l'autre côté du bassin, et à l'écartement des plombs sur la falaise j'évalue la distance.

Dirai-je que mon intestin est très souffrant? c'est toujours la même suite; je fais appel à toute ma raison pour ne pas aller me mettre sous la douche, il y a un banc de sable tout auprès et des roches faciles; la raison est bien faible contre le désir et les mille prétextes qui s'offrent à le justifier, mais ce serait tout compromettre.

Nous nous asseyons à l'ombre. Puis je laisse mes Noirs,

pour ne plus les voir, les oublier ; et pendant qu'ils mangent, je vais plus loin m'asseoir dans les rochers, je vais jouir de la solitude que berce le retentissement monotone, le bruit sourd de la colonne d'eau tombant dans le petit lac. Parfois le vent, fouettant le long balancement de ce mouvant fantôme, le jette en pluie serrée sur la paroi glissante ; le froissement de sa nappe écumante contre la falaise siffle avec rage.

Parfois, soulevant cette chevelure immense, le vent la divise et l'emporte en une brume légère, l'arc aux couleurs harmonieuses brille dans le ciel, je crois revoir mon beau pays de France. Les embruns de ces eaux capricieuses me couvrent d'une pluie fine et presque froide.

En grimpant dans l'herbe drue qui recouvre le chaos dont le cirque est formé, l'herbe cède, j'enfonce entre deux rochers, je disparais de toute ma hauteur dans ce piège à maladroits, je me râpe horriblement les côtes.

Le temps passe, il faut rentrer, nous rampons de nouveau pour gagner le sentier. Je tue deux pigeons verts, je tire sur des singes, mais cet animal malin se cache derrière le tronc de l'arbre, risquant un œil, et se tient juste hors de la portée du fusil. De là-bas ils crient, grimacent, m'injurient, gambadent, se moquent de moi, tout en gardant leur distance. Une troupe de gazelles s'enfuit à notre approche.

Nous arrivons dans la plaine, de nombreux habitants nous vendent du bon lait, biradam et cossam ; échange de saluts amis en repassant à Mobé, le village des dix-huit calebasses.

J'arrive à la nuit, un peu las, dans ma case où il fait chaud. Ali est revenu, il va me donner des nouvelles pendant que je me déshabille. Il a bien mauvaise mine, mon ambassadeur. « Ma lettre a éclaté. Ibrahim de Toumi a refusé de recevoir mon envoyé, Almamy va me rendre tous mes cadeaux, Foutah est furieux, le parti anglais triomphe; j'ai, paraît il, écrit à mes gens de la côte de venir me rejoindre, que j'allais construire des maisons partout, m'emparer du pays, etc., etc., » juste le potin de l'exagération. Alpha, le marabout borgne, est allé colporter ma lettre à Médina, au lieu de passer par le nord comme il l'avait annoncé, et il a bavardé, venimeux à son ordinaire.

Jeudi 22. — Je viens à Fougoumba, c'est assez loin de Gali; j'ai encore mal aux pieds de mes trois digas extirpés, je suis faible, je marche lentement, une heure et demie. Je réadmire la crête du Fita, que mon sentier me montre du même côté, mais de plus près.

L'Almamy est très occupé ou fait semblant de l'être, c'est plein chez lui, paraît-il; j'attends chez le docteur de la mission. Je vois là avec douleur que le lieutenant Plat a un accès de fièvre bilieuse hématurique, il est étendu, gravement atteint. La mission a déjà perdu son chef, le capitaine Oberdof, mort il y a quelques semaines dans la région du Sénégal. Le lieutenant est trop jeune pour ce dur métier, il s'anime à tous les incidents avec une ardeur que justifie la haute conception patriotique du but qu'il veut atteindre, mais que doit éclairer l'expérience. Le docteur est attristé, il est lui-même souffrant, mais il ne quitte pas son malade, il croit pouvoir espérer. Ce n'est vraiment rien d'être malade soi-même, mais voir si malade de si braves gens, cela me met l'âme à l'envers.

L'Almamy voyant que je ne viens pas faire ornement à sa porte, a renvoyé tout le monde, et me fait dire qu'il est seul; il s'est réservé un moment de solitude pour causer avec moi; c'est d'un bon allié. « Il compte bien que je vais me justifier, il pense qu'on a embrouillé à plaisir des événements fort simples; mais pour dominer les réclamations des vieux de l'opposition, il faut que je fasse éclater la vérité sans qu'il paraisse me soutenir. » Nègre ou Blanc, quand on est le centre des compétitions et des confidences d'un grand nombre d'intérêts opposés, on apprend vite à mesurer les paroles et les actions, le vieux roi est devenu diplomate.

Je demande qui a lu ma lettre? et je réponds : « C'est un ennemi du Foutah ou un homme qui ne sait pas lire. Je savais qu'Alpha était un espion à la solde de mes ennemis, j'en avais prévenu mes gens depuis longtemps, je ne lui aurais donc pas confié mes secrets si j'en avais eu, et surtout je ne lui ai pas confié les renseignements que l'on dit; ils sont peu sensés, mal inventés, jamais un Toubab n'aurait inventé si pauvre palabre. » Je m'applique à garder le plus grand calme, et j'ajoute sans mécontentement que je suis prêt à m'en aller, je partirais volontiers demain (diango). Almamy dit « qu'il pensait bien que mon explication serait nette, qu'il n'a jamais cru ce qu'on a dit, qu'il est toujours mon ami, que si je veux aller à Timbo j'y aurai mes cases et toute liberté, etc., etc. » C'est la concurrence avec Fougoumba mise à point, le voilà sur le chemin où je désire que son esprit s'engage, il faut qu'en leur âme tous acceptent la présence du Toubab libre, habitant domicilié, et non plus *Toumaranké*.

Dès qu'on sait que je suis entré chez le roi, on se

glisse, on veut savoir : les vieux sans bruit, comme de l'eau dans un panier, pénètrent dans la case, je les vois là sans les avoir vus entrer. Le chef de Fougoumba s'est assis dans l'ombre, je l'invite à mieux paraître. Je lui dis que je désire ne pas le contrarier, que je quitterai son territoire dès que l'Amamy me le permettra, que je n'ai rien à faire à Fougoumba : « En 1880 vous avez, en signe d'inimitié, brûlé derrière moi les cases que j'avais occupées; les chefs de Fougoumba sont dans l'erreur, mais ils sont intelligents, je sais qu'ils reconnaîtront pour leur ami le Toubab qui porte la prospérité avec lui; j'ajoute, — ce qu'ils savent bien, — qu'en 1880 j'ai rencontré vingt Noirs anglais dans le Foutah; cette année j'en ai rencontré plus de six cents, et à Médina c'est un Anglais qui m'a reçu d'abord au nom du roi. Ce sont ces Anglais déjà maîtres de l'esprit du pays qui ameutent les ennemis du roi contre mes propositions, je n'ai qu'à me retirer. Les Anglais ne vous font pas la guerre, dites-vous, ils ne vous menacent pas, Noirs trop confiants! ils ne demandent rien, mais ils agissent, ils remplissent votre royaume, de vieux chefs les accueillent, les écoutent, leur obéissent; les descendants des rois de La Mecque ont renoncé à leur indépendance. La France au contraire a-t-elle chez vous un seul Noir, un seul qui vienne conquérir pour elle et défricher vos terres à son profit? Je ne vois ici qu'un Blanc, seul et sans armes, qui vient vous parler de vos intérêts et non des siens, etc. » Ils disent que c'est vrai, je ne suis jamais armé que de mon ombrelle et de mon mouchoir de poche. La discussion s'éclaircit, mes partisans s'attachent à moi, je ne peux partir ainsi, ce serait une honte pour le Foutah et un malheur, ils vont me donner de bonnes cases, du riz, etc.; air connu, repris en chœur, mes partisans s'animent et enfin triomphent, les vieux résistants se réfugient dans des grognements étouffés.

L'émotion qui nous étreint lorsque nous voulons parler en public ne vient pas d'une timidité qu'effraye la majesté (?) de l'auditoire, elle vient de la pudeur de notre âme bien plus délicate que celle de notre corps, qui se sent pleine de confusion au moment de se découvrir, au moment où elle doit se laisser voir toute en vérité; l'émotion vient de la contrariété de soumettre notre pensée intime au jugement du public, de sentir qu'elle va être appréciée diversement, discutée, maltraitée familièrement, et que chacun ne partagera pas cette pensée ainsi confiée. Alors on voudrait prendre à parti l'auditoire, le secouer, le traiter rudement. L'émotion nous vient aussi de l'idée qui nous passionne; à la lecture déjà des larmes nous viennent aux yeux, des sanglots étouffés nous tiennent en suspens; cet effet se produit plus fortement lorsque nous voulons expliquer notre idée, en communiquer le sens, notre gosier alors demeure crispé, *vox in faucibus hæsit*. Ici, chez les Noirs, rien n'éveille ces émotions raffinées, nous n'avons à dire que des choses simples, des vérités connues, l'effet que produit sur nous l'auditoire est nul, le jugement qu'il peut porter est sans profondeur.

Vendredi 23. — Coliques, vomissements sans fin, paquets de bile, très fatigué jusqu'à trois heures après midi. Le frère du chef de Fougoumba vient de la part du conseil protester de ses bonnes dispositions et lever l'interdit où j'étais enfermé. Je ne devais pas me promener, pas sortir de ma case ; défense rigoureuse à tous de me vendre des vivres. Avant-hier soir, ayant voulu m'isoler un instant dans la campagne hors des tapades, j'ai été suivi par six alguazils, armés de longs fusils, diligents délégués de la municipalité pour surveiller mes allures. Assis sur leurs talons, en ligne, front à l'ennemi, à trente pas, ils ont attendu. Dans la nuit claire je distinguais la silhouette de leurs têtes attentives et des longs canons immobiles. L'escorte au retour a été non moins rigoureuse, ils me ramenaient sans m'avoir perdu de vue ; il faut en vérité vouloir être embêtant, c'était d'ailleurs leur intention.

La consigne opérait, mais trop tard ; pendant qu'on délibérait à Fougoumba, et en prévision des interdictions prévues, j'avais tout de suite en arrivant cherché le sentier de Yali et la chute du Téné ; le mécontentement s'en était accru, comme précédemment au touldé Paray, mais ce qui est vu est vu. Je me rappelais Topfer et pendant que j'admirais la chute du Téné, j'imaginais dans le style de M. Vieux-Bois le conseil des vieillards à Fougoumba délibérant pour savoir si on me permettrait d'aller la voir.

J'ai recueilli et croqué avec moins de plaisir que je ne m'en promettais, de la grêle dure et bien froide, un grand verre, que j'ai fait ramasser sur de la paille étendue devant ma porte.

Hier soir et ce matin j'ai nourri mes hommes un peu avec mes provisions, en réserve pour ces cas extrêmes, un peu en les envoyant vivre au loin, car dans le village, dès que la consigne est arrivée, toutes relations ont cessé, on ne m'a pas vendu un grain de riz. Maintenant, dit l'envoyé, Fougoumba ordonne qu'on me traite en ami et qu'on me vende à bon marché, riz, lait, etc. J'accepte poliment, sans plus, après qu'il a insisté de toute son éloquence.

Les dispositions se détendent comme par enchantement ; les habitants s'amendent.

Je déjeune d'un peu de soupe froide de mil microscopique (fondongni) ; je veux emporter en France de cette semoule inoffensive, c'est bon au goût et, quoique peu assimilable, encore bienfaisant dans l'estomac. En soupe c'est vite cuit.

Le petit garçon du potier propriétaire de ma case a une plaie horrible, un cancer au pied ; le malheureux enfant ne fait qu'un cri nuit et jour, son pied est à demi rongé, il empeste. Je lui donne une pommade, il n'y a rien à faire qu'à éviter la souffrance à ce pauvre martyr ; il ne cesse de pousser des cris de supplicié, pauvre enfant ! S'il n'y a pas de remède, il vaudrait mieux qu'il mourût par un poison instantané ; la raison le conseille, l'humanité le commande, la morale s'y oppose. Si cet enfant m'appartenait, s'il tenait à mon cœur, je n'hésiterais pas... ou du moins il me semble ?

La société met tous ses soins à atténuer le supplice des malfaiteurs qu'elle tue ; le malade incurable, martyr condamné, n'a-t-il pas droit à la même pitié s'il la réclame ? Est-ce par affection dévouée à son malade ou par égoïsme et lâcheté que l'on prolonge cette vie dans le martyre ? J'ai là, pour moi, des poisons violents, pour me dérober au supplice si j'y étais condamné ; pour moi je n'hésiterais pas, pourquoi n'oserais-je pas même endormir cet enfant ? Autoriser un meurtre pour devancer la mort certaine et en diminuer les angoisses serait un danger pour la société, mais sans discuter ici sur la loi sociale, pourquoi dans ma conscience n'accorderais-je pas à mon semblable ce que pour moi je voudrais comme un bien?

Je donne ma vie, je me fais tuer pour épargner à mon semblable un supplice auquel il est condamné, c'est bien ; j'aide ce martyr condamné à sacrifier lui-même sa propre vie pour éviter ce supplice, c'est mal ? La conclusion dépend de notre force d'âme, de notre virilité ; la vérité est que les esprits sages doivent éclairer et soutenir contre eux-mêmes les esprits faibles.

Quelques jours plus tard le malheureux enfant est mort, la plaie horrible avait presque coupé son pied.

Un de mes hommes lui avait donné un remède qu'il tenait, dit-il, de sa mère, sorcière. Pendant cinq jours le pauvre enfant parut être soulagé, je ne l'entendais plus crier. Je pris aussitôt échantillon de ce merveilleux remède ; il ne me manquait plus qu'une herbe, sur quatre dont le produit était composé mais l'enfant est mort ; ce n'était donc qu'un calmant, il m'est inutile, car nous en avons aussi d'efficaces.

Le propriétaire de l'enclos voisin achète et vend des esclaves, ce sont des cris perpétuels. Deux voleurs lui ont pris des moutons, il en a attrapé un et avec des fers l'a attaché à un arbre dans une posture incommode, l'un de ses pieds à un mètre au-dessus du sol. Les cris du pauvre diable, bientôt exténué dans la variété des positions qu'il s'ingénie à trouver, sont déchirants. Il est vrai que le nègre crie devant la crainte du mal plus que sous le mal même. Mes hommes, qui savent que je ne veux pas de ces scènes chez moi, vont réveiller le bourgeois et faire détacher le voleur. On le mènera demain à l'Almamy.

J'ai envoyé Kancou à Mobé chercher du lait dont j'espère de bons effets, mais la première consigne royale qui me met en interdit est arrivée dans ce village depuis mon passage, et la deuxième qui lève la première n'est pas encore connue. Ces choses officielles ne peuvent être transmises que par des gens accrédités, elles ne rayonnent pas vite. On refuse donc à Kancou de lui vendre quoi que ce soit. Le soir il y retourne accompagné par un délégué du chef de Gali qui annonce le nouvel ordre, on lui vend du lait.

Bruit d'orage et enfin avant la nuit un peu de pluie.

Les maux de pieds ou de jambes sont, paraît-il, nombreux à Gali; est-ce cancer ou autre rongeur? c'est bien laid; mes hommes eux-mêmes sont dégoûtés de ces habitants, cela nous en donne une idée.

L'étroite vallée où tombe le Téné m'a paru monter jusqu'en haut des deux falaises entre lesquelles elle s'allonge, jusqu'au plateau supérieur.

Le basssin où tombe la chute est à 100 mètres au-dessus de la vallée de Kébali; Fougoumba est lui-même élevé de quelques mètres au-dessus de cette vallée, sur le flanc d'une colline isolée à côté du Fita.

Samedi 24. — Accès froid de fièvre pendant la journée. J'envoie Ali à Fougoumba; le lieutenant va mieux, il est hors de danger ou presque, voilà une nouvelle heureuse. En voyant ce pauvre jeune homme faible, anéanti, maigre, jaune, suant froid, je pensais à sa famille, à l'idée du devoir, à l'ingratitude inévitable des hommes: enfin c'est passé.

L'Almamy paraît se décider à traiter séparément pour son royaume personnel, son conseiller intime lui transmet mes conversations sur ce sujet délicat et il les écoute.

Ibrahim de Toumi est revenu à la raison, il ne parle plus de revenir sur nos accords.

Dimanche 25. —Nuit passable; ma case est vieille, elle sent la fermentation végétale. Je donne des courses de rats; vols et batailles de cancrelats, malheur au blessé! il est aussitôt la proie vivante de la meute acharnée. Je mange du tamar, acide et frais. Je tâcherai d'aller à Fougoumba demain; je suis bien faible, ne mangeant pas, cependant j'ai bon œil; mon miroir, qui est mon seul conseil, me donne confiance.

Une femme qui a assez ou trop de son mari s'en va par les rues du village remplissant l'air de ses cris; à toutes les cases elle conte bruyamment les torts de son homme, comme un héros d'Homère secouant sa plainte à tous les vents; elle veut aller chez l'Almamy demander un autre homme et elle tâche d'avoir l'opinion pour elle; elle se fait une bonne presse.

Aly fait de la spéculation, il m'a vendu un mouton; je le lui ai payé en ambre n° 3, il voulait du n° 2, j'ai refusé, gardant mes ressources autant que cela est possible. J'ai de l'ambre de reste, mais encore faut-il compter avec l'imprévu. Comme il réclamait un peu, je lui ai parlé des deux boules que j'avais envoyées au chef de Compéta et qu'il a escamotées à son profit; il a essayé de protester, mais sans beaucoup d'assurance. Je lui dis que les Torodos en général qui s'offraient à guider les voyageurs n'avaient d'autre préoccupation que de les dépouiller, mais que le Blanc voyait bientôt leurs manœuvres;

aussi depuis sa première hésitation ne lui ai-je plus rien confié, de là sa mauvaise humeur continue et croissante. Il reconnaît qu'il y a du vrai là-dedans ; et comme je lui donne ces explications sans lui faire de reproches, il se retire apaisé.

Bataille : un de mes hommes a reçu un coup de pied dans l'estomac, le coup paraît lui avoir fait bien mal. Je mets promptement fin à la bagarre qui nous déconsidère auprès des gens du pays. J'ai dans ma troupe un petit batailleur qui ne rêve que plaies et bosses, c'est la quatrième fois qu'il engage l'action. Déjà deux fois je lui ai fait enlever son fusil au moment où il menaçait de le décharger sur son adversaire, comme si nous avions des hommes de trop. Cette fois c'est lui qui est hors de combat, il geint ferme, sans lui la bataille n'a plus d'entrain, avec quelques paroles j'apaise les autres, l'ordre se rétablit. C'est d'ailleurs sans rancune, le Créateur les a faits noirs pour que les coups ne se voient pas. Malgré ses entreprises, ce joyeux drille est ami avec tous ses camarades, tandis que Guemish, celui qui fait l'Anglais de Sierra-Léone, qui ne se bat jamais mais tracasse constamment, est mal avec tous ; le Noir n'aime pas les gens compliqués.

La femme du propriétaire de mes cases se nomme Arabia.

Hier pendant ma fièvre j'avais mis sur moi une couverture de fourrure, deux de laine, deux plaids, un édredon ; ça ne m'a pas réchauffé ; comme on sait, la chaleur s'est répartie quand elle a voulu.

Ce matin, à mon grand ébahissement, je trouve un cheveu sur mon mil ; c'est de quoi m'étonner, je n'en connais pas dans le village ; j'étudie l'objet, c'est un poil de ma longue barbe, et piteux, je vois que le bout est blanc! Allons, vieux, rentre chez toi, on ne traîne pas par les mauvais chemins quand on a barbe grise. Cependant mes côtes et ma jambe balafrés dans mon étroite fuite entre les rochers, à la chute du Téné, se cicatrisent sans hésitation, les endroits plus entamés sont en bonne voie, la sève n'est pas morte.

La jolie porteuse de lait de Mobé m'apporte mon biradam le matin à six heures, escortée de son homme, mari, frère, captif ou maître? je ne sais, car je ne me suis pas informé et je ne vois pas le sire, je n'aperçois que ses deux pattes de derrière; il attend dehors, tandis que, à genoux dans la porte, elle remplit ma calebasse. Elle n'est pas mal de figure, mais elle a des mamelles d'inégal aspect, en forme de marteau de porte cochère, qui donnent à sa poitrine un aspect trop tourmenté.

J'ai envoyé chercher le brigand de la falaise de Yali pour lui confier des graines; il habite un endroit écarté, à l'abri des rois et des voleurs, près d'une source; il a l'air intelligent, je crois qu'il pourra faire pousser et acclimater mes fruits de France.

Le lieutenant se remet peu à peu.

27 mars, neuf heures du soir. — On m'annonce le brigadier sénégalais; il m'apporte une lettre du docteur; émotion, qu'est-ce? Almamy et ses intimes ont-ils mal agi? Je suis sans cesse dans l'inquiétude, les principaux chefs ne feront rien contre la mission, mais parmi les chefs de second rang il y a des esprits bornés, fanatiques et peut-être méchants, je tremble au moindre incident qu'ils ne fassent quelque irréparable maladresse. J'ai un frisson en voyant entrer, venu de si loin et si tard, ce courrier extraordinaire;

en une seconde tous les malheurs possibles figurent devant mes yeux. Tout en décachetant la lettre je regarde le porteur; il n'a point d'air, je tâche de n'en avoir aucun, c'est un traître sans doute. « Comment va le commandant? — Il va bien. » Alors que fait-on contre la mission pour qu'elle appelle de si loin, dans la nuit? — ceci à part moi. Je lis tout à la fois, les mots dansent devant mes yeux. Ah! je respire; le docteur me demande si j'ai un clysopompe! ce serait le salut pour son malade.

La mission n'a pas de clyso! voilà comment on organise nos affaires coloniales et nous avons un budget de quatre milliards! enfin, paix au ministère; mais je voudrais bien le voir, ici, à notre place, le ministère, desséché au soleil sans...! Mon appareil est tout neuf, dans une belle boîte jaune. Le docteur me dit que la situation de son malade est grave; je me loue d'avoir emporté cette pompe, et de ne l'avoir pas jetée en route, car elle m'embarrasse. Le docteur, qui mieux que moi connaît l'important à-propos de ce peu de chose, me promet qu'il le rendra, et il l'a rendu, le lieutenant est dégagé.

1ᵉʳ avril. — La mission a reçu lettres et journaux de France, des nouvelles du Soudan. Le docteur, avec la plus affectueuse insistance, me rappelle que je lui ai promis d'aller déjeuner avec la mission avant son départ; mais je n'ai pas la force de faire un mouvement, je suis plus mort que vif. S'il ne devait m'en coûter que quatre jours de fièvre, ce serait ordinaire et je ne manquerais pas d'y aller, mais je suis à plat, impossible de me tenir debout. Je le regrette vivement, car je voudrais porter à la mission mes souhaits de bon retour, lui faire entendre la parole amie que le voyageur dans sa solitude n'entend jamais sortir de sa nuit ennemie.

Lundi 26 mars. — Bonne nuit, bon appétit, rien à manger que mes conserves que j'exècre. J'ai tenté la coquetterie de ma laitière dont le lait est très bon mais ne passe guère, en lui offrant une boule d'ambre de 0 fr. 60, douze sous, pour qu'elle me cuise du riz à la sauce d'arachide. Les arachides sont encore plus rares que les temps découverts, cette nuit on ne voyait pas une étoile, et à peine une lueur de la lune quoique presque en son plein; c'était de même la nuit précédente. Ma jolie laitière s'appelle Aissata; elle dit qu'elle va chercher des arachides dans les villages de la vallée, 3 ou 4 kilomètres par-ci par-là ne sont pas une distance.

Elle a en effet trouvé les arachides désirées et à une heure et demie, comme j'achevais de crever de faim sur un morceau de peptone élastique, elle arrive portant sur sa tête la souriante calebasse. Je venais d'acheter un mouton cinq francs, mais je ne pouvais mordre à même la bête, le bon riz est arrivé donc à propos; bonne est la sauce, purée de noisette, le riz est cuit à l'ordinaire, à la vapeur, sans beurre ni sel. J'ai *bouffé*, comme dit Kancou, qui sans avoir lu Hérodote a une teinte de civilisation, et il en est resté à la satisfaction dudit Kancou et de son collègue Allens.

Ces Noirs sont des abîmes sans fond; quelle que soit la quantité et la qualité de ce que vous leur donnez à manger, quelle que soit l'heure, ils avalent à l'aise, pas d'hésitation, toujours le désir et le plaisir et rarement l'indigestion; riz, lait, fromage, oranges, viande, légumes, eau-de-vie, huile, chocolat, et sans suite, à contre-temps, rien ne les trouble. Hier j'ai essayé sur Allens d'un pot de confiture sur une digestion bien en train, puis j'ai additionné d'oranges; tout a passé net, il a encore tiré sa langue gourmande et humé l'air. Un Romain aurait payé un tel estomac son plein casque de ses terces.

J'ai terminé mes négociations, les esprits sont au point où je veux les laisser, les convictions éclairées par l'attention confiante que mes conversations ont obtenue vont maintenant se fortifier dans la réflexion, je me dispose à partir. Mon souci est de savoir si je pourrai reprendre assez de force, car je suis dans un état d'épuisement tout pareil au néant. Ce que je dis de cet épuisement ne le fait pas bien comprendre, n'étant qu'un renseignement et non une description; René Caillé dans ses récits nous donne une idée exacte de cet état tout voisin de la mort, dont l'organisme ne se relève qu'en empruntant à lui-même les ressources profondes qu'il destinait aux années à venir.

VII

RETOUR.

Le Kokoulo. — Chute de Cambadaga. — Passage du Calley. — Le Kakriman, le Koukouray. — Guet-apens; prisonnier. — Y-a-Fraïa. — La maison hospitalière, M. Gaillard; M. Pons. — La douane dans les marigots. — Konakry. — Télégraphe. — Le lieutenant Guichard Commandant du poste. — Le directeur de la Compagnie du télégraphe. — M. Collin. — M. Maillat, affectueuse réception.

J'aurais eu mille choses à noter à Gali — fabrique de poterie, façonnage de bagane, pêche au filet; mœurs des habitants, insalubrité locale, — mais j'ai été fort malade, je ne pouvais plus manger, plus rien, je ne vivais que de pharmacie et encore ! discrètement. La jolie laitière de Mobé, à la poitrine tintinabulante, Aissata, m'apportait tous les jours de bon lait, mais il était doux, presque sucré, je n'en pouvais plus prendre.

L'Almamy m'avait dit : « Quand tu seras malade je t'enverrai quelque chose de bon ; » il m'a envoyé en effet de sa cuisine, le fameux carry qu'il me vantait; poulet et sauce m'ont ranimé. J'en ai redemandé trois jours de suite. Malgré les six kilomètres qui nous séparent, le mets, dans sa calebasse couverte d'un léfa rond de paille tressée placée dans une bagane, écuelle de bois, également recouverte de son léfa, m'arrive chaud à point. Ce poulet marengo a un fort goût de feu, trop violent, mais il me rend pour un moment la vie. J'ai fait faire quelques pilafs et quelques sauces par Aissata, et je suis arrivé par grand effort de volonté à me tenir debout.

Parti pour Fougoumba, soutenu par mes deux Noirs, j'ai mis cinq heures, marchant à tous petits pas, pour faire le trajet, 6 kilomètres. A moitié chemin la nuit tombe, toute noire subitement; au même moment un orage qui rôdait sur la montagne de Yali, furieux, s'abat sur nous. Le sentier difficile déjà le jour devient impraticable, nous sommes perdus, noyés sous des torrents de pluie que le vent nous jette lourds comme des paquets de mer; les éclairs nous aveuglent; notre situation, sans danger mais pitoyable, serait d'un intérêt piquant, si ce n'était ma faiblesse extrême qui ne diffère presque plus de l'anéantissement. Je suis soutenu dans un brancard, mais le sentier est étroit, creux, raviné, tout en trous et en escaliers, obstrué de roches croulantes où je me heurte et que j'ai mille peines à franchir; je ne vois pas le Noir que je touche de la main; dans le vacarme des tonnerres ininterrompus et le sifflement des tourbillons qui nous harcèlent, il est impossible d'entendre la voix.

Enfin l'orage s'apaise, ou s'éloigne, nous passons le col, le village peu à peu se rapproche; cependant nous allions, je crois, commencer à nous égarer, lorsqu'un guide bien à propos a surgi dans la nuit noire; un des hommes que j'ai envoyés dès le matin préparer nos logements, Ibrahima, pensant charitablement à ma détresse, est venu en haut de la colline, sous un abri, guetter mon arrivée. Dès qu'il nous entend il allume une torche, ou du moins de la paille sèche qu'il tire de son abri et qu'il enflamme par poignées. Il apparaît au bon moment pour nous guider dans cette pitoyable navigation ; j'ai marché encore pendant une demi-heure pour atteindre Fougoumba cependant tout proche, sans lui j'aurais erré dans les mille sentiers de ces abords fréquentés ; et arrivant la nuit, — ce que je n'avais pas supposé, — j'aurais eu mille peines à découvrir dans le dédale des ruelles de paille et de purghères, les cases où je devais loger. Cet Ibrahima est un type de brave Noir comme on en voit dans les romans ; c'est lui qui en 1885 a rapporté à la côte un de mes agents qu'on avait empoisonné.

Ali et M'Bar auraient dû venir à ma rencontre ; je les trouve qui se chauffaient tranquillement, quiètement assoupis au coin de mon feu. Avant de tomber de lassitude et d'anéantissement, j'use le peu de voix bien éteinte qui me reste, à mettre à la porte ces deux serviteurs négligents. M'Bar, à la rigueur, pouvait ne pas s'occuper de moi, ce n'est pas dans son service, à chacun suivant ses capacités, mais Ali aurait dû venir ou envoyer, ou au moins tenir une torche allumée pour marquer le but et me guider vers ma case ; Maly (en 1880) n'y aurait pas manqué. Il est vrai qu'il n'avait pas d'ordre et je le malmène si vivement lorsqu'il prend de l'initiative, qu'il n'a plus de volontés ; c'est ce qui perd les tyrans ! Au surplus c'est ma faute, Ali est bon dans le conseil, très fin diplomate quoique idiot de vanité, mais il est nul dans l'action. Je vois bien qu'avec ces torrents d'eau qui chutent du ciel noir il n'est pas facile de brûler de la paille, mais c'est là affaire courante de nègre. Ce qui m'intrigue, c'est qu'au moment où nous avons aperçu la torche, une ombre s'est détachée d'Ibrahima et a disparu dans la tempête. Était-ce un guide? un lutin? ou la femme d'un voisin?

L'Almamy a quitté la ville ; — j'ai su depuis, que la colonne Audéoud, Le Chatelier, Radisson, forte de 106 hommes, arrivait à marche rapide et passait près de Fougoumba peu de temps après mon départ ; — l'Almamy contrarié de cette visite inattendue a fui une rencontre qui l'inquiétait.

La colonne est volante, avec le moins de bagage possible ; elle traverse le pays en coup de vent, comptant bien que le Foutah surpris n'aura pas le temps de se mettre en défense ; il s'agit seulement de produire une forte impression sur les Noirs qui croient leurs montagnes inaccessibles, et sur la France où l'on voudrait pouvoir dire que le Foutah est conquis. C'est ainsi que le public apprend chaque année pendant vingt ans la conquête, chaque fois définitive, du même pays. Et bientôt lassé de ces déceptions renouvelées, il accueille avec indifférence les faits d'armes décisifs les plus remarquables. Sans doute il est sage d'agir à coups répétés sur le même point, mais c'est vouloir perdre la sympathie de la nation pour les choses coloniales que de lui présenter indistinctement chaque opération préparatoire comme le succès définitif. — La nation aujourd'hui est d'âge à comprendre qu'une colonie, si l'on veut la créer de vive force, ne se conquiert pas sans peine.

Fougoumba est désert, réduit à ses habitants ordinaires, la cour et sa clientèle étant parties. Bakar Biro, le neveu, le conseiller, l'ami du roi et l'un de ses héritiers désignés pour lui succéder, vient me voir ; il avait essayé d'abord de m'attendre chez lui, mais je n'ai plus rien à négocier ici, j'ai tout ce que je désire, j'ai mes traités, je laisse les esprits dans l'état où je les voulais. Bakar m'apporte un peu d'or, je lui fais signe de donner ça à Allens; je n'en ai que faire, je lui en offre. Il est doux et poli, je n'aime pas beaucoup cette attitude, et j'en cherche en vain la cause, — ne pouvant imaginer la prochaine arrivée de la colonne armée qui doit être, si je compte bien, aujourd'hui que je connais l'événement, à trois ou quatre jours de marche d'ici.

Retour. Dès le matin j'ai envoyé mes hommes en avant sous la conduite d'Ali, et après une matinée de repos je pars à trois heures; nous nous retrouverons dans un village désigné. Bakar Biro m'accompagne avec ses amis jusqu'à deux kilomètres des dernières cases; nous nous séparons dans les meilleurs termes, lui toujours très doux, très ami. A l'ordinaire il est assez abordable, mais non pas réduit comme le voilà ; c'est évidemment l'annonce de la colonne qui le domestique de la sorte.

Parti à trois heures, j'arrive à la nuit dans une région occupée par des enclos isolés, distants les uns des autres ; j'entre au hasard et me repose dans une case. Il ferait bon dîner, mais mes deux Noirs n'ont pas d'argent, moi point, et la colonne est je ne sais où; je m'étends sur la banquette de terre qui sert de lit, et je regarde mélancolique mes Noirs tisonner le feu. Soudain sur ma couche je sens un corps dur, ce sont dans une poche inexplorée trois petites boules d'ambre ! Sauvés ! merci, mon Dieu! Nous prenons l'air assuré, le verbe haut, l'allure vive qui sied à des gens indépendants.

Hola ! hé ! qu'on nous serve, et promptement ; la fiction nourrit autant que le réel. Tout ce mouvement d'ailleurs reste intérieur, je n'ai ni le désir ni la force de manifester. Mes deux Noirs modestes et simplement achètent un peu de lait avec deux boules, ça nous suffit ; ils enchantent l'hôtesse en lui faisant cadeau de la troisième boule.

Le matin venu, elle nous donne du lait et un peu de grain, plus que la boule n'aurait pu en obtenir.

Je retrouve mes gens ; ils avaient pris une fausse route, mais n'ont pas eu de peine à découvrir la mienne ; revenus en arrière, ils ont parcouru la région en travers, croisant les sentiers, et ont bientôt trouvé celui où mes bottines à clous marquaient mon passage.

Je repasse par Diembouria, Guiuria, Bomboli et Broual-Tapais. Le roi de Timbi-Toumi me rejoint là ; il me renouvelle toutes ses protestations d'amitié ; il vient me chercher pour me faire parcourir l'étroit plateau où est construit le village, au sommet d'une montagne conique, dominant la région tout autour à une grande distance. Il me fait admirer son adresse à l'arc, plantant à quelques mètres de distance toutes ses flèches en un étroit faisceau, elles se touchent toutes. Il me montre au loin la route du retour ; au flanc de la colline, de l'autre côté de la vallée, il me signale un chaos mystérieux où jaillit une source, une source qui n'est connue, paraît-il, que d'*un seul* habitant de la contrée, ce à quoi il attache évidemment une idée de magie ; je ne peux m'empêcher de lui dire que chez les Blancs il y a une source encore plus fétiche : *personne* ne la connaît ! Il demeure saisi.

J'aurais gagné trois jours à passer directement par ce versant depuis Bomboli, mais Ibrahima voulait faire plus amples palabres, répéter ce qui a déjà été dit et répété; il réunit ses conseillers, ses amis, ses parents et nous unit: « Il aura peut-être été tué quand je reviendrai, ces amis continueront avec moi son œuvre. Il m'a vu déjà deux fois dans le Foutah, il a vu les trois missions venues de ma part, il a confiance en moi; il a habité la côte, il a l'habitude des Blancs, il comprend qu'il peut traiter avec moi; il souhaite que je m'occupe de son royaume. » Il se montre très ami, très confiant. Effusion réciproque; chacun est content de me voir installé dans le pays. Ainsi mon projet se réalise, ces gens s'attachent à obtenir mes conseils, s'offrent à suivre mes enseignements; j'ai touché le but.

Pita, Sentili (missida, village à mosquée). Baromètre 678. Nous franchissons le Kokoulo et diverses eaux.

21 avril, de Sentili à missida Saran. Baromètre 672. Nuit troublée par le cri strident d'un oiseau ou de quelque autre bête qui imite le choc brutal de deux cailloux se heurtant avec une régularité inexorable de quatre coups à la seconde, et cela dure pendant des heures; cette étourdissante vibration est insupportable, même à 100 mètres de distance.

Missida Saran appartient à modhi Oumarou, frère de tchernou Ibrahima, roi de Timbi. Pour y arriver, après avoir gravi plusieurs collines, nous redescendons par une brèche une falaise de 150 mètres de haut. Le missida est bien situé, au fond d'un cirque enfermant de trois côtés des champs cultivés, des prairies et des bois, le quatrième côté ouvert sur le pays en contre-bas.

Dans ce domaine qui lui appartient modhi Oumarou me reçoit mieux que je ne l'ai jamais été, il se montre attentif à mes désirs ; je demande un bain, il fait mettre aussitôt à chauffer au soleil, dans des calebasses, la quantité d'eau nécessaire et me fait apporter une large bagane, immense écuelle de bois qui me servira de baignoire. Il m'envoie, de sa cuisine, des aliments variés et à profusion, et me donne du riz en provision pour l'étape suivante. Ce riz n'est pas pilé, décortiqué ; piler diminuerait le volume, et pour des esprits nègres diminuerait l'importance du présent, la politesse garde sa nuance égoïste et ne va pas jusqu'à l'abnégation. Il me donne un mouton et imagine mille prétextes pour me retenir un jour de plus.

Son domaine est bon à voir, fertile, bien cultivé, clos sur trois côtés par de hautes falaises, il domine par le quatrième, jusqu'à l'horizon lointain, des vallons et des collines qui dévalent en contre-bas, à perte de vue. Fello-Dembi à Dionghasi, le domaine que le roi de Timbi m'a donné, est, me dit-on, beaucoup plus beau (?) et plus élevé.

Avec un peu de mélancolie et presque d'amical reproche, Oumarou me raconte les tribulations de l'Almamy, ou du moins m'en dit quelques mots discrets ; une troupe nombreuse, beaucoup de soldats, des officiers, ont, paraît-il, pénétré dans le Foutah par Sokotoro, sans en avoir demandé la permission (c'est la colonne Audéoud), ils n'ont pas prévenu l'Almamy qui cependant avait toujours bien accueilli les envoyés Blancs et qui vient encore maintenant de recevoir courtoisement la mission que nous avons vue à Fougoumba.

Aujourd'hui je vois le plan : capitaine Oberdof,

lieutenant Plat, docteur Fras, avec une forte escorte, arrivent par l'est ; le lieutenant Levasseur arrive par le nord tout seul, comme en pays conquis ; il est à Labé ; puis dans le même moment un fort détachement traverse le pays de l'est à l'ouest. Ce raid accompli par la colonne Audéoud-Radisson a été conduit avec une rapidité et une sûreté de mouvement qui rappelle les beaux coups du premier Empire ; avec de tels officiers on peut tout entreprendre. Pendant ce temps notre représentant à Boké, sur le Rio-Nunez, écrit à l'Almamy, gracieusement, que nos factoreries de la côte vont se porter en avant, vers lui, afin que le Foutah puisse s'approvisionner plus facilement. Ce plan fait honneur à l'imagination qui l'a conçu, mais il ne tient pas compte des difficultés à vaincre, non plus que des ressources de l'ennemi à utiliser.

Le capitaine Oberdof est mort en route, de la fièvre ; je m'en attristai profondément lorsque j'appris cette nouvelle à Fougoumba. La mission privée de son chef a fait de son mieux, certes, mais la tâche avait été mesurée pour trois, le capitaine spécialement, et ses deux lieutenants ; le lieutenant Plat, un tout jeune homme de vingt-trois ans, était au plus mal pendant les négociations, d'un accès de fièvre bilieuse ; le docteur Fras, à son grand honneur suppléant ses deux camarades, a porté seul double fardeau.

Il a été admirable de dévouement — ce qui est naturel — mais aussi, dans cette cruelle anxiété, admirable de présence d'esprit et de force d'âme. Le roi et les chefs du Foutah étaient irrités des propositions de la mission, il fallait beaucoup de tact pour demeurer en paix au milieu de leurs intrigues, il fallait plus encore d'habileté et de connaissance des Noirs pour faire jaillir la confiance qui se refusait, et obtenir que ces chefs acceptent dans leur âme des conditions que le plus souvent ils signent sans croire s'engager. Là était le but très difficile à atteindre, il ne m'appartient pas de dire s'il l'a été, je ne connais pas le traité rapporté, mais le docteur, que j'ai fréquenté pendant que son camarade était malade gravement, méritait de réussir. Ses soldats, nègres turbulents et inquiets, mal accueillis, se montraient impatients, il fallait les contenir; cependant son camarade était sur le point de mourir, lui-même était souffrant, et le souvenir tout présent de la mort du capitaine Oberdof pesait lourdement sur ses appréhensions. Il a rempli ses instructions sans défaillance, et soutenu la discussion de son traité avec la précision la plus méritoire. J'avais de l'admiration pour ce jeune officier, dans cette situation extrême, remplissant son devoir avec simplicité, ne cherchant d'appuis en lui-même que dans son dévouement à son devoir de soldat, à son devoir de citoyen envers sa patrie.

Le lieutenant Levasseur, malgré son mérite personnel, capable de surmonter les plus grandes difficultés, mais impuissant devant l'impossible, était dans des conditions particulièrement choisies pour être tué; pas d'escorte contre les malfaiteurs, sans défense contre le climat, n'ayant ni vivres, ni bagages, mis en route comme pour une promenade aux environs de Paris, arrivant dans le Foutah sans recommandations pour aucun chef et arrêté par le premier qui l'a rencontré. Plein de zèle et de courage il a triomphé des difficultés jusqu'au seuil du Foutah, mais là le voilà prisonnier, menacé de mort violente et mourant de faim. Le docteur secrètement lui fait parvenir quelques secours.

Le capitaine Audéoud et ses officiers ont conduit leur colonne avec le plus brillant entrain et traversé le pays comme un boulet de canon qui aurait de l'intelligence; la colonne sans bagages était dans une situation difficile, son coup de main fait honneur à ses chefs, mais il aurait suffi d'un hasard pour mettre ces braves gens dans l'embarras. Le Foutah cédera parce que nous avons pris Ségou et réduit la puissance de Samory qui formaient avec lui un faisceau de résistances, mais les entreprises au milieu desquelles je me trouve n'avancent pas le résultat proportionnellement aux sacrifices qu'elles coûtent; on s'entend par amitié ou par intérêt, on s'impose par la force, on n'avance guère par les demi-mesures combinant à demi ces deux moyens qui se contredisent mutuellement.

Voilà sept ou huit officiers en mouvement, exposés, une grande dépense faite, pour obtenir toutes les apparences d'une campagne utile, mais la valeur de l'Européen est seule mise en action, à ce plan il manque, à mon avis, de demander aux qualités, aux défauts, de l'adversaire une participation à la préparation du succès. Ces qualités auront le dernier mot dans notre lutte avec le Soudan, ce sont elles qu'il faut tout de suite nous attacher. L'initiative privée, dont je ne suis là cependant qu'un très modeste représentant, montre qu'elle peut tout obtenir des indigènes. Il ne s'agit pas de ma personne, tout autre Français à ma place en aurait fait autant; si Hecquard ou Lambert, qui étaient venus en amis, étaient revenus peu après à Timbo, dans le même esprit, ils auraient sans coups férir conquis la place, le Foutah aurait été notre allié dévoué il y a trente ans ; et par le seul fait de la supériorité de notre race, notre autorité serait bientôt demeurée la seule dans le pays. Et si nous avions ainsi possédé paisiblement les hauts plateaux relativement habitables du Foutah, le Soudan jusqu'au Tchad et au bas Niger serait province française. Mais chez nous il semble parfois que la conquête des colonies soit un passe-temps sans but ! Il est vrai qu'avec de pareils soldats on est trop tenté de faire la guerre.

Nous avons fait des campagnes admirables, belles autant par l'intelligence militaire qu'elles exigeaient et l'héroïque effort de nos soldats, que par les succès considérables obtenus, sur ces champs de bataille sans limites, contre le climat et contre les hommes, notre admiration doit suivre nos colonnes ; Faidherbe, Borgnis-Desbordes, Galliéni, Archinard ont fait des merveilles dont il faudrait publier le détail. Avec un petit nombre d'hommes décuplés par la valeur, le colonel Archinard a conquis l'empire d'Ahmadou, occupé Ségou, sa capitale, aux portes de laquelle le Sultan par deux fois avait fait attendre pendant dix-huit mois les envoyés officiels de la France. César dans les Gaules n'a pas eu plus de vaillance, et il n'avait pas le climat contre lui, mais il avait sa plume, *ses Commentaires* nous le font connaître ; les conquérants de notre Soudan ne méritent pas moins d'honneur. Officiers et soldats méritent plus que des éloges, ils méritent d'être réservés pour des champs de bataille défendus par des adversaires moins sauvages, je veux dire que par des hommes et non par des intempéries inexorables.

Je m'oublierais volontiers dans cet heureux séjour si

j'étais en Afrique pour mon agrément. Missida Saran est un site enchanteur, mais il ne s'agit pas de s'endormir ici, il faut aller, voir et rapporter. Il s'agit de dépenser sa vie activement comme un capital dont on ne veut rien laisser à la mort, et non d'en jouir comme d'un revenu, sans en épuiser la source ; c'est un bien viager, il n'en doit rester que des effets ; notre devoir, et donc notre but, est de le transformer tout entier en ces restes durables.

Je me suis mis en retard de huit jours par la dernière entrevue que j'ai accordée aux instances de tchernou Ibrahima, le roi de Timbi-Toumi, et le détour que je fais pour passer ici chez son frère ; mais je devais remercier Oumarou de l'accueil que j'ai reçu de lui à mon arrivée à Timbi ; je recueille en même temps un supplément d'instruction sur le pays par la vue de ce jardin si heureusement situé. Il faut maintenant que je parte, je le dis à cet aimable jeune homme avec les ménagements que méritent ses affectueuses instances et son air attristé : « N'as-tu pas ici tout à souhait ? » Il me montre dans l'ouest le chemin, — celui d'Hecquard, si je ne me trompe, — que je dois prendre avec le guide qui arrivera demain (diango) ; c'est le meilleur, le seul qui soit fréquenté, il passe par de bons villages. Mais je préfère prendre au plus court et reconnaître une autre route, puisque par ses renseignements je connais celle-là.

J'ai quelque peine à m'orienter, personne ne voulant m'éclairer ; cependant je lis sur les visages plus de joie quand je parle de l'ouest, plus d'inertie quand je parle du sud, cela concorde avec mon tracé : le passage est au sud ; je pars le matin comme j'avais dit, sans guide. Mes porteurs préféreraient rester, rester indéfiniment :

« Un village où l'on mange à discrétion, où les habitants pour nous sont en fête, où rien ne menace notre liberté; ce Blanc est barbare, qu'est-il venu chercher dans le Foutah si ce n'est pas ici? » Ils emploient leur naïveté à s'enfiler dans les sentiers qui ne vont pas du bon côté.

Au bout d'une heure, Oumarou ne me voyant pas revenir et reconnaissant que malgré le secret bien gardé le toubab sait le chemin, est pris de remords et, entraîné par un surcroît de zèle, il me rejoint avec une nombreuse suite. Il marche devant et me conduit toujours descendant jusqu'à la chute de Cambadaga, but de ma curiosité.

En passant par là je vois un sentier nouveau, et j'évite de monter et de redescendre, j'économise mes forces ; c'est le point important pour moi, car tout en allant mieux je ne pourrais monter les pentes si je n'avais mon brancard à deux porteurs ; je ne marche qu'à force de volonté, demeurant ensuite des heures sans voix, jusqu'à ce que l'excès de fatigue ait un peu diminué; je le dis comme un renseignement utile, c'est un état dans lequel tout explorateur s'est trouvé plus ou moins.

Mon estomac va mieux, il mange une fois par jour, cela me rend des forces ou du moins m'empêche de perdre le peu qui m'en reste; mais j'ai de vives douleurs dans la tête, conséquences de l'état général et des sauces excessives essayées pour séduire mon estomac.

La chute de Cambadaga est fort belle, comparable par la disposition des lieux à celles de la Handeck en

Suisse, mais d'un beaucoup plus grand volume d'eau, ou de Hrune en Islande; dans la saison des pluies elle doit être imposante et merveilleuse aussi par son air de ténébreux mystère. En amont, le fleuve étroitement encaissé ne laisse pas place au sentier, on le traverse à deux gués successifs, — de la rive droite à la rive gauche, puis de la rive gauche à la rive droite, — pour gagner par un étroit passage un observatoire en encorbellement, accroché à la falaise, en aval de la chute, mais presque au niveau des eaux supérieures. C'est un paysage de Hand-Island; la large rivière accourant d'une vive allure, subitement se dérobe par un sombre plongeon dans un immense puits de verdure. Sur le seuil béant, les reflets éclatants de la pleine lumière, brusquement brisés sur les eaux défaillantes, s'abîment dans l'obscurité sans fond et, remontant comme d'un mauvais rêve, semblent dans la brume soulevée fuir, sous la forme de fantômes, les ténèbres et l'effroi de l'inconnu.

C'est à peine si de place en place dans les parois à pic de ce vaste tunnel vertical, on aperçoit la roche vive, partout elle est noire de mousses et de longues herbes; partout elle disparaît sous les arbres enracinés dans les fissures, étagés depuis le fond de l'abîme jusqu'au jour, comme une forêt qui monterait à l'assaut. Le volume d'eau est celui de la Saône à Lyon.

Malgré que je sois bien fatigué, j'admire longuement cette violente nature. Fatigué, c'est-à-dire qu'avant de m'avancer au bord du vide, je suis resté un quart d'heure à terre, étendu sans forces, sans voix et comme mort, occupé à me reconquérir, ne voulant pas ouvrir les yeux à la magie enchanteresse de cette grande bataille de puissances, avant d'en pouvoir être pénétré et ressentir jusqu'au fond de l'âme toute l'émotion. J'ai été ranimé par la secousse. Le grondement qui s'élève du fond de l'abîme et ébranle notre observatoire nous donne la mesure de l'action, le bruit domine nos voix; à demi couché contre un arbre qui surplombe et retenu par mes Noirs, j'admire, je vis de tous mes sens. Oumarou ne comprend pas très bien, mais il marque la distance, il témoigne comme devant un sanctuaire que le Toubab possède des esprits mystérieux inconnus à pauvre nègre.

Non loin de là, sur la hauteur, est Dionghasi, le foulahsso le plus élevé de tchernou Ibrahima, près duquel est Dembi, le plateau qu'il m'a donné, où j'établirai des cases et des lougas (cultures).

De la chute je remonte bien douloureusement, à 3 kilomètres environ, au village de Kira, assez élevé, — baromètre 680 — et pittoresquement situé dans la verdure et les rochers. En route je traverse un campement de forgerons, dix ou douze petits hauts fourneaux en activité; de-ci de-là les cases des hommes, simples bonnets pointus de chaume posés à terre. Si je n'étais aux neuf dixièmes mort, je m'arrêterais là quelques heures, m'intéressant à cet ingénieux travail. Le chef vient me saluer; une bonne figure, intelligente, un corps vigoureux, fort, mais à l'allure pacifique, un ensemble qui fait plaisir à voir. C'est le maître de forge de cette ville noire. Je serre sa bonne grosse patte où se résume avec éloquence toute la force du continent africain que je rêve de conduire. Que faut-il? un peu de décision, choisir et penser pour eux.

L'humanité dans la race blanche n'est pas au terme de

son progrès, son développement atteindra dans l'avenir un degré plus élevé, mais notre race aryenne n'est pas appelée à parcourir tout ce chemin, elle a rempli sa tâche, épuisé la force de croissance qui était dans son germe. Depuis deux mille ans les plus grands esprits parmi nous représentent un même maximum, ils sont contemporains dans la série des âges, Alexandre, César, Napoléon sont des intelligences de puissances pareilles, Phidias nous est supérieur, Aristote comprendrait et accroîtrait nos découvertes ; notre savoir, notre érudition augmente, mais la puissance de notre cerveau n'augmente plus. Encore quelques milliers d'années et la race aryenne sera énervée dans la quintessence d'un perfectionnement à la limite de ses forces ; nous sommes une branche, nous ne sommes pas toute l'humanité. Il semble depuis deux mille ans que le progrès de la valeur aryenne se réduit à propager dans la foule, c'est-à-dire en quantité, les degrés acquis par nos esprits d'élite dont la qualité a cessé de croître.

L'avenir après nous appartient à une autre race, la race noire peut-être, d'une matérialité puissante et vierge, où le germe spirituel essaimé de notre esprit se développera avec une force nouvelle. Et lorsque les climats se refroidissant, l'Europe deviendra inhabitable, alors que notre race s'éteindra, le centre de l'humanité se rapprochera de l'équateur, dans le continent et dans la race noirs.

Les fins de l'humanité sont assurément en puissance dans son état actuel, et l'observation de son passé paraît nous indiquer qu'elle s'acheminera vers elles par l'avènement d'une race nouvelle; j'ai exposé dans un autre livre les faits qui l'annoncent, je n'ai pas à les développer ici. Malgré que ces fins soient loin de nous au point de nous laisser indifférents, il est certain que l'organisation de notre avenir prochain, de notre lendemain immédiat sera mieux assurée si elle se guide sur ce jalon inévitable. Les peuples disparaissent parce qu'ils méconnaissent la loi du développement de l'humanité et qu'ils veulent croire que le temps à venir est fixé pour toujours dans l'état présent; aujourd'hui encore nous sommes attachés à cette erreur, nous n'imaginons de progrès que dans les aménagements superficiels de l'humanité. La vérité probablement est que le progrès à venir se produira comme il s'est produit dans le passé par une modification profonde dans l'esprit humain au contact de deux races, l'une à son apogée, l'autre naissante. La nature prépare ses progrès en nous portant au-devant de la race noire, et notre tendance à coloniser doit s'appliquer à servir ces intentions.

J'ai donc fait route le 22 avril de Saran à Cambadaga, de Cambadaga à Kira.

23 avril, de Kira à Bouma. — Sentier accidenté, vue étendue, beaux sites de montagne. L'Almamy a fait prévenir les gens de Bouma qu'il allait passer un Blanc dans leur village, un bon Blanc, et qu'il fallait le bien recevoir: on m'apporte des bananes, du riz et des poulets. Cependant tout d'abord le chef avait essayé de me refuser des cases, espérant que j'irais plus loin et qu'il éviterait ainsi une plus grande dépense d'hospitalité; comme je paye les cadeaux qu'on m'apporte, les dispositions changent; avec deux boules d'ambre j'entame la défiance du chef foulah, menteur, peu généreux, qui pour éviter

un devoir onéreux prétendait que le village était pauvre ; il me conduit à une bonne case.

Je suis harcelé par un enfant, un malheureux idiot qui s'obstine à demeurer sur ma porte. J'essaye de faire doucement éloigner par les gens du pays ce hideux spectacle ; ils s'y prennent avec précautions, car la folie est fétiche ; ce sont néanmoins à chaque tentative des cris rauques, incohérents et sans fin ; et l'idiot revient divaguer, rêver, me parler, exercer ses lueurs d'intelligence que le spectacle inconnu de l'homme blanc paraît avoir réveillé.

24 avril. — De Bouma à Mangô, 7 kilomètres, sud-ouest, temps couvert bon pour la marche, mais je suis d'une faiblesse indescriptible, mon estomac n'accepte rien : poulet sauté, poule au riz, sauce d'herbes du pays, bananes cuites au miel, pilules d'opium, tout le décourage. J'ai de violentes douleurs dans la tête.

Demain je descendrai en le contournant le Calley qui me conduira jusque dans la plaine, j'éviterai en passant par là de monter, puis redescendre ce contrefort. Le sentier est formé d'une série d'échelles accrochées au flanc de la falaise ; les bœufs ne peuvent y passer, nous avons tué le nôtre. Baromètre à Mangô, 675.

De Mangô nous descendons par ce sentier étrange ; il suit le lit d'un ruisseau qui coule à l'intérieur du rocher, dans de longues fissures ou grottes aplaties, surbaissées, bâillant sur le vide (*); d'une fente à l'autre, rejeté en dehors par la roche fermée, il porte sur des échelons de bois fichés dans la falaise, suspendus en claire-voie au-dessus de l'abîme. Nul danger, les gens du pays ont mis de bonnes palissades en bambous et les échelons par endroits sont reliés entre eux et recouverts par des lianes serrées qui cachent le précipice. Parfois le pied hésite sur les barreaux trop espacés, tandis que la main erre sur la

rampe incertaine formée d'une liane flottante ; le regard glisse le long de la surface lisse de roche et descend tout d'un trait jusqu'en bas. L'impression de vertige que l'on ressent n'est cependant pas africaine, on se croit dans les Alpes, on oublie le nègre et l'on se trouve à l'aise.

Dans l'intérieur profond des fentes, à l'ombre noire, la fraîcheur de l'eau courante me déprime, la tête me tourne de faiblesse et je reste là dans cette caverne, oublié de la vie, à faire l'homme préhistorique. Je mets une heure pour descendre cet escarpement; en Suisse je montais le double de hauteur dans le même temps.

Sur le talus au pied de la falaise le baromètre marque 714, on domine encore la vallée.

Le sentier suspendu, la muraille vertigineuse, la vue sur la vallée du Kokoulo, tout est fort beau. Suivant toujours le haut du talus nous allons coucher dans des cabanes de bergers à 7 kilomètres de là.

26 avril. — Le sentier s'écarte peu de la longue et haute muraille ; nous traversons des groupes de cases où l'on refuse de nous loger : les hommes, dit-on, sont absents, il ne reste que des femmes et des captifs; je crois comprendre que ces gens sont du parti Alphaïa opposé au roi actuel qui est Sorya. Plus loin à Bocomps on nous reçoit gaiement et on nous loge, baromètre 732. On m'apporte des prunes jaunes à gros noyaux, goût de pêche à la térébenthine, saveur styptique, bien accueillies par l'estomac.

J'aurais des impressions à donner au sujet de l'extrême faiblesse qui m'a tenu accablé pendant mon séjour dans le haut pays; maintenant je vais mieux grâce aux pilules d'opium, à la satisfaction du résultat obtenu, grâce à la joie de vivre peut-être tout simplement; mais je suis encore à la limite du néant, le moindre effort m'accable, mon estomac et mon intestin empoisonnés au départ sont restés dans un état pitoyablement douloureux, qui a épuisé mes forces plus que les petites contrariétés du voyage.

On me dit en route que des Français, deux cents hommes armés, avaient pénétré dans le Foutah du côté de Timbo (nous savons maintenant que c'est la colonne Audéoud, Le Chatelier, Radisson, cent six hommes). On me dit aussi que l'Almamy et ses vieux conseillers, très mécontents, avaient donné l'ordre de refuser vivres et cases à la mission Fras et Plat, ce qui mettait ces jeunes gens dans un grand embarras du côté de Timbo. Histoire de Noir, je ne crois pas la mission bien embarrassée.

L'Almamy prétend, me dit-on, qu'il ne veut pas permettre aux Blancs d'ouvrir un chemin dans ses États, parce que les Blancs font de la musique, font sonner les cloches, toutes les femmes iraient chez eux et les Noirs n'auraient plus rien. Où a-t-il vu ça, ce gros réjoui? C'est, je suppose, un écho mal propagé de la poésie de nos clochers. J'avais toujours pensé que le Foutah était un pays avancé !

Cette plaine du Kokoulo est une voie de pénétration tout indiquée, il est facile d'y tracer une bonne route en pente douce pour gagner le haut pays ; depuis hier mon œil en trace la courbe. Le Calley n'est qu'un sentier de contrebandier ou de touriste ; ma maison à fello Dembi sera le poste avancé dominant la plaine du haut de cette forteresse que forme le haut Foutah.

27 avril. — De Bocomps à Leguéguél, au pied d'une montagne isolée, pointue, du même nom, élevée comme le touldé Paray et tant d'autres à parois à pic; 12 kilomètres, baromètre 732, nous marchons donc à peu près à plat. Ce village est un peu sur le côté de notre route,

mais il nous attirait parce qu'il appartient au roi Ibrahima; nous y sommes bien reçus. Nous sommes sur la rive droite du Kokoulo. Le Kakriman est derrière les falaises qui sont sur notre droite. Guémé-Sangan, mon domaine diallonké, est sur la rive droite du Kakriman, un peu plus bas, en aval; nous arriverons bientôt au confluent du Kokoulo et du Kakriman.

J'ai mille peines à achever ma route pour gagner Leguéguél, mes hommes me portent comme un paquet à la traversée des torrents. Je reste là le 29 pour me reposer, je suis à bout; ce repos, quoique troublé par les douloureuses exigences de mon intestin délabré, m'a rendu un peu de force.

30 avril. — De Leguéguél à Colla, environ 9 kilomètres. La vallée court est-ouest, le soleil suit la falaise; j'ai moins souffert pour cette course. Colla est à un kilomètre du pied d'un touldé remarquable, isolé, en travers de la vallée, touldé Gaïla; en ce point où nous sommes il a nom Guémédy. Nous continuons à marcher à plat, le baromètre reste à 732.

Le chef de case est un propriétaire cossu, il a provision de tout; il fait le tisserand et le teinturier. Il me reçoit avec plaisir. Je mange un peu de moelle jaune farineuse de netté frais, avec du lait et du sucre et même sans rien; c'est assez bon; le netté est un très grand arbre, assez commun, il offre plus de farine que les indigènes n'en peuvent consommer, c'est une manne inépuisable.

Une vieille femme bien intentionnée m'apporte de la sauce d'arachides, je ne puis refuser et je fais un cadeau; mais tout est malpropre, vieille bagane au lieu de blanche calebasse, vieux léfa noir taché de cendre incrustée dans les pailles mouillées de sauce. Le lendemain, ayant recommandé qu'on me choisisse une jeune et jolie cuisinière, j'ai un service propre, la sauce est bonne, mais fortement pimentée.

A 9 heures du soir (29 avril). — Grande bataille nocturne. Kankou a donné de l'ambre à une femme du village et pris rendez-vous. A l'heure dite, au lieu des joies qu'il savoure d'avance, il trouve la belle agitant un sabre et le mari armé de son fusil, l'abord n'est pas engageant ; colère, vifs propos et tout de suite la bataille. Les deux hommes sont forts, on casse tout, la femme crie, au tapage tout le monde accourt : camarades et gens du village se déploient dans le pré, les gamins forment la galerie, excitant les partis. C'est un vacarme qui roule par la plaine, une clameur qui s'étend jusqu'aux montagnes, on entend des cris de toutes les couleurs. Enfin ça se termine sans trop de dommage, quelques yeux pochés, lèvres fendues, dents cassées ; il n'y a pas de sang versé.

Le lendemain matin (30 avril), le roi de la région et son conseil arrivent à la première heure, il faut palabrer ; ça dure tout le matin. Notre cas, pour n'être pas nouveau, car c'est à chaque étape plus ou moins la même chose, n'en est pas moins mauvais. Je plaide sobrement : « Kankou, mon homme, est allé avec confiance, sans armes, au rendez-vous offert, il a trouvé le ménage au complet, hérissé et même agressif, c'était donc un piège, etc. » On veut pour le moins amarrer les coupables, la femme et Kankou, et les frapper : des coups méchants, la torture à mes hommes, jamais ; je n'accepte pas cette solution. La mort, la simple mort, ce ne serait rien, mais le supplice, non !

L'organisme a horreur de la souffrance qui détruit, mais non de la mort accomplie ; la souffrance garde la porte, si l'on entrait dans ce palais du sommeil par une jouissance rare, les hommes furtivement quitteraient ce monde, dans quinze jours il n'y aurait plus personne.

Pour faire diversion à cette sentence, qui est si normale dans les habitudes du pays que les condamnés eux-mêmes ne la discutent pas, j'accumule tous les torts sur le mari, cela retient tout de suite l'attention ; il est soutenu par la sympathie générale, il sera facile tout à l'heure de le dégager. On décide en effet, pour éviter de le condamner tout de suite, qu'on enverra juger le cas difficile à Timbo, — la haute cour, — et qu'on va procéder à l'enquête, écouter les dépositions pour connaître tous les délinquants. J'accepte et je m'associe à ce beau mouvement parlementaire.

Je fais observer cependant que tous ces rustres ensemble, quoique acteurs dans l'affaire, mais trop occupés à se battre pour avoir pu juger de l'ensemble, n'apporteront pas au débat des lumières nouvelles après que l'assemblée, composée d'aussi grands personnages, — qui n'ont rien vu, il est vrai, mais qui ont sans doute tout compris, — a su établir les responsabilités. Il est juste et bien pensé de faire une enquête, mais évidemment c'est complètement superflu.

L'intérêt se resserre ; l'avocat du roi, ministère public, une tête de rageur, parle pendant vingt minutes, non sans ampleur et avec une grande variété d'intonations. Comme il répète tout le temps la même chose, je n'ai pas de peine à reprendre son discours : *Aguéliké*, *Aguéliké !* mes Noirs à la rescousse se récrient en chœur.

Aguéliké! répètent tout bas les Noirs de l'endroit entraînés par le mouvement. Décidément le Blanc n'est pas comme le pauvre Noir, il sait tout, il voit tout, nous sommes bien heureux qu'il nous laisse la vie.

Le chef, le roi, un vénérable bonhomme à l'air pacifique, bienveillant, et de cette intelligence que donne la bonté, dit au milieu du silence quelques mots que je ne comprends guère, mais il suffit; je conclus. Le roi a parlé en roi, en père, en homme digne du pouvoir qu'il exerce; en deux paroles il a fait jaillir la vérité, tandis que son bavard d'avocat, pour le plaisir de se faire valoir au risque de troubler la paix des consciences, a plaidé pendant une heure à tort et à travers. Honneur et encore honneur au roi, au chef, au père de cet heureux village; il a dit, — je ne sais pas ce qu'il a dit, mais je vois bien dans son œil qu'il n'aime pas les complications, — il a dit que la femme ayant rendu l'ambre qu'elle avait reçu de Kankou, nous devions restituer le sabre et le fusil dont mes hommes se sont emparés, et que nous devions payer les *baganes* (écuelles de bois) fendues. Tout cela est juste, admirablement compris. Je paye ces divers objets la somme énorme de deux francs; nous sommes les meilleurs amis du monde.

Mais j'ai perdu trois heures en bonjours, présentations, préséances, — car il ne s'agit pas de plaisanter, — et discours. Le mari, après l'audience à laquelle il assiste assis sur ses talons près de la porte, place infime des accusés au seuil du prétoire, vient me voir; il est content : « Nous nous sommes battus, tout est bien, c'est fini. » Il a une bonne figure, mais quel gaillard! Chacune de ses cuisses est grosse comme moi. Je ne comprends pas qu'il reste autre chose que fil et miettes de ses adversaires. Il est vrai que Kankou est leste et trapu, et ses camarades, un peu plus nerveux par métier que ces placides paysans, vont plus vite en besogne. Que pense la femme? c'est le mystère que connaît seul M. Paul Bourget.

Ce matin à l'aube je demande à Kankou le récit véridique et complet des événements ; il ne se dépense pas en paroles inutiles, son discours part et s'achève dans la même phrase : « J'avais donné de l'ambre à une femme pour... le soir, et le soir à l'heure convenue, elle n'a pas seulement voulu... (des points pour la brièveté technique de Kankou)..., le mari est venu avec un fusil, alors la bataille a commencé. »

Je vais mieux, je mange un peu, mon estomac supporte ce que je lui donne. Est-ce l'effet, depuis mon retour dans la plaine, du climat plus chaud, de la température plus égale, de la pression plus haute, ou de l'alimentation plus variée? J'ai mangé des fruits frais des bois, dont quelques-uns très bons. J'ai fait assaisonner ma cuisine avec tous les piments, oignons, herbes diverses du pays, et au lieu de viande fraîchement tuée, dure à l'excès, j'ai trouvé souvent de la viande à point. Les heures de marche me coûtaient mille souffrances, ici j'achève moins difficilement l'étape.

La brosse à dents du chef de case mérite une mention, c'est une tige de bois longue d'un mètre, dont les fibres, au bout, échevelées par l'usage, forment un dur pinceau. Le chef appuie cet outil contre le mur, à sa portée, comme des pincettes au coin de la cheminée; lorsqu'il veut s'en servir, il en frappe le pilier voisin, d'un geste sec et déterminé, pour chasser le vieux jus resté dans les fibres, et brandissant de loin l'engin contre lui-même, il se frotte les dents avec le bout. C'est le soin de la bouche et c'est un maintien.

Partout à la côte depuis Dakar, on emploie ce frottoir, mais court, on en vend même à Paris ; il est fait d'un bois fibreux et antiseptique spécialement convenable à cet usage. Les Noirs sains ont de magnifiques dents de jeunes chiens, ils les fourbissent à tous moments avec ce pinceau dur qu'ils mâchonnent constamment ; dans leur face noire, la raie blanche de leurs belles dents, au milieu de leur gueule rose, marque leur rire d'un éclair appétissant.

Mes hommes préparent du miel battu avec de la moelle de netté, le mélange forme une marmelade jaune qui a exactement l'apparence et le goût de la marmelade d'abricot. Mais les effets sont une surprise ; à la température de l'estomac une fermentation active se développe, l'acide carbonique gonfle ce sirop épais et le soulève en masse, ne pouvant s'en dégager, et il le projette au dehors. Fâcheux départ, mais sans aucun malaise ; l'estomac n'a d'autre angoisse que de se sentir dévalisé, à son grand regret, malgré lui ; il n'a pas souffert et ne s'est pas contracté ; — le procédé pourrait être utilisé contre le mal de mer, ce gonflement immobiliserait les parois et les sucs de l'estomac ; on pourrait en obtenir l'effet au moyen d'un ballon de mince caoutchouc que l'on gonflerait d'air après l'avoir introduit. — Mes Noirs n'éprouvent rien de semblable, ils avalent cependant d'énormes calebasses de cette marmelade.

Deux envoyés de Tchernou Ibrahima nous rejoignent ; le bruit de la bataille de cette nuit est parvenu jusqu'à eux dans le village où ils ont couché. Ils me donnent divers renseignements sur les routes du pays.

30 avril. — De Cola à Gaïla. Gaïla est à l'autre bout du massif isolé dont il emprunte le nom ; le sentier, est-ouest, 8 kilomètres, longe le pied de cette montagne.

On m'apporte douze mangots qu'on est allé me chercher dans un village éloigné, c'est une primeur à cette époque ; mon estomac leur fait un accueil avide et je m'en trouve réconforté.

Il pleut avec tonnerres et violence d'orage presque tous les jours vers trois ou quatre heures du soir ; ce soir le torrent que je viens de traverser à sec et qui descend du touldé Gaïla roule pendant des heures, après l'orage, un bruit formidable, son lit déborde, puis il est de nouveau à sec.

1er mai. — De Gaïla à Yourgui, 20 kilomètres, nous marchons pendant plus de cinq heures, de six heures et demie à midi ; le temps couvert m'est propice, et lesté de mes douze mangots je fais la route facilement. Nous sommes à quelques centaines de pas du Kakriman, — rive gauche ; — Sarésing est en face, sur le bord même de la rivière, un peu en aval. On me dit que l'eau n'est pas assez régulière pour que l'on puisse descendre la rivière en pirogue, mais que si c'était possible on en profiterait avec plaisir.

Étant relativement dispos, je me laisse conduire par notre prétendu guide, le représentant du roi qui m'accompagne jusqu'à la limite de ses États, car j'ai besoin d'encourager ce personnage dont l'influence m'est utile ; mais il erre en zigzag et finit par me demander si je n'ai pas une idée sur le chemin. Quand je suis à demi mort et plus pressé d'arriver, je vais tout droit sans l'écouter, je connais le chemin mieux que lui. C'est, je crois, le moment de m'ouvrir un passage par la rive gauche, sans traverser le Kakriman, alors que les ordres stricts et l'intérêt de notre subsistance veulent que nous suivions la grande route, rive droite. Nous traversons Kabélé et d'autres petits villages, des cases éparses peu hospitalières. Du fond de la plaine, un vieillard tout branlant arrive sur mon passage; il tient à saluer le toubab qui traverse son canton; comme salut de bienvenue, il m'apporte miel et cossam (lait tourné); à la béatitude de son urbanité, je vois tout de suite que c'est un homme d'avant la révolution.

La température s'élève, j'ai 32 degrés dans ma case, à deux heures; la pluie nous rafraîchit, son eau a 22 degrés; la nuit j'ai froid avec plaid et fourrure, je prends l'édredon. L'édredon est utile, dans le bagage, il n'est pas lourd, bien serré il n'est pas volumineux; dans les haltes il me sert d'abri épais contre le soleil; en route, plié autour de ma caisse de chocolat, il empêche mes tablettes de fondre au soleil et de se transformer en nougat d'étain et de papier, comme cela m'était arrivé en 1879.

Rencontré une grosse femme, jeune, qu'on allait vendre(*). Elle avait l'allure uniforme de quelqu'un qui fait comme tout le monde ce qu'il a à faire. Pour l'attacher, son maître emploie un procédé bien simple ; il lui fait autour du cou un nœud coulant avec une lanière d'écorce; le bout de cette corde raide relevé en arrière forme une large anse de panier en venant se rattacher au paquet que l'esclave porte sur la tête. Si la pauvre femme essayait de fuir, son maître, qui marche sur ses talons, la saisirait bien vite par l'anse, et s'il la manquait, la course brusque ferait tomber le paquet qui serrerait le nœud coulant.

Nous approchons peu à peu, je ne serai pas fâché de sortir un instant de cette négraille, forme indécise de l'homme, d'un instinct animal plus affiné, mais d'une intelligence embryonnaire. Leur nez en bouton de culotte est un reste de museau, ils ont besoin de temps en temps d'étirer cet objet pour y faire pénétrer l'air, c'est un essai de nez. Ils mentent, ils volent, sans être pour cela voleurs autrement que ne le serait un animal.

Pour ne pas perdre patience et obtenir de leurs précieuses qualités le très grand parti que l'on peut, que l'on doit en tirer, il faut considérer ces êtres pour ce qu'ils sont et non pas comme s'ils étaient de notre race.

De Yourgui je me dirige vers le confluent du Kokoulo et du Kakriman en continuant à suivre la rive gauche de cette rivière malgré les avis opposés. J'étais arrivé à écarter tous les prétextes, toutes les mauvaises volontés, et enfin à me mettre en route malgré les gémissements du guide royal qui a des instructions formelles et doit me faire passer par les bons chemins ; — ce que je trouve inutile, c'est du temps perdu, puisque pour les connaître je n'ai qu'à m'informer auprès de ceux qui les fréquentent.

J'allais peut-être toucher au but, ou du moins déjà à l'horizon, au bas de la vallée, je pressens le confluent ; de son aspect je pourrai déduire plus d'un renseignement. Mais arrivé dans un groupe de cases délabrées, occupées par des bohémiens de la race nègre, ce qui est vraiment aux confins de l'humanité, je ne trouve plus d'indication d'aucune sorte, la brousse haute pousse là tout autour de ces ruines, elle enserre ce gîte ; des amorces de sentiers semblent la pénétrer, mais ils se terminent à vingt pas.

Je fais interroger ces autochtones ; ils ont l'immobile entêtement des choses, rien n'existe pour eux que le moment présent et l'endroit où ils sont. « Où est le sentier pour aller au fleuve ? par où allez-vous chercher de l'eau ? » Ils montrent le sentier par lequel nous sommes venus. « Où est la suite, après le village, pour aller plus loin ? » — « Il n'y a pas de suite ; pourquoi une suite ? » et à leur air de bêtes refrognées, on comprend bien que s'il avait été possible de se réfugier plus loin, ils y seraient allés. Cet homme blanc est singulier, disent leurs grands yeux fixes, il ne voit pas l'évidence ; il n'y a que le diable qui puisse penser à dépasser le village, vers ce fond perdu. Mon guide naturellement est de leur avis ; il n'est déjà venu jusque-là que bien malgré lui, en gémissant, suivant par force, mais en protestant, le sentier où je poussais ma caravane.

Je n'ai plus d'autre indication que celle de ma boussole ; en suivant du regard la longue montagne sur le côté qui indique la direction des eaux, je rejoins par la pensée, à vol d'oiseau, le confluent, mais de passage, point. Je ne suis pas content, car ces bohémiens doivent aller à la rivière pêcher du poisson : par où passent-ils? la coulée par où ils s'enfilent dans le fourré est invisible; mais ce qui est visible, c'est que si je la découvrais, ces gens troublés dans leur repaire pousseraient des cris et mettraient le feu aux herbes ; il faut renoncer. Mon guide profite de la situation, s'attache à l'obstacle, accumule ses discours de Foulah. Je le fais taire, parce que sa plaidoirie est la base de la résistance générale, mais il grogne en sourdine ; gens et buissons restent fermés, les chiens deviennent hostiles. Tout ça n'est rien, mais je suis las, fatigué de la tête aux pieds, faible et misérable, peut-être serai-je obligé tout à l'heure de me faire aider; je n'ose pas passer outre, risquer mon être dévalisé plus avant dans l'incertain; je rends la liberté à mon guide importun.

Il se retourne aussitôt et trotte en avant; mes porteurs en file indienne font volte-face, les longs paquets qu'ils portent sur la tête tournent avec ensemble comme autant d'aiguilles aimantées dont on aurait renversé les pôles; le mouvement s'exécute comme à la parade, c'est toute la consolation qui me reste. Nous avons vu ces bohémiens, mais nous avons fait trois fois plus de chemin que si j'avais suivi comme une bête la grande route. Je manifeste un peu de mécontentement à Ali qui s'est fait le complice du représentant du roi; il dit, piteux, que jamais aucun Blanc ne l'a traité de la sorte, qu'il aimerait mieux cinquante coups de corde!

Nous revenons au Kakriman; un barrage resserre et divise le courant en plusieurs passes, la principale est traversée par un pont de lianes à fleur d'eau et même sous l'eau quand on y passe. Mes Noirs accourent du plus loin, posent leurs paquets, plongent comme des tritons, se faisant rouler d'amont en aval avec la chute, dans les tourbillons. Pleins d'une sollicitude de chiens dressés, ils nagent tout autour du pont, prêts à me repêcher. Le pont est une ficelle large comme la main, elle enfonce à mesure que j'avance, j'ai du courant plus haut que les genoux ; Kankou, qui nage à côté, pour me montrer la profondeur et m'inviter à ouvrir l'œil, se laisse couler jusqu'au fond de la rivière, ses mains élevées au-dessus de sa tête, il disparaît. Sa démonstration ne fait qu'augmenter mon envie de plonger aussi, ce serait si bon de rouler là-dedans, pêle-mêle, avec les flots tordus, frictionnants, contondants, magnétiques, et je l'ai fait si souvent dans les rapides du Rhône, à perdre haleine ; mais je crois qu'ici, à ce soleil fiévreux, ce serait un tout petit peu mortel. Quatre Noirs se tenant par la main s'échelonnent du bord sur la balançoire et me font une amorce de rampe. Sur la rive droite est Sarésing.

Le Kakriman montre ici un joli bout de cours d'eau arrosant une étroite vallée et resserré en amont entre deux falaises, rive droite et rive gauche ; en amont et en aval son cours est intercepté, dit-on, par de nombreux barrages de rochers.

Le chef du district vient me voir ; un bon vieux du pays me conduira diango (demain) en pirogue jusqu'au confluent du Kokoulo, c'est là tout près, il me le fait voir parce que je suis ami de tchernou Ibrahima, son roi.

Sarésing entre les arbres, sur la berge rive droite, est un assez pauvre endroit, cabanes misérables ; contigu en amont est le territoire de Guémé-Sangan dont l'Almamy et ses grands électeurs m'ont octroyé la propriété ;

là j'installerai mon premier village (1). Il sera bien situé; la plaine, assez étendue sur le bord de l'eau, entre la montagne au loin et le Kakriman, est fermée en amont par la falaise qui la contourne et vient rejoindre la rivière. Je serai à l'aise, j'aurai des communications faciles de tous les côtés et une sécurité suffisante; pendant l'hivernage mes colons habiteront sur le plateau, en haut de la falaise, où ils seront relativement au sec.

D'après ce que j'ai vu de cette rivière à Télibofi en 1880, ce que j'en vois ici, ce qu'elle est à Tormoso et ce qu'on m'en dit, je pense qu'il me sera facile avec un peu de travail d'organiser un service de pirogues dans des biefs très longs.

Yourgui, rive gauche, et Sarésing, rive droite, sont deux villages de Saraccolets, marchands de bœufs et de quelques autres articles. Sansendig, tout voisin en aval de Sarésing, est le village du chef de l'endroit, car on ne saurait vivre sans un chef chargé de penser pour tout le monde. De Guémé-Sangan à Télibofi deux jours et demi pour un homme sans paquet, même distance vers l'ouest jusqu'à Orévendo. Nous sommes ici à égale distance de Fougoumba et de Rio-Pongo.

Le chef m'a apporté hier le quart d'un bœuf, je lui envoie ce matin une caisse de sucre, il ne me coûte rien

(1) Le gouvernement ayant étendu son protectorat sur le Foutah, je dois obtenir son agrément, faire confirmer ma conquête, sinon je pourrais être dépossédé sans façon, administrativement; j'ai donc demandé au Sous-Secrétaire d'État qu'il voulût bien ne pas me déposséder de ce coin de terre que j'ai arraché avec tant de peine à la défiance du Foutah; je n'ai pu obtenir aucune réponse écrite ni verbale, ni oui ni non. Je peux m'installer, si l'endroit est mauvais on ne me le disputera pas; s'il est bon, on me mettra dehors. Si j'étais Anglais ou seulement Chinois, le ministère me reconnaîtrait.

maintenant d'être généreux, je n'ai plus que quelques étapes à faire.

A Sansendig je devais trouver le vieux qui est propriétaire d'une pirogue, mais il n'est pas là, rien n'est prêt, il faudrait palabrer, demeurer deux ou trois jours, nouer des relations d'amitié ; il me faudrait envoyer chercher d'autres pirogues en amont ou en aval, car une seule ne suffirait pas ; celle du bonhomme a l'air d'un vieux pot de fleurs. Si ce n'était que pour le plaisir, je naviguerais à cheval sur un bambou ; — quand j'étais au collège j'avais à Asnières un bateau cylindrique de ce genre, à demi sous-marin, il avait la forme d'un tuyau de poêle terminé en pinceau ; très fin contre le courant, mais plus instable que le cœur d'une jolie femme ; — comme il n'y a pas de caïmans, je pourrais me contenter de la pirogue délabrée, j'ai tout exprès amené dans ma troupe des matelots Manjacs, les piroguiers de la côte ; mais je vois bien des obstacles, sans compter mon guide, le représentant du roi qui me paraît désireux de ne pas aller sur l'eau.

J'explique à Ali et à Allens que je veux reconnaître la route rive gauche et le cours du fleuve, ou la nature des obstacles, s'il est vrai qu'on ne peut pas passer, afin de combiner toutes choses dans l'intérêt des intentions du roi Ibrahima ; il m'est inutile de passer par la rive droite, tout le monde la connaît. Ces deux niais, bêtes comme des chiens bâillants, ont l'air de comprendre, quoique vaguement. Mais ce sont là des subtilités, la lueur d'intelligence éveillée pendant que je parle ne fait que paraître et disparaître, elle étouffe sous l'épaisseur de leur pensée végétative. Ça ne pense qu'à manger ; « le pauvre vit de ce qu'il mange », comme on dit dans mon pays, le nègre aussi ; ils ne veulent donc pas quitter la ligne des villages. Voilà beaucoup de temps perdu, c'est assez, le pire est de tergiverser, partons. Je m'abandonne à mon guide qui triomphe, le nègre !

A neuf heures et demie nous nous arrêtons dans des cases éparses, temps découvert, soleil clair. Le guide n'est pas content de sa ration ; il imagine d'aller à quelque distance de là conter sa peine à un vieux qui se dit propriétaire des cases où je m'abrite et des esclaves qui les habitent ; ce vieux m'apporte du lait et les lumières de sa conversation, il finit par me recommander le guide royal ; c'est, dit-il, un personnage. Je ne lui réponds rien ; il a du mécompte.

Passe un chasseur, dans sa tournée il a tué un cobra. J'en ai rencontré un hier tout en travers du sentier, petit, noir, sineux, il dormait ; j'aurais pu de mes gros souliers à clous lui broyer la tête, mais à quoi bon risquer? j'ai fait comme mes Noirs, enjambé sans le déranger.

Nous passons près d'un grand arbre qui porte tout en haut des melons, de gros melons semblables à des cantaloups. Lorsqu'on voit ces melons là-haut, à 10 mètres au-dessus de sa tête, et d'autres à terre, lourds, massifs, durs, pesant des kilos, on ne s'attarde pas sous l'arbre à se réciter la fable de La Fontaine. La dimension et l'apparence seules sont du melon ; le dehors est en bois ou du moins formé d'un réseau dur, très serré, l'intérieur est rempli de petits grains comestibles, mais il faut plusieurs jours pour cuisiner l'objet, casser, laver, sécher, faire fermenter, cuire, et reprendre, etc., opérations très savantes. Je mange des figues, pauvres de goût, qui poussent en verrues à même le tronc lisse et nu d'un grand arbre.

Ma case est un bonnet pointu en paille posé à terre, c'est la forme la plus élémentaire; des grenouilles rainettes, crapauds divers, habitent à l'ordinaire dans cette paille, si bien qu'au soleil couché une musique infernale m'éclate dans les oreilles et dure une partie de la nuit. Qu'y faire? Je bats ce buisson, mais je ne gagne rien que de me faire tomber des grenouilles froides dans le cou; je me replie sous mon châle, traqué par ce tintamarre.

4 mai. — De ces cabanes à Syrhéa, 20 kilomètres environ, à l'ouest un peu sud. Nous traversons une région de collines et touldés, hauteurs à pic, limitée sur la droite à des montagnes coupées en falaises qui accompagnent notre direction. Le sentier descend ou monte peu, il est souvent à l'ombre sous bois, parfois sous des bananiers cultivés; quelques ruisseaux creux à traverser, en somme route large et facile à pied, à cheval, praticable à l'artillerie.

A Syrhéa, bonne hospitalité, mes hommes achètent du riz; les gens du village, des captifs, apportent patates et bentaras. Je voudrais manger du manioc sec pilé en farine et pétri avec du cossam (lait tourné), mais je n'arrive pas à posséder les deux ingrédients simultanément; hier j'avais cossam, le manioc a été jugé par mes cuisines improprement pilé, on l'a remplacé par du foügni; aujourd'hui j'ai du manioc bien pilé, mais pas de cossam; j'en envoie chercher dans un village voisin, *Ouro*, cases de bergers; mais ces paysans font des difficultés pour accepter mon ambre, il est trop mat, il est trop transparent, il ne l'est pas assez, etc.

Demain nous devons arriver au confluent du Kakriman et du Konkouray. Baromètre, 735.

Le Foutah bien admininistré rendrait facilement, pour commencer, 500 mille francs d'impôts, la perception organisée dans les habitudes mêmes du régime actuel fonctionnerait tout de suite. Il n'y a qu'à le mettre en valeur.

Je rencontre un petit groupe de huit captifs portant divers produits; ils ont l'air contents de vivre. Plus loin une caravane royale escorte un chef en promenade; en nous croisant, le chef quitte le sentier et fait ranger ses seigneurs : « Voilà le Blanc, dit-il en me désignant, regardez-le bien : il est plus roi du Foutah que l'Almamy. » C'est dans l'air; depuis douze ans, tous les jours ils entendent ma parole, ils comprennent que je connais leur âme, la situation est mûre.

Syrhéa n'est qu'un ensemble de cases éparses, cases sans murailles, une mince couche de terre argileuse retenue dans le clayonnage en jonc suffit pour arrêter les bêtes et intercepter les courants d'air.

5 mai. — De Syrhéa à Sondéia, 25 kilomètres avec les détours, 16 en ligne droite. Même sentier largement praticable, sauf un fond marécageux, sol mou, facile d'ailleurs à fixer en le comblant avec les joncs et les bambous qui y poussent à profusion. Temps très couvert, sauf un instant au milieu du jour.

A 20 kilomètres, exténué, je ne peux plus marcher malgré mes aides et leur brancard sur lequel je m'appuie; après avoir traversé une interminable région de cases éparses, représentant dans leurs tapades neuves des villages en formation, je m'arrête au fond d'un bois, sous une ombre épaisse. J'envoie mes deux gardes rappeler les porteurs qui sont en avant et que le guide entraîne dans une course trop longue pour mes forces ; je ne peux le gronder, il remplit mes ordres, sans cesse je le presse de faire plus longue étape. Au bout d'une demi-heure le village, où les cases les plus rapprochées ont flairé le toubab, les regards curieux sondent les buissons ; un bon vieux, pacifique, après m'avoir un instant observé en cachette, s'approche ; je suis étendu sur un châle, tranquille, bien à l'ombre et pas trop mal, sauf l'inévitable inquiétude de ne jamais revoir mes gens. Il ne me trouve pas dignement installé, ce nègre qui ne connaît pas le prix de la solitude ; il m'invite à venir me reposer dans sa case, à quelques centaines de pas du bois ; ici il y a trop de bêtes. Je lui fais observer que mes deux gardes qui m'ont laissé là et m'y doivent retrouver — c'est convenu, — ne me voyant pas, penseront que j'ai repris ma route et se perdront à ma recherche ; il répond qu'il enverra au-devant d'eux sur le sentier pour les prévenir et les conduire, et comme je dis que le messager peut se tromper, il dit qu'il ira lui-même. On n'est pas plus honnête ; je ne voudrais pas le contrarier et cependant je suis bien là, tout seul en Afrique.

Après un palabre d'affectueuse et douce insistance de sa part, de paisible résistance de la mienne (car je vais être la proie des curieux dans la case), je cède et vais m'étendre sur sa natte : moins de bêtes, le sol est plus sec que le lit de feuilles, mais il est dur. Mon hôte me fait apporter un peu de lait. Pas trop de curieux, deux ou trois femmes de l'endroit, les habitantes mêmes de la case, si je ne me trompe. Elles jacassent comme des crécelles, je perds patience et leur dit vivement de se taire, ce qui ne manque pas de les étonner ; mais elles se taisent, j'achève d'attendre sans trop de bruit.

Si j'avais un peu d'ambre je leur ferais faire de la cuisine, mais j'ai oublié cette précaution cependant simple, d'avoir toujours quelques grains dans ma poche. Je l'oublie parce qu'en principe je ne veux pas, je ne dois jamais me séparer de ma colonne; malgré ma confiance dans les dispositions de mes Noirs, mesurée au caractère des chefs du pays et à la nature des lieux, il est imprudent de les perdre de vue, non qu'ils pensent à mal, mais ils sont innocents et bêtes, une mouche qui vole les met en gaieté.

Mes deux gardes reviennent sans avoir pu rejoindre le gros de l'armée; mais ils ont rencontré le porteur goutteux, un malheureux accablé de douleurs qui met toute la journée à faire, à tous petits pas, l'étape. Comme il voyage seul, partant à l'aube, arrivant à la nuit, je ne puis rien lui confier de mon bagage, il est porteur de riz. Les femmes de la case nous font une bonne sauce d'herbe, je les paye en riz qui est très bien accueilli, et le soir nous gagnons Sondéia. Le village est presque au bout d'une longue falaise nord-est sud-ouest qui depuis deux jours accompagne notre route, courant plus ou moins loin sur la droite et aboutit là au confluent du Kakriman et du Konkouray. Baromètre, 732.

6 mai, Sondéia. — Le soleil est terrible tout le jour; j'abrite mon lit avec un édredon tendu au plafond, car le seul toit de paille ne suffit pas à me protéger contre l'actinisme violent; de plus, j'en ai fait souvent l'observation, cette influence solaire qui produit l'insolation ne

chemine pas seulement rectiligne avec les rayons lumineux ou calorifiques, elle se fait sentir au travers des écrans opaques et en tous sens dans le voisinage des surfaces insolées ; le climat africain ne sera supportable pour nous que lorsqu'on aura trouvé dans l'étude des fluides le moyen de contre-balancer cette action. J'en suis fatigué, mais je reste étendu tout un jour ; ce long repos me répare.

Nous avons ici deux routes à choisir ; nous pouvons contourner la chaîne de falaise pour gagner à droite, c'est-à-dire à l'ouest, et nous diriger vers le rio Pongo, ou traverser le Konkouray et aller par la rive gauche à la Dubréka et Conakry ; c'est cette dernière, moins connue, qu'il faut prendre. Nous passerons, paraît-il, dans des villages indépendants, et traverserons des régions inhabitées si je veux suivre de près le cours du fleuve.

Je crois que je vais avoir quelques jours de fièvre.

Ici il y a des loups comme ailleurs des souris, la semaine dernière ils ont enlevé un enfant dans le village même ; nous apprêtons nos armes. Comme j'ai choisi ma case le plus loin possible du centre du village, je suis tout près de la forêt, les premiers fourrés sont à vingt-cinq pas de ma porte ; cela rend mes gardes mélancoliques, je les fais coucher à l'intérieur, dans ma case ; leurs camarades sont logés dans le village.

Nos armes toutes prêtes sont étalées à notre portée, sur la planche à hacher du cuisinier ; mes deux Noirs, bons gros chiens de garde, se vantent de veiller sur mon sommeil. Pendant la nuit je suis obligé de sortir plusieurs fois, il me faut les enjamber ; les loups poussent leurs sinistres *hou hou* tout autour du village, en dehors des barrières basses destinées à retenir les bœufs et les moutons ou à les empêcher d'entrer quand ce n'est pas l'heure. Le jour venu, je demande à mes braves gardes s'ils n'ont rien entendu? Non, rien, et ils faisaient attention. Les loups nous ont cependant tenu bonne compagnie; mais ces Noirs sans nerfs dorment comme des choses.

7 mai. — De Sondéia à Talé, 16 kilomètres. Au kilomètre 12 nous traversons le Konkouray qui vient de recevoir le Kakriman à quelques centaines de mètres en amont. Région de rochers quartzeux rappelant Donso sur le haut Tomine. Le fleuve sans courant est profond et noir, enfoncé à dix mètres en dessous de la passerelle de lianes, entre deux murailles à pic, formant une longue rue étroite et morne, qui s'étend à cent mètres en amont et autant en aval de notre passage. Le Styx doit avoir cette lugubre éloquence de mort.

Pour arriver là, le sentier traverse une région bouleversée qui pendant l'hivernage est sous les eaux, il serpente entre d'énormes monolithes coupés à pic, dressés comme des tours inégales, rongés à la base, noirs, très nombreux et coiffés de végétation barbue; on se croirait dans une plantation mégalithique; c'est la troisième que je rencontre; nos menhirs auraient-ils eu une origine analogue? En passant entre ces donjons serrés, ravagés, on croit entendre encore le bruit effrayant des eaux de l'hivernage brisées contre leurs parois, tandis qu'aujourd'hui, dans le creux du lit profond, les dernières eaux de la saison avare demeurent silencieuses comme un lourd serpent endormi. C'est une curiosité du pays ou du moins ce sera une curiosité visitée quand le Foutah sera ouvert aux touristes. Dès maintenant je le recommande aux aubergistes, avec enseignes : *au Styx, au Nocher des Ombres, à la Banane enchantée, Palais magique*. On viendra voir, la nuit avec de la lune et des cris de bêtes, il y a tout ce qu'il faut pour avoir peur.

Baromètre, 744 ; nous avons peu descendu depuis Guémé-Sangan, on doit pouvoir naviguer sur ce parcours avec un seul transbordement.

Talé est de peu de ressources, c'est un tout petit village, mais il y a des échantillons de tout : oranges, mangots, bananes, vin de palme, etc. Le retour des palmiers indique une plus chaude température moyenne.

8 mai. — De Talé à Kansa, 9 kilomètres. Il y a aussi de tout ici : on m'apporte des ananas succulents, quelques mangots à demi mûrs ; pour ces fruits j'abandonne mon déjeuner, mon cent unième poulet sauté. Ces deux villages sont Sousous et non Foulahs, ils n'acceptent pas l'ambre, je ne sais plus comment nourrir mes hommes. J'ai une forte fièvre. Toute la nuit les gens du village chantent à l'unisson, ou du moins en même temps, tapant à tour de bras, pour s'accompagner, sur d'énormes armoires, — monstrueux tambours, — garnies par endroits de peaux tendues ; c'est un vacarme épouvantable, on n'entendrait pas passer un omnibus à trois chevaux gringalant sur le pavé. Cette violence faite à la nuit a pour but, je suppose, de conjurer des esprits. Baromètre, 734.

9 mai. — De Kansa à Songaya, 10 kilomètres. Quatre cases ont brûlé cette nuit, elles fument encore. Adorable ce village abrité dans la verdure, ceint d'une haute claire-voie de gigantesques benténiers : ces arbres sont imposants, un cavalier se tiendrait à l'aise entre les puissantes nervures qui rayonnent de leur base comme autant de

contreforts. Il semble que le ciel va être encombré de leur immensité, tant ils s'élèvent et s'étendent; à côté d'eux le palmier est modeste. Des mangotiers touffus, de gracieux bananiers achèvent l'ornementation.

Le village est sur la hauteur, mais en somme le baromètre indique de la descente : 738. De la hauteur voisine j'aperçois sur plusieurs kilomètres de long le Konkouray éclatant au soleil, il coule paisiblement entre les arbres ou entre des berges de roche ; ce bief est navigable dans les deux sens ; la tranquillité de ses eaux indique des barrages de retenue, il semble cependant que le régime général de ce cours d'eau pourrait être aménagé en voie de pénétration ; son volume mérite d'être utilisé, le bassin qui l'alimente est étendu, un quart des eaux du Foutah s'écoule par là.

Le Konkouray est coupé par deux chutes analogues à celle de Cambadaga, mais moins profondes, l'une un peu en amont de Bouramaya, l'autre plus haut; dans les biefs intermédiaires peu de courant, rapides praticables, ensemble navigable. L'eau salée remonte très peu au delà de Bouramaya. Le fleuve qui aboutit au Rio Pongo est beaucoup moins étendu que le Konkouray, sa source dans l'intérieur du pays n'est pas à une grande distance de la côte.

10 mai. — De Songaya à Tagué. C'est en dehors de notre ligne, le guide royal me paraît se laisser aller à de la fantaisie, le sentier monte et descend coup sur coup deux collines assez hautes, deux vallons creux; Tagué veut dire *grand village*, le guide a voulu lui faire honneur de son Blanc, ce qui explique le détour. Je vois en effet là de nombreuses cases. Nous n'avons fait que cinq kilo-

mètres, nous étant arrêtés pour attendre un bœuf que j'ai envoyé acheter, — 52 francs en ambre, prix d'Europe; c'est cher, mais nous n'avons rien autre à faire que vivre sans plus de diplomatie et rentrer sans souci. — Mes envoyés Timénés, prétextant qu'ils ne pouvaient amener le bœuf récalcitrant, ont dépêché un des leurs pour me demander la permission de tuer le bœuf sur place; j'ai autorisé, ils se sont adjugé le meilleur, naturellement, au détriment des camarades qui n'étaient pas à la curée; et ils ont fait dans le village de généreux cadeaux... intéressés; Pâris avait la pomme, ils ont la côtelette.

11 mai. — De Tagué à Toumania, 10 kilomètres; nous rentrons dans la ligne droite. Troupe de gros singes, village maigre, chef hospitalier, les gens du pays volontiers bavards me renseignent. Tchernou Ibrahima, de Toumi, ne commande jusqu'au Konkouray que sur la rive droite, c'est pourquoi mes gens ont fait tant de difficultés pour revenir sur la rive gauche. Ici, rive gauche, c'est un autre chef, indépendant, qui commande, son gîte est par là; Manga Ouli en est un autre qui commande au bas du fleuve.

Mes hommes dévalent du haut de la colline pour aller se plonger dans le fleuve à cent mètres en contre-bas.

On m'apporte des nèfles pareilles aux nôtres, même goût, même couleur, mais toutes petites, deux centimètres cubes. Je déjeunais de riz au jus et de riz au chocolat, mon estomac s'y prêtait sans empressement, lorsque j'ai aperçu dans la marmite fumante de mes deux gardes, huile de palme avec un peu de viande, des mangots à la nage et de l'eau. J'en goûte avec mon riz et aussitôt *pour une fois* je trouve que c'est bon et je le préfère à mon riz ; l'huile est fraîche, tout récemment préparée, le matin ou la veille, d'un goût violent mais très aromatique ; à la côte avant l'entraînement du voyage je trouvais cela repoussant. Dans l'huile, la température s'élevant davantage, la viande cuit mieux et se dissout moins, elle devient plus tendre si on ne dépasse pas le degré qui convient.

Route toujours à l'ouest, ça va sans dire. Le pays est montagneux, mais plus fertile que la région de Kakandy à Compéta ou que le Foréah ; partout ici la roche est de grès. Mais déjà par endroits apparaît en rognons le quartz ferrugineux qui règne depuis la côte jusqu'à 150 kilomètres, plus ou moins vers l'intérieur, dans cette partie de l'Afrique. En somme ce sentier est préférable à celui de Compéta.

Avec mon hôte, homme de bonne humeur, je trace mon itinéraire, comme toutes les fois que je rencontre un indigène prétendant connaître le pays ; ces renseignements sont toujours diffus, mais en les comparant entre eux, on rencontre des concordances dont l'explorateur constitue le réseau léger nécessaire de sa prescience géographique.

Sous la forêt, le soir, des mouches lumineuses tracent dans l'obscurité leurs lignes mystérieuses ; leurs feux errants se hâtent autour de nous, s'approchent vivement et lentement s'éloignent ; ils s'élèvent sous la voûte sombre comme des appels sans cesse répétés à suivre leur vol silencieux dans un monde invisible ; dans la nuit noire nous ne distinguons plus rien que ces signes troublants ; par instants jaillit un éclat, on croit entendre le gémissement d'une prière avivée d'un sanglot et l'aveu d'une peine. Si le Dante était là il leur demanderait compte de l'empire des morts, quelles fautes elles viennent expier ici-bas ; le paysan breton se signerait en fuyant ; le nègre n'a encore rien imaginé, ce sont des mouches en quête de minimes bestioles et dont la chasse a ces allures bizarres.

12 mai. — De Toumania à Sanféa, 15 kilomètres ; nous passons sans nous arrêter ; sentier sinueux, bien nègre, quand il serait si facile d'aller tout droit ; mais jamais un Noir n'écarte un obstacle, une branche tombée, une pierre, il le contourne. De Sanféa à Conedéa (ou Connéa, ou Condia, chacun prononce diversement), 15 autres kilomètres, en tout 30 kilomètres environ, soit 25 ou 26 en ligne droite. Bon pays, bonnes terres, bois, collines, pas de rochers dénudés, et sur le côté hautes montagnes, pays Sousou. Les mangots abondent, mais ils ne sont pas encore mûrs ; il y en a deux espèces, l'une plus hâtive dont j'ai mangé des fruits le 30 avril à Gaïla, dans la vallée inférieure du Kokoulo, et l'espèce que je vois partout depuis lors et ici, mais qui n'est pas encore mûre ; bananiers, papayers.

Le temps a été couvert tout le matin, mon état est meilleur, j'ai mangé un peu de bœuf. Ce qui m'est favorable, ce sont les fruits, je crois, ou le soleil plus voilé, ou peut-être le retour sous des pressions plus hautes.

Nous avions dîné hier soir de quelques racines de bentara (manioc) cuites sous la cendre ; ce matin à la première étape on n'a pas, dit-on, de riz à vendre, mais on veut bien nous vendre un mouton, un mouton qui est dans un village éloigné et qu'on ira chercher demain (diango). C'est toujours la même chose, vivres abondants mais inaccessibles. Rien à manger, on nous offre du moins des cases passables, mais nous passons sans nous attarder. Avant midi, nous arrivons à Sanféa, le chef de ce village doit nous faire bon accueil, il a été prévenu par son roi dont j'ai acheté le bon vouloir. Mais soit par crainte du voyageur, ou de l'hospitalité onéreuse peut-être, soit par mécontentement contre son roi ou simplement par hasard, le chef est absent, il rentrera ce soir; il est, dit-on, dans son foulahsso, village au centre de ses terres. Si je m'arrêtais deux ou trois jours dans ce village, avec ou sans le chef, on m'apporterait certainement des vivres pour avoir des cadeaux; la foule des curieux s'approche, et sans être empressée, elle n'est du moins pas hostile ; mais le temps est précieux, le meilleur compte est de n'en pas perdre une minute. Après une heure de repos, nous repartons sans attendre.

A 10 kilomètres plus loin, — trois heures du soir, — nous arrivons au milieu d'un groupe de cases délabrées. Je me réfugie à l'abri du soleil dans la moins défaite, mes hommes mélancoliques s'asseyent en rond sous l'oranger. Nous repartirons dans quelques minutes, ce lieu paraît inhabité, il est peut-être malsain ; les Noirs abandonnent parfois leur village, comme un lieu maudit, pour fuir une épidémie ; j'ai rencontré déjà des villages ainsi désertés.

On me signale à la lisière du bois un Noir qui s'en va traînant une chèvre au bout d'une corde. J'envoie traiter avec lui, on lui donnera de sa chèvre ce qu'il voudra. Mais on n'entre pas en relations avec un Noir comme avec un ministre. Le ministre est avare de son temps et pressé de conclure. Au Noir il faut dire bonjour, demander des nouvelles de sa santé (*Tana ala?* n'as-tu rien de mal?), de sa femme, de ses enfants, du chef de son village ; dire qu'on passe par là avec un bon Blanc, *Toubab* voyageant dans le pays, *Toumaranké*, ami, grand ami du roi, et encore : *Tana o alla?* ça va-t-il vraiment bien? L'homme à la chèvre se méfie, il préférait s'en aller, mais il est tout seul et il voit là beaucoup de monde, il reste un peu fermé, répond vaguement, grogne plus qu'il ne parle. Un peu forcément il se rapproche, tirant la chèvre. On le tente par quelques verroteries, on les lui met dans la main (*), il est ébranlé, il cède : « Bon, dit-il, je veux vous vendre ma chèvre. »

Si on avait l'imprudence de lui répondre : « Prends ce que tu voudras, prends tout si tu veux, mais dépêche-toi », il se sauverait, croyant avoir affaire au diable en personne ; le diable est réellement présent partout pour ces esprits simples. Mes Noirs savent cela mieux que moi, ils lui donnent quelques grains d'ambre, un peu d'argent (une gourde, c'est-à-dire une pièce de cinq francs), ils marchandent tout doucement, fument leur pipe, paraissant presque indifférents. La conversation est banale sur la pluie et le beau temps, la dernière guerre qui n'est jamais bien ancienne ; entre temps on on se souvient de la chèvre(*), on ajoute quelques bribes au petit tas que le bonhomme a devant lui, jusqu'à ce qu'enfin on voit luire dans son œil un éclair qui veut dire : c'est suffisant, *ioni*.

A ce trait on croit déjà sentir l'odeur du bon bouillon, car le jeûne partiel que nous observons forcément depuis longtemps a rendu très subtile la sensibilité de nos papilles. Mais il y a une formalité inévitable à remplir, digne de tout le respect de notre civilisation arriérée! Le Noir n'achète pas pour lui, c'est pour sa femme. Le degré de civilisation d'un homme se mesure

au rang qu'il réserve à la femme dont il fait sa compagne, à une bête une bête suffit. Ici je vois souvent la femme bête de somme, l'homme primitif a besoin de son aide matérielle; mais souvent aussi je vois le progrès qui fermente dans cette race jeune et qui montre déjà l'avenir, déjà le cœur s'éveille et la femme en est la souveraine, elle est esclave peut-être, mais le maître est son serviteur, tout comme chez nous son souci est de contenter sa femme et de lui plaire. Ce digne pasteur va montrer chez lui ce qu'on lui offre de sa chèvre, ces bijoux qu'il ne s'attendait pas à trouver aujourd'hui, car de mémoire d'homme jamais une caravane n'a passé par ce village.

Il revient l'air ouvert, et rassurant pour nous, d'un négociateur qui a tenu ce qu'il avait promis, sa femme accepte; l'odeur du bouillon passe dans l'air, on la sent. Mais sa femme, ou ses femmes, voudraient un peu plus d'argent, un peu moins d'ambre, de la guinée, etc., etc... On écoute sans étonnement, on cause de tout et de rien, on assortit sans hâte sa pacotille comme il le désire. L'homme repart et la chèvre avec lui (*). Ses cases sont dans le bois à sept ou huit minutes de là. Bref, il a fallu modifier trois fois l'assortiment, et trois fois aller prendre les ordres du harem capricieux, car les Noirs sont comme les enfants, ils ont de la peine à choisir et préféreraient tout garder. La négociation a duré deux heures.

Ce qui est intéressant à observer ici, dans ce simple fait qui se reproduit à chaque négociation, c'est le caractère du nègre. Ces hommes sont affamés, ils jeûnent plus ou moins depuis longtemps, et depuis hier ils n'ont eu que quelques baies des bois à sucer, la discussion pour la chèvre paraissait devoir s'animer. Il faut pour le comprendre ne pas confondre un bon appétit, agréable désir, avec une faim douloureuse. Bien au contraire, comme des chats guettant une proie ils n'ont pas eu un mouvement, pas un cri d'impatience, la moindre vivacité aurait mis en fuite l'homme avec sa chèvre. Mais au moment précis où le marché a été conclu, le tableau a changé soudain.

Tous ces gens désœuvrés, assis à l'aise, causant paresseusement, ont surgi de leur feinte, bondi en masse sur la pauvre chèvre, tué, écorché, dépecé (*); dix minutes après elle bouillait dans la marmite qui mijotait tout doucement derrière la case, sur un peu de feu entretenu à tout hasard (*).

C'est un événement tout simple, mais qui apporte un renseignement exact, bien en lumière, sur la nature du nègre, intéressant pour le voyageur préoccupé de connaître les phases successives du développement de la valeur humaine. Le Blanc sait aussi avoir de la patience, mais ce n'est pas la même; il lui est difficile de ne pas tressaillir dans quelque part de sa personne, tandis que le Noir est inerte jusqu'au fond, dominé par un sort qu'il accepte. Chez le Noir le réseau nerveux des volontés paraît absent du corps, il y a entre le Blanc et lui séparation profonde, ou du moins chez lui l'esprit n'est pas encore assez puissant pour troubler la bête. Cette bête-là a ses défauts, mais elle a aussi ses qualités.

Le mélange des races confondues qui se sont réfugiées plus ou moins volontairement dans la région hospitalière du Foutah nous offre un inépuisable sujet d'observation; le voyageur, sollicité à chaque pas dans sa curiosité d'anthropologiste, est tenté d'oublier la Géographie pour l'Ethnographie bien autrement captivante. Bientôt il sera temps, lorsque nous vivrons à l'aise dans ce pays, de recueillir et de coordonner des renseignements sur les origines et les migrations des races africaines.

L'indice céphalique est une mesure très suggestive dans son désaccord avec la phrénologie, les mêmes facultés pouvant se retrouver constantes sous des indices différents; c'est ainsi que des races humaines différentes qui, par le réseau nerveux de leurs instincts, étaient à leurs origines en rapports nécessaires très intimes avec les forces nourricières de la nature ambiante, avaient le crâne profond en arrière par suite du développement des sensibilités inconscientes de cet instinct animal. Ainsi la race Aryenne, leptorhynienne et orthognathe, et la race Noire, platirhynienne et prognathe, races si différentes par tous leurs caractères, sont toutes deux dolichocéphales.

Mais cette confusion dans la nature même de l'indice céphalique est peut-être l'annonce d'un trait d'union préparé. Il semble que les deux races, Blanche et Noire, se sont déjà rencontrées, soit directement soit par l'intermédiaire de la race Mongol; nous trouvons en effet, entre leurs types primitifs, la race Ligure, — formée probablement par l'Aryen et le Noir alors qu'ils étaient jeunes tous deux, —

la race Ligure qui est brachycéphale comme si elle avait emprunté un diamètre à la race Blanche et l'autre à la race Noire.

La race Ligure, qui occupe la moitié méridionale de notre France, nous indique peut-être un rapprochement possible. Nous ne croiserons pas notre sang gaulois avec le sang noir, ils sont maintenant trop vieux, déterminés dans leurs caractères physiques; mais nous voyons bien que nos caractères spirituels trouvent dans la race Noire un milieu favorable à leur développement, nous pouvons relier utilement notre pensée à la pensée de certains Africains, faire comprendre le principe intelligent de nos idées, enter notre cerveau sur le leur, et par suite leur apporter le bénéfice acquis de notre culture.

La race Noire cultivée par nos soins deviendra promptement une race d'un esprit ouvert, elle continuera notre trace dans l'humanité sans que nous ayons recours à des croisements directs, peut-être difficiles entre deux branches de plus en plus divergentes dans un même règne.

Chez nous la sélection rationnelle est interdite par nos usages, — la sélection instinctive seule nous soutient contre l'abâtardissement, mais elle est très entravée par mille considérations artificieuses; — chez les Noirs nous pourrons librement et cependant en obéissant à une morale sévère, pratiquer la sélection rationnelle; comme tous les peuples primitifs, les Noirs y sont préparés par leurs mœurs simples, ignorant les complications dont nous avons surchargé la nature; la tempérance est chez eux une conséquence sociale d'une éducation rationnelle. L'homme, il faut bien le penser, ne procréera pas toujours comme une bête, au hasard de ses émotions ; son intelligence en s'élevant deviendra un facteur important du perfectionnement de l'espèce ; la loi de la vie compte sur elle pour hâter les progrès à venir.

A Toumania, sur la hauteur, le baromètre marquait 730 et une fraction ; ici nous avons descendu, traversé quelques petits cours d'eau, fonds plus ou moins creux, le baromètre marque 742.

Ces Sousous diffèrent brusquement des Foulahs ; ils sont laids, gros, je veux dire qu'ils ont l'air épais, moins propres, moins *monsieur* que le Foulah de race. Mais à choisir je préférerais peut-être leur société, ils ont des facultés plus nombreuses, on peut établir un embryon de conversation avec eux ; avec le Foulah, à moins qu'il ne s'agisse de guerre, de rapine et d'intrigue pour dévaliser un voisin, on ne peut parler de rien, autant parler à un papillon. Comme me disait Mali, mon interprète en 1879, si les Foulahs n'avaient pas auprès d'eux un Toucouleur pour leur dire à quel moment il faut déclarer la guerre, ils ne la feraient jamais à propos.

J'ai tué un singe gris, au vol, avec du plomb n° 4. Ils étaient une bande qui se moquaient à nos frais, cachés dans un arbre, il a fallu les injurier pour les faire paraître ; ils ont répondu de leurs *kan, kan, kan, gnac, gnac, gnac*, et ont filé vers le bout des branches pour passer de leur arbre aux arbres voisins, se démasquant par un brusque départ et se cachant bien vite à l'arrivée. Ils connaissent le fusil et s'éloignent lorsqu'ils le voient en mouvement. J'ai tiré entre deux arbres, sur le milieu de l'étroit espace vide qu'ils franchissent en chapelet ; un tout petit singe est tombé mort, les autres ont fui en grognant fortement. Mes hommes l'ont empaillé ; il avait dans ses bajoues deux noix de palme dont il suçait l'huile extérieure. Mon fusil chokbored est un bon fusil de maladroit, il suffit de tirer devant soi, tous les coups portent.

Hier j'étais escorté d'une troupe de singes bruns, gros comme des moutons; leur peloton prudent trottait sur le côté de la route à plus de 150 mètres de distance. Je n'avais pas ma carabine sous la main, et d'ailleurs pas la force de tirer, à peine le désir; les singes sont ici communs comme les mouches.

Lorsque mes yeux quittent le sentier je perds l'équilibre, je marche à côté, titubant; jambes faibles, faibles bras, le cerveau anémié comme le reste. J'additionne encore 2 et 2, mais depuis longtemps je n'ai plus la force, pour tromper la longueur du chemin, de jouer, dans ma tête, ma partie d'échecs. Le riz à l'huile de palme est délicieux, certes! mais un doigt de bourgogne ferait un meilleur effet.

L'inconvénient qui pourrait empêcher un voyageur de pénétrer dans le Foutah par ici est qu'il se trouverait d'abord chez des étrangers, des Sousous indépendants de Timbo, tandis que par Boubah, Kakandy, Rio-Pongo, il est tout de suite chez l'Almamy. Si précaire que soit l'autorité du roi à cette longue distance, son nom est un passeport dont on peut se servir si on en a acquis le droit, tandis que, ici, en pays Sousou, il ne produirait aucun effet. Mais au point de vue de la topographie et des ressources cette route a des qualités. Si l'on faisait un chemin de halage, on se trouverait en un temps très court et sans effort avoir passé de la pression de 760 (à la mer) à la pression 730 qui est celle de la vallée du

Kokoulo au-dessous de Cambadaga. De là, par une montée facile sur la longue pente au flanc de la montagne, à l'est de la vallée, on peut gagner Broual-Tapais ou Bomboli et les centres habitables du Foutah, le plateau de Kahel, la plaine des Timbi, Fougoumba, Timbo, la belle région de Sokotoro jusqu'à Saréboval et le Tankisso. Mais pour relier directement les plaines du Koukouray au Tankisso, les gorges au sud de Yali sont préférables.

Pour le moment je vais créer à Guémé-Sangan, avec l'autorisation du Foutah, un centre d'action qui rayonnera librement dans tout le pays par les routes dont il occupe le croisement, et qui ne communiquera avec la côte que par une seule, entretenue, abandonnant les autres. Guémé-Sangan occupera les deux côtés du fleuve, rive droite et rive gauche; le premier barrage en aval est insignifiant.

13 mai. — De Conedéa à Yanguéa, 12 kilomètres; à 10 kilomètres nous traversons la Bady, affluent rive gauche du Koukouray, large de 50 mètres, vif courant, beaucoup d'eau, deux fois et demie l'importance de la Marne à Charenton; la longueur totale de son cours est cependant très petite. Je traverse sur les épaules de Babadi, le plus grand de mes porteurs ; au milieu du gué il a de l'eau jusqu'au menton, j'ai le fond de mon pantalon légèrement rafraîchi; les femmes et les hommes de taille ordinaire en ont jusqu'aux yeux, ils passent en sautillant ou même à la nage s'ils n'ont pas de paquet. Mes Noirs ensemble, ayant pied ou à la nage, convoient mon passage pour soutenir Babadi s'il chavirait dans le courant, trébuchant sur les roches du fond ; ils rompent

le courant et me soutiennent du regard, *Triomphe de Vénus* par Raphaël !

J'avais, comme à tous les ruisseaux, grande envie de plonger dans cette eau courante, claire et tiède, mais je n'ai pas cédé à la tentation, pensant à propos que je n'avais plus vingt ans, pas de force ni de santé à perdre. Je me plongerai dans la Seine à mon retour; si j'y trouve le frisson de la fièvre, je prendrai « un sapin » et rentrerai chez moi ; ici le *sapin* c'est moi.

Ce gué est fréquenté, il y a beaucoup de passants ; tout le monde se roule dans l'eau après la traversée. Au plaisir du bain, les femmes voyant là un personnage ajoutent les aises de la coquetterie, elles font mille plongeons, passes et contre-passes dans le courant ou sur les rochers, à fleur d'eau, luisantes dans la lumière du soleil couchant; jamais je n'ai vu tant de joyeux... modelés en l'air.

De la rivière au village, 2 kilomètres à peine. J'ai une grande case; les murailles en sont hautes, ce qui n'est pas un avantage, car les toiles d'araignées s'accumulent promptement dans ce fond obscur; la case a l'air d'un puits, il me semble que je suis au fond d'une oubliette. Mais aussi la porte est haute, le Sousou civilisé tient à passer debout et non plus à quatre pattes comme le Foulah. Ma case a deux portes ouvertes en face l'une de l'autre; la principale est entourée d'un cadre ornemental en planches et moulures combinées et découpées ; le tout peint noir et blanc, imité certainement de quelque image, est la reproduction fidèle d'une porte de tombeau, « regrets inconsolables! » forme lourde, ornements deuil, aspect lugubre. Il faut de la réflexion pour comprendre que l'hospitalité n'empruntera rien à cette enseigne.

Ces cases ont une apparence de maisons que n'ont pas celles des Foulahs ; les unes contre les autres, sans ordre bien régulier, mais non séparées par des cultures, elles forment des rues et des places ; le village est un ensemble de maisons groupées. Une vigoureuse végétation, des arbres touffus, de gigantesques benténiers, reliés par des lianes, l'entourent d'une haute muraille de verdure. Village très mal tenu d'ailleurs, mais plus sociable.

Chez les Foulahs chaque famille a deux ou trois cases ensemble entourées d'une culture maraîchère, bentaras, maïs, coton, papayes, bananes, etc., le tout clos d'une vigoureuse tapade (haie) de purghères mêlées de plantes grasses épineuses, euphorbiacées, formant une muraille impénétrable, quoique de peu d'épaisseur. Ces enclos laissent entre eux des ruelles en tous sens, sans direction générale, où l'on se perd à merveille, toutes étant pareilles. D'un groupe de cases au groupe voisin séparé par ces cultures et par la rue, il y a une assez grande distance. Un peu de mystère est la conséquence de cet isolement, mais il est dans le caractère foulah, le conseil des Dix n'aime pas les attroupements. Pas de gaieté, pas de jeux, le maître surveille avec souci, l'esclave peine et craint, l'enfant est un petit animal à vendre. Les cases sont bien tenues, elles n'ont pas de moisissures, leurs pailles sont alignées, le sol au dedans et tout autour est balayé, partout de l'espace et du soleil, la forêt est tenue à distance.

Ici, chez le Sousou, la construction témoigne d'une certaine préoccupation artistique, les groupements révèlent le désir de s'entendre, la gaieté, la confiance, le bonheur de vivre, un peu d'intelligence ; les enfants jouent entre eux ou avec leurs parents. Et, comme conséquence naturelle, le joyeux Sousou est sans cesse pillé par son voisin militaire, le sombre Foulah.

Le soir, mon cuisinier me prépare un macaroni à l'huile de palme, ce n'est pas mauvais, — peut-être un peu lourd, — et une bonne sauce d'herbes pilées qui me sera salutaire à défaut de fruits.

A quelques kilomètres, sur la rive droite de la Bady, est une haute montagne.

14 mai. — De Yanguéa à Kountou, 16 kilomètres ; bon sentier, sauf de nombreux fonds d'eau, plaine de sable blanc, baromètre, 748, pas d'accidents de terrain. A l'entrée du village le sentier traverse une brousse d'ananas qui en protège les abords ; par jeux les enfants ont saccagé les fruits, les habitants paraissent n'en pas faire grand cas.

Avec de l'ordre, ces gens auraient maintenant des mangots, des ananas, des papayes, mais tout est gaspillé. Les cases sont déguenillées, mais les portes hautes laissent entrer l'air et la lumière, il n'y a pas trop d'araignées.

La végétation est indescriptible, c'est monotone à dire ; il faudrait prendre dans Buffon ou Bernardin de Saint-Pierre, voire dans Ovide ou dans quelque autre, une bonne page et la recopier de temps en temps, pour le lecteur.

Mais ce serait fade encore, c'est de la musique qu'il faudrait pour exprimer le concert et le charivari des puissances harmonieuses ou féroces de la nature ; des ensembles d'abord pour traduire l'imposante forêt, le ciel éblouissant,

> Les bruits cessent, l'air brûle et la lumière immense
> Endort le ciel et la forêt (1),

le chant victorieux de la vie,

> ..... Un monde enchanté
> Où s'unissent d'amour la Force et la Beauté (2);

des solos pour la fleur merveilleuse, des cuivres mêlés de violons pour la bête qui rugit; et du bleu, du rouge, la symphonie des couleurs musicales; au lieu de gravures pour soutenir le texte, plus explicites seraient trois lignes de Haydn ou de Berlioz, qui lui donneraient la vie.

Malgré la fatigue et le souci (je suis faible et je trébuche), je ne puis me lasser d'admirer, un frisson m'envahit à chaque nouvel enchantement, et c'est à toute minute. Le palmier offre partout sa gracieuse silhouette. Le benténier avec son grand air est le roi; souvent il abrite le palmier, qui malgré sa haute taille n'atteint pas à ses premières branches; son beau tronc lisse et droit, où l'on creusera une pirogue pour soixante personnes, se dresse comme une tour. Cette violente nature délie notre esprit de ses plis habituels, son éloquence imprévue fait éclater soudain dans notre âme des mouvements qui restaient endormis.

J'ai tiré sur un singe noir à queue blanche, tiré à balle à 150 mètres, manqué, pas étonnant, dommage; tué l'oiseau qui mange les serpents, un de mes

---

(1) Leconte de Lisle.
(2) François Fabié.

hommes enlève habilement la peau et la garnit de paille.

Pendant que je me chantais les louanges des Sousous, ces brigands songeaient à me dévaliser de mon bagage et de la vie. En route, il faut avoir l'esprit tendu, l'œil en quête, savoir où est chacun des hommes de la caravane, et que rien ne se meuve, ne se dise que par votre ordre ; j'étais pressé de congédier ces préoccupations depuis de longs jours éveillées, sans répit, et de penser à mon aise, à rien. N'étant plus qu'à 40 kilomètres de la première factorerie européenne, je me considérais comme arrivé et me délassais de toute surveillance. Le résultat ne s'est pas fait attendre.

Kountou est un village fortifié, nous devions l'éviter ou entrer en ordre, groupés, nous rendre compte de l'état des esprits et négocier avant de nous asseoir ou nous retirer sans attendre.

La veille encore je ne me serais pas avancé autrement; mais mes esprits libérés, je n'ai pas voulu calculer; je me suis engagé dans le couloir d'entrée, creusé en tranchée, fortifié sur ses crêtes de fourrés d'aloès, et je l'ai suivi jusqu'au bout malgré l'aspect rébarbatif d'une palissade, sorte de robuste tourniquet qui obstrue le passage. A peine arrivé dans ma case, j'entends une discussion entre mes hommes et deux envoyés du roi, je vais voir, on me dit que nous sommes prisonniers, etc. Je rassure mes gens déjà navrés, il est tard, allons dîner, nous verrons ça demain. Je demande où est le roi, parce que la case qu'il me donne n'est pas très bonne ; on me dit qu'il est absent, je me contenterai donc pour cette dernière étape de ma cabane à courant d'air. C'est un carré long, formé de deux murailles parallèles en terre, laissant à chaque bout une large ouverture sans porte. Mon lit occupe le milieu dans le sens de la longueur; à gauche mes armes et mes bagages, à droite un gradin en terre, lit du propriétaire qui m'a cédé la place.

Pendant que Manel et Kankou, dans les dépendances qui ouvrent sur le même préau, me cuisinent un poulet, je fais le tour du pays. Les habitants ont l'air paisible et indifférent; je vois cependant, au milieu d'un groupe, deux bavards très animés qui gesticulent et haranguent, cherchant à émouvoir; ce sont deux Noirs anglais de Sierra-Leone, un petit trapu, manga Couley, un grand maigre, sec, à tête de mort, noir mat, les dents supérieures dépassant la lèvre inférieure, Morlay. Ils racontent que je n'ai pas salué le roi en arrivant, que j'ai insulté Iran, et qu'enfin je me suis promené dans le chemin de la Reine.

Je pense à part moi : si le roi veut me voir, qu'il vienne, j'ai justement à lui parler; je n'attache d'ailleurs aucune importance à sa visite. Le Dieu Iran! j'ai mesquiné Iran! ça ressemble à une querelle d'Allemand; où ça Iran? je n'ai pas passé près de sa cabane, je les connais cependant, ces cases de paille effilochées, ces rogatons vénérés, mâchoires de bœufs, vieilles baganes (écuelles de bois) ébréchées, débris étranges, ex-voto de nègres à l'entrée des villages, en vedette contre l'esprit malin qui rôde au dehors. Je suis allé paisiblement, comme un homme las qui regarde bien bas le sentier où il pose le pied, précédé d'Allens qui éclairait la marche, portait mon châle et mon gobelet, me donnait la main dans les endroits raboteux et m'aurait aidé à me relever si j'étais tombé, car je suis chancelant. J'ai suivi le sentier public, croisé les gens du village qui allaient comme moi à la fontaine ou en revenaient.

N'ayant trouvé que de l'eau malpropre, je suis allé de l'autre côté du village, à une autre source également fréquentée. En revenant j'ai perdu la trace du sentier, je me suis égaré entre les cases et les tapades (haies), et j'ai passé sous bois, où dans le fouillis des feuilles mortes j'ai marché dans... je ne sais quoi. Si c'est le chemin de la Reine, je conseille à S. M. de le faire entretenir.

Cet examen de conscience fait en moi-même me confirme que ces deux Noirs anglais, flibustiers frottés de civilisation exotique, ne cherchent qu'un prétexte; cela va devenir évident. Ils demandent 50 gourdes (250 francs) pour chacun d'eux et 700 gourdes (3500 francs) pour le roi. Je n'ai pu que hausser les épaules et tourner les talons. Sur ce la nuit est venue.

Le matin je réunis mes hommes : « Nous sommes tombés dans une bande de voleurs, tenons nos armes à la main et partons. » Mais pendant la nuit des menaces s'étaient fait entendre; mes hommes, à ma proposition toute simple, se sont roulés de peur, incapables d'action; il n'y a rien à attendre d'eux. Je dis aussitôt à ceux qui sont de tribus peu éloignées, amies de ce village, que je vais traiter séparément pour eux; le roi promet paraît-il de les laisser partir libres, je serai ainsi débarrassé des inutiles encombrants et il me restera cinq hommes, ce qui est suffisant pour passer de vive force. Mais ils n'ont pas confiance, la liberté est douteuse, ils ne veulent pas s'éloigner de moi; des cinq autres, que la nécessité devrait rendre plus entreprenants, un seul, M'Bar, mon fidèle Sérère, me reste ferme pour les coups de fusil. Les autres gémissent, supplient, probablement tout pâles, incapables de porter mon bagage ni quoi que ce soit. M'Bar du moins est réconfortant, le voilà tout de suite prêt, l'œil blanc, l'air d'un grand singe, il est très doux, mais la bataille est son élément préféré ; il est formidable à lui tout seul. « Sagata », disent les Foulahs ; « Agathos », bon, brave à la guerre, disaient les Grecs ; est-ce que le Carthaginois Hamon dans son périple aurait perdu ses racines grecques dans ce pays ?

« Tu vois, mon brave M'Bar, nous ne sommes que deux : c'est assez pour nous en aller (et c'est bien son avis), mais pendant que dos à dos tu feras face d'un côté, moi de l'autre, pour sortir d'ici, qui est-ce qui portera les caisses que je ne veux pas laisser ? Il nous faudrait quatre ou cinq porteurs ; il faut tenter quelque autre fortune avant de nous risquer à former à deux le bataillon carré en retraite. »

Je me résigne à palabrer avec les deux flibustiers, ça m'apprendra à m'endormir en route en pays ennemi. Je prends l'offensive, il n'y a pas d'autre forme de discours pour se faire entendre. Mais plus je suis agressif et menaçant, plus mes hommes s'aplatissent et s'excusent pour conjurer la colère du roi, — ou des gens qui le représentent, car il demeure invisible ; — mes interprètes ne répètent aucune parole vigoureuse, et je n'entends rien encore à la langue de mes deux ennemis. Ainsi désarmé je renonce à disputer, et réfugié dans une indifférence réfléchie, je ne m'occupe plus de personne.

L'Anglais Morlay et son acolyte le digne manga Couley continuent à égrener des paroles avec Allens et Ali, mais comme plus rien ne vient de moi le palabre est vide et sans valeur ; mes deux filous tordent la gueule comme un chien auquel on a retiré son os. Ceci se passe dans ma case pleine de tumulte, les intéressés se pressent aux portes et sur la banquette en face de moi.

Mon plan est vite fait, je n'ai pas l'embarras du choix, je m'étends sur mon lit, je me reposerai et j'attendrai que le manque de vivres — qui se fera sentir dès ce soir et plus vivement demain — ramène mes gens à s'en rapporter à moi. Les voleurs s'en vont, mes gens détachés de moi par la peur se font obséquieux pour les indigènes, la journée s'écoule. On me surveille, je vois à chaque instant des têtes crépues émerger au-dessus de la palissade qui entoure ma petite cour intérieure.

Mes Noirs tristes, déconfits, plats, se font de la tisane de gogo (roseau purgatif) ; ils sont prisonniers, il leur est interdit de sortir du village, ils se voient morts. Il est vrai qu'on ne se prive pas de leur dire qu'on va me couper la tête et qu'aussitôt après ils seront captifs, vendus, expédiés à l'intérieur ; et déjà on se les partage, on les estime d'avance, ça leur fait de l'effet... comme le gogo. Ils sont pitoyables, ils me supplient d'abandonner mes caisses pour obtenir la bienveillance du roi. Quelle naïve bêtise ! on ne traite pas avec des brigands ! Une partie de mon bagage m'est inutile, n'ayant plus qu'une étape ou deux à franchir, je puis l'abandonner, mais à quoi bon ? Couley, Morlay, compteraient le cadeau pour rien, et ce serait justement raisonné puisqu'ils se croient maîtres de ma personne.

Sur ce on annonce un Noir qui vient de la côte, il apporte une lettre ! je suis un peu surpris. Sans regarder l'adresse, car une lettre ici ne peut être que pour moi, j'ouvre l'enveloppe. Ce n'est pas pour moi! C'est pour le Commandant de la colonne dont on m'a parlé dans le Foutah. Elle suit donc la même route? et devait, paraît-il, arriver ici à peu près dans le même temps. Le porteur de la lettre, dans les renseignements avant-coureurs qu'il a recueillis en chemin, n'a pas discerné une différence entre la colonne militaire et ma modeste colonne d'explorateur; il cherche un Blanc, il ne suppose pas qu'il y en ait deux dans cette brousse inhospitalière.

Tout le monde est entré pour voir ce qu'on fait d'une lettre. Tout en écoutant le charmant Couley qui pérore et mes hommes qui geignent, je dis au courrier de remporter sa lettre, avec un mot que je vais lui donner pour le Commandant du poste d'où il vient. Il a marché cinq jours, me dit-il. Cependant, tout en parlant au facteur et me préoccupant des discours de l'Anglais et des dispositions de la foule qui envahit la case, mes yeux machinalement errent sur la lettre que je tiens à la main, un nom frappe mon regard et s'obstine à retenir mon attention : RADISSON. C'est le nom d'un mien cousin, capitaine d'infanterie de marine que je sais être au Sénégal; il fait donc partie de la colonne? peut-être la conduit-il? Je ne le connais que de nom, nous ne nous sommes jamais rencontrés; je saisis cette rare occasion pour lui envoyer dans ces notes mon premier bonjour, par-dessus les marigots, les palmiers et la négraille, la visite n'est pas ordinaire. Notre aïeul commun était à l'armée d'Italie dans l'état-major où l'avait appelé Bonaparte, et de même qu'il se donnait au service de la patrie, nous sommes là, ses petits-fils, tout occupés à dépenser notre vie pour notre chère France...

Bref, le porteur cause avec les uns et les autres pendant que j'écris ma lettre. Mes gens reprennent de l'espoir, ceux du village ne s'animent guère; n'étaient les deux Anglais, il me paraît que personne n'aurait osé attaquer un aussi gros morceau; le roi n'ose pas agir ouvertement, il se tient caché.

... Je fais étaler mon bagage dans la petite cour derrière ma case et je fais dire aux deux voleurs de venir prendre ce qu'ils demandent pour eux et le roi; tout est à leur disposition, sauf mes armes et munitions, mes papiers et instruments, et mes vêtements. Ils voudraient la caisse que j'ai là, ouverte, où sont mes papiers, mais celle-là n'est pas comprise dans le lot que je leur livre. Ils prennent l'ambre; aimables Anglais! inventeurs du Five o'clock et du Schip money. Comme je les vois fort occupés, l'œil allumé, l'esprit congestionné, je dis à trois de mes hommes de prendre part au pillage et de remplir leurs poches, ce sera autant de sauvé; je leur indique les meilleurs paquets. Les deux brigands ne s'étonnent pas de ce partage, ces hommes leur ayant déjà donné leur petit avoir personnel, ils pensent simplement que c'est pour le roi qu'ils travaillent.

Le roi, me dit-on, n'est pas content de sa part, il la trouve maigre, mon bagage ne contient pas d'argent, c'est une rançon insuffisante, etc., etc.; mes hommes sont consternés. Dès hier, me disent-ils, ils ont donné leurs petites pacotilles personnelles, et on ne parle toujours que de me couper la tête et de les garder captifs. Je les avais prévenus qu'il était non seulement inutile, mais nuisible de rien céder; j'ai abandonné mon superflu pour les satisfaire, mais ils voient bien maintenant que ça

n'arrange pas la situation. Ils reviennent un peu à moi :
« Ce Blanc a encore raison, c'est vrai, mais il est trop
rageur, s'il parle au roi nous sommes perdus. »

Les deux Anglais prétendent que pour compléter la
rançon fixée je leur fasse du papier ; ils l'enverront encaisser à la côte, et nous rendront ensuite la liberté.
L'idée ne manque pas d'imprévu ; du papier à trois mois ?
ou du papier à vue ? daté du pays des singes. Pour le coup
je m'apaise, la malice est luisante. J'instruis le cas, j'interroge bonnement les deux Anglais, je les félicite de
leur savoir, de l'ingéniosité de leur opération. Ils avouent
qu'ils sont étrangers au pays, venus de Sierra-Leone pour
m'arrêter, etc. Ils sont naïvement tout fiers, je les contemple avec intérêt, c'est le document psychologique.

Ils me couvent benoîtement de l'œil, l'opération marche
à leur gré, sans trop de secousses : ils ont pris l'ambre,
mes hommes sont à plat, et je me radoucis, évidemment je cède, je commence à me rendre, victoire !

Mon sang gaulois se fait violence pour que je n'étrangle
pas ces deux coquins dépêchés contre moi.

Silvio Pellico n'était pas plus prisonnier que je ne le
suis là dans ces étroites murailles cernées par la foule ;
je me réfugie sur mon cahier de notes où j'ai du moins
toute ma liberté... Tandis que le Gaulois désintéressé
se promène par le monde pour répandre l'idée qu'il a
reçue des profondeurs de l'humanité par Rome, Athènes
et l'Orient, tandis que, généreux, il donne, l'Anglais
s'occupe de remplir son *sac de laine*, sa représentation
nationale a pour emblème un *sac de laine*. Ce n'est pas
le Gaulois qui aurait acheté Jeanne d'Arc prisonnière
pour la brûler en triomphe ; ce n'est pas lui qui, malgré

la foi commune, aurait, à Sainte-Hélène, martyrisé vilainement le géant se confiant à sa loyauté. Justice immanente, suprême vengeance du génie accusant par sa sérénité l'inconscience du malfaiteur. A chaque peuple l'histoire élève le piédestal que méritent ses actions ; dans le trophée anglais nous verrons Artaxerxès encore à demi sauvage enseignant la civilisation à mylord *Sac de laine*.

Le Gaulois s'associant à l'effort de la nature qui vient de créer une intelligence humaine plus puissante, suit ce prophète pour l'entendre et le comprendre ; il expérimente ses conseils sans souci des souffrances qui l'épuisent dans ce servage ; il oublie l'homme pour essayer, par la pensée, de voir en Bonaparte le fantôme de la vérité voilée sous les rayons de la gloire, — brillantes nuées offertes comme un leurre attirant à la foule inconsciente de la loi de progrès, — pour entendre cette voix d'un autre monde, insaisissable révélation d'un Dieu rêvant parmi des hommes. « Sac de laine » pour sa recette menacée pousse des cris d'orfraie ; il met l'Europe en feu, se faisant l'artisan de ses discordes ; il est le mauvais génie du Continent. Il a, dit-il, sauvé l'Europe du despotisme ! Il a sauvé quelques rois qui l'aidaient à se sauver lui-même, mais il a nui en somme à l'humanité. Le despotisme passe, les peuples restent et les progrès demeurent acquis. Sans le « Sac de laine » il n'y aurait pas de frontières entre la France et l'Allemagne, l'Europe continentale formerait aujourd'hui l'union des peuples d'homogène civilisation. Mais « Sac de laine » périra, car l'égoïsme est contraire à la loi de la vie, qui est une loi de charité, une loi de réciprocité ; il périra, parce que enfin la force est dans le droit, parce qu'il y a une morale.

Le Gaulois combat pour la vérité, jamais pour l'argent. Il n'est pas content, mais il a le droit d'être fier de ses défaites héroïques autant que de ses victoires. Je voudrais à cette place de la Concorde, — ainsi nommée sans doute parce que nulle part ailleurs on n'a tranché autant... de discussions, — je voudrais lui donner le nom de place de Waterloo ! Et qui donc nous contredirait ? Avons-nous été moindres ce jour-là ? n'avons-nous pas vaincu tant que notre infériorité numérique a été normale, proportionnée à notre valeur, jusqu'au moment où nous avons été submergés sous les bataillons survenus d'une armée allemande ? Le nombre allemand ! le danger est là, certain.

Pourquoi l'Anglais s'est-il attribué tout le mérite ? Il s'est vaillamment battu ! mais quelle est en Europe la nation dont l'histoire ne vante pas de hauts faits ? la race qui n'ait pas paru avec un brillant courage sur les champs de bataille ? Il n'y a donc rien là pour triompher davantage. Si d'habitude l'Anglais lâchait pied dans le combat et que Waterloo fût sa première et sa seule victoire, on comprendrait cette joie affolée ; mais non, l'Anglais sait se faire tuer comme nous tous en Europe qui ferraillons ensemble depuis toujours. Sa joie, son cri incoercible, sa joie d'enfant ne traduit pas la pensée haute, la fierté de la victoire glorieuse ; elle traduit l'incontinent soulagement d'un négociant qui a franchi une échéance ; cette victoire est pour lui une opération ce commerce. — Le négociant, certes, n'est pas moins vaillant parfois que le soldat, son honneur est en jeu, mais son but intéressé compense les mérites de son courage civil. — Et pour affirmer sa pensée détestable, « Sac de laine » souligne sa joie bruyante, son cri de « Waterloo », par l'écho funèbre : « Sainte-Hélène! » Mes deux Noirs, que je contemple là plus que je ne voudrais, sont de cette école, pourvu qu'ils gagnent, *all right!* L'Allemand triomphe plus militairement.

Nous sommes loin de trouver mauvais que l'on triomphe de nous avoir battus, le contraire serait humiliant pour nous et ne s'est pas encore vu, mais ici il y a de la naïveté et aussi de la réclame. L'Anglais pendant quinze ans ameute l'Europe contre nous, paye des armées étrangères pour nous harceler, et lorsqu'il nous voit affaiblis, à la limite de nos forces, alors que les plus vieux soldats de nos derniers régiments n'ont pas seize ans, il vient combattre. Toréador ! Aurait-il comme la Russie détruit ses villes, étendu un vaste désert sur les ruines de la fortune nationale — Harold a refusé de le faire pour arrêter Guillaume le Conquérant — et lancé ses enfants pleins de misère et de colère à chasser l'envahisseur? Cela est glorieux dans l'humanité, honorable; en soldats généreux, en patriotes, nous l'admirons. Mais lui, vers la fin de l'action, de sa boutique où il fait des comptes, il envoie des soldats choisis dans la nation intacte, pour recueillir le fruit de ses calculs. Nous n'honorons pas cela. Ceux de Waterloo nous les honorons, ils ont été dignes de nous combattre, mais le syndicat qui les a envoyés, non!

Que les Allemands triomphent de la dernière guerre, nous l'approuvons sans réserve, ils ont combattu en personne. Leurs chants nous percent le cœur, mais nous les trouvons d'accord avec nos sentiments d'honneur. La politique a été comme presque toujours d'une netteté douteuse, mais la bataille a été largement conduite ; tous ces gens, dont quelques-uns étaient soldats mais dont un grand nombre étaient redevenus à l'ordinaire de paisibles artisans, sont venus tout droit sur nos baïonnettes ; il y avait mérite même à trois contre un, car nos soldats étaient les plus vaillants qui soient. J'ai vu les uns et les autres dans l'action ; les Allemands superbes de discipline, mais sombres, allant pour la patrie ! mais par ordre, pour le compte d'un chef ; les nôtres superbes de joie, pour la patrie ! et par ordre (hélas ! si peu et si mal), mais pour le plaisir aussi, pour le duel d'honneur, chacun pour son compte.

Près de Sedan j'ai passé vingt-quatre heures dans un moulin, prisonnier du duc de Mecklembourg, et ensuite de... je ne sais qui, un capitaine de mauvaise humeur. Est venu là entre autres un cuirassier blanc, un homme immense ; trois balles dans sa cuirasse avaient repoussé dans la tôle de petites poches comme des dés à coudre. Il était meunier de son état et prit plaisir à visiter en connaisseur le moulin où nous étions (moulin de Saint-Irénée, à M. Desforges, très important, seize paires de meules). L'air bon enfant de ce brave homme, cuirasse à part, m'intéressait, je le comprenais tout de suite sous la farine qui l'avait blanchi dans sa visite, beaucoup moins sous la poudre à canon, où cependant il avait fait bonne figure, sa cuirasse en témoignait. Il me raconta simplement que la guerre le ruinait ; à l'heure de la mobilisation il recevait un convoi de grain, la cour de son moulin en était remplie, il allait monter tout ça dans ses greniers, mais la trompette avait sonné, lui et ses hommes avaient lâché la pelle pour le sabre, sa femme était restée seule devant ce monceau de blé ; là et ailleurs il perdait un million. Il raconte ça comme s'il parlait de la lune, c'est un mauvais rêve, un souci de côté à reprendre après la guerre. Mais ce qui le rend lourd de tristesse, allant, venant comme une chose, fatal comme ce qui arrive, c'est qu'il a trois fils soldats comme lui, trois fils aux postes de combat ; il sait que deux déjà sont morts, là et là, et il n'a pas de nouvelles de la dernière bataille, le troisième y était.

M'étant évadé de ce moulin je m'arrêtai, à Sedan, dans une maison abandonnée de son propriétaire, où logeaient trois chirurgiens français. Les hôpitaux étaient encombrés, il y avait des blessés, mais aussi beaucoup de malades, incapables, semblait-il, de supporter les fatigues de la guerre : « On n'aurait pas dû les laisser partir, » disais-je. — « Mais à l'appel, me répondirent les chirurgiens, tout le monde se présente ; la veille d'une bataille, les hôpitaux se vident, personne ne veut être malade ; à l'annonce des coups de canon tous les maux sont reniés. »

Voilà, ce me semble, des gens dignes de se rencontrer.

Pourquoi l'Allemand se gonfle-t-il de ses succès ? il n'est pas un parvenu dans la gloire militaire, son histoire d'outre-Rhin est pleine de beaux faits d'armes, sa race en a l'habitude ; pourquoi cette grosse joie de barbarie ? La guerre est l'effet d'une vaillance naturelle qui se détend et non un effort surhumain, elle ne comporte aucune jactance, encore moins de réclame.

C'est que l'Allemand du Nord se trouve nouveau au premier rang, il s'y étonne.

Au premier rang on verrait mieux l'Italie, ce vieux maître du monde qui chante dans les cours (étrangères) parce qu'il est blasé; César, Christophe Colomb, Napoléon, M. Crispi, tous les grands hommes sont de sang italien.

Nous ne pouvons reprendre nos provinces que sur le champ de bataille où nous les avons perdues, cela va de soi, — le gouvernement allemand pouvait ne pas nous les prendre, il les a annexées, c'était son droit; les ayant conquises avec honneur, il ne peut pas maintenant naïvement nous les rendre. L'Allemagne n'a pas qualité pour nous faire cette injure; Athènes et Rome anciennes peut-être, toute leur histoire en présence, seraient un tribunal assez haut pour nous l'imposer, pour nous absoudre d'une telle défaillance, au nom de notre passé, au nom de la civilisation, et nous laisser l'honneur dans la résignation, mais le groupe allemand, non. On ne comprend que comme des exercices de littérature figurée les discours qui expliquent comment on pourrait simplement tout arranger; c'est de la mendicité individuelle, non autorisée.

La dernière épreuve a démontré surtout qu'à l'Allemagne il ne fallait pas moins pour nous vaincre qu'une très longue préparation, une armée quatre fois égale en nombre à la nôtre, et avec cela tous les avantages de la surprise. C'est pour nous un fâcheux hasard à réparer. Nous gardons cette grande supériorité de civilisés rassis de gloire, que nous souhaitons la prospérité, l'unité, le bonheur de l'Allemagne tandis que certains de ses esprits dirigeants souhaitent notre mort.

La prochaine guerre sera terrible, dit-on; sans doute,

mais pas plus que tant d'autres dans l'histoire où des peuples entiers se sont rencontrés. Ce qui effraye, ce sont les conséquences. Et là nous ne sommes pas à armes égales, car la France généreuse ne demanderait rien à son adversaire abattu et lui tendrait la main, tandis que l'économe et prévoyant Tudesque nous laisserait nus et la porte ouverte.

L'Allemagne ne veut pas exposer sa gloire laborieusement conquise, la France ne veut pas s'exposer à une défaite, connaissant la jalousie sans limites et la rapacité brutale des barons cosmopolites *von Frankfurt;* mais si l'on fixait l'enjeu d'avance (si « jeu » l'on peut dire), par exemple : nos provinces contre un capital argent ; si l'on pouvait imaginer un juge, un tribunal composé d'Alexandre, Annibal, César et Napoléon, et faire l'opération sans armes, en grandes manœuvres ; on ne ferait appel qu'aux volontaires, pas un Allemand, pas un Français ne manquerait au rendez-vous. Que le diable me croque si les Français n'arrivent pas premiers.

Ce duel ne se fera pas, on attendra. Avec le temps une heure viendra où l'un des adversaires se sera endormi, l'autre en profitera. C'est toujours ainsi que ça se passe, et ici, chez les nègres, c'est la même méthode qui est en usage : embuscades et surprises ; mais les nègres se rendorment plus vite, et l'opération se renouvelle plus tôt. Nous avons vu Sedan après Iéna, espérons que la surprise nous aura réveillés pour longtemps.

Et avec le temps espérons aussi et plus raisonnablement que les peuples s'entendront ; il n'y a pas de haine entre eux ; les luttes actuelles entre gens civilisés doivent être des luttes pacifiques. L'avenir verra toutes nos forces unies défendre à la frontière commune, au bord de l'Europe, notre civilisation, contre les races jaunes. Nous ne devons pas rêver de reconstituer la part de Lothaire, alors que les peuples ne pensent qu'à s'unir, alors que dans l'intérêt commun de deux civilisations confondues, la lutte non moins vive, mais moins brutale, entre deux génies différents, latin et saxon, prépare pour l'avenir, au profit de l'humanité, les annexions réciproques des qualités de chacun d'eux.

Au surplus, quant à présent, la tension inquiète de l'esprit militaire n'est pas contraire à la saine vie de notre race. Le but de la vie n'est pas d'accumuler des richesses pour en tirer un bien-être immobile; si la philosophie ne suffisait pas à le démontrer, l'histoire le rappellerait à l'humanité qui trop souvent l'oublie. C'est ainsi que le peuple juif, par sa sociologie plus pratique que celle du Christ, a succombé, les Israélites ont été pour toujours disséminés, parce qu'ils ont réservé leur intelligence à collectionner des jouissances. Ils ont leurré le monde de cette artificieuse et trop séduisante morale des écus, morale contraire dans ce qu'elle a d'excessif à la loi de la vie, et qui réduit ses adeptes à l'état de parasites. Elle conduira tous leurs imitateurs au même néant; ils ne peuvent pas vivre seuls, entre eux, c'est la conséquence du principe. La jouissance n'est pas un but, elle est un moyen, toutes les théories qui la proposent pour fin dernière sont contraires à la loi de la vie; notre métier d'Etre est de lutter: si ce n'est par le fer, que ce soit par l'idée, par la pioche et l'outil, par toutes nos qualités vouées au bien de l'humanité.

Il n'y a d'ailleurs en Europe que l'Anglais et M. Crispi qui veillent à ce qu'on ne s'entende pas. Le Turc fait bien quelques réserves parce qu'il trouve trop de gaieté à nos petites femmes, ça lui fait douter du paradis d'Allah, Mahomet a de la méfiance. Mais le temps passe et le progrès fatalement arrive. L'Europe sera Républicaine *ou* Cosaque, disait Napoléon ; la voilà déjà républicaine *et* cosaque, la République étant faite pour les peuples civilisés comme l'eau pour les poissons, et la Russie étant notre barrière nécessaire, fortifiée, contre l'irréductible Chinois.

Ayant ainsi fixé pour l'histoire ce point d'étude de la psychologie des nations, ayant occupé et distrait ma captivité par cette profonde discussion qui ne nuira pas, — car en ce moment je suis en cas de légitime défense, — à nos rapports diplomatiques avec nos bons amis les Anglais, je me résume : Quand on voisine avec l'Anglais il faut avoir sans cesse devant les yeux le bûcher de Jeanne de Lorraine et le rocher de Sainte-Hélène. Ces deux objets suggestifs nous rappellent avec force et vérité jusqu'où peut aller notre confiance dans les exquis procédés de « Sac de laine ».

Je ne fais pas aux Anglais l'injure de croire qu'ils prennent en mauvaise part les reproches que l'histoire leur adresse. Ils ont supplicié Jeanne et Napoléon, ce sont des actes que notre caractère gaulois réprouve, et d'autres que nous en Europe, les Anglais les ont approuvés, ils les approuvent, et ils sont prêts à recommencer. Pour leur *sac de laine* ils bombardent Athènes, Lisbonne, Copenhague, Alexandrie, tout ce qu'ils peuvent bombarder. Nous, il est vrai, nous avons bombardé Odessa ! mais nous n'avons tiré qu'un seul coup, et encore c'étaient les Anglais qui nous en priaient ; et notre boulet a frappé dans le piédestal de la statue du gouverneur, et ce gouverneur était Français, duc de Richelieu. Aussi l'ennemi malin a-t-il vissé l'unique projectile qui avait mal pénétré et ne tenait pas très bien ; il y est encore ; il témoigne tout le temps. Il a l'air d'une poignée de main plus que d'un coup ennemi.

L'humanité a tout intérêt à ce que la Russie mette au service de la civilisation sa force vierge en empruntant à la Gaule l'héritage spirituel de Rome et de la Grèce. Le Saxon est un reste antédiluvien septentrional qui s'achève ; il est sans doute en plus d'un art plus avancé que son jeune voisin, mais sa forme est achevée, c'est un arbre qui a porté tous ses fruits ; le Russe est le plus jeune peuple d'Europe, la France est le meilleur conseiller. Le progrès fomenté entre la France et l'Allemagne serait plus grand peut-être dès demain, mais pour l'avenir de l'humanité il sera plus grand par la France et la Russie.

Si l'Anglais avait eu des remords, l'histoire les aurait enregistrés et nul ne serait autorisé à rappeler la faute reniée, car nul n'est exempt d'erreur ; mais loin de regretter le bûcher ni la roche, « Sac de laine » affirme chaque jour par des actions d'une psychologie moins éclatante, mais du même ordre, la constance de sa conviction. Devant l'intérêt du « Sac » les droits généraux de l'humanité sont suspendus. « Sac » se dépense pour empêcher le percement de l'isthme de Suez, puis le canal creusé il s'en empare ; il appelle ça de l'habileté ; nous n'avons pas le même vocabulaire. Je blâme l'action, mais j'approuve cette fierté, si toutefois on peut appeler fierté cette liberté par trop philosophique de l'esprit. Je pense, en effet, comme tout le monde, que l'homme respectueux de lui-même ne saurait avoir honte des actions, quelles qu'elles soient, qu'il a commises, s'il est prêt à les commettre encore.

Tout cela d'ailleurs n'importe plus, l'Angleterre ne sera pas un élément actif dans l'avenir de l'humanité; elle a du charbon, c'est tout; supprimez le charbon, vous supprimez l'Anglais. Dans cent ans le charbon en Europe sera plus rare que le diamant, l'Anglais plus ratatiné que le Lapon.

Or sus, mes deux Noirs Anglais ont préparé mon exécution; ils ont l'air de remplir une fonction plus que de faire un coup douteux; c'est une formalité, chaque peuple a ses usages. Mais j'ai encore le temps, il me vient un remords; si quelqu'un m'entendait penser, si ces singes ébahis qui me regardent écrire me comprenaient, ils jugeraient mal; j'ai des amis en Angleterre et… En 1871 je les ai vus parcourant le nord de la France, répandre d'intelligents et abondants secours, etc., etc. Les défauts n'excluent pas les qualités, seulement ici ce n'est pas aux qualités que j'ai affaire.

Les barbares préparent leurs massues, des massues toutes neuves qu'ils viennent de couper dans le bois et qu'ils façonnent en forme de longs marteaux. Artistement dépouillé de son écorce, par endroits durci au feu, cet instrument a de l'élégance. De temps en temps l'artiste l'essaye; campé debout il l'élève, le brandit, gesticule, se porte en avant, se replie, bondit, frappe et se cambre; l'outil lui paraît bien en main, je crois que *ça ira*. Il me regarde comme pour prendre mesure. Il y a aussi des raffinés qui préparent des petits couteaux en bois dur;

affilés, pour être bien sûr de venir à bout du Toubab;
avec ces Blancs on n'est jamais sûr. Je crois que ce sera
assez varié, un certain sentiment de l'art inspire les préparatifs, la fête ne manquera pas d'une sévère poésie,
sans compter la morale vengée; Dieu Iran sera content.
Singes! Si je n'étais censé leur appartenir, moi et mon
bagage, je leur demanderais de me vendre ces jolis
instruments, ils me seraient un souvenir personnel.

Je pense là entre mes murailles de terre et mes paravents de paille, que si, au lieu de cacher l'Empereur
sous la pierre profonde, on exposait son corps assez con-
servé, comme un simple Sésostris, toute l'Europe
viendrait voir le Dieu, chacun accourrait pour trembler
d'un petit frisson rétrospectif. Austerlitz, Bérésina, Bru-
maire, Sainte-Hélène, et le Code, et Joséphine... On
payerait *un franc*, la recette serait énorme, elle suffirait
à équilibrer le budget de l'Italie, juste retour. Il voulait
unifier de force l'Europe, ce n'était pas la peine de tant
résister pour faire ensuite en cent ans ce qu'il voulait
faire en quinze jours. L'obstacle a été « Sac de laine ».
il n'entend pas que l'Europe soit Une, ça le dégonflerait
tout à fait. Mais bref de nouveau...

Cependant ces messieurs les délégués ont encore de
l'inquiétude, ils voudraient prendre mes armes, ils indiquent même du geste qu'il serait enfin temps que je les
leur remisse. Je ne puis m'empêcher de sourire, je refuse
sans phrases; ils comprennent bien, mais ils tiennent à
leur idée. La nuit revient, mes Noirs, d'ordinaire si répandus chez l'habitant, sont pelotonnés tout près de moi,
à demi morts de frayeur, à demi morts de faim; ils veil-
leront, car c'est la nuit que l'esprit malin fait ses coups.

Le matin revenu, n'ayant rien à faire, je reste étendu, l'œil entr'ouvert. Mes gens, à bout d'inquiétude, commencent avec le soleil à regarder de mon côté, à tourner dans ma case, à s'agiter discrètement pour m'inviter à leur peine. Il n'y a plus de riz, ils ont faim et je dors toujours, cela devient mauvais. Le propriétaire de la case, d'abord étonné de ne pas me trouver debout, alerte dans l'inquiétude dès le premier rayon, s'éloigne, puis il revient et contemple avec agacement ce tableau paisible d'un voyageur fatigué qui dort tranquillement. Puis il se fâche et crie au dehors; il veut que je lui rende sa case ou que je paye; mes hommes ne répondent pas grand'chose, ils ne demandent pas mieux que de les quitter, ces cases.

Arrivent mes deux voleurs, je dors de plus en plus profondément, ils toussent, font quelques essais d'appels, enfin s'adressent aux interprètes. On m'éveille. « Je n'ai pas appelé, que veux-tu? » — « Les 750 gourdes. » — « Ah! oui, vous avez vu mon bagage, il est à votre disposition; maintenant c'est l'heure de déjeuner, allez chez le roi et dites-lui d'envoyer le riz du matin. » Mes deux fripons se récrient, ils élèvent la voix; encouragés par la platitude des interprètes, ils disent que c'est de la révolte, que je suis prisonnier, etc., etc.

Je m'assieds plus près de mes armes qu'ils réclament vivement; il est évident que s'ils les tenaient la discussion se terminerait par le fait. Pendant qu'ils délibèrent ensemble, très vivement, j'ai le temps de mesurer combien la vie étant pour ces gens-là peu de chose, il suffit d'un rien pour la perdre, de la moindre précaution pour la préserver. Mes armes sont dans le coin de la case derrière mon lit, et M'Bar, l'œil interrogateur fixé sur les miens, est à côté, la maintoute préparée; il aura porté dix coups avant d'être frappé à mort; son impatience visible n'invite pas les plus rapprochés à engager l'action.

Mes hommes ne peuvent pas se ratatiner davantage, ils n'osent même plus geindre; cependant ils ont faim, ils ont donné leur petit bagage, que faire? ils n'ont plus rien, que moi. Mes interprètes qui avaient cru tout sauver en séparant leur cause de la mienne, reconnaissent leur tort, — c'est d'ailleurs toujours ainsi, après qu'il a fait la mauvaise tête à son idée, dégagé son cerveau des brumes qui l'encombrent, le Noir revient au Toubab; — les interprètes me disent que si je veux parler au roi ils répéteront mes paroles, mais ils voudraient que je sois bien prudent. Il est évident que ces peureux, évidés par l'angoisse, répéteront de travers, et nos affaires iront d'autant plus mal. Je leur explique donc, afin de les avoir dociles, qu'il ne s'agit pas de prudence, il s'agit de dire au roi des choses expresses qui changent ses idées. Ils voient bien que les cadeaux, les prières n'ont servi qu'à le rendre plus exigeant, et si j'avais fait comme eux ils seraient déjà la corde au cou, en caravane vers l'intérieur. Ils confessent à demi, une peur chasse l'autre.

Je fais passer devant moi les deux Noirs Anglais, je me tiens sur leurs talons; M'Bar porte mes armes à la main, les siennes suspendues à l'épaule; les interprètes suivent, les gens du village font la haie.

Le roi, Alpha Seydou, est un solide gaillard, un beau jeune homme, la meilleure mine du monde, plein d'entrain à la vie; il ne lit pas Schopenhauer. Je m'adosse à la muraille, M'Bar debout à côté de moi, les interprètes en face, le roi à gauche entouré de ses gardes, les Anglais à droite avec leurs partisans, dehors la foule. Nous sommes sous la véranda de paille qui précède la case, je n'ai pas voulu entrer dans le réduit. On fait silence, Sa Majesté attend! « Dis-lui de parler », dis-je aux interprètes accroupis près de l'entrée comme s'il y avait à fuir. Le plus noir des deux Anglais, ou le plus Anglais des deux Noirs, prend la parole; je lui dis de se taire, et du doigt montrant le roi : « Parle », lui dis-je. L'Anglais insiste; je fais demander au roi s'il n'a rien à dire; « je ne suis pas venu pour entendre ces traitants de Sierra-Leone; est-il leur serviteur, leur complice ou leur maître? Qu'il s'explique, afin que je sache ce que je dois penser de lui ».

Il commence son discours; il ne connaît pas ces hommes, il ne m'a rien pris, rien demandé, ce sont mes porteurs qui ont tenu à lui faire des cadeaux, etc.... N'est-ce pas touchant! Il dit quelques mots du chemin de la Reine et de mes autres torts, et rappelle la rançon nécessaire. Un long discours. Je lui réponds avec l'attention qu'on accorde à un solliciteur intéressant, et comme lui donnant un renseignement rapporté tout exprès pour lui de chez les hommes blancs; je lui dis avec indifférence, mais précision, qu'il est un voleur, un simple coquin; je lui pardonne pour cette fois parce qu'il a cédé à de mauvais conseils, mais qu'il ne s'avise pas de recommencer; il s'est exposé au plus grand danger. J'ai abandonné mon ambre parce que mes Noirs me suppliaient et qu'il leur appartient, maintenant que leur voyage est terminé : quant à mon bagage personnel il ne peut pas y toucher. « Je peux détruire ton village, mais le Blanc ne vient pas tuer, il fait le bien, les habitants paisibles ne doivent pas souffrir à cause de ces étrangers. J'ai traversé le Foutah-Djalon par quatre routes différentes sans tirer un coup de fusil, et cependant sans laisser frapper un seul de mes hommes ; je rends justice aux chefs puissants et intelligents que j'ai visités... je veux que cette région où je passe aujourd'hui me soit également amie. Je vais organiser des caravanes par cette route même, et je ne veux pas commencer par des coups de fusil. Ces deux Anglais font leur métier, tu n'es pas avec eux, tu me le dis, je le crois, leur métier de voleur est indigne de toi, la guerre c'est bien, mais voler est l'action d'un esclave... »

Je suis de près le jeu des interprètes pour m'assurer que j'arrive à propos dans la pensée du roi. Il se fâche d'abord; cependant il se réserve, il comprend vite que sans risquer sa peau il a déjà réalisé un certain bénéfice, que je dois revenir dans ce pays bientôt et qu'il vaut mieux que je passe chez lui que chez son voisin, que dans ce moment, armé comme je le suis, il est plus exposé que moi, et que si je dois quitter le village en ennemi je vais tenter de l'emmener en otage, devant moi, jusqu'en dehors des hautes herbes qui nous entourent; pour l'aider à ne pas oublier ces conclusions toutes naturelles de la situation, mes interprètes à demi-voix les répètent aux siens. Il n'y a pas de fanatisme intransigeant dans son opération, ce n'est qu'affaire de commerce, balance d'intérêts, il cède.

En partant, pour m'assurer du fond de sa pensée, je lui dis sans prière ni menace de nous envoyer à déjeuner ; il se récrie avec impatience, presque avec colère, mais je répète sur un ton ferme et simple, sans voir sa mauvaise humeur; il hésite. « Eh bien soit, je vais lui envoyer à déjeuner. » Et tandis que je m'éloigne, il rentre dans sa case.

Vingt minutes après nous avions un riz bien venu. Il est accommodé à la viande un peu mûre; à l'odeur insupportable, je ne pensais pas un instant que je pourrais y goûter; mais il paraît que nos facultés habituées à une certaine hiérarchie dans les conditions de notre vie civilisée réglementée, ne montrent pas la même obéissance dans les circonstances extrêmes où la lutte leur permet le « chacun pour soi ». Tout mon corps avait faim, alors tant pis pour l'homme civilisé. En me pinçant le nez je mangeai de bon cœur; relevé d'un fort piment, le goût sans l'odeur n'est pas trop insupportable, j'avais avalé avant d'avoir fini de délibérer en moi-même s'il valait mieux avoir honte ou avoir faim. Pour mes hommes, c'était un mets à point.

Nous partons à dix heures par un fort soleil. De Kountou à Gaïm-Boumba, 22 kilomètres; mes hommes courent comme des lapins, il n'est à aucun moment question de s'asseoir en chemin, je n'ai pas la peine de les stimuler. Par une dernière attention mes détrousseurs font incendier les champs que nous traversons, à droite et à gauche du sentier les herbes flambent, nous passons entre deux mers de flammes; il est midi, — « Roi des étés », parfaitement, — il faudrait un pyromètre de potier pour mesurer la température de cette fournaise. Mais l'étape se dévide, le sentier fuit, les ennuis restent en arrière, aussitôt oubliés.

Puis une longue plaine de sable blanc succède à ces

champs ; marche fatigante, le sol meuble cède sous nos pas, la réverbération m'aveugle, de dix heures à trois heures le soleil ne me fait pas grâce d'un rayon. Quel cagnard ! comme on dit au pays des cigales. Je me raffraîchis en pensant au bon bain que je vais prendre en arrivant.

Je n'en ai rien eu que cet acompte dans mon imagination ; Gaïm-Boumba n'a pas d'eau : une simple mare de quelques mètres de large alimentée par le suintement du sol entre les racines d'un benténier. Les bêtes viennent y boire, chacun y datauge pour aller puiser au plus clair. Je fais apporter une bagane qui me servira de baignoire, mais voilà des femmes en file indienne, leurs calebasses sur la tête, quelques-unes portant un enfant sur leur dos, elles viennent puiser et aussi un peu voir. Avant de me risquer à la fontaine et pour ne pas recommencer les histoires du chemin de la Reine, j'avais vu le roi, ses gens m'accompagnent ; d'ailleurs personne ici n'ameute la population, tout se passe amicalement.

On me fait remarquer avec intention la procession de ces dames qui s'avance, je fais transporter ma baignoire dans la broussaille, à cent pas de là ; ça manque de tapis, il fait encore très chaud, mais c'est bon tout de même. Je me délarde des rayons de soleil restés piqués dans ma peau ; avec une calebasse, mon nègre transformé en saint Jean-Baptiste s'applique à me verser la douche.

Nous trouvons des vivres, papayes en abondance(*).

Avant-hier j'ai mis à profit la visite du facteur improvisé pour donner de mes nouvelles au Commandant du poste de Konakry, à 100 kilomètres de là, le priant de les faire parvenir en France. En cas d'accident on aurait au moins su où s'était arrêté mon voyage. « Le courrier lui donnera des détails sur la situation, disais-je, mais je le prie de n'envoyer personne à mon aide ; je me tirerai d'embarras tout seul ou je ne m'en tirerai pas, mais je demande bien expressément qu'on n'expose pas un seul de nos soldats pour moi, etc. » Je suis là parce qu'il m'a convenu d'y venir ; l'initiative privée ne doit se faire connaître que par ses succès, si elle succombe tant pis pour elle, je tiens d'autant plus à le démontrer que les antiques errements de notre administration monarchique ne sont pas tendres pour les individualités indépendantes.

Ma lettre a été en effet rapportée, le lieutenant Guichard, qui commandait à Konakry, l'a reçue peu de temps avant mon arrivée. Il partait le surlendemain, avec un détachement qu'un transport à vapeur débarquait en ce moment, pour aller combattre des tribus alliées de celles dont je venais de traverser le territoire et qui menaçaient nos avant-postes.

De Gaïm-Boumba à Ya-Fraya, même plaine de sable plantée de néfliers ; 12 kilomètres, sentier fatigant, réverbération chaude et aveuglante ; à chaque instant fonds de vase, joncs et marécages, de l'eau jusqu'aux genoux. Nous traversons un petit cours d'eau claire, bien vite mes hommes s'y plongent et replongent; tout d'un coup, précipitamment, ils grimpent sur la berge, criant qu'il vient un caïman. Fausse alerte; nouveau plongeon. Pendant ce temps, Kankou qui s'était allongé au fond de la rivière, le nez entre deux pierres, est resté immobile comme un gros amphibie.

Passe au loin une petite caravane, j'envoie chercher un peu d'eau-de-vie dont j'aperçois sur la tête d'un captif une énorme dame-jeanne; on fait quelques façons, cependant Allens moyennant deux francs rapporte ma timbale pleine. J'y trempe mes lèvres pour me réconforter, car je suis bien diminué; ça me suffit, car c'est très fort. Je passe à Allens le gobelet encore plein, lui conseillant de partager avec son camarade Kankou, il sourit et avale tout, un quart de litre au moins : « Il n'y a pas pour deux », il me dit qu'il boit très facilement un litre pour se désaltérer tout juste; et c'est de l'eau-de-vie de traite, — forte et mauvaise.

Un peu avant que j'atteigne Ya-Fraya, un Européen et quelques Noirs viennent joyeusement à ma rencontre : « Ne suis-je pas le Commandant du détachement qu'on attend? — Je ne le suis pas. » Mais l'accueil n'en demeure pas moins affectueux. Je m'arrête chez M. Gaillard, il habite à la côte depuis de longues années, ayant succédé à son oncle qui y avait passé lui-même une partie de sa vie. M. Gaillard me reçoit avec fête dans ses cases où règne une aisance originale. Le meilleur pour moi après ces jours de solitude, — car le voyageur chez ces êtres primitifs est seul avec sa pensée dans sa lutte avec les choses, le climat et les hommes, — est l'affectueux empressement et la joie avec laquelle mon hôte reçoit le voyageur.

Dès mon arrivée, à l'entrée du village je fais demander le roi, car c'est encore un village de nègres ; M. Gaillard, prévenu de mon désir et sûr de son autorité, m'engage à attendre. Mais j'ai trop perdu l'habitude, non pas d'attendre mais de recevoir de l'aide ; après les premiers bonjours j'emmène mes hommes à la recherche du sire, et après les avoir pourvus je reviens à mon hôte étonné de mon impatience. Je lui dis que tout le secret du voyageur consiste à ne jamais perdre une minute qu'il peut ne pas perdre.

M. Gaillard est marié avec une femme du pays, il a plusieurs enfants, sept, dont deux grandes jeunes filles habillées à volants, pieds nus ; peut-être jouent-elles du piano, je n'en serais pas étonné à leur manière de s'asseoir sur des chaises, comme nous ; elles tiennent ça de leur père sans doute. Elles ne mangent pas à la table du maître.

A cette table où fument des plats d'une succulence introuvable (certain canard au riz mélangé d'une purée de *boroboro*, épinard indigène), préparés sous la haute surveillance de Mme Gaillard, nous sommes d'abord trois, mais bientôt je reste seul.

J'avais grand'faim ce matin en arrivant, mais il a fallu d'abord faire l'homme civilisé, et tandis que mes hommes attendaient assis devant la case, je remerciais avec conviction M. Gaillard de son accueil dont la cordialité m'allait au cœur, puis j'ai logé mes gens dans le village. M. Gaillard me demande, pour la forme, à quelle heure je veux déjeuner, « à son heure ordinaire », naturellement ; je tombais cependant d'inanition, d'autant plus douloureusement que mes papilles, réveillées par l'espérance et sans doute aussi par quelque odeur de cuisine comme il en rôde parfois même dans nos palais les mieux tenus, se redressaient furieusement. Mais je ne voulus pas être dominé par cette faim de sauvage et j'attendis tout en causant, c'était dur. Enfin il est l'heure dite, ma langue se fond ; mais mon hôte n'a pas remarqué qu'il est midi, il n'a pas faim, le pauvre homme, il ne connaît pas ce genre de supplice qui se termine en fête, il est malade, son malaise déjà ancien lui ôte l'appétit. J'apaise les cris intérieurs de ma bête, j'ai peur qu'il les entende, et tout en jouant mes meilleurs airs sur le Foutah, je remarque par hasard qu'il est midi ! ça n'éveille aucun intérêt dans l'esprit de mon excellent amphitryon. Cependant l'hospitalité a ses devoirs, il paraît penser à l'événement qui se prépare, je renais ; lui simplement demande si M. un tel, notre autre convive, est rentré de la chasse ? — Pas encore !!! — « Nous attendrons une minute, si ça vous est égal, il ne tardera pas. » Si ça m'est égal ! mais assassin, certainement que ça m'est égal, ça me fait même plaisir. Je comprends parfaitement à cette heure que dans les pays déshérités on convoite son semblable pour le manger, je sens que je vais devenir dangereux. Enfin, le voilà, ce convive, un ami de la maison, il est ici chez lui, comment ne pas l'attendre au moins quelques instants ! J'ai faim, monsieur ! criai-je en moi-même.

Présentations d'abord, félicitations, échange de propos flatteurs, il va faire un bout de toilette... avec ma permission ? mais comment donc ! Enfin ! avec la plus digne indifférence je me rends dans la salle à manger. Ah ! ici nous allons nous mesurer ; voilà le canard, et dans un plat le riz séparément, cuit en grain, parfaitement ; l'ordinaire est abondant, mais à mon sens je préférerais me trouver seul un instant avec lui.

M. Gaillard, fort malmené par une toux violente (il dit que c'est du rhumatisme... je le trouve bien malade), s'assied une minute pour m'inviter à me mettre à table, puis il retourne sous la véranda où il a plus d'air, il ne déjeunera pas ce matin. Le deuxième convive est un vigoureux jeune homme de haute stature, M. Stoeuss, de Bruxelles, d'un entrain magnifique, santé toute neuve ; il passe son temps à la chasse. Il s'assied pour la forme, ayant déjeuné en bateau avant de rentrer. Quel brave homme ! je le contemple avec des larmes. Je reste seul pour tenir tête au canard fumant et à divers petits plats minutieusement bons. J'ai faim depuis six mois et ne suis pas sans joie de la rencontre.

M. Stoeuss me raconte ses chasses, me montre ses armes ; j'envie sa belle santé en mesurant à lui les restes hâves et maigres de mon pauvre corps à bout de ressources. (Quatre mois après ma rentrée en France, je recevais une lettre de ce beau jeune homme, trop jeune pour aller dans ce chien de pays; il a eu confiance dans sa jeunesse, il a cru à sa force... il est revenu précipitamment, malade de plusieurs façons, très gravement ; je souhaitai bien vivement qu'il se remît. Il est bon d'avoir trente ans, d'être un peu rassis, pour vivre, pour ne pas s'évaporer tout de suite sous ce climat dévorant.)

Mme Gaillard est noire, elle n'est pas... de notre type, mais elle est prévoyante et active. Elle fait cultiver des terres qu'elle a su choisir, elle a des troupeaux, par ses soins ils s'accroissent sous la garde de bergers vigilants et attachés à leur maîtresse qui sait prendre soin d'eux.

La vente des cuirs est un monnayage facile des prairies inutilisées et constitue un bon commerce. C'est un moyen de fortune paisible et sûr, dû à l'alliance de l'intelligence aryenne et de l'autochtnogénéité du Noir.

Mais il faut avoir renoncé à tout et à soi-même pour accepter cette vie sans horizon, où la satisfaction immédiate des gros désirs est tout l'absolu. Le missionnaire a devant lui l'infini spirituel; le trafiquant terre à terre a dans l'esprit un coin du ciel de France où il bâtit son espérance; chaque courrier est une pulsation de l'esprit et du cœur de ses amis unis aux siens; pour l'homme blanc devenu nègre, la vie d'Europe disparaît derrière un voile, c'est un rêve ancien à demi effacé. Cependant il ne paraît pas souffrir, il croit qu'il a encore des illusions sur lui-même. Mais quand je vois entrer ces petits pingouins jaunes, pieds nus, qui viennent avec une fierté inquiète baiser la main du père, je pense que la mort est le meilleur moment d'une pareille vie. Mais il faut se garder de juger; si l'on pouvait sonder le mystère de l'âme sans espérance, peut-être y trouverait-on installée et chez elle, cette mort anticipée que l'orgueil de vivre repousse alors que la souffrance de cette âme la retient comme l'ami suprême et sûr.

Là le hangar au sel, hangar tout ouvert ; gratuitement les clients de la maison prennent au tas.

Le roi du village est très mécontent qu'on m'ait arrêté en route; la nouvelle lui en était parvenue, grossie, agrémentée, avec toute sa famille il avait déjà versé des larmes — de crocodile — sur le sort du malheureux Toubab. Il est bien content de me voir revenu. Il va convoquer ses voisins et partir en guerre avec eux tendre des embûches à ces malfaiteurs qui sont la honte de la race. Je l'apaise et je déconseille l'entreprise ; je suis sain et sauf, mes hommes aussi, c'est une querelle à oublier.

D'ailleurs si je compare ils ne sont pas de taille, avec leurs airs bonifaces de négociants retirés des affaires, à se mesurer avec la féodalité de l'intérieur, avec ces repaires indépendants constamment en guerre les uns contre les autres. Lorsqu'à Kountou, hier matin, Seydou, le roi, me répétait comme argument: « Je te tiens bien, » il avait l'air moins commode que ces braves gens déjà frottés de civilisation et qui n'ont plus l'habitude des mauvaises pensées et des bons coups.

Pendant que je suis chez M. Gaillard, occupé à combiner les moyens de repartir au plus vite, arrive un Noir chargé d'un panier énorme, débordant de provisions. Bientôt après lui entre un petit homme pétulant, joyeux, tout surpris ; c'est M. Pons, propriétaire du panier et d'une belle âme. Dès qu'il a su que j'étais dans les fers, il s'est voué à mon salut ; sans perdre un instant, il a empli les profondeurs de ce panier à deux battants de tout ce qui peut servir à la nourriture de l'homme en voyage : boîtes de sardines, boîtes de légumes, viandes fumées, langue de bœuf, du pain, — deux gros pains, — du vin — c'est raffiner — enfin du tabac, des allumettes, et je crois même une serviette. Je suis heureux de lui avoir évité la course et surtout l'entrevue avec le joyeux Seydou qui aurait peut-être, en présence d'un homme si généreux et peu armé, renouvelé avec insistance le coup du papier à trois mois, et chagriné mon sauveur.

Heureusement M. Pons n'avait pas encore franchi la limite de la zone fréquentée. Je le remercie avec conviction pour ce qui allait me revenir de son concours et je le félicite en général pour les beaux sentiments qui l'animent ; je crois que si M. le Ministre de l'Instruction Publique, ou celui des voies et moyens, était instruit de cette campagne, un ruban vert ou violet, sinon rouge, à moins que tricolore, viendrait en toute justice récompenser cette tentative. M. Pons est un excellent homme, il nous raconte mille histoires, pas celles de Tartarin, et je regrette que mes deux amphitryons, blasés peut-être sur cette générosité qui leur est connue, ne s'associent pas à mon admiration. Car enfin il y a eu tentative, dépense d'idées, de décision, de temps, de boîtes ; et vingt-quatre heures de retard de ma part laissaient engager M. Pons dans des sentiers d'où un homme distrait, escorté d'un gros panier, ne revient pas toujours. Il n'ignorait pas le danger, je lui suis donc reconnaissant ; et si je le prends gaiement c'est pour m'associer à la joie que spirituellement il manifeste lui-même.

Ya-Fraya est au fond d'un long estuaire ; le flot monte jusque-là et encore un peu en amont ; Bouramaya est de l'autre côté au nord. Par là le Konkouray débouche à la mer avec la Dubreka, dans la baie à l'entrée de laquelle est Konakri.

A peine arrivé, Manel, mon cuisinier, s'est mis à boire jusqu'à perdre la raison ; il parcourt les rues du village un couteau à la main et veut tuer tout le monde. On vient me chercher, je suis obligé de le faire amarrer, il se débat furieusement, crie, et enfin, réduit à l'impuissance, il s'attendrit et pleure comme un ivrogne ; il prie qu'on le détache : ces liens, dit-il, sont humiliants, il trouve qu'il a l'air d'un cochon !

Le lendemain j'expédie mes hommes reposés et bien approvisionnés; ils vont par le sentier me rejoindre à cent kilomètres de là environ, à Konakry, où je me rends par eau; M. Gaillard a la complaisance d'avancer d'un jour le départ de sa baleinière et la met à ma disposition, armée de six rameurs. Je lui renouvelle ici mes remerciements pour sa sympathie généreuse et l'hospitalité qu'il a offerte au pauvre voyageur.

Je pars avec le jusant, accompagné d'un de mes Noirs. A six heures du soir nous nous arrêtons au poste de la douane de Fongi pour laisser passer le flot qui remonte. Débarquement maussade, dans la vase, au milieu des bois, pleins de poésie assurément par leur aspect de fantômes mouvants dans la nuit à demi noire, mais bien peu engageants. Je m'assieds mélancolique sur un tronc de rosnier. Cependant mes Noirs ont disparu, ils ont donc trouvé dans cette brousse obscure des bêtes à qui parler? Ils vont boire, dormir et à l'heure de partir je n'aurai personne. Mais ces Noirs ne sont plus les incohérents de l'intérieur, ils sont au service du Blanc depuis longtemps déjà et habitués à une certaine nécessité dans la succession et l'à-propos des actions, je ne dois pas m'inquiéter.

Je crois distinguer, en travers de la silhouette des palmiers, une ligne droite, un toit de maison assurément, le poste de la douane sans doute. Je trouve là deux jeunes gens, joyeux douaniers pleins d'exploits, qui gardent le fleuve.

Ils me racontent leur vie aux prises avec le climat et les contrebandiers; c'est une lutte acharnée de ruses et contre-ruses de Peau-Rouge. Il faut aimer cette guerre pour la bien faire, et l'on comprend que, bénéfice à part, on s'y passionne. Le gain y ajoute son attrait; ces jeunes gens me racontent, entre autres légendes, une prise qui a valu cinquante mille francs, une fortune, au douanier « un tel »; les coups de quelques centaines de francs ne sont pas rares.

La forêt se garde toute seule, par le sentier on ne transporte pas de grandes quantités, c'est par le fleuve et ses mille petits marigots que la mer deux fois par jour vient chercher les récoltes approvisionnées dans les villages ou dans les champs riverains. Les chargements réguliers descendent le large fleuve de jour ou de nuit avec le jusant, la pirogue de contrebande ne passe que la nuit et par des marigots détournés; cachée le jour dans des abris perdus, elle attend presque sans danger l'heure propice. Mais le douanier connaît un peu la situation des cultures, les quantités à expédier, il calcule, suppose et guette; souvent il tombe juste et en tout cas il gêne les malhonnêtes gens. Il passe ses nuits au guet, dans sa barque, caché sous les palétuviers, l'oreille tendue, continuant ses calculs de probabilités. Ce qu'il fait bon là-dedans! respirant le brouillard, à l'odeur humide qui monte de la vase, les bêtes amphibies qui lui tombent dans le cou! Mais il y a toujours la poésie, la poésie de la forêt, le poème sans fin des âmes de la nuit. Le douanier aime ces choses et il est pratique en même temps; s'il prend la pirogue coupable, il aura beaucoup de cent francs pour sa part de prise, dont la proportion est très élevée; avec du zèle et un peu de chance, il pourra dans quelques années revenir au pays, élever sa famille et jouir de la vie.

Il est instruit, il a des livres, c'est un philosophe, il occupe son corps et son esprit. Mais le nègre est subtil, fin comme l'air, il faut quelquefois des semaines de guet pour le surprendre. Le pauvre douanier n'a souvent pour sa part que des coups de fusil, et la blague des contrebandiers qui viennent ensuite chez lui se moquer de lui, avec lui, car ils se connaissent, mais pour saisir il faut le flagrant délit, amarrer la pirogue pleine de noix de cocos. Le digne représentant de la civilisation est toujours sûr de prendre la fièvre, la fièvre dont on meurt ; alors le pauvre homme qui a du collège, qui est peut-être bachelier, lit quelque forte pensée d'Horace, le

Justum et tenacem propositi virum
Non civicum ardor. . . . . . .
. . . .
Mente quatit solida, ...
. . . .
Si fractus illabatur orbis,
Impavidum ferient ruinæ!

il élève son âme et se défend de tous regrets. Il n'en meurt pas, et en somme il fait ce qu'il veut, étant seul, sa volonté étant ici toute la loi ; c'est une large compensation, on est moins à l'aise chez Lycurgue.

Nous échangeons des provisions, ils ont du beurre de Normandie, je leur donne du chocolat Marquis, nous parlons du métier en fanatiques de la nature et de ses surprises, de la France qui est le sujet dominant auquel on revient toujours. Je dors un instant étendu sur le plancher ; à minuit, le flot est étale, il est l'heure de partir ; au revoir, et courage ; nous reprenons les avirons.

En mer nous tendons une aile au vent ; avec une conviction qui me surprend toujours, mes Noirs sifflent pour appeler à l'aide le peu d'air qui rôde sur les eaux, leur confiance est entretenue par d'heureuses coïncidences, quelque risée de temps en temps concordant avec un sifflement mieux sussuré. Les matelots d'Agamemnon interpellaient par la prière ou l'injure les vents qui se refusaient à enfler leurs voiles; on peut donc être grand parmi les peuples et cependant siffler pour appeler le vent! La superstition n'empêche pas de vivre, les Noirs africains n'attendent qu'un chef pour prendre rang parmi les nations.

Aujourd'hui le vent est sourd. Je crains qu'il ne soit pas aveugle; des montagnes de la côte, au sud, il pousse vers nous, avec menace, des nuages noirs et pleins de pluie. A trois heures nous abordons à la jetée de Konakry.

VIII

KONAKRY. — RETOUR EN FRANCE.

Conclusion. — Comment la France doit occuper l'Afrique ; intérêt politique, intérêt commercial.

Mon premier soin est d'aller au télégraphe dire bonjour à mes amis, en France ; ils sont sans nouvelles depuis six mois et, suivant l'habitude, trop souvent justifiée à l'égard des voyageurs, ils doivent me croire mort. Dans quelques heures ils auront mon bonjour que je vais signer de ma main ; la pensée que la nouvelle de mon retour certain sera tout à l'heure choyée dans le cœur de ceux que j'aime me fait oublier bien des fatigues. J'envoie les bateliers avec mes bagages attendre sous les hangars de la Compagnie du Sénégal ; le directeur est absent ou occupé ou malade, je ne sais ; on veut bien cependant m'autoriser à abriter là pour un instant mes quelques colis.

Pour télégraphier il faut du bel argent sonnant, et du bel argent je n'en ai pas ; j'ai la tournure d'un loqueteux qui aurait autrefois connu des jours meilleurs et non d'un capitaliste digne de crédit : « la Compagnie n'est pas en fonds, le directeur n'est pas autorisé, le directeur ne peut pas »..., ce qu'on dit aux importuns. Je n'insiste que pour être sûr qu'il n'y a pas malentendu.

Je reviens au télégraphe, plus loin, sur le même rivage ; accueil empressé du directeur qui est Français. Il n'y a ici, me dit-il, que trois maisons de commerce : Maillat et la Compagnie du Sénégal de l'autre côté de Konakry et Collin là tout prêt, du côté de Boulbiné. Collin est Allemand, il va céder sa maison à son gendre Jacob, qui est Français ; de la terrasse du télégraphe on voit entre les arbres les toits de leur factorerie ; j'aurai là les quelques louis qui me sont nécessaires. J'y vais ; on me reçoit comme un chien mouillé ; je m'explique cependant, car je ne vois que mon but : parler en France, et pour l'atteindre je saute par-dessus toutes les petites avanies ; fâcheux métier que celui de mendiant. « J'arrive du Foutah », dis-je. « Le Foutah ! Je ne connais qu'un voyageur qui nous ait parlé de ces montagnes, un M. de Sanderval », et tout en me répondant un peu vite le négociant tourne les talons et repart à ses affaires ; il ne fait cependant pas lâcher ses chiens, c'est une attention ou un oubli auquel je suis sensible. Je lui lance dans le dos : « Ce M. de Sanderval, je le suis ! » Il tourne la tête, s'arrête, m'inspecte courroucé ; cependant mes guenilles ont un aspect étrange, il se rapproche, nous échangeons quelques paroles ! il est convaincu ! il m'ouvre sa caisse à discrétion. Je puise, je remercie et je reviens, marchant vite faute de pouvoir courir, au bout du fil qui a son autre bout en France.

Ma dépêche arrive à propos ; mes amis, pour gagner du temps et des renseignements, s'ingéniaient à cacher à mes parents les journaux qui publiaient à ce moment la nouvelle de ma mort ; nouvelle trop vraisemblable, écho des menaces et des vaines tentatives de mes adversaires.

Ce cher devoir accompli le voyage est terminé, j'appartiens à la civilisation. Je vais d'abord voir le Commandant du poste, le lieutenant Guichard, dont l'accueil affable et plein d'animation me rappelle les intelligentes réalités de la civilisation. Son poste est dans un ordre parfait, des soldats actifs, un air de joyeux entrain ; il organise l'unité de cette petite ville forte, perdue en sentinelle au milieu des dangers ; une palissade de troncs de palmiers étend tout autour son profil savant ; sur une terrasse, des canons, petits canons. La position est vive, — Boulbiné à gauche, Konakry à droite, villages noirs que leurs habitants viennent d'incendier en se retirant, — de la forêt voisine qui couvre la presqu'île des attaques peuvent surgir à tous moments. Les débuts sont le plus difficiles, il faut le temps de s'entendre.

Les indigènes commencent à constater qu'on ne leur fait aucune violence, les trois ou quatre chefs ou féticheurs qui les exploitaient perdent leur crédit, le peuple se rassure et il revient à nous. Ici comme partout le peuple est bonne bête ; c'est pour cela qu'il est le peuple ; quand il n'est plus bête, lorsque jusque dans ses masses profondes il s'est instruit en écoutant les conseils des intelligents et des forts issus en petit nombre de son sein, il devient son propre maître. Dès qu'on parvient à lui parler on s'arrange sans peine, mais ce sont les chefs, les rois diminués, les féticheurs dépossédés qui ne sont pas contents et qui soutiennent la lutte. C'est dans la loi, un progrès établi ne doit céder la place à un nouveau progrès que s'il est dominé par lui.

Nous déjeunons ensemble et je me complais à retrouver dans l'esprit cultivé de mon amphitryon le monde si complexe de nos idées et de nos usages, la douceur et la force qu'entretiennent dans une âme haute l'habitude du commandement et le sentiment des responsabilités. Le lendemain le lieutenant Guichard partait pour l'intérieur en expédition (je l'ai dit plus haut) contre une ligue de chefs alliés de ceux de Konakry.

Le directeur du télégraphe m'offre une précieuse hospitalité, le vivre et le couvert, je le prie d'en agréer ici, de nouveau, mes remerciements. Il occupe une vaste maison à un étage portée sur des voûtes ouvertes où l'air circule librement. Je loge dans le jardin, dans un bâtiment inoccupé.

A 2 kilomètres de l'autre côté de Konakry est la factorerie de M. Maillat, un aimable habitant de la côte qui est là depuis de longues années et qui n'est jamais malade. Comment fait-il? Je ne lui vois prendre aucune précaution. Il est toujours occupé, d'égale humeur ; tout en fumant sa pipe sous le benténier qui ombrage son petit port, il donne ses ordres ; ses barques tirées à terre, sur le sable, au fond de l'anse qu'il a choisie, attendent les vents favorables ; s'il vient une pirogue ou une caravane il ouvre ses magasins, s'il vient des voleurs il prend son fusil.

Une palissade massive de six mètres de hauteur, formée de troncs de palmiers, entoure sa factorerie ; à l'intérieur bon gîte, simple cuisine ; toute la contrée est son champ que l'indigène cultive pour lui : *Fortunatos nimium*. Virgile avait vu cet homme-là dans ses rêves ; mais je crois que M. Maillat a conscience de ces biens et que sans envie, sans regrets il est heureux. Je lui laisse un de mes cuisiniers, l'autre, Manel, est ivre sans désemparer depuis la première factorerie, Ya-Fraya.

J'ai logé mes Noirs dans les cases désertées de Boulbiné ou du moins dans ce qu'il en reste après l'incendie. Pour occuper leur désœuvrement je leur fais défricher un arpent de terre dont je demande la concession. J'y construirai une habitation pour le ravitaillement de mes prochains voyages. N'ayant pas de commerce à faire, je choisis sur le rivage un point encombré de rochers pittoresques où un négociant ne trouverait pas le port qui lui est nécessaire; j'ai ainsi un peu d'espoir qu'on m'accordera la concession. Le Commandant du poste à qui je remets ma demande, suivant ses indications, me dit qu'il la transmettra régulièrement à Saint-Louis et que toute la presqu'île étant inoccupée, sauf les quatre maisons que je vois, j'aurai assurément une bonne réponse.

Ce terrain que je désigne est couvert d'un impénétrable fourré épineux de cinq ou six mètres de hauteur, dans lequel il est impossible de prendre un alignement; je poste sur un des côtés, dans le sentier de Boulbiné à Konakry, deux de mes Noirs auxquels je recommande de répondre à mes appels, et par un long détour allant prendre mon point de départ sur le côté opposé au bord de la mer, je reviens vers eux au travers de la broussaille. J'avance difficilement, tantôt à quatre pattes, tantôt grimpé sur des branches pour franchir les fers de lance des acanthes pointus, étouffant, n'y voyant pas à trois pas d'avance, préoccupé de ne pas me prendre dans quelque réseau d'araignée, et me guidant en aveugle sur la voix de mes Noirs que j'appelle de temps en temps.

Je trouve le trajet plus long que je n'avais d'abord calculé, et la direction bizarre. Enfin j'aboutis. Ce quartier est fréquenté, nous a-t-on dit, par un tigre qui récemment a tué plusieurs personnes ; aussi mes deux Noirs, au lieu de m'attendre au lieu fixé sur mon plan, se sont-ils insensiblement rapprochés des lieux habités, et je les retrouve au sortir du bois sous les canons du fort. Au lieu d'une ligne droite j'ai décrit une courbe de rayon variable, de coordonnées proportionnées au courage intermittent de ces deux braves. En faisant le rabat dans cette brousse qui lui sert de retraite, je pouvais déranger le tigre, me disent-ils, et alors ils se sont un peu rapprochés du fort. J'ai un mouvement d'impatience, car la promenade dans le fourré a épuisé ma bonne humeur, mais cependant que dire ? Tout seuls, ils ont eu peur : « Ici pas bon, tigre venir. » Je modifie ma méthode d'arpentage.

La délimitation faite, je promets à mes hommes tant par jour en plus de leur solde, pour faire ce défrichement. Le travail est facultatif et il n'avance pas. Ali est demeuré étranger à notre convention ; il vient le lendemain doux et paisible, avec son air de sphinx nègre, possédant un sens de bête affiné, inconnu ou éteint chez les races plus hâtives; il me dit que le travail ne sera pas fini avant mon départ...??? Si je veux l'activer je dois promettre un petit cadeau et non donner un prix fixé d'avance. Mais ce cadeau quel sera-t-il ? « Très peu de chose. » En effet, je promets au lieu de donner, et en trois jours le travail gaiement s'achève. Le cadeau est le quart de ce que j'aurais payé et mes Noirs sont enchantés. Voilà bien ces grands enfants que le mystère, l'inconnu, séduit et attire, alors que la certitude, limitant leur imagination, éteint leur désir. Celui qui saura le premier comprendre le Noir trouvera en Afrique la puissance la plus formidable que puisse rêver un conducteur d'hommes.

J'ai télégraphié sur la côte pour avoir mon yacht qui attendait, un peu au hasard, de mes nouvelles ; il m'apporte une montagne de lettres, les plus anciennes ont six mois de date. Oh! chère, chère émotion, il faut tout lire à la fois et je relis vingt fois la même, des yeux, la pensée absente, rêvant au foyer d'où elles viennent.

Le jour de mon départ, je prends congé du maréchal des logis qui à la tête de cinq hommes garde le poste, en l'absence du lieutenant parti avec leurs camarades. Je dois dîner une fois encore chez Maillat et de là m'embarquer. Comme c'est pour la dernière fois je puis indiquer l'allure à peu près quotidienne de ma marche depuis un mois. En sortant du poste une crampe d'estomac me terrasse, je tombe au pied d'un palmier (et je perds trois louis que j'avais dans ma poche pour les dernières étrennes, ils feront un jour le bonheur de quelque archéologue), après quelques minutes je repars, suivant le bord de la mer sur la jolie plage de sable ferme. Le soleil est couché, l'air tranquille est parfumé des mille fleurs des bois, je respire la fraîcheur de la nuit; les rochers noirs isolés qui surgissent çà et là sur la plage toute blanche ont l'air de gros béliers attentifs à l'homme qui trouble leur solitude. Le charme de ces lieux me retient et m'endort et me verse l'oubli ; mais sous le ciel découvert il aspire ma vie, j'ai une forte fièvre, je tombe tout de mon long. Comme je n'ai plus de caravane à gouverner, je n'ai plus à me gêner, je reste étendu, inerte, refaisant mes forces ; au bout d'un quart d'heure je reprends mes sens et je continue; c'est le quartier du tigre de Boulbiné, le sentier tout voisin que l'animal fréquente a été abandonné à cause des rencontres fâcheuses qui s'y répétaient trop fréquemment ; cette pensée me distrait malgré moi, j'avance.

En arrivant près des ruines du village noir de Konakry je tombe de nouveau plus que je ne m'assieds, achevé par la fièvre… J'entends des voix, ce sont des hommes à moi, j'appelle ; depuis un mois ils sont habitués à me ramasser mort ; ils m'emportent chez Maillat. Après dîner nous devons nous embarquer, le yacht est au large, le canot nous attend dans le petit port. M. Maillat me voyant si pitoyable insiste avec la plus cordiale sollicitude pour me retenir, mais je ne puis m'arrêter pour de la fièvre ; je me confie à mes porteurs, et avec mille remerciements et affectueux souhaits je quitte l'hospitalière maison. Au même instant un orage éclate, l'averse à flots m'accueille sur la porte ; il est imprudent de se trop mouiller quand on a la fièvre, la décision ne doit pas être de l'entêtement, je remets le départ à demain. Ma volonté aussitôt détendue, je tombe inerte tout de mon long sur le parquet, on me porte sur un lit ; dans la nuit je prends une cuillerée de quinine, et le matin bien frais je m'embarque pour la France. Je ne veux pas achever sans remercier ici tout particulièrement M. Maillat de son aimable accueil et de ses bons soins.

Je trouve à bord des approvisionnements complets, d'excellents vins, des journaux et des livres. Mais ce n'est pas la saison des promenades sur l'eau, nous sommes par le mauvais temps houspillés sans relâche, tornade sur tornade, j'ai dix centimètres d'eau dans ma cabine pendant cinq jours. Enfin, après avoir dans ma bonne case, à Boulam (*), revu mes notes et laissé mes ordres, je repars pour Gorée-Dakar. Ayant pris pied sur un bateau à vapeur de passage nous avons manqué de charbon, ce qui m'a donné l'occasion d'admirer la fermeté toute simple du capitaine, — cela me transporte d'aise au sortir du caractère vague et mou du Noir, — et la bêtise des passagers qui menacent de se plaindre à l'administration, ah mais! Dans un coup de roulis le banc d'une table voisine de la mienne est arraché, les passagers attablés sont répandus un peu partout, inondés de leur potage, quelle

bagarre! Un gros homme tout rond roulait de tous les côtés sans pouvoir saisir le court instant propice au changement de mouvement.

Un peu avant *Les Palmas* nous apercevons, dressé sur un écueil, un immense vapeur qui vient de se perdre là; son arrière est submergé, son avant tout en l'air; la mer qui brise sur la roche escaladée passe en nuages d'écume par dessus les mâts. Dans quelques heures, la roche étant à pic tout autour, l'épave bientôt décrochée par la mer aura disparu. C'est le troisième navire perdu là depuis deux ans. Le décor est très beau, ce nuage écumant, isolé au milieu des eaux, ressemble au char de Neptune; mais l'événement moins mythologique nous inspire de tristes réflexions.

Le temps n'est pas toujours mauvais, il se tient à la limite où l'on peut jouer aux échecs; à chaque instant mon roi perd l'équilibre, ce qui excite la verve de mon partenaire, le jeune duc de Leuchtemberg, mais ne le distrait cependant pas assez à mon gré, car au bout de nos jours de lutte il reste avec l'avantage. Il m'a du moins cédé celui de trouver trop courtes ces heures tourmentées qu'il animait de sa belle jeunesse et du charme spirituel de son aimable conversation.

Je ne dirai rien de la joie qui m'attendait au port ; qui n'est jamais parti ne peut comprendre l'émotion du retour.

En arrivant j'ai remis au Gouvernement tous mes renseignements qui pouvaient intéresser son action en Afrique. Je répète comme je l'ai dit en 1880 et comme on l'a répété depuis : le Foutah-Djalon est la clef du Soudan. Baudin, capitaine de vaisseau, gouverneur du Sénégal, l'avait pressenti peut-être, lorsqu'en 1852, envoyant Hecquard à Ségou, il modifiait son itinéraire pour le faire passer par le Foutah ; le général Faidherbe paraît s'en être aussi préoccupé lorsque, par son ordre, en 1860, Lambert refaisait le même voyage. Cependant, malgré les récits favorables de Lambert confirmant et renouvelant ceux de son prédécesseur, plus rien ne fut tenté de ce côté pendant vingt ans ; de 1860 à 1881, on ne voit plus aucune part de l'activité que le général Faidherbe dépensait si vaillamment au Sénégal, s'orienter du côté du Foutah-Djalon. En 1879 une expédition commerciale essaya de se frayer un passage des factoreries de Sierra-Leone à Timbo, mais elle fut arrêtée à Falaba, d'où elle rebroussa chemin vers le sud.

En 1880 je n'avais pas manqué au devoir de soumettre

au général Faidherbe mes conclusions qu'il approuva en tous points : les chefs du Foutah nous accueillaient avec amitié, le climat tempéré de ses hauts plateaux le rendait habitable, par ses montagnes la distance de la mer à Bammakou sur le Niger n'était que de 600 kilomètres; au Sénégal au contraire, les chefs nous étaient ouvertement hostiles, le climat est insupportable pour les Européens et la distance de Saint-Louis à Bammakou est de 1200 kilomètres, auxquels il faut ajouter le parcours de Saint-Louis à Dakar (250 kilomètres), Dakar étant pratiquement le port de Saint-Louis.

C'étaient là des chiffres et des faits. Le général, avec l'autorité que lui avaient acquise son séjour au Sénégal et ses campagnes victorieuses pour élargir notre colonie, partagea mon avis; peu de temps avant sa mort (1889), il écrivait : « Si jamais il se fonde un empire du Soudan Français, c'est à Timbo, dans le Foutah-Djalon, que sera sa capitale. » Voilà certes une opinion considérable en faveur de la proposition que j'avais faite en 1880, de créer un centre européen à Timbo, création dont j'ai commencé l'organisation.

Il faut dire tout de suite que Timbo même n'est pas le point où doit s'élever notre ville européenne, son nom ici indique d'une manière générale la région des hauts plateaux qui sera notre centre.

Maintenant je dirai brièvement où en est mon entreprise sur le Foutah pour gagner le Soudan. Après avoir remis au gouvernement les renseignements que je rapportais et les enseignements que j'en avais retenus, je demandais, pour pouvoir continuer mon œuvre, que parmi les avantages que j'avais conquis dans le Foutah alors qu'il n'appartenait encore à aucune puissance européenne, on voulût bien me laisser la propriété de quelques hectares pour installer mes habitations, l'administration centrale de mon entreprise sur le Soudan. Je demandais en outre la permission d'organiser l'exploitation, limitée aux besoins immédiats de ma conquête pacifique, d'un territoire que j'avais fait reconnaître dès 1880 à la frontière du Foutah-Djalon ; c'était là un pas en avant, un commencement d'occupation pacifique, un acheminement vers mon but.

Le Sous-Secrétaire d'Etat d'alors, M. De Laporte, confia au lieutenant-gouverneur de la colonie la plus voisine (Rivières du Sud), M. Bayol, le soin de faire un rapport sur mes propositions ; son successeur, M. Etienne, reçut ce rapport et m'assura de son désir de me donner une réponse favorable. Il fallait l'avis du Ministère des Affaires Étrangères ; ce n'était d'ailleurs qu'une formalité de convenance, — au Ministère même on me disait que les Affaires Étrangères n'avaient pas à intervenir ; — M. Charmes, directeur des affaires politiques, avec la plus aimable courtoisie, avec la clairvoyance que donne l'habitude des vues droites et généreuses, voulut bien accorder son attention à mes projets et m'aider à obtenir l'avis que l'on demandait. Le Commandant des troupes d'occupation au Soudan, colonel Archinard, qui venait de faire la conquête de l'empire d'Amadou, arrivait dans ce moment à Paris : consulté sur ce que je proposais, il prit connaissance du dossier et du cahier des charges, sorte de projet de loi qui y était joint, et après m'avoir entendu, il donnait sans retard, sous l'autorité de son nom déjà illustre dans les guerres du Soudan, un avis général favorable.

Je n'avais pu être autorisé à temps pour repartir en 1888, j'allais maintenant l'être et je prenais mes dispositions pour partir en 1889; on exigea que d'autres capitaux que les miens, que d'autres personnes que moi fussent associés à l'exploitation locale que je proposais. Je satisfis non sans regrets à ce désir qui mêlait le souci d'une affaire privée à mes préoccupations toutes dévouées jusque-là à l'intérêt général, à l'intérêt de la France au Soudan. Pendant ce temps le ministère fut modifié. Le nouveau gouvernement voulut que l'autorisation que je demandais eût forme de loi, loi générale applicable à tous les cas analogues qui se présenteraient certainement.

Pendant l'année 1890 le projet de loi préparé fut soumis à diverses commissions spéciales qui en étudièrent les éléments, le Conseil d'État en fut saisi; en 1891 il était déposé au Sénat et remis à la commission chargée de présenter un rapport à son sujet. L'opinion publique peu à peu se fortifiait sur ces discussions ouvertes et sans cesse renouvelées, on en vint à discuter la création d'une armée coloniale, et on réclamait la formation d'un Ministère spécial, Ministère des colonies. M. Jamais, sous-secrétaire d'État des colonies, voulut bien m'entendre et avec un patriotisme éclairé reconnaître l'utilité de mes travaux pour les intérêts généraux qui lui étaient confiés. Nous en sommes là en 1892-1893.

[Le vote récent de nos députés refusant de créer un Ministère des colonies, démontre par la discussion très compétente qui l'a précédé, par la faible majorité que lui a laissée le partage presque égal des votants, que notre situation coloniale demeure dans tous les esprits l'objet d'une vive sollicitude, pour ne pas dire d'une vive inquiétude. Chacun pense qu'il faudrait prendre une résolution en commun, d'après une expression très nette de la vérité, et ne pas flotter plus longtemps au hasard des caractères et des événements.

La crainte manifeste des consciences est de livrer davantage les intérêts de la patrie aux spéculateurs ; la solution nécessaire est de confier nos intérêts coloniaux à un honnête homme qui leur soit dévoué, à un homme indépendant des intrigues qui vivent aux dépens du budget; et par lui de pratiquer une politique coloniale française délibérée en conseil des Ministres ; notre très honorable sous-secrétaire d'État M. Delcassé se trouve tout désigné pour cette œuvre nouvelle. Pour cette solution qui fait appel à la vérité de la situation, il y aura grande majorité dans nos assemblées.

Quant au rattachement à l'un de nos ministères il faut l'accepter si l'on continue à admettre que nos colonies doivent vivre par l'effort de la métropole, mais dans ce cas il faut les supprimer, sauf les étroits dépôts de charbon qui sont nécessaires à la marine. Si au contraire nos colonies sont étendues et florissantes, si elles viennent en aide à notre Commerce, à nos Armateurs, à notre Industrie, ce sont nos Ministères qui se trouvent par le fait rattachés à celui des colonies, c'est la métropole qui en échange de ses conseils reçoit fortune et prospérité].

On trouvera peut-être disproportionnés le but de mon entreprise et les moyens dont un simple particulier dispose, j'ai disposé cependant des ressources nécessaires, j'avais tous les moyens de soutenir mon espérance, et sans en donner le détail je le démontre par la réalité des résultats.

Le plus difficile était de découvrir la contrée utile à reconnaître. Rien ne signalait plus particulièrement le Foutah-Djalon à notre attention ; l'indifférence du Sénégal voisin qui le connaissait et ne l'occupait pas, — alors que les rapports d'Héquard et de Lambert parlaient avec éloges de l'intelligente amitié que nous gardait son roi l'Almamy Omar, — le classait parmi les régions d'un intérêt secondaire. Cependant si j'avais exploré en Asie, ou en Amérique, si j'avais pénétré en Afrique par un autre point, je n'aurais pas trouvé des éléments de force comparables à ceux que nous offre ce pays. Les indications de la géographie nous le signalaient tout d'abord, comme elles nous signalent le Tonkin au flanc de l'empire chinois, et j'hésitai un instant entre les deux, mais le Tonkin était plus connu, Dupuis l'avait exploré et nous avait révélé sa valeur, il avait noué avec les chefs du pays des relations d'amitié qui pouvaient mettre le pays à notre disposition ; je choisis le Foutah.

J'ai entretenu, d'abord un peu au hasard pendant plusieurs années, des relations avec des inconnus, pour m'instruire sur le caractère des diverses populations de l'intérieur, puis j'ai noué des relations plus précises avec quelques chefs, et enfin j'ai conquis leur amitié. La première troupe que j'avais formée pour entrer en Afrique, m'abandonna lorsque je voulus pénétrer par le Foutah-Djalon, mes hommes s'éloignaient en disant : « Si l'on parvient à Timbo on n'est pas certain d'en revenir ; » cette difficulté provenait de la valeur même des chefs du pays ; c'était là une force à nous offerte, je l'ai tournée en ma faveur.

Depuis lors, le Gouvernement par sa seule présence m'a arrêté ; je le regrette, car je ne lui avais demandé ni un homme, ni un centime et je ne demandais que la liberté de vivre dans les terres que j'avais conquises avant lui, pour la France. Mais que pouvait-il faire ? Tous les membres du Gouvernement ou des Chambres, auxquels j'ai eu à faire part de mes travaux et de mes espérances, m'ont assuré de leurs sympathies et félicité de mon dévouement à la cause nationale, mais le Gouvernement n'est pas autorisé par le pays à reconnaître mes droits et la liberté de mon action. L'intérêt politique de la nation est avec moi ou du moins avec le principe d'initiative que je représente, l'intérêt commercial représenté par les Chambres de commerce est avec moi, mais toutes ces bonnes volontés restent sans force, éparses, inutilisées.

Ce qui nous manque, ce que maintenant nous devons organiser, c'est un pouvoir central assez haut placé pour comprendre tous ces intérêts et les grouper ; pour conduire notre action coloniale, nous devons avoir un Ministère des colonies. Nous avons eu un tel Ministère, pendant quelques jours, en 1881 ; s'il avait duré dix ans notre empire colonial ne serait pas rongé sur les bords comme il l'est naturellement par suite des hésitations qui l'ont formé.

Il faudrait là, dit-on, un Ministre universel, un puissant esprit, puisque dans son empire il administrera les Finances, le Commerce, la Guerre, la police intérieure, les relations extérieures, mais on peut se contenter avec moins. Participant au gouvernement central, notre Ministère suivra une ligne tracée d'ensemble. Il aura pour tâche de coordonner les éléments militaires et administratifs avec l'activité individuelle qui est la raison d'être de la colonie ; à défaut d'un homme universel aux puissantes idées, il nous suffira d'avoir un honnête homme.

Il est facile de le trouver, le pays n'a qu'à vouloir ; et si l'on considère la multiplicité des ressources à faire valoir, l'importance des résultats d'intérêt général et particulier à obtenir, si nous apportions un peu de courage au service de notre prévoyance, nous aurions un Ministère des colonies et un Sous-Secrétaire d'État. Ce serait plus qu'une économie ; nos colonies actuellement passivement productrices deviendraient une valeur active, leur rendement s'accroîtrait subitement et sans limite ; ce sont des mines d'une grande richesse, on en retirera tout ce qu'on prendra la peine de leur demander.

Notre Soudan pénétré jusqu'en son centre par le bas Niger est saigné au vif par cette meilleure voie de communication ; tel qu'il est cependant il peut encore vivre, mais il faut lui donner une organisation qui groupe ses valeurs. Son climat, la nature de son sol, ses habitants appellent une organisation spéciale ; une organisation appropriée à sa nature préparera là une puissante unité qui, dans un avenir tout prochain, aura dans l'équilibre africain l'autorité prépondérante que nous devons souhaiter avoir.

Dès maintenant cette organisation doit ouvrir la colonie à notre activité commerciale dans les conditions les plus favorables à nos intérêts immédiats. Nous avons à la côte un personnel commercial aguerri qui a fait ses preuves, et qui saura sans écoles, sans aventures pitoyables, travailler à l'exploitation nouvelle ; nos armateurs, commerçants, industriels, trouveront là un agencement tout prêt à seconder leurs intérêts. Mais pour mettre fortement en contact la métropole et la colonie, il faut une haute autorité, une direction indépendante, toute appliquée à de si grands travaux, un Ministère des colonies.

Ce n'est pas ici le lieu de développer en détail l'organisation que notre Soudan attend pour justifier l'effort que sa conquête nous a coûté, mais on peut indiquer le premier pas à faire, à ne considérer d'abord que l'intérêt commercial.

Pour satisfaire notre industrie et notre commerce, notre but est de créer un marché à nos produits français, à nos saines marchandises françaises ; or, partout où il y a concurrence, la camelote étrangère les élimine ; nous devons donc nous préoccuper d'organiser un centre à l'abri de cette compétition. Si l'on abandonne le Soudan à tout venant, ou si on le partage entre un certain nombre de compagnies, ces compagnies ne pourront fermer leurs domaines restreints à la concurrence installée à leurs portes ; pour former un marché réservé à nos produits, il faudrait syndiquer entre elles ces diverses compagnies, — et c'est ce qu'elles ne manqueront pas de faire aussitôt par des accords qui s'imposeront d'eux-mêmes ; — mieux est de commencer par là, en formant dès le début une concession centrale assez étendue pour que, — la concurrence étant tenue à distance, reléguée à nos frontières, — ses voies de communications intérieures étant réservées à ses agents, elle puisse chez elle n'offrir que des produits français.

L'initiative privée doit faire tous les frais d'une telle entreprise; pour qu'elle s'y engage il faut qu'elle entrevoie un bénéfice, et qu'elle ait la certitude de n'être pas dépossédée du fruit de ses peines; il faut lui concéder des droits suffisants et nécessaires.

Dans les notes que j'ai remises au gouvernement, j'ai indiqué des charges à imposer aux exploitants, mais je ne l'ai fait que contre mon sentiment et pour céder aux habitudes. Le douanier, le percepteur, le sous-préfet, doivent, dit-on, précéder le colon, et en fait ils le précèdent partout où ils peuvent arriver à temps; ils le précèdent et personne ne les suit, nos colonies se développent lentement. Il faut certes, dans une colonie, plus encore peut-être qu'ailleurs, un pouvoir organisé pour préserver l'œuvre naissante contre les aventuriers, ou contre elle-même, mais il n'est pas nécessaire que ce pouvoir appartienne immédiatement à l'État; il ne doit pas dès le début être accompagné des restrictions d'une administration rigoureuse, les difficultés inhérentes aux premiers pas à faire dans l'inconnu suffisent à absorber toute l'activité du colon.

J'ajouterai qu'on peut, au Soudan, créer à peu de frais un centre commercial d'une grande vitalité dont les ressources permettront de former rapidement et de soutenir là une puissance coloniale permanente. On ne fera pas appel à l'industrie mécanique dans ce pays sans outillage, mais le Noir sait faire du feu, c'est son talent; avec son concours, dont on ne peut se passer mais qui suffit, il est facile de faire fonctionner une distillerie, l'appareil ne comporte aucun rouage. Les produits à distiller sont de mille sortes, abondants partout, et l'alcool est le produit d'échange par excellence. Avec peu de capitaux on organisera la fabrication d'un alcool très supérieur aux acides butyliques qui nous viennent d'Europe ; nous ne nous ferons pas concurrence à nous-mêmes, ces produits actuellement ne venant pas de France. Le Noir y gagnera de ne plus être empoisonné, le distillateur, ayant les bénéfices de l'exportation sans avoir les charges de l'importation, fera fortune, et par les chemins qu'avec ces bénéfices il aura ouverts, pénétreront ensuite nos tissus et nos idées.

Pour qu'un si grand avantage ne soit pas tout de suite annihilé par la concurrence entre nationaux, pour que des bénéfices soient réalisés, qui seront attribués dans une large part aux travaux d'intérêt général, un monopole est nécessaire, l'État doit le concéder. Pour que cette source de revenus grossisse rapidement, l'État, renonçant à triompher prématurément des premiers résultats obtenus, exemptera ce monopole de tout impôt pendant cinq ans. Le distillateur pendant les deux premières années fera des dépenses sans profit, il couvrira ses frais pendant la troisième année, il amortira ses avances — si elles ont été sages — pendant la quatrième, et commencera sa fortune pendant la cinquième. En cas de guerre ou d'épidémie, son privilège devra être beaucoup prolongé. A partir de ce moment l'État recueillera là des fruits abondants de sa prévoyante patience. En même temps qu'il aura créé une source progressive de revenus, il aura formé un personnel acclimaté qui l'aidera à diriger ses travaux ; alors il pourra ouvrir le Soudan à l'activité de tous. La foule des petits colons, utilisant les aménagements généraux organisés par le monopole initiateur, pourra dès lors chercher là des profits modestes mais relativement sûrs et proportionnés à ses forces.

C'est ainsi que précédemment les événements se sont succédé sur la côte d'Afrique. Au temps où ces rivages étaient peu connus, quelques hardis exportateurs ont créé des comptoirs difficiles et coûteux à établir. Ceux qui n'ont pas succombé sous les difficultés ont réalisé de larges bénéfices proportionnés aux risques qu'ils avaient courus; ils ont découvert l'endroit, défriché la place, noué des relations, préparé les voies. Aujourd'hui tout le monde peut y venir et réaliser de modestes bénéfices, tout le monde y vient, les bénéfices sont très modestes, les capitaux les mieux administrés ne rendent qu'un revenu très peu élevé. Sans les capitaux et le monopole de fait qui, au début, soutenaient les premières entreprises, le pays n'aurait pas été ouvert, — à moins que l'État ne s'en fût chargé lui-même, ce qui est la pire manière de coloniser.

Pour tirer, dans l'intérêt public, un bon parti de ce monopole, il faut compter dix ans de travail suivi, et il faut rigoureusement que la dixième année soit en préparation dans la première.

Il y a un autre mode d'organisation simple qui fonctionnera à côté de ce monopole pour obtenir de ces pays les ressources dont ils doivent vivre et qu'il ne faut pas demander à la mère patrie; nous en parlerons en temps utile.

Telle est la marche à suivre qu'indique l'expérience. Mais si, au lieu de cultiver résolument notre domaine en prévision de l'avenir, nous nous laissons conduire par le courant des choses, nous tirerons peu d'avantages de ces territoires difficiles à habiter. Chaque administrateur à la hâte y cultivera quelque plante annuelle afin d'en pouvoir recueillir les fleurs pendant sa courte gestion. Dans vingt ans notre population coloniale au Soudan se composera d'une foule de petits négociants rivés aux restes de leur fortune immobilisée là; leur personne et leurs capitaux seront expatriés pour toujours, car on ne peut procéder à une liquidation commerciale dans ces déserts : on abandonne et le climat absorbe ce qu'on laisse. Ils n'auront pas réussi en somme parce que la concurrence entre eux aura empêché qu'ils réalisent des bénéfices suffisants pour constituer un intérêt et un amortissement; ils auront vécu d'espérance tant que leur santé leur aura permis de lutter vigoureusement; mais au bout de peu d'années, cette santé épuisée sans qu'ils aient pu faire des économies, ils disparaîtront sans rien laisser derrière eux, pas même des ruines. Au lieu d'être pour la patrie une source de richesse croissante et de force active, la colonie sera un marais sans fond où viendront se perdre des économies péniblement gagnées sur le continent, dans la mère patrie.

De nombreux intermédiaires auront vécu de ces tentatives, mais l'effort ne se renouvellera pas indéfiniment et bientôt tout mouvement s'éteindra, alors que le trésor colonial aura été à peine entamé. Par l'intermédiaire de *nos* comptoirs, Hambourg et Manchester vendront là pour quelques millions d'alcool et de tissus ; pour nous les fournitures de l'administration et de l'armée seront restées le plus sûr aliment du trafic national et la source principale des bénéfices illusoires de la colonie.

Pour tirer parti comme nous le devons d'une contrée aussi importante au point de vue militaire, et assurer notre juste place dans le concert africain, comme aussi au point de vue commercial, dans l'intérêt de la fortune publique, il faut avoir une politique encouragée par l'opinion, par l'opinion éclairée en vérité sur ses intérêts ; il faut un Ministre, un membre du gouvernement.

Il faut prévoir que ce n'est pas avec quelques hommes venus de France, tirés du contingent national, que nous devons et que nous pouvons garder fortement cet immense Soudan ; les volontaires ne nous manquent pas, mais nos volontaires, le meilleur de notre sang, ne doivent aller là-bas que dans des situations privilégiées qui les préservent au moins un peu. Le mode d'occupation que je propose, et que j'ai commencé à mettre en pratique pour en démontrer la simple possibilité, atteint certainement ce but.

Il est facile d'organiser les peuples du Foutah sous notre administration immédiate ; la forme de leur gouvernement actuel les y prépare à souhait. En effet, le Noir par son fétichisme, par son attachement instinctif au maître qui le domine, appelle le despotisme, et c'est la forme de gouvernement que nous rencontrons à l'ordinaire chez les peuples du Soudan. Mais au Foutah le pouvoir, au lieu d'appartenir à un seul, est exercé par tout un parti nombreux dans le sein duquel il est en république ; chacun s'y fait entendre et prend une autorité proportionnée à sa valeur, toutes les décisions y sont prises à la majorité qualitative des voix. D'où il suit que pour le peuple conquis, — celui qui n'est pas au pouvoir, — les chefs, les rois, tout en étant nominativement désignés, représentent dans son esprit une loi discutée et consentie, une loi de justice, loi des devoirs réciproques, une expression impersonnelle de la loi, supérieure aux rois qui l'exercent. C'est le principe moral républicain.

Les Peulhs se maintiennent au pouvoir par la modération relative que ces formes parlementaires imposent à leur despotisme; mais la conquête faite ils ne sont plus, dans leur oisiveté, que des intrigants et des jouisseurs; il est facile de disloquer leur édifice, il suffit d'entrer dans leurs conseils pour tirer d'eux-mêmes et développer les éléments de leur désagrégation, utiliser les intelligents et les forts, et ramener les autres au rang où doivent être les paresseux.

Le Peulh de race pure est ambitieux, mais trop sceptique et raffiné dans son égoïsme; par le croisement il acquiert la force, les qualités solides de l'autochtone, il se met en contact avec lui. Le mélange des races Peulh et Diallonké nous offre des hommes intelligents et forts sur lesquels nous pouvons nous appuyer; ils nous fourniront dans le Foutah de très bons préfets, et au dehors de précieux gouverneurs de provinces. Plus d'un sera l'homme d'intelligence au-dessus de la moyenne, qui sentant sa force lui venir de notre conseil, deviendra le Français africain dévoué à la civilisation, digne et capable de gouverner une petite région.

Le Peulh, comme nos civilisés, est déprimé, affaibli par l'exemple des fortunes faciles réalisées autour du pouvoir et avec sa complicité; il a peu à peu perdu la saveur des responsabilités. Il n'est pas sans courage, mais il prise trop la faveur du maître; à cette servitude il a perdu le sens de l'initiative. Chez nos peuples civilisés les mêmes causes ont produit les mêmes effets, elles détruisent l'activité nationale, l'individu prise avant tout les paisibles emplois où la besogne à faire est tracée d'avance, où l'appointement est mesuré au temps — qui passe quoi qu'on fasse — et non au labeur qui varie suivant les courages. Mais si cette paresse se voit ici dans le milieu des parasites qui entourent les chefs, le peuple l'ignore; l'homme libre, celui qu'ils appellent un *pauvre diable* parce qu'il n'émarge pas à la cour et qu'il peut être dévalisé par le roi ou ses favoris, le travailleur ne pense pas à rien demander à la faveur; pour ces indépendants le travail est la seule source normale de la fortune, chez eux les honnêtes gens ont le pas sur les intrigants.

Un chef Blanc, c'est-à-dire un chef qui par sa nature supérieure est sans compétition avec les ambitions noires, qui s'appliquerait à organiser ces instincts d'indépendance dans l'intérêt même de ce peuple, ferait une grande œuvre; un tel pouvoir bienfaisant et dévoué, continué pendant trois générations, préparerait là une grande nation; nos principes républicains doivent réaliser cette organisation.

Là nous pouvons trouver tout de suite une armée nombreuse qui viendra compenser notre infériorité numérique. César dans les Gaules avait créé la légion de l'Alouette, nous devons au Soudan organiser les légions du Soleil. Cette armée utile, je puis sans hâte l'amener à la frontière de Tunisie, en quelques heures elle est à Biserte où cent bâtiments l'attendent; vingt-quatre heures après je suis dans Rome. Le peuple italien nous accueille comme jadis il accueillait les armées de la République : il n'est pas, il ne sera jamais notre ennemi; la guerre entre nous serait une guerre civile; il sait bien que l'Italie n'a rien à craindre que de l'Autriche et de l'Allemagne dont elle occupe les routes vers la mer. Et du même élan, par le Brenner, j'arrive au centre de l'action.

La victoire peut-être sera sans gloire, mais aussi la défaite sans honte sous cette force majeure, une paix profondément scellée pourra être conclue entre des peuples faits pour s'entendre.

Vouloir pour soi la victoire qui est le suprême juge de la valeur en somme, cela nous attire ; mais la réflexion nous montre bientôt que ce n'est pas un motif suffisant pour justifier une guerre. Aujourd'hui il faut un but, une nécessité supérieurs qui intéressent la civilisation même, ou la simple nécessité de réparer une injure. Ce double motif nous oblige, pour assurer la paix de l'avenir, à placer notre confiance dans notre force. Empruntons-la au continent qui s'offre à nous, reprenons nos provinces, faisons la paix avec l'Allemand, avec l'Europe, et tous ensemble n'écoutons pas l'Anglais, ennemi de l'Europe qui l'a repoussé, ennemi de notre repos, fauteur de nos discordes. On ferait maintenant sans contraindre personne une République avec la France et les États civilisés allemands, nos champs de Tolbiac, les Francs de Westphalie et du Palatinat; peut-être y perdrait-on quelque vieille dynastie, les peuples y gagneraient; la fusion est déjà toute prête dans les intérêts et dans la plupart des idées.

Que faut-il pour préparer ce mouvement africain ? Un peu de clairvoyance et d'initiative, ne rien demander à l'État qui ne peut rien, et lui offrir chaque jour pour prix de son abstention, la meilleure part des résultats obtenus. C'est là œuvre privée.

Déjà en 1692, André Brue nous avait recommandé la route du Sénégal au Niger; il en avait commencé l'exécution, jalonné une partie jusque sur le haut Sénégal par des postes installés et par des traités d'amitié avec les indigènes; quelle puissance en Afrique n'aurions-nous pas acquise si nous avions suivi ses vues, utilisé ses travaux et les renseignements accumulés par ses recherches? Nous avons attendu deux cents ans pour reprendre ou continuer son œuvre; attendrons-nous maintenant, pour organiser la collection de peuplades qui nous offrent leur force sur le nouveau continent, que l'Europe ait pris place dans leurs conseils? Dans l'avenir les contingents noirs compteront entre eux sous la direction des Européens qui les auront élevés: pourquoi ne pas prendre l'avantage chez nous et dans le peu qui reste encore indivis? Nous n'en serons pas moins pour l'ensemble de l'Afrique en retard sur nos compétiteurs.

Ce que Napoléon voulait faire par l'Égypte au sein du peuple arabe, nous pouvons le faire et nous devons le faire au sein de la race noire; c'est pour nous le seul moyen d'être à notre aise dans notre part du continent africain. Mais ici l'entreprise est plus facile, point n'est besoin de grands combats, la lutte est presque tout entière d'ordre spirituel; notre supériorité, loin de se heurter à des résistances, est bien accueillie par l'esprit indigène qui vient au-devant des lumières du nôtre; dans son intérêt qui est commun avec le nôtre, le Noir est prêt à suivre nos conseils.

Pour toutes ces causes, pour servir l'intérêt national, traduisant inversement la pensée obsédante que Rome exprimait par le cri sans cesse répété de : *Delenda est Carthago !* je répéterai pour conclure, comme en 1880 : *Constituenda est Timbo !*

Il faut organiser le centre de notre action dans les montagnes du Foutah-Djalon, animer de notre esprit les chefs et le peuple qui les habitent, et à partir du plateau de Kahel fonder le premier État noir et blanc, sans limites, l'empire du Soudan.

APPENDICE

RECUEIL DE MOTS FOULAHS

Nous donnons ci-après un recueil de quelques mots foulahs. Il faut remarquer que dans cette région africaine où plusieurs races sont mélangées, la prononciation et même le sens des mots n'ont pas une fixité saisissable. Près des frontières, le foulah emprunte forme et consonance aux dialectes voisins; vers l'intérieur il se rapproche des langues peuhl, arabe; vers la côte il emprunte beaucoup au portugais. Il faut donc voir ici non un dictionnaire mais une simple indication lexicologique, indication très suffisante d'ailleurs pour débuter et s'initier promptement au langage usuel.

J'ajouterai que l'indécision dans la prononciation, qui varie ici suivant les races, n'altère pas l'esprit général de la langue; les règles grammaticales qui se manifestent sont constantes et ont tout de suite facilité notre apprentissage; si nous ne les formulons pas dès maintenant, c'est que nous n'avons pas eu le temps, sur les lieux, de faire une étude assez complète des éléments qu'il faut comparer et coordonner, mais l'avenir achèvera bientôt cette étude.

FRANÇAIS.	FOULAH.	OBSERVATIONS.
adroit	fevi	
aigle	sembire	pluriel : sembige
je t'aime	mi do iduma	
tu m'aimes	han hido idimi	
il m'aime	hono idimi	
nous t'aimons	menen iduma	
c'est ainsi	oo non venuri	
air, vent	henndu	
aisselle	nauki	
je m'en vais	mi laï	
tu t'en vas	ha laï	
il s'en va	ho laï	il est parti
nous nous en allons	men laï	
vous vous en allez	on laï	
ils s'en vont	be laï	
va-t'en	ia	
allumer	ohi	
ami, camarade,	fedde	
ami, camarade,	gnatigi	
ambre,	lambiri	
âne	m'baba	
année	itànde	
annulaire	aounderu	le son *u* français n'existant pas en foulah, tous les *u* se prononcent *ou*.
apporte	adu	apporte l'autre : adu dimundun
j'apporte	mi adoraï	
après	bavuodun	
après-midi	jana	
arbre	legel, yanal	pluriel : ledde
argent	kalissi	
armoire, caisse,	kankira	pluriel : kankirange
assez	ahuri	
assieds-toi	jodo	prononcez *tlodo* en mouillant les *ll*
assieds-toi	djuvi	
je me suis assis	mi jodike	
attacher	habbu	
aujourd'hui	hande	
auriculaire	sivuaturu	
autre	dimun	apporte l'autre : adu dimundun
avec	e	
aveugle	bundo	
j'ai	oo han con	
tu as	oo ma con	
il a	oo maco con	
nous avons	oo hamen con	
vous avez	oo mohon con	
ils ont	oo mabe con	
il n'y a pas	ala	
bague	ourundare	
balayer	fitu	
beau	moyhi	

FRANÇAIS.	FOULAH.	OBSERVATIONS.
bête, fou	puiɗo	
beurre	nebbanaï	
bien	jam	
très bien	co non tigui	tigui tigui : bien, c'est cela
ça va bien	tana ala	tana : mal ; ala : il n'y a pas
biscuit	chobal iorde	chobal : pain ; iorde : sec
blanc	dane	
bleu	bulu	
bœuf	garivuoti	pluriel : gaï
bœuf	nague	
bois	ledde	
le boire	yaru	pluriel : yare
bon	moghi	
bonnet	oufune	e se prononce toujours é
bouche	hunduco	
boucher	vuargol tonto	
boucle d'oreille	cotanu	pluriel : cotaneyé
bougie	pitilol	
boulanger	djudaï chobe	chobe : pain
bouteille	binuru	pluriel : binigi
bracelet	diavuongon	plurriel : diavuede
brûler	djudaï	
buisson	hunsire	pluriel : hunsige
cadenas	bogoro	pluriel : bogoroye
caïman	norambam	pluriel : nobi
caisse	kankira	pluriel : kankirange
calebasse	horde	pluriel : hore
camarade, ami.	fedde	
camarade, ami.	gnatigi	
canard.	doku	pluriel : dokuge
caoutchouc	dundan	
capitale	lallamere	ne pas mouiller les ll
captif	guyo	
carême	sumaye	
case	huɗo sudu	
casser	heïlu	
cervelle	n'ghandi	
chaîne	chalalal	pluriel : chaleye
chaise	yodirdun	
chaise	yulere	
chambre	sudu	gander sudu : dans la chambre, intérieur
champ	kene	
chapeau	libitevual	pluriel : libitigi
charpentier	lessobe	
chat	gnarivuoturu	pluriel : gnarigi
chaud	vuli	
chaudron	tanconvual	pluriel : tanconge
chauffer	vuli	
chauve-souris	bilbili	
chemin	datal	pluriel : date
cheminée	supituridunnebban	supi : sortir ; turidun : quelque chose ; nebban : fumée

FRANÇAIS.	FOULAH.	OBSERVATIONS.
chemise	chacal	
je cherche	mi d'habaï	
cheval	puchu	pluriel : puchi
cheveux	suoundu	
cheville	oolbule	
chez	ga	
chez moi	gahan	
chien	rovuando	pluriel : davuadi
ciel	camo	
cinq francs (pièce de)	buduru	pluriel : budi
cire	kagneri	
citron	lemune cheude	Lemune kalema : citron
clef	sotirgal	pluriel : sotirde
cligner	henyugol	
cœur	bernde	
colline	pellum	pluriel : pelloï; ne pas mouiller les *ll*
comment	vuana honon	
tu comprends	afami	
je suis content	mi do berndé han vualiké	
coq	donton hal	pluriel : dontoye
corail	deguene	
espèce de corbeau	gigavual	pluriel : gigaye
corde	bogol	pluriel : bogi
petite corde qui pend au cou d'un bœuf	silibatere	
cordonnier	garanke	
corne	halado	pluriel : galadi
cou	dande	
être couché	vuali	
cour	galle	pluriel : gallegi
courageux	sati bernde	sati : dur ; bernde : cœur
courir	dogu	
court	dabbo	
couteau	labi	pluriel : ladde
couvercle	ombirgal	pluriel : ombirde
couverture	vuanare	pluriel : vuanage
je crois	akel nehemun	
je crois	mino felliti	
cuillère	bingavual	pluriel : bingaye
cuisinier	deffu	
cuisse	bussal	pluriel : busse
cuivre jaune	sila danegi	
cuivre rouge	sila bodegi	
danser	gamol	
déjeuner	soyari	
demain	diango	
après-demain	fabe diango	
dent	gnire	pluriel : nige
déshabiller	bortu	j'ai ôté ma veste : mi bortike doloke mi
détacher	firtu	
dimanche	halat	

FRANÇAIS.	POULAR.	OBSERVATIONS.
dîner	gnialitari	
je dis	mi wîle	
tu dis	han wîle	
il dit	ho wîle	
nous disons	men wîle	
vous dites	onon wîle	
ils disent	be wîle	
doigt	ondu	
doigt majeur	aounderu	
donner	oku	
donner	yonu	
dormir	dani	
bien dormir	car jam vuali	
dos	bavho	
drap	chunchi danki	chunchi : étoffe; danki : lit
je me tiens droit	mi do daridarnde feunde	
tu te tiens droit	ha hino daridarnde feunde	
eau	dian	
échanger	sodu	vendre ou acheter
échelle, escalier.	yorugal	
faire des éclairs	magi	
il fait des éclairs	camomagi	
écouter	yantaname	
écriture	vindugol	
j'écris	mi vindal	
éléphant	mauba	pluriel : maudi
éléphant	gnivua	n'a pas de pluriel
emporte	nabu	
j'emporte	mi nabaï	
endroit	nokou	pluriel : nokougi
jeune enfant	bikun	pluriel : bikoi
ne m'ennuyez pas	fotina	
entêté	sati nopi	sati : dur, fermé; nopi : oreille
entre	acunde	
entrer	nati	
épaule	vuabbo	
épouse	sudido	
escalier, échelle	yorugal	pluriel : yorude
esclave, femme	kordo	pluriel korbe
esclave, homme	machudo	pluriel : machube
est	funague	
je suis	mi do	je suis bien : mi do e yam
tu es	hi do	tu es bien : hi do e yam
il est	hi mo	il est bien : himo e yam
nous sommes	me den	nous sommes bien : me den e yam
vous êtes	hi don	vous êtes bien : hidon e yam
ils sont	hibe do	ils sont bien : hibe e yam
et	a	
été	niura	
étoffe	chunchi	

FRANÇAIS.	FOULAH.	OBSERVATIONS.
étoile	kade	
étranger traversant le pays	toumaranke	
étranger civilisé	porto	
étranger civilisé	portonkeyo	
étourdi	yalli	ne pas mouiller les *ll*
eux	cambe	
faim	hegge	
j'ai faim	mi do vuela	
faire	mogina	
famille	barangie	
famille	musidangal	
fatigué	ronki	
femme	debbo	
femme du roi	debbo lamdo	
femme, épouse	sudido	
fer	n'llandi	pluriel : n'llande
fermer	soku	
j'ai fermé	mi soki	
je fermerai	mi sokal	
fête	yulde	pluriel : yuldegi
petite fête	perâ	
grande fête	donki	
feu	ite	
feuille	kakol	pluriel : hako
figure	yesugo	
fille	bido debbo	
fils	bido gorko	
fleuve	baharu	pluriel : baharugi
force	dole	
il est fort	ho no dolui	
forêt	burure	pluriel : burugi
fou, bête	puido	
fou	fetudo	
fourchette	tufirundun ten	de tuf : percer; teu : viande
fourmi	dendeli	
foyer	ubindirte	*in* se prononce comme en latin
frère	bandiraho gorko	
frère aîné	cotto	
frère cadet	mignan	
froid	yangol	
front	tinde	
fusil	finkari	
gâté	bondun	
gâteau	cagna	
genoux	copi	pluriel : copidi
gilet, veste	dolokun	
globe terrestre	aduna	
goblet	yangol	
gourmand	bondo redu	bondo : mauvais; redu : ventre
je te gronderai	mi gnadi oreha han	ore : tête

FRANÇAIS.	FOULAH.	OBSERVATIONS.
tu me gronderas	mi gnadi oreha mi	
il me grondera	ho gnadi oreha mi	
nous te gronderons	men gnadi orema han	
vous me gronderez	onon gnadi oreha mi	
ils me gronderont	be gnadi oreha mi	
gros	llandi	
guinée (étoffe)	bagui	
habiller	borno	mi bornike doloke mi : j'ai mis ma veste
habit	kottu doloke	
haïr	idamo	
hardi	bevi	
hardi	niadi	
haricot	niebbe	
herbe	ledde	
herbe	hudo	
hier	hanki	
hiver	dungu	
homme	gorko	
honte	hersa	tu n'as pas honte : ha hersata
huile	nebban	
humide	bubi	
hypocrite	fulan cafu	fulan : un seul; cafu : mélangé
il	ho	
ils	cambe	
imprudent	fevua ore	
index	sapordu	
intelligent	oreyo	
jamais	poma	
jambe	cohengal	pluriel : cohede
dessus de la jambe du genou au pied	guelenvual	pluriel : guelenge
jardin d'hiver	sunture	
jardin d'été	naco	
je	mi	
jeudi	alkamisa	
jeune	païkun	
joli	mongin ari	
joue	gabude	
jours	balde	
un jour	gnialande	
journée	gnialorma	
juge	horeyo	
laid	kani	
lait frais	hiradam	
lait caillé	oossam	
lait de femme	hendi	
langue	lengal	
légumes, semences	haudi	
leur	mabe	leur bœuf : nague mabeguen

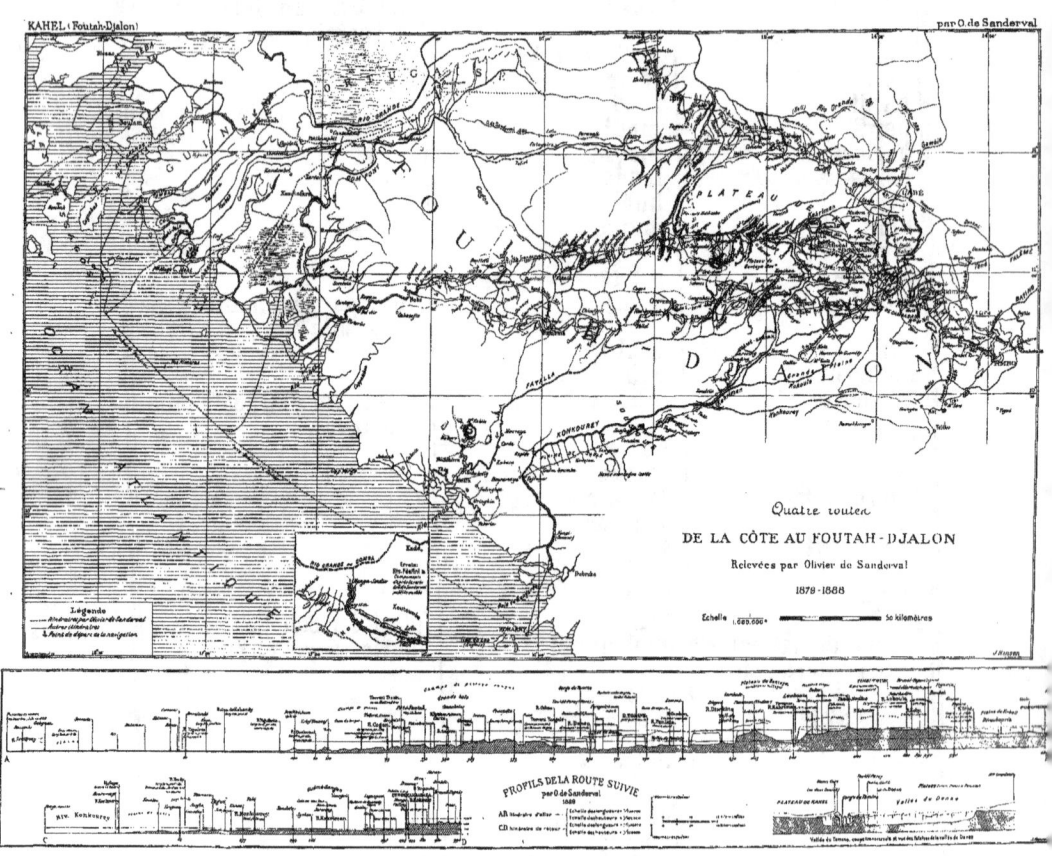

FRANÇAIS.	FOULAH.	OBSERVATIONS.
leur	beyha	leur bœuf : nague bey-haguen
se lever	imo	
lèvres	toni	
lièvre	sarirevuotere	pluriel : sarige
lion	piovi	pluriel : piogi
je lis	mi llangui	mouillez les *ll*
je lirai	mi llangaï	
lit	danki	
livre	deftere	
long	yutudo	
longtemps	nebaï	
loin	no vuodi	
loup	bonoru	
lui	ho	
lumière, jour	vueti	
lundi	tenere	
lune	leuru	
main	jungo	creux de la main : neure
maïs	kaba	
maison	sudu	pluriel : chudi
avoir mal	mussi	
mal il n'y a pas	tana ala	tana : mal; ala : il n'y a pas
mal du tout il n'y a pas	tana o ala	
malade	sella	
malade	gnausi	
manche de couteau	falavnal labi	
le manger	gnamu	pluriel : gname
manger	gnieri	
marcher	iado	
mardi	talata	
mari	modhibo	
matin	bimbi	
méchant	gnadi	
mécontent	bernde vualake	
j'ai médit de toi	mi feni orema han	ore : tête; feni, mentir
tu as médit de moi	ha feni oreha mi	
il a médit de lui	ha feni oremaco	
mensonge	fevande	
menton	kenkenvual	
mercredi	alaiba	
mère	nene	
grand'mère	pati	
midi	nangue na ore	nangue : soleil; na : est sur; ore : tête
après-midi	fana	
petit mil	muturi	
mil	baheri	
miroir	darorgal	
moi	mi	
moins	rutu	
mois	leuru	pluriel : lebbi
moitié, entre	acunde	

FRANÇAIS.	FOULAH.	OBSERVATIONS.
mollet	dense	pluriel : densege
mon	hami	
mon bœuf	nague hanguen	*en* se prononce comme *in* en *français*
montagne	fello	pluriel : pelle; ne pas mouiller les *ll*
mouchoir	cunaketivual	pluriel : kunaketigi
je mords	mi g'hatete	
tu mords	ha g'hatete	
il mord	ho g'hatete	
nous mordons	men g'hataïmo	
vous mordez	onon ho g'hataïmo	
ils mordent	cabe bé g'hataïmo	
mourir	maide	
mouton	bali	pluriel : balidi
muet	m'bobo	
ne pas	vuata	
nez	kinal	
noir	bauli	
noir	lâri	ne s'emploie que pour les moutons et les bœufs
non	o-o-hê	
nord	nano	
notre	hamen	
notre bœuf	nague hamenguen	
nous	menen	
nouveau	kessun	
nuit	djema	
œil	guite	pluriel : guiteden
ombre	doudi	
oncle	cao	
ongle	pedali	
or	kanghe	
orange	lemune	
oreille	nouru noppi	
oreiller	gaulu	
orphelin	mizkina	
os	dg'hial	
où	onto	telin onto
ouest	hirnague	
oui	eio	
ouvrir	ontu	
pagne	cdare	
pain	ahobal	
amande de palme	tencolo	
pantalon	tuba	
papier	haidi	
parapluie	vuado	
parce que	guibi	
pardon	tubi	mi tubi : je demande pardon
parler	holu	

FRANÇAIS.	FOULAH.	OBSERVATIONS.
il est parti	o laï	il s'en va
pauvre	bahido	
pays habité	hodo	
je pense	mi no migi	
perdrix	guellal	pluriel : guelle
père	baba	
grand-père	manasoro	
perroquet	kaleru	pluriel : kalegi
pièce de cinq francs	buduru	pluriel : budi
pied	tepper	pluriel : teppe
piétiner	hamugol	
pigeon	gaboru	pluriel : gabogi
piment	gnamaoo	
pierre	caye	
plaine	dantari	
plaine	g'holande	
planter, semer	ahô	
plomb	melisson	
plume d'oiseau	lebi cholli	lebi : plume; cholli : oiseau
plume pour écrire	caramboi	
je pleure	mi do vulude	
je pleurerai	mi voulai	
pluvieux	nian na llavi	dian : eau ; na llavi : vient
poisson	lingi	pluriel : liggi
poitrine	beche	
pont	yand'he	
porc ou sanglier	kose	
petit pont	kolevual	fait d'une seule planche
porte	dambokal	
porter sous le bras	paga leï nauki	
je porte sur le dos	mi do bambi	
tu portes sur le dos	hi do bambi	
il porte sur le dos	ho no bambi	
nous portons sur le dos	menen bambi	
vous portez sur le dos	onon idon bambi	
ils portent sur le dos	oambe ide bambi	
je porte avec la main	mi taki a han	
tu portes avec la main	ha taki ema	
il porte avec la main	ho taki ema	
nous portons avec la main	menen taki a hamen	
vous portez avec la main	honon taki emohon	
ils portent avec la main	cambe taki emabe	
je porte sur la tête	mi do rondi	hi do rondi, etc.
bien portant	selli	ne pas mouiller les *ll*
pouce	g'hordudu	
poudre	chundi	
poule	guerto	pluriel : guertode
pourri	gnoli	

FRANÇAIS.	FOULAH.	OBSERVATIONS.
pourquoi	co hondun	
poussin	gertokol	gerto, poules; hoï, petits
prairie	fitare	pluriel : fitagi
prés	vuodha	
je vous prie, s. v. p.	yande	
se promener	iadu	
prudent	fevi ore	de fevi : adroit, et ore : tête
quand	co hondu tuma	
queue	lachol	pluriel : lachi
quelque chose	duma	
apporte quelque chose	adu dumaon	
rat, souris	douru	pluriel : dombidi
reine	gnanyo	
renard	vuaduru	pluriel : vuadagi
répondre	nunu	
riche	cohoyo	
rivière	mayo	pluriel : maye
roi	lamdo	
rouge	bodegi	
ruisseau	changol	pluriel : chandi
sac	boto	
samedi	aseve	
sandales	petu	
sang	lilian	mouillez les *ll*
sanglier ou porc	kose	
sans, il n'y a pas	ala	
satan	seïtane	
savon	sabunde	
sec	yori	
sein	hendu	pluriel : hendi
sel	landan	
semence	ahodi	
semer, planter	aho	
serpent	modori	
serrure	soku grander	
serviette	fitirdunyungo	
sésames	bene	
singe	cularu	pluriel : culagi
sœur aînée	bendiraho maudo	
sœur cadette	banderaho migneraho	
avoir soif	donda	
soir	kikide	
soleil	nangue	
son	maco, nague macoguen	
sortir	ialti	
soulier	pade	
souper	hirande	
sourcils	sembaguite	
sourd	fadudo	
sourd	paho	

FRANÇAIS.	FOULAH.	OBSERVATIONS.
sous, dessous	gander	
sous, dessous	leï	
sucre	sucuru	
pain de sucre	vuouru sucar	
sud	gnamo	
tout de suite	lloni	mouillez les *ll*
table	mesa	
tabouret	yabiridun	
talon	tetudi	
tante	llekiraho	femme du frère aîné
tante	tene	
terre, sol	leïdi	
terre, globe terrestre	aduna	
tête	ore	
tigre	butori	pluriel : butogi
timide	manchi	
toi	han	
ton	mahan	ton bœuf : nague mahaguen
tonnerre	fargnatere	le tonnerre tombe : fargnatere gipique ; le tonnerre gronde : camo na riga ; camo : ciel ; na riga, gronde.
tôt	nebata	
toujours	gnande o gnande	
toujours	tumo o tumo	tumo : jour
toujours	sono o sono	sono : jour
tourterelle	gaboru	pluriel : gabegi
travailler	murado	
trop	dudi	
tu	han	
tuer	vuaru	il l'a tué : ho vuarimo
tuer	vuargol	
vache	nague ou rêve vuote	pluriel : debbi (femelles)
vallée	acunde pelle	pluriel : dantage
vapeur	tchurki	
va-t'en	ia	
vendredi	argiuma	
vent, air	henndu	
vérité	gonga	
verre	yangol	
veste, gilet	dolokun	
viens	har	
je suis venu	mi hari	ha hari, etc.
je viendrai demain	diango mi haraï	
vieux	nuavi	
village	chaun	
ville	sare	
vite	jauno	
voile de femme	tigare	
voir	dari	
vous	onon	

FRANÇAIS.	FOULAH.	OBSERVATIONS.
votre	mohon	votre bœuf : nague mohonguen
voyageur foulah	nelhabe	
1	go	
2	didi	
3	tati	
4	naï	
5	dioi	
6	diego	
7	diedidi	
8	dietati	
9	dienaï	
10	sapo	
11	sago e go	
20	nogaï	
21	nogaï e go	
30	chapantetati	
40	chapantenaï	
50	chapantedioi	
60	chapantediego	
70	chapantediedidi	
80	chapantedietati	
90	chapantedienaï	
100	temedere	
125	temedere e nogaï e go	
200	temede didi	
1000	vulure	
1221	vulure e temede didi nogaï e go	
100.000	vuluge temedere	
1000.000	uyunnari	ce que l'on ne peut plus compter

FIN.

TABLE DES MATIÈRES

L'explorateur 1

I

Ministère des colonies 15

II

Résultats ici présentés 28

III

DE PARIS AU FOUTAH-DJALON.

Dakar-Gorée. — Boulam. — Le barrage du Compony. — La fontaine de Socotoïa. — Le Rio-Nunez à Baralandé. — Factoreries. — La Cie du Sénégal, M. Matton, accueil hospitalier. — Derniers préparatifs 46

IV

DE BARALANDÉ A TIMBI-TOUMI.

Le Tiguilinta. — Le Cogon. — Falaise de Paray. — Le Tomine. — Le Kakrimann. — Haute plaine des Timbi 77

V

TIMBI-TOUMI, KAHEL.

Timbi-Toumi. — Broual-Tepais. — Haut-plateau de Kahel. — Négociations, traité. — Gali. — Digui. — Fougoumba 189

VI

L'ALMAMY ET LES CHEFS DU FOUTAH A FOUGOUMBA.

Négociations. — Traités relatifs au territoire de Guémé-Sangan et de Fello-Dembi. — Mission Oberdof, le lieutenant Plat et le docteur Fras. — La colonne Andéoud-Radisson, brillante expédition, fuite de l'Almamy, audience mouvementée...................... 283

VII

RETOUR.

Le Kokoulo. — Chute de Cambadaga. — Passage du Calley. — Le Kakriman, le Koukouray. — Guet-apens; prisonnier. — Ya Fraïal. — La maison hospitalière, M. Gaillard, M. Pons. — La douane dans les marigots. — Konakry. — Télégraphe. — Le lieutenant Guichard, Commandant du poste. — Le directeur de la Compagnie du télégraphe. — M. Collin. — M. Maillat, affectueuse réception... 300

VIII

KONAKRY. — RETOUR EN FRANCE.

Conclusion. — Comment la France doit occuper l'Afrique; intérêt politique, intérêt commercial................................ 400

APPENDICE

Recueil de mots foulahs.. 428

FIN DE LA TABLE DES MATIÈRES.

LIBRAIRIE FÉLIX ALCAN

OUVRAGES DE
M. J. L. DE LANESSAN
Ancien député de Paris,
Gouverneur général de l'Indo-Chine.

L'EXPANSION COLONIALE
DE LA FRANCE
Étude Économique, Politique et Géographique
SUR LES ÉTABLISSEMENTS FRANÇAIS D'OUTRE-MER

1 fort volume in-8 de 1016 pages, de la *Bibliothèque d'histoire contemporaine*, avec 19 cartes hors texte (1886).................. **12 fr.**

L'INDO-CHINE FRANÇAISE
ÉTUDE ÉCONOMIQUE, POLITIQUE ET GÉOGRAPHIQUE
SUR
LA COCHINCHINE, LE CAMBODGE, L'ANNAM & LE TONKIN
Ouvrage couronné par la Société de Géographie commerciale de Paris
(Médaille Dupleix).

1 fort volume in-8 de la *Bibliothèque d'histoire contemporaine*, de 760 pages avec 5 cartes en couleurs hors texte (1889).................. **15 fr.**

HARTMANN, professeur à l'Université de Berlin. — **Les peuples de l'Afrique.** 1 vol. in-8 avec 91 fig. dans le texte et une carte des races africaines. 2e édit., cartonné à l'anglaise.................. 6 fr.

GAFFAREL (P.), professeur à la Faculté des lettres de Dijon. — **Les Colonies françaises.** 1 vol. in-8, 5e édition.................. 5 fr.

WAHL, professeur au lycée Condorcet. — **L'Algérie.** 1 vol. in-8. 2e édition. Ouvrage couronné par l'Académie des sciences morales et politiques. 5 fr.

CLAMAGERAN (J.-J.), sénateur. — **L'Algérie.** Impressions de voyage. 1 vol. in-8 avec une carte. 3e édition.................. 2 fr. 50

SILVESTRE (J.), administrateur principal en Cochinchine. — **L'empire d'Annam et les Annamites,** *publié sous les auspices de l'administration des colonies.* 1 vol. in-8 avec 1 carte de l'Annam. 1889........ 3 fr. 50

BIBLIOTHÈQUE UTILE
Volumes in-32 de 192 pages chacun, brochés, **60 cent.** ; cart. à l'anglaise, **1 fr.**

Les Colonies anglaises, par H. Blerzy.

Les Iles du Pacifique, par le capitaine de vaisseau Jouan (avec une carte).

Les Peuples de l'Afrique et de l'Amérique, par Girard de Rialle.

Les Peuples de l'Asie et de l'Europe, par Girard de Rialle.

L'Indo-Chine française, par Faque, ancien officier du commissariat de la marine.

L'Afrique française, par M. Joyeux, avec préface de M. de Lanessan.

www.ingramcontent.com/pod-product-compliance
Lightning Source LLC
Chambersburg PA
CBHW060935230426
43665CB00015B/1951